Ce que je voudrais dire à mes enfants

Ce que je voudrais dire à mes enfants

Michel Bastarache et Antoine Trépanier

Les Presses de l'Université d'Ottawa 2019

Les **Presses** de l'Université d'Ottawa
University of Ottawa **Press**

Les Presses de l'Université d'Ottawa (PUO) sont fières d'être la plus ancienne maison d'édition universitaire francophone au Canada et le seul éditeur universitaire bilingue en Amérique du Nord. Depuis 1936, les PUO «enrichissent la vie intellectuelle et culturelle» en publiant, en français ou en anglais, des livres évalués par les pairs et primés dans le domaine des arts et lettres et des sciences sociales.

Catalogage avant publication de Bibliothèque et Archives Canada
Titre : Michel Bastarache : ce que je voudrais dire à mes enfants /
   Michel Bastarache et Antoine Trépanier.
Autres titres : Ce que je voudrais dire à mes enfants
Noms : Bastarache, Michel, auteur. | Trépanier, Antoine, 1989- auteur.
Description : Mention de collection : Biographies et mémoires
Identifiants : Canadiana (livre imprimé) 20190209429 | Canadiana (livre numérique) 20190209623 |
   ISBN 9782760330900 (couverture souple) | ISBN 9782760326613 (couverture rigide) |
   ISBN 9782760330917 (PDF) | ISBN 9782760330924 (EPUB) | ISBN 9782760330931 (Kindle)
Vedettes-matière : RVM : Bastarache, Michel. | RVM : Canada. Cour suprême—Biographies. |
   RVM : Juges— Canada—Biographies. | RVMGF : Autobiographies.
Classification : LCC KE8248.B37 A3 2019 | LCC KF345.Z9 B37 2019 kfmod | CDD
   347.71/03534—dc23

Dépôt légal : 2019
Bibliothèque et Archives Canada
Bibliothèque et Archives nationales du Québec
© Les Presses de l'Université d'Ottawa 2019

Imprimé au Canada
Révision linguistique   Carine Paradis
Correction d'épreuves   Sabine Cerboni
Mise en page   Édiscript enr.
Maquette de la couverture   Édiscript enr.
Photo de la couverture   Cour suprême du Canada, Archives de Michel Bastarache

---

Les Presses de l'Université d'Ottawa sont reconnaissantes du soutien qu'apportent, à leur programme d'édition, le gouvernement du Canada, le Conseil des arts du Canada, le Conseil des arts de l'Ontario, Ontario créatif, la Fédération canadienne des sciences humaines, et surtout, l'Université d'Ottawa.

u Ottawa

Table des matières

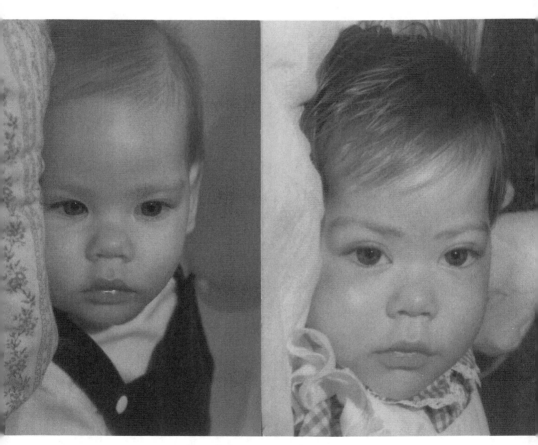

Mes deux enfants, Jean-François et Émilie (Crédit : Archives de Michel Bastarache)

Préface

UN APPEL DE L'EX-JURISTE DE LA COUR SUPRÊME DU CANADA, Michel Bastarache, l'homme de peu de mots qui va droit au but : il me demande d'écrire la préface de son autobiographie. À ma souvenance, dans ma longue carrière d'écriture, je n'ai rédigé qu'une seule préface, celle de la biographie de Louis Robichaud écrite par Michel Cormier. J'aurais dû en toute logique réfléchir avant de me lancer dans pareille aventure, je suis une auteure de fiction... mais je n'ai pas hésité, j'ai vu la vie de ce compatriote hors norme se glisser comme un personnage entre les lignes de l'imaginaire et de la réalité. Et dès le lendemain j'ai reçu le manuscrit intitulé : *Ce que je voudrais dire à mes enfants*.

À mesure que j'avance dans ce récit d'une vie que le père adresse à ses deux enfants morts prématurément d'une maladie rarissime qui les gardait enfermés dans l'enfance, je me surprends en train de remonter moi-même le temps jusqu'avant ma propre arrivée au monde et dans un pays incertain. Quel avenir, par exemple, pour une Sagouine ou une Pélagie sans l'assurance de garder vivant leur peuple, de consoler leur mémoire ou de conserver leurs mots qui remontent aux origines de la langue française ? Je suis soudain saisie par ce jeu du hasard ou des concordances qui fait naître à la même époque et à l'intérieur d'un territoire réduit encerclant mon village, un Louis Robichaud et une Jeanne de Valois à Saint-Antoine, un Michel Cormier à Cocagne et les Bastarache dans la banlieue de mon Bouctouche natal, de son vrai nom Grand-petit-havre ! Comme si le Destin venait gratter à nos portes.

Allons voir de plus près ces confidences d'un de nos plus éminents juristes qui se rendra jusqu'à la Cour suprême du Canada et qui aborde son autobiographie comme une histoire qu'on raconte à ses enfants le soir au pied de leurs lits. J'ose dire haut et fort que ce récit d'une vie, pétri avec le cœur autant qu'avec le cerveau, restera un joyau indispensable à tous ceux qui se penchent sur leur propre existence, parce qu'il nous révèle à la fois les plages cachées de notre passé, les ambiguïtés de notre présent et surtout les espoirs insoupçonnés de notre avenir.

Naissance à Québec d'une mère québécoise tenace et forte et d'un père acadien médecin surdoué de descendance basque, le jeune Michel cherche en Acadie sa voie au sein d'une époque à l'aube d'une nouvelle ère et dans un pays en quête de sa propre définition. Pas de temps à perdre, on n'a qu'une vie.

Et le voilà qui roule ses manches, louche du côté de l'économie et de la sociologie, puis se lance dans l'étude du droit. Le vrai droit qui doit défendre la justice. C'est ici que le jeune avocat commence à se révéler. Il saura naviguer entre les lignes de l'histoire en écrivant sa thèse sur les droits de la mer. Les droits de la mer qui le mèneront aux droits du territoire, puis à ceux de la culture et de la langue. Dans son autobiographie, lui-même reconnaîtra qu'il était alors «relativement en avance sur son temps». C'est ainsi qu'il abordera l'épineuse question des langues officielles qui aboutiront à la Cour suprême. Et de cause en cause, celle des francophones de l'Alberta, du Manitoba et bien sûr des Maritimes, ses luttes se poursuivront avec acharnement, comme si lui-même cherchait à s'enraciner de plus en plus en profondeur.

Après Jeanne de Valois qui, par l'éducation supérieure des femmes, lutte pour sauver la culture et la langue françaises en Acadie; après le premier ministre Louis Robichaud qui lui rendra son pouvoir politique et sa fierté; après Clément Cormier fondateur de l'Université de Moncton et tant de figures acadiennes engagées dans le combat de la survivance, voilà ce jeune avocat qui s'engage auprès de ses enfants disparus à leur offrir un peuple. Et c'est ainsi que Michel Bastarache fut à l'origine de combien de combats qui servirent la cause autant du Québec que de la francophonie canadienne.

Enfin je comprends le vrai sens du titre qu'il donne à son livre autobiographique. Pour ses enfants qui ont perdu prématurément leur vie, leur père consacrera la sienne, en compensation, à lutter contre vents et marées afin de leur rendre une identité, un territoire, un peuple. Et ce faisant, il travaillera à élargir son propre rêve, qui est le nôtre à tous, de vivre dans un monde plus juste et plus sain, un monde aux multiples visages, aux infinies couleurs et de toutes tonalités.

La perte de son fils Jean-François puis de sa fille Émilie, cette tragédie dans la vie de Michel Bastarache aurait-elle contribué à offrir aux enfants pas encore nés de naître un jour dans une Acadie en pleine renaissance?

L'œuvre et le parcours de Michel Bastarache nous accordent le droit d'y rêver.

Antonine Maillet

Remerciements

ON M'A SOUVENT DEMANDÉ d'écrire mes mémoires. D'abord, je n'aime pas trop parler de moi. Puis, je croyais ne pas avoir très bien documenté mon travail ou ma participation à des événements d'intérêt pour soutenir un récit intéressant. J'avais un journal intime dans lequel j'ai écrit des idées et des anecdotes, mais outre cela, j'ignorais si j'avais suffisamment de matériel pour raconter fidèlement mon histoire.

À l'automne 2016, les Presses de l'Université d'Ottawa m'ont suggéré de publier mon parcours en me proposant de travailler avec le journaliste Antoine Trépanier. Antoine et moi avons passé une trentaine d'heures ensemble pour revivre des événements qui ont marqué ma carrière et ma vie personnelle. Nous avons travaillé pendant plus de deux ans ensemble à la rédaction et avons collaboré étroitement à toutes les étapes de ce projet pour en arriver au livre que vous tenez en ce moment.

Je tiens à remercier tous ceux qui ont répondu à l'appel et qui ont pris le temps de commenter certains événements marquants dans ma vie. Leurs propos ont permis d'ajouter une dimension plus personnelle aux faits historiques et d'enrichir le contenu de ce livre. Je tenais également à offrir à certaines personnes le droit de réplique à quelques anecdotes que je jugeais intéressantes. Je les remercie d'avoir généreusement répondu aux questions parfois délicates qui permettent aux lecteurs d'avoir les deux côtés de la médaille.

Dans la recherche, nous avons consulté bon nombre d'articles de journaux et de revues. Pour des raisons de style et de fluidité dans le récit, je tenais à ce que nous évitions d'intégrer des notes de bas de page et des notices bibliographiques que nous retrouvons dans des ouvrages biographiques conventionnels. Le style épistolaire m'était cher et je remercie Marc-François Bernier et les PUO d'avoir fait preuve de flexibilité à cet égard.

Je tiens également à remercier Bibliothèque et Archives du Canada, Bibliothèque et Archives nationales du Québec, la bibliothèque de l'Assemblée législative du Nouveau-Brunswick, les Archives provinciales du Nouveau-Brunswick, la Cour suprême du Canada, la Cour suprême de l'Île-du-Prince-Édouard, la Cour du Banc de la reine de l'Alberta, l'Université d'Ottawa, l'Université de Moncton, l'Université de Montréal, l'Université de Sherbrooke, l'Université Laval, l'Université de l'Alberta, l'Université de Nice, le Centre d'études acadiennes Anselme-Chiasson de l'Université de Moncton, l'Association des juristes d'expression française du Nouveau-Brunswick, la Société de l'Acadie du Nouveau-Brunswick et la Société nationale de l'Acadie dont les services et les ressources ont contribué de près ou de loin à ce projet.

Je tiens également à remercier ma famille et mes amis qui m'ont accompagné durant tout ce parcours.

Et à Yolande, merci pour tout. Pour tout.

Introduction

AYLMER, 1984. J'entends mes pieds fouler la neige et je me surprends à les regarder. Le regard fixé, inconsciemment, sur mes orteils qui se retroussent à chaque pas et dont je devine l'empreinte sur le dessus de ma botte, je me concentre sur le son et le mouvement de mes pieds ; j'ai l'esprit si vide que je perds tout d'un coup l'équilibre. Je suis presque tombé. C'est en me ressaisissant que je lève les yeux sur la rue et les maisons à proximité. C'est aussi à cet instant que je me rappelle pourquoi je marche, finalement. Je marche pour l'exercice. Je marche pour mettre de l'ordre dans mes idées, pour les soupeser, les hiérarchiser, les clarifier. Je passe tellement de temps à faire le point qu'il me semble y consacrer tous mes loisirs.

C'est l'époque où nous avons quitté le Nouveau-Brunswick pour nous établir dans la capitale nationale. Cette année-là, je laisse la direction générale de la Promotion des langues officielles au Secrétariat d'État du Canada et commence à arpenter les corridors de l'Université d'Ottawa, comme professeur et doyen associé, tout en prenant des causes d'un bout à l'autre du pays. Je travaille comme un fou alors qu'à la maison mes deux enfants sont affligés par une maladie incurable du système nerveux, une maladie qui les rend totalement invalides et qui les a finalement menés à une mort prématurée. Jean-François en 1985, puis Émilie en 1996, environ un an avant ma nomination à la Cour suprême du Canada. La vie à la maison n'a jamais été facile et mon épouse Yolande n'a cessé de se démener et de se battre, souvent sans moi, pour garder en vie mes trésors. Pour nous garder en vie.

En cette soirée hivernale, je suis très préoccupé en raison de ma charge, de mon travail, de ma bataille incessante pour donner aux minorités francophones le droit de vivre une vie égale à nos amis anglophones et surtout, pour trouver le temps de sauver mes enfants d'une mort imminente. Et cette marche, ce n'est pas pour me débarrasser de mes enfants et de Yolande, c'est pour renouveler ma pensée, mon esprit. Je pense à mon père, mon idole, qui est sur le point de mourir. Au rythme de mes pas, je m'enfonce. Je pense à quelques mois plus tôt, à l'été 1983, lorsque toute la famille était rassemblée au chalet de mes parents. Un endroit idyllique à Shediac Bridge, à une trentaine de kilomètres de Moncton, au Nouveau-Brunswick. Le village est minuscule, près de Shédiac, où les touristes s'arrêtent pour être pris en photo devant un homard géant. Le vent est fort, la mer agitée. C'est le paradis de la détente.

Toutes les nuits, mon père se lève pour fumer. Une vraie cheminée. Il aligne les cigarettes les unes après les autres jusqu'à épuiser trois à quatre paquets par jour. Mais en ce chaud matin de juillet, les bruits que j'entends me préoccupent davantage. Je ne sais pas pourquoi. En arrivant dans le salon, mon père est là, devant un petit miroir sur le mur. Son cou est étrangement enflé. Ça saute aux yeux.

« Regarde mon cou, ça c'est un cancer du poumon », me dit-il tout en s'examinant. Je n'en crois pas mes yeux. Sceptique, je lui réponds sans trop penser qu'il ne peut pas se diagnostiquer un cancer, comme ça, au beau milieu de la nuit. C'est insensé. Or, il a raison. Le cancer a progressé et aura eu sa peau. Mon père avait raison, encore. Il est mort quelques mois après cette marche hivernale.

Mon père m'a tout donné. Il m'a dirigé vers le droit et a toujours été là pour ma famille et moi. Son départ a laissé un grand vide. Comme le départ de ma mère 30 ans plus tard, d'ailleurs. Mais rien ne me marquera plus que la mort de mes deux enfants. J'ai eu la carrière que j'ai eue. Mais il y aura toujours un vide qu'on ne peut pas remplir.

Je n'ai jamais pu montrer à mes enfants à marcher, à faire du vélo, à faire leurs devoirs avec moi. Je n'ai jamais pu assister à leur collation des grades. Je n'ai pas pu les saluer lorsque je me suis assis pour la première fois dans mon fauteuil de juge à la Cour suprême du Canada. J'aurais voulu leur raconter la vie que nous menions, nos espoirs et nos rêves, mais leur maladie m'en a empêché, ou est-ce plutôt le manque de courage ? Je fuyais la réalité en m'enfonçant dans le travail et je n'avais plus rien à raconter.

Aujourd'hui, je voudrais raconter à mes enfants un peu ce que j'ai vécu. Ce n'est pas pour justifier mes choix, pour m'expliquer ou pour être compris. C'est juste pour le plaisir de raconter une petite histoire. Une histoire que j'aurais aimée différente. Cette lettre, je l'adresse à mes deux enfants morts. Émilie, Jean-François, me voici.

«*Speak white*»

IL S'APPELLE ALFRED, ALFRED BASTARACHE. Le 11 janvier 1921, Michel Bastarache et Claire Allain accueillent dans leur nid mon père, que plusieurs appellent simplement «Fred». Mon père est issu d'une famille de six enfants, dont un est décédé à un jeune âge. C'est une famille très pauvre dans une région infortunée. Dans son village natal de Bouctouche, l'emploi est limité et l'éducation aussi. Encore aujourd'hui, le comté de Kent au Nouveau-Brunswick est l'une des régions pauvres de la province, avec un taux de chômage extrêmement élevé.

Mais à l'époque, il n'y a pas d'éducation en français après le primaire, et bien sûr votre grand-père est unilingue francophone. Ainsi, la seule façon qu'il puisse étudier en français est de fréquenter l'école privée. Les seules vraies écoles du genre sont alors les séminaires ou les collèges. Rapidement, les gens voient en votre grand-père un garçon vif d'esprit et doté d'une intelligence vraiment exceptionnelle.

C'est pour cela qu'il obtient une des bourses que l'archevêque de Moncton réserve alors à une poignée d'étudiants de la région pour aller au Petit Séminaire de Rimouski. Il est intelligent comme ça! Le hic, entre nous, c'est que cette formation le prédestinait seulement à la médecine ou… à la prêtrise. À une époque où la religion domine la société française, mon père n'est pas le plus pratiquant des catholiques. Un mouton noir, tiens. Il réussit avec grande distinction ses études à Rimouski et a le privilège d'être admis à la Faculté de médecine de l'Université Laval. C'est là où le déclic se fait. Il marche alors dans les corridors d'une institution qui a accueilli au fil des ans de grands noms de la politique québécoise et canadienne. Parce qu'avant même d'avoir de l'intérêt pour la médecine, mon père est intéressé par tout. De la science dure à la molle. Côtoyer des jeunes qui étudient les sciences sociales avec le «père de la Révolution tranquille», le père Georges-Henri Lévesque, un prêtre dominicain qui a fondé l'école des Sciences sociales à l'Université Laval, est pour lui tout aussi important que la médecine. Le père Lévesque a eu une grande influence sur bon nombre d'étudiants qui ont par la suite marqué la société québécoise et acadienne.

Sans même l'avoir fréquenté, mon père a adopté l'idéologie libérale de justice sociale du père Lévesque et l'a même ramenée avec lui, si on veut, au Nouveau-Brunswick. Mais ce n'est pas la seule chose qu'il allait rapporter dans son

3

patelin. À Québec, il rencontre une Québécoise pure laine de Chicoutimi dont la famille a déménagé dans la région de Québec lorsqu'elle était jeune. Elle s'appelle Madeleine Claveau.

Née le 27 février 1918, fille de Jean-Arthur Claveau et d'Yvonne Rouleau, Madeleine a tout un caractère. Une main de fer dans un gant d'acier. Une véritable patronne qui étudie pour devenir garde-malade. Comment expliquer ce trait de personnalité ? Difficile à dire. Était-ce parce qu'elle était issue d'une famille de 14 enfants ? Je n'en sais rien. Ce que je sais, c'est que votre grand-père fait tourner les têtes à Québec et que c'est cette Madeleine Claveau de Chicoutimi qui hérite de son comportement flamboyant. Elle est de trois ans l'aînée de votre grand-père. Une infirmière et un médecin.

Fred Bastarache et Madeleine Claveau se sont mariés le 13 juillet 1946 en l'église Saint-Dominique de Québec, sur la Grande-Allée. Un an plus tard, le 10 juin 1947, je viens au monde à Québec. Je suis québécois... de naissance.

★★★

Les enfants, nous avons cette habitude en Acadie de nous intéresser à nos ascendances et de chercher à comprendre d'où nous venons. Un jour, des amis me remettent l'arbre généalogique de ma famille paternelle et j'apprends alors que mes ancêtres ont émigré de Bayonne en 1640. Je sursaute d'étonnement lorsque je constate qu'ils sont décrits comme des flibustiers. Des flibustiers ? Essentiellement, ils auraient été des pirates commandités par le gouvernement. Leur nom était Besteretchea avant d'être francisé. Il faut croire qu'ils n'ont pas changé beaucoup en s'installant dans le village de Paradis, dans le sud-ouest de la Nouvelle-Écosse, non loin de l'Université Sainte-Anne. Je dis cela parce que j'ai appris en lisant le magnifique ouvrage *A Great and Noble Scheme* que mes deux ancêtres masculins, déportés en Caroline du Nord, ont, contrairement à presque tous les autres déportés, été emprisonnés en raison du fait qu'ils auraient coulé des navires anglais avec Beausoleil Broussard. J'ai aussi appris qu'ils se sont évadés et qu'ils se sont rendus au Nouveau-Brunswick.

Durant leur périple à pied, ils ont été arrêtés par des Indiens et ont été libérés grâce à l'intervention d'un prêtre. Ils sont passés par Memramcook pour finalement s'installer à Bouctouche. Un des deux frères aurait ensuite poursuivi sa route jusque dans le nord de ce territoire pour fonder la ville de Tracadie. Là-bas, ils portent le nom Basque.

Les enfants, je vais faire une parenthèse généalogique ici pour vous parler de mon premier voyage en Louisiane. Je dois prononcer un discours au Codofil, l'agence pour le développement du français dans cet État. J'arrive tôt aux bureaux de l'agence et je marche tranquillement vers l'entrée. Ne voyant pas de signe de vie, je retourne marcher en attendant la rencontre. Tout à coup, un homme âgé sort et me fait signe d'approcher.

— M. Mouton, venez, entrez, me dit-il en français.

— Vous vous trompez, monsieur, je m'appelle Michel Bastarache et je suis un Acadien du Nouveau-Brunswick.

— Jeune homme, je reconnais un Mouton quand j'en vois un. Allez, entrez !

Je le suis tout en lui répétant qu'il se trompe sur mon identité. Il me demande ensuite de m'asseoir. Il se tourne pour chercher quelque chose. Il sort alors un gros volume, l'ouvre à une page où se trouve la photo d'un monsieur Mouton. Je crois qu'il m'a dit qu'il s'agissait d'un fondateur de Vermillonville ou de Lafayette. La surprise, c'est que cette personne me ressemblait tellement que j'aurais cru me voir dans un costume d'époque. Devant mon étonnement, il me raconte que lors de la déportation, trois sœurs Bastarache ont été envoyées en Louisiane et y ont épousé trois frères Mouton. La ressemblance, c'était simplement le fait de la parenté.

Chez les Bastarache, on raconte que bon nombre de Basques étaient des pêcheurs. Des pêcheurs de baleine et de morue qui sont venus travailler en Atlantique, comme au Labrador par exemple. Vers le XIVe siècle. Il y a très peu de familles d'origine basque à l'époque, au Nouveau-Brunswick. À Port-Royal, on en a quelques-unes et on a aussi des Besteretchea. C'est une petite famille, qui n'a rien à voir avec les LeBlanc, les Cormier, les Robichaud, qui sont beaucoup plus nombreux.

★★★

Mon aventure québécoise n'a initialement duré que quelques mois. Bien que je sois né au Québec et que j'y aie passé une période de ma vie, je ne suis pas québécois. L'Acadie est à ce point dans les veines et dans l'âme de mon père qu'il est parvenu à convaincre ma mère de l'accompagner au Nouveau-Brunswick pour y vivre. Une francophone qui ne connaît pas un traître mot d'anglais débarque alors dans la grande région de Moncton.

C'est que, voyez-vous, mon père fait partie de cette génération de jeunes hommes qui partaient pour étudier à l'extérieur du Nouveau-Brunswick, mais

L'Acadie est à ce point dans les veines et dans l'âme de mon père qu'il est parvenu à convaincre ma mère de l'accompagner au Nouveau-Brunswick pour y vivre.

qui sentaient qu'ils avaient une obligation morale de revenir chez eux. C'est comme une mission. Du type «j'ai été choyé, donc j'ai quelque chose à redonner». Il avait cette vocation, un peu comme les curés. Puis, il est revenu dans sa province natale beaucoup plus francophone qu'il ne l'était avant de partir. Dès lors, et pour le reste de sa vie, il entreprend plusieurs grands chantiers pour les francophones et les Acadiens du Nouveau-Brunswick, surtout dans le sud-est de la province.

Il veut faire quelque chose et amener un sentiment de fierté dans la communauté et chez les Acadiens individuellement. Provoquer une autonomie. C'est assez singulier. Le Nouveau-Brunswick des années 1940 et 1950 vit une période bien noire, alors que le filet social est quasi inexistant et que la population se bat pour survivre. C'est le cas en particulier dans les régions rurales, comme le sud-est de la province. Et c'est d'autant plus vrai pour les francophones.

Jean-François, Émilie, je ne dis pas cela pour me plaindre, au contraire! Je n'ai pas eu une enfance malheureuse. Certes, nous sommes alors perçus comme une famille bourgeoise. Nous vivons au centre-ville de Moncton, nous sommes propriétaires d'un chalet près de la mer, et mon père est médecin. Vos grands-parents ont quand même vécu la «grande noirceur», comme on dit au Québec. Lui médecin, elle garde malade, ils se promènent de maison en maison dans le comté de Kent, à Saint-Antoine, Bouctouche ou Sainte-Marie, pour soigner les gens malades ou aider des femmes à accoucher. On paye bien souvent mon père en lui donnant une poule, un cochon, des légumes ou simplement un «merci».

La bourgeoisie, soit, mais mes parents ont le cœur sur la main. Aider leur prochain fait partie de leur ADN. Pareil pour l'aspect familial. Dans aucune circonstance n'avons-nous le droit de manquer un repas, en particulier la fin de semaine. Ça, c'est surtout en raison de ma mère. Mais mon père adhère également à ce principe. Très souvent, les dimanches, c'est assez régulier, nous rendons visite à la famille élargie. Mes parents lancent un avis dans le foyer familial: «On s'en va faire un tour!» Les quatre enfants sont invités et souvent nous allons en groupe faire le tour de la famille. Mon père est un hyperactif et ne peut pas rester en place. Nous faisons donc «un tour» pour prendre les nouvelles et nous partons.

Cette proximité familiale, donc, est importante pour nous tous. Pour mon père, elle dépasse même les frontières familiales. Il aime discuter et nous raconter toutes sortes d'histoires. Il a un sens de l'humour très développé. Alors qu'il est à quelques semaines de la mort, il demande à mon frère Marc de lui faire voir le cimetière où il sera enterré. Marc est troublé. Mon père lui dit alors : «Ce n'est pas de mourir qui est difficile, c'est de ressusciter.» Les histoires concernant l'hôpital sont sans doute les meilleures. Je constate rapidement que mon père s'attache à des personnes qu'il ne connaît pas du tout. Elles sont souvent en phase terminale, à des poussières du couloir de la mort. On ne les connaît pas du tout, mais mon père s'attache à elles. Il veut leur assurer la meilleure qualité de vie possible.

**

Martin, Louis, Joe et les autres entrent à la maison. Ils enlèvent leur chapeau, nous saluent puis s'assoient à table. Ils sont tous là dans notre cuisine de la rue Dominion, à Moncton. Les cigarettes s'allument et un épais nuage de fumée valse sous les ampoules au plafond. Ils sont peut-être trois, quatre ou cinq hommes à table. Parfois plus. Ils boivent, ils fument. Des petites assemblées de cuisine. J'ignore souvent l'objet de ces rencontres. J'ai compris par la suite qu'on y parle d'à peu près tout. D'éducation, de finances et de santé. La politique, évidemment, revient toujours. Mon père est fou de politique, sans la partisanerie qui va avec. Le politique, quoi, ces nouvelles idées pour améliorer le sort des gens de façon pragmatique et efficace. Ce sont les coulisses politiques dans sa plus simple expression. Rarement les apparatchiks du Parti libéral le voient aux assemblées politiques. Mais quand mon cousin Bertin LeBlanc, qui a habité chez moi après la mort de son père, est élu député de Kent-Sud à l'Assemblée législative en 1978, mes parents célèbrent sans gêne.

Donc, Fred n'est pas un joueur influent du Parti libéral, mais il a un certain poids, puisque son opinion est considérée par des personnes importantes. Dans les années 1950, toutes les idées sont bonnes pour chasser du pouvoir les conservateurs de Hugh John Flemming. Son ami Louis pratique alors le droit à Richibouctou, au nord du comté de Kent. Il est un peu plus jeune que mon père, mais les deux s'entendent à merveille. Leur affection dépasse les valeurs communes d'engagement. C'est une amitié profonde. Je me souviens encore d'être éveillé au chalet de Shediac Bridge et d'entendre Louis rentrer et s'asseoir avec mes parents. S'il ne prend pas un coup avec mon père, il arrive déjà assez ivre, au point où ma mère s'engage à le dégriser. Leur amitié est telle que lorsque mon père est décédé, il a écrit une longue lettre à la main à ma mère. Une lettre très émouvante que la famille n'oubliera jamais.

Louis se lance en politique assez jeune. Il a 27 ans en 1952 quand il devient député de Kent à l'Assemblée législative du Nouveau-Brunswick. Il est ensuite réélu en 1956, puis devient chef du Parti libéral. En 1960, Louis Joseph Robichaud est élu premier ministre du Nouveau-Brunswick. C'est la consécration. Notre ami, « P'tit Louis », devient le premier Acadien de l'histoire à être élu au poste de premier ministre de notre belle province.

★★★

Je grandis dans un Nouveau-Brunswick en pleine mutation. Ce sont les années qui mènent à la Révolution tranquille au Québec. Je me souviens très peu de mon enfance, une période banale sans grandes histoires personnelles. Les années 1940 et 1950 ne sont pas particulièrement roses au Nouveau-Brunswick. Malgré notre poids démographique considérable, nous, francophones, sommes traités comme des bons à rien. Une sous-classe, vraiment. Les loyalistes, ces anglophones fiers de leurs origines britanniques et farouches défenseurs de la monarchie, s'entraident sans considération pour les « frenchies ». Le film L'Acadie, l'Acadie!?! de Michel Brault et Pierre Perrault montre très bien l'ambiance de l'époque, en particulier cette scène où l'on voit des centaines de loyalistes se rencontrer dans des salles communautaires ou des sous-sols d'église. Non seulement les francophones n'y sont pas invités, leur présence est prohibée. Ces hommes et ces femmes entonnent d'abord le God Save the Queen, puis des personnes défilent sur scène, s'arrêtent devant un micro et font des discours. Généralement, ce n'est pas très gentil à l'égard des francophones. Pour ces gens, la présence de deux langues n'est pas une richesse culturelle, mais plutôt un affront à l'identité britannique et canadienne. Disons que cette opinion n'est pas partagée dans une famille acadienne comme la nôtre, dont certains ancêtres ont été déportés en 1755. Nous ne sommes plus au XVIIIe siècle, mais c'est tout comme. Lorsque nous avons des problèmes avec les Anglais et que nous débattons, ces derniers nous lancent comme argument qui doit en principe clore le débat : « C'est nous qui avons gagné la guerre, l'Angleterre contre la France. » Cela fait plus de 300 ans, et on en est encore là. D'ailleurs, dans le rapport de la commission Poirier-Bastarache sur l'égalité des deux langues officielles au Nouveau-Brunswick, en 1982, j'allais demander au sociologue René-Jean Raveau de mener une étude sur l'attitude des gens envers la langue française. Ses conclusions glacent toujours le sang. En rapportant les faits, il avancera qu'environ 40 % des anglophones considèrent, au début des années 1980, que le bilinguisme est inacceptable parce qu'ils ont gagné la guerre des plaines d'Abraham. Il faut savoir cela pour essayer de comprendre et de développer une façon d'amener un changement dans les attitudes des gens.

Dans ma jeunesse, c'est beaucoup plus complexe puisque la plupart des dispositions de la Loi sur les langues officielles du Nouveau-Brunswick ne seront en vigueur que six années après son adoption, en 1969. La loi a quand même une portée juridique à l'époque, mais au fond, dans la pratique, une loi n'abolit pas les attitudes racistes. N'ayons pas peur des mots, les enfants, il s'agit bel et bien de racisme.

N'ayons pas peur des mots, les enfants, il s'agit bel et bien de racisme.

***

Tout jeune, je fais régulièrement les courses avec ma mère et mon frère Marc. Nous partons de la maison, puis nous nous rendons aux magasins du centre-ville pour faire l'épicerie, acheter des vêtements ou autres choses. Cette activité, *a priori* assez simple, peut toutefois comporter son lot de défis. Voyez-vous, ma mère ne parle presque pas l'anglais et elle n'a aucune tendance à se croire inférieure aux autres. Jamais n'a-t-elle accepté d'être humiliée.

Bref, nous habitons Moncton, une des grandes villes des Maritimes, et nous avons la chance d'avoir un magasin Eaton's. C'est en plein centre-ville, là où le Highfield Square a ensuite été bâti, puis démoli dans les années 2000 pour faire place au nouvel aréna multifonctionnel. Eaton's est le grand magasin de l'époque et on y trouve à peu près tout. À cette occasion, nous parcourons les rayons du magasin et un employé apostrophe ma mère en anglais. Erreur. Sans hésiter, elle réplique en français. Il ne parle pas français et n'a aucunement l'intention de trouver une solution immédiate pour remédier aux défis de communication. Comme bon nombre de ses collègues au magasin et autres anglophones de la ville, l'employé semble trouver adéquat d'être impoli et de laisser sous-entendre à ma mère qu'elle est sans doute atteinte d'une quelconque maladie. Être francophone, tiens. Elle ne dérougit pas. «J'exige qu'on me trouve un agent bilingue et qu'on s'adresse poliment aux clients», lui a-t-elle lancé sans se laisser impressionner. Pour votre grand-mère, il n'a jamais été question de se faire discriminer sans mettre les gants de boxe.

Ce genre d'épisode, il est survenu des dizaines de fois dans ma vie. Certains jours, en me rendant à l'école, les élèves de l'école de langue anglaise tout près nous lançaient des pierres à mes camarades francophones et moi. Ils nous criaient avec vigueur «speak white», «speak the Queen's language». Aujourd'hui, quand un travailleur s'adresse à moi en anglais, je m'assure d'abord qu'il ne parle pas français. Juste au cas. Il ne faut jamais se laisser faire. Il ne faut jamais être satisfait de ne rien dire par peur de troubler l'ordre établi. La complaisance, c'est la mort intérieure.

La complaisance, c'est la mort intérieure.

***

Nous ne sommes pas morts, mais bien vivants. Nous avons un père extrêmement engagé et une mère très exigeante, habitée d'un militantisme qui n'est pas non plus à dédaigner. Nous vivons dans une belle maison à Moncton. Je suis l'aîné de quatre enfants et je n'ai que quatre ans de différence avec mon plus jeune frère, Jean. Bien que j'aie été plus proche du deuxième, Marc, nous avons toujours entretenu une relation cordiale les trois garçons et ma sœur Monique.

Mon frère Marc a toujours été le mouton noir de la famille en quelque sorte. Il est souvent grondé par ma mère pour son comportement turbulent. Un trait de personnalité qu'il retient sans doute de mon père, considéré par tous comme un grand animateur de soirée, un orateur hors pair et un clown pour les enfants. Pour ma part, déjà enfant, j'aime les affaires ordonnées, les horaires précis et les choses importantes à leur heure. Je veux être certain que je fais bien et à temps ce que je dois faire. J'ai toujours eu le sens du devoir. C'est difficile à expliquer. Cela fait partie de mes valeurs, c'est une attitude et un trait de ma personnalité. Un trait que je retiens de ma mère, selon mes frères et ma sœur. Ma relation avec ma mère est bien particulière. Je n'agis pas pour plaire à mes parents, mais je me sens esclave de ma façon de voir la vie. La vie est trop sérieuse pour qu'on s'y amuse. Et c'est vrai, c'est un portrait similaire à celui de ma mère. Elle est bonne, chaleureuse, courageuse, ordonnée; elle semble avoir une description de tâche, un rôle prédéterminé et un devoir à accomplir. Je dois avouer que j'aime cela.

J'ai toujours eu le sens du devoir. C'est difficile à expliquer. Cela fait partie de mes valeurs, c'est une attitude et un trait de ma personnalité.

Les enfants, votre mère vous dirait que ma mère a été une grande influence dans ma vie. Je ne sais pas si elle a raison dans son analyse, mais elle dit qu'inconsciemment, j'ai toujours voulu satisfaire ma mère et être à son standard. Elle dit que c'est pour cela que j'ai toujours exagéré mon idée de faire la bonne chose, toujours tenir une promesse et ne jamais être en retard. Tout ce comportement-là viendrait de ma mère. Être au niveau de Madeleine Claveau, c'est être premier. Toute sa vie, elle a été extrêmement compétitive. Pour elle, si je ne suis pas premier de classe, c'est que je suis paresseux. Je lui ai tellement répété qu'il y en avait d'autres, des gens intelligents. Lorsque je tiens de tels propos, elle me répond : « Non, tu es aussi intelligent que n'importe qui et si tu n'es pas premier, c'est que tu travailles moins qu'eux. » Quand j'arrive deuxième, je pense que tous les parents auraient été contents... sauf ma mère. Ce n'est pas assez bon. Pourtant, elle n'est pas aussi exigeante avec Marc, qui la décourage la plupart du temps par son comportement turbulent. Il semblerait que Monique et Jean aient eux aussi été épargnés.

Ça s'est poursuivi tout au long de ma vie. Ma mère n'a jamais vraiment noté mes accomplissements. C'est troublant au fond. Je ne comprends pas pourquoi. Lorsque je suis nommé président d'Assomption Vie, une grande compagnie d'assurance à Moncton, elle ne trouve pas cela impressionnant outre mesure. Pour elle, c'est un emploi et elle considère que je fais mon possible. Cela dit, mon père ne dit pas grand-chose non plus. Je crois qu'il ne m'a jamais une fois félicité pour de bons résultats. Je peine à trouver un moment où il m'aurait encensé. Rien ne me vient. Un jour, je parle avec le Dr Léon Richard, un grand ami de mon père, et il me dit que mon paternel lui disait toujours à quel point il était fier de moi. J'ai été terriblement surpris. Je me demande pourquoi il ne m'a jamais rien dit.

Puis, quand j'ai été nommé à la Cour suprême du Canada, Roland Maurice, lui aussi un ami de mon père que je ne voyais jamais, m'a appelé pour me féliciter. La seule chose qu'il m'a dite, c'est : « La pire affaire, c'est que ton père n'est pas là pour voir ça. » Là, il m'a dit la même chose : « Ton père parlait toujours de toi. »

★★★

Enfant, lorsque je m'assois en classe et que je regarde mes confrères étudiants, c'est comme si je suis moi-même un étranger. C'est le cas à Moncton, à Montréal, où nous avons déménagé lorsque mon père a étudié la pathologie, et à Shédiac. Je ne suis pas indifférent aux autres, mais je me sens isolé. Un isolement que j'attribue sans doute au sentiment d'être incapable de communiquer avec les autres de façon profonde. Par exemple, lorsque tout le groupe rit de la bourde d'un élève ou d'un professeur, je ne suis pas celui qui s'exclame, bien au contraire. Je ne trouve rien d'amusant et je me demande seulement pourquoi tout le monde se force à rire. Je ne souffre pas, je me sens inconfortable. Et, en grandissant, les choses ne se sont pas améliorées, hélas. Enfant, je me suis toujours mieux senti en classe qu'ailleurs. C'est là que je m'exprime, que je parle avec le plus d'aisance et que ma spontanéité s'opère. Je suis réellement intéressé par la discussion. C'est pourtant si simple. J'ai un intérêt pour le dialogue qui mène à quelque chose, qui a un but et qui est fondé sur une réflexion. Ma frustration est que je me sens à l'écart, sans pour autant être intimidé ou rejeté. C'est une absence. Je me vois comme un témoin de mes propres actions.

Mais pourquoi? C'est étrange, j'en conviens. Je ne veux pas que l'on pense de moi que je suis indifférent et froid, parce que ce n'est pas la réalité, du moins, pas selon ma perception. Encore aujourd'hui, certains me perçoivent comme un type austère et impatient. Je l'accepte, je le reconnais. Il faut une très bonne raison pour me faire changer d'avis. Je baigne dans l'intransigeance à l'occasion, notamment à l'égard des journalistes qui ne savent pas parler à la télévision. Je les écoute et certains me mettent dans tous mes états en raison de leur incapacité à maîtriser la langue française. À l'époque, je suis aussi souvent impatient et reprends sévèrement les autres, regrettant sur le fait de les avoir blessés.

Et si seulement je pouvais accepter qu'on me reprenne comme je reprends les autres. Bien sûr que non. J'accepte fort mal la critique, notamment parce que je reconnais facilement et rapidement mes propres fautes. Même à un jeune âge, je n'ai pas besoin qu'on me les rappelle. Je discute d'une façon que les gens trouvent agressive, le plus souvent sans m'en rendre compte. Cela tient au fait que je suis direct et ne cherche pas le consensus. C'est un trait hérité de ma mère québécoise. Par exemple, je n'aime pas le folklore et de façon générale les spectacles amateurs. Je le dis ouvertement, bien que toute la culture locale en dépende. Cela contribue aussi à faire de moi un étranger au sein même du groupe d'élèves ou de jeunes gens.

Il va sans dire que je n'ai jamais envie de me confier sur le plan personnel. Dans les quelques occasions où je parle librement, je dis toute ma pensée et m'expose inutilement. Le malaise s'installe systématiquement. C'est que je suis franc et fais confiance à mon interlocuteur. C'est là faire preuve de naïveté et manquer de tenir compte de l'impact de mes propos et de la propension de bien des gens à tout répéter, souvent incorrectement. Après avoir trop parlé, je suis pris par le remords et me demande si ce que je crois être une indiscrétion va me causer un tort important. Jeune, je crains de ne pas être en mesure d'avoir de vrais amis, parce que je suis incapable de parler de moi, intimement. Je manque la référence nécessaire pour établir si les autres se confient à leurs amis et si cela est essentiel à une amitié.

Après tout, j'ai appris à tenir compte des différences entre les gens en raison du contexte dans lequel ils évoluent, de leurs origines, de leur culture et de leurs aptitudes. Il faut respecter les gens pour ce qu'ils sont, mais c'est là un exercice de tous les jours qu'on n'arrive pas à maîtriser à tout moment. J'ai beaucoup de compassion pour les gens qui ont des vies difficiles, mais aussi peu de patience pour ceux qui ne font pas d'effort pour se tirer de leur misère. Aujourd'hui, on me voit souvent comme une personne dure, alors que je suis plutôt exigeant. J'ai quelques amis qui me connaissent mieux et qui vous diraient que je ferai des efforts pour aider une secrétaire qui manque d'assurance, un étudiant qui a besoin de conseils, un jeune avocat qui a du mal avec un dossier ou pour qui il faut ouvrir quelques portes.

Émilie, Jean-François, il est très difficile de vivre avec le sentiment que les autres ont une fausse image de soi. Mais on ne peut passer sa vie à s'expliquer; il faut agir. Agir! Voilà l'aspect dominant de mon caractère, et ce, depuis mon enfance. Voilà ce qui fera tantôt mon succès, tantôt mon désarroi.

Agir! Voilà l'aspect dominant de mon caractère, et ce, depuis mon enfance. Voilà ce qui fera tantôt mon succès, tantôt mon désarroi.

2 La route

JE NE SUIS PAS DU TYPE BAGARREUR. Mon frère Marc vous dirait toutefois que jeune, je n'ai pas souvent hésité à le défendre. Je suis alors assez en forme, pratiquant beaucoup de sports. Je ne suis pas du genre à faire de mauvais coups, mais à la fin de l'adolescence, j'ignore encore pourquoi, je suis devenu assez sec et même violent lorsque contrarié. En deux ou trois occasions, j'ai même craint d'avoir sérieusement blessé quelqu'un.

Le premier incident a lieu dans un train alors que nous rentrons à Bathurst. Deux ou trois jeunes marchent entre les bancs en vociférant ; ils semblent ivres. Arrivé en face de mon banc, le premier individu s'arrête et me dévisage ; il ne dit rien. Puis, soudainement, il me lance une tasse de café au visage et se tord de rire. Je me lève d'un bond et lui assène un coup de poing directement sur le nez. Il tombe sans connaissance. Le train se met à ralentir puis s'arrête. Lui, il est encore allongé là, par terre. Des passagers l'enjambent pour descendre. Je me tourne alors vers les amis de la victime et leur dis de le relever et de s'occuper de lui. Puis je sors du train.

Le second incident ressemble étrangement au premier. C'est le jour de la remise des diplômes à l'Université de Moncton. En après-midi, je m'arrête à un petit magasin. En sortant, je constate que ma voiture est bloquée par un autre véhicule, stationné derrière. J'entre alors dans le magasin pour demander qui est le conducteur de la voiture derrière la mienne. Personne ne répond. Je ressors, mais je sens que je suis suivi. Je me retourne et j'aperçois un grand gars. Il m'interpelle en faisant un geste de la main. Je m'avance pour lui parler et il me frappe au visage, sans avertissement. Je perds l'équilibre un instant, me ressaisis un peu, puis me lance sur lui en le frappant à la mâchoire. Le coup fait un bruit retentissant et je vois sa mâchoire se détacher vers sa droite. Il tombe soudainement sans connaissance. Ses amis se penchent vers lui et n'arrivent pas à le ranimer. Une petite foule se rassemble. Je commence à m'inquiéter et je dis au jeune homme devant moi qu'il a 30 secondes pour retirer son auto. Nerveusement, il déplace l'auto et je pars très vite. Ça n'a pas donné une belle photo lors de la cérémonie. Je n'étais pas un batailleur, mais jamais on ne m'aurait frappé sans que je me défende. Ma mère, étonnamment, était fière de son fils. Ne jamais se laisser faire, les enfants.

***

À l'école, nous n'avons accès à l'éducation en français dans les écoles publiques que durant six années. Il faut alors passer à l'anglais ou s'inscrire à une école privée. Pour les garçons, il y a trois possibilités dans la région de Moncton : le Collège Saint-Joseph de Memramcook, le Collège de l'Assomption au centre-ville de Moncton et le Séminaire Notre-Dame-du-Perpétuel-Secours à Humphrey, en banlieue de Moncton. Mes parents optent alors pour le Séminaire, une institution des Rédemptoristes du Québec où je pourrai faire le cours classique québécois. Ils m'envoient donc là-bas, et l'année suivante, mon frère Marc est venu me rejoindre. Mes visites à la maison ont lieu à Noël, à Pâques et durant l'été. Le programme scolaire est le plus rigoureux des trois disponibles, dit-on à l'époque. Les professeurs imposent un programme intensif d'activités littéraires, sociales et sportives. C'est là que j'apprends et développe un certain amour pour la balle au mur, un sport du genre racquetball, mais sans raquette, à main nue. C'est très plaisant, une fois les mains endurcies, bien sûr.

Il va sans dire que les Rédemptoristes comptent recruter des membres pour leur congrégation, un objectif jamais atteint dans mon cas ni celui de mes collègues. Je n'aime pas le programme religieux, même si je m'y soumets sans peine. Je n'ai jamais entretenu la foi religieuse, mais peut-être aurais-je dû m'adresser à une force supérieure, à l'époque ? Dans ces années-là, j'ai développé une anxiété maladive face aux examens en dépit du fait que je suis toujours un premier de classe. Rien ne changera ensuite au Collège Saint-Joseph et à l'Université de Moncton. Au Collège, je loge dans une petite chambre avec un compagnon. Pendant la première année, je me souviens des nuits passées à relire mes notes avec une lampe de poche, caché sous les couvertures ou enfermé dans le garde-robe.

Durant cette période, mon père est devenu alcoolique. Ma vie change rapidement. J'apprends qu'il boit tous les soirs et toutes les fins de semaine. Il devient taciturne et sombre dans ses états seconds. Il reste là, seul et songeur. D'habitude si volubile, il devient si discret. Un peu plus tard, il prendra l'habitude de m'envoyer lui chercher du poulet chez Deluxe Take-out pour se rassasier durant ses épisodes d'ivresse. Son alcoolisme produit bien sûr un climat de tension à la maison, puisque ma mère l'incite sans cesse à arrêter de boire et refuse de l'accompagner lors d'activités sociales. Elle sait alors qu'elle aura honte de lui. Il tente à plusieurs reprises de cesser de boire, mais ne parvient jamais à rester sobre bien longtemps. Pareil pour la cigarette.

Cette anxiété qui m'habite s'explique donc de plusieurs manières. Je veux satisfaire aux exigences académiques de ma mère et l'alcoolisme de mon père me met sur mes gardes. Je me demande si le conflit entre mes parents va se détériorer au point de mener à leur séparation. Et c'est ce qui survient finalement. Un jour, ma mère décide de quitter le foyer. Elle fait ses valises et achète un billet de train pour Québec. Mes frères, ma sœur et moi avons flairé l'affaire et avons persuadé mon père de la dissuader. Mission accomplie, elle est restée. Mais les habitudes de consommation de mon père continuent tout de même à nous inquiéter. J'ai souvent craint qu'il soit impliqué dans un accident de voiture en revenant du bureau. Il a pris l'habitude de boire au bureau, après les heures, avant de venir souper. Heureusement, nous vivons très près de l'hôpital, ce qui diminue les risques d'un tel incident. Ma mère me demande régulièrement de marcher jusqu'au bureau de mon père, de prendre ses clés et de le ramener à la maison, sain et sauf. Je fais aussi cette saisie des clés de temps en temps lorsqu'il est à l'hôtel ou au club Beauséjour pour une réception. Il n'a jamais résisté sérieusement.

★★★

Ce sont les années 1960. Les Beatles, les Rolling Stones, The Doors et Simon & Garfunkel, entre autres, illuminent la vie de millions de jeunes dans le monde. C'est l'époque des grands changements sociaux et culturels. Andy Wharhol devient une figure de proue du pop art avec ses *Campbell's Soup Cans*. Woodstock marque l'imaginaire collectif et la Beatlemania déferle sur l'Amérique. Sauf chez moi. Je suis incrédule lorsque McCartney, Lennon, Harrison et Starr débarquent à l'émission *Ed Sullivan Show* en 1964. *I Want To Hold Your Hand* ? Je ne comprends pas quel est l'intérêt. Heureusement, leur musique a bien changé par la suite.

Les grands changements à l'international trouvent également des échos près de moi, au Nouveau-Brunswick. Les États-Unis connaissent le Free Speech Movement en 1964, à l'Université de Berkeley, lançant ainsi la protestation nationale et internationale contre la guerre du Vietnam. La France vit mai 68, une grande révolte étudiante qui mènera à des grèves et qui ébranlera la Vᵉ République pendant deux mois. Durant la même période, le Québec connaît la montée du nationalisme québécois et de la souveraineté ; les étudiants vont manifester pour une meilleure éducation supérieure en français. La création des cégeps au Québec en 1967 entraîne une forte augmentation du nombre d'étudiants francophones. Les trois universités francophones de l'époque, l'Université Laval, l'Université de Sherbrooke et l'Université de Montréal, ne répondent presque plus à la demande. En décembre 1968, le réseau de l'Université du Québec est officiellement créé par le gouvernement de Jean-Jacques Bertrand et quelques mois plus tard, l'Université du Québec à Trois-Rivières (UQTR), l'Université du Québec à Chicoutimi (UQAC) et l'Université du Québec à Montréal (UQAM) sont fondées.

J'étudie à l'Université de Montréal lorsque plusieurs manifestations éclatent au centre-ville de la métropole. Le 28 mars 1969, environ 10 000 militants nationalistes se rassemblent devant l'Université McGill pour réclamer sa francisation. L'Union générale des étudiants du Québec et des groupes séparatistes comme le Mouvement souveraineté-association et le Rassemblement pour l'indépendance nationale organisent l'affaire. Dans les rues du centre-ville, les gens, surtout des étudiants, crient «McGill français» et «le Québec aux Québécois». Bien honnêtement, je suis un spectateur complètement désengagé. Cette manifestation a marqué profondément Montréal et tout le Québec. Des dizaines de personnes sont arrêtées et quelques autres sont blessées. Quelques vitrines de commerce volent en éclats sous le choc des pierres. Cette marche contribuera sans doute à l'élaboration de politiques linguistiques au Québec dans les années 1970, lorsque René Lévesque sera à la tête du gouvernement.

Pendant ce temps, chez nous au Nouveau-Brunswick, les francophones se réveillent eux aussi et se mettent à contester le pouvoir établi. Les anglophones qui dirigent la société et qui veulent réduire au silence les Acadiens seront secoués, surtout le maire de Moncton, Leonard Jones, un anglophone impitoyable à l'égard des francophones. Le tout commence le 12 février 1968 lorsque les étudiants de l'Université de Moncton votent pour déclencher une grève en réponse à une hausse des frais de scolarité. Le lendemain, des étudiants marchent vers l'hôtel de ville de Moncton pour faire reconnaître le bilinguisme dans les services de la ville. Les étudiants veulent, avec raison, une meilleure représentation du français dans les services municipaux. Cette manifestation est la première du genre dans l'histoire de la ville et met en lumière le racisme du maire Jones à l'égard des francophones. Ces événements sont diffusés dans l'excellent documentaire L'Acadie, l'Acadie!?!

Le soir de cette manifestation, le maire Jones demande que tout le monde s'adresse en anglais durant la cérémonie d'assermentation des élus à la rencontre du conseil. Le français est interdit. Puis, dans les jours qui suivent, une poignée d'étudiants déposent une tête de cochon chez le maire Jones. Des accusations sont alors portées contre des étudiants.

Ayant terminé mes études de baccalauréat en Arts avec concentration en économie et sociologie en 1967, je ne suis plus à Moncton lorsque cette tempête s'abat sur la communauté. Je ne suis peut-être pas en ville, mais je suis attentivement l'affaire et je peine à retenir ma joie et ma satisfaction. Ce soulèvement force les Acadiens à prendre conscience de leur situation réelle et attire l'attention du pays entier sur l'hypocrisie qui caractérise les relations entre les deux communautés linguistiques fondatrices dans l'une des quatre provinces présentes au début de la confédération. Ces événements ont été un tournant dans l'histoire de la communauté acadienne.

Ce n'est pas mon genre d'appuyer une telle démonstration. De fait, je n'aurai jamais manifesté pour quelconque raison dans ma vie. Mais là, je trouve que c'est allé tellement loin et que le traitement réservé aux francophones est à ce point dégoûtant qu'il faut un choc. Et ça, ç'en est un. Tout un. Puis, lorsqu'on apprend que l'Office national du film (ONF) compte en faire un film, on se dit qu'au moins les gens du Canada vont savoir qu'on existe, qu'on n'est pas assimilés et qu'on ne veut pas disparaître de sitôt. La résistance est maintenant connue.

L'Acadie, l'Acadie!?! reflète vraiment le sentiment qu'on a à l'époque, et surtout le réveil de la jeunesse acadienne. Pour moi, c'est la chose la plus importante, parce qu'à l'époque, tous les nationalistes sont âgés. La jeunesse est absente de ces mouvements-là. Et bien plus maintenant.

Mon nationalisme acadien, à défaut d'une meilleure définition, résulte simplement de la situation que j'ai vécue comme adolescent à Moncton. Ce sont les années durant lesquelles la discrimination était ouverte. On peut discriminer dans l'emploi, les services publics et les services privés. On peut empêcher l'emploi du français sur les lieux de travail, même au Canadien National, une société de la Couronne fédérale. On peut mettre en place un système scolaire voué à l'assimilation linguistique et culturelle avec l'appui enthousiaste des médias anglophones. Tout cela est révoltant, mais la passivité règne encore. Elle est implicitement encouragée par certaines personnes de notre communauté. Heureusement, je ne suis pas issu d'une famille où on se sent inférieur ou disposé à se satisfaire de son sort.

L'arrivée de Louis J. Robichaud au pouvoir donne un souffle inespéré à un peuple qui a besoin d'oxygène dans cette société conservatrice et anglo-saxonne. Nous, francophones, formons près de 38 % de la population, mais notre pouvoir politique est réduit à des miettes depuis la Confédération. Le Québec vit sa Révolution tranquille, certes, mais le Nouveau-Brunswick a également la sienne et, parfois, un peu moins tranquille. Les premiers ministres Lesage, du Québec, et Robichaud sont alors très proches. Les deux chefs libéraux ont remporté les élections en juin 1960. Jean Lesage a son équipe du tonnerre ; Robichaud a la population francophone derrière lui.

Au Nouveau-Brunswick, le programme « Chance égale pour tous » transformera non seulement les institutions gouvernementales, mais toute la société néo-brunswickoise. À l'époque, ce n'est pas seulement une question linguistique qui pose problème. La plupart des comtés ruraux sont en faillite ; la province est obligée de payer les employés à la fin de chaque mois. Le système d'éducation bat de l'aile depuis des années et le gouvernement conservateur a décidé de flanquer une taxe sur les soins de santé, ce qu'on appellera

> Mon nationalisme acadien, à défaut d'une meilleure définition, résulte simplement de la situation que j'ai vécue comme adolescent à Moncton. Ce sont les années durant lesquelles la discrimination était ouverte.

la fameuse prime d'assurance maladie. Selon plusieurs observateurs, dont l'ancien attaché politique du premier ministre Robichaud, Robert Pichette, « ça a été le déclencheur, puisque les gens ne veulent et ne peuvent la payer ». Ainsi, « P'tit Louis » ne s'adresse plus seulement aux francophones, il ratisse désormais dans les comtés très anglophones comme Queens et dans la Ville de Saint-Jean, dans le sud de la province. Oui, les francophones porteront Louis Robichaud au pouvoir, mais sans l'appui des comtés anglophones, il est impossible d'être élu pour former un gouvernement.

Le programme « Chance égale pour tous » est tout de même controversé puisqu'il coïncide avec une plus grande intrusion du gouvernement provincial dans la vie des Néo-Brunswickois. Abolition des conseils de comté qui administraient les services locaux (les municipalités, en quelque sorte), centralisation de l'éducation, de la santé, du bien-être social et de l'administration de la justice sont dans la mire du gouvernement Robichaud. L'égalité est la priorité. Tout le monde peut accéder aux services gouvernementaux. Même si la province est pauvre, le gouvernement débloque des fonds pour moderniser les écoles publiques et les hôpitaux partout dans la province.

Surtout, pour la première fois de l'histoire, nous dirigeons, nous, les Acadiens. Nous obtenons notre université francophone, l'Université de Moncton, en 1963. Puis, nous voulons l'égalité sur le plan juridique, et nous l'obtenons en 1969 avec l'adoption de la *Loi sur les langues officielles*, qui fait de l'anglais et du français les langues officielles de la province. Dorénavant, le gouvernement doit, en vertu de la loi, assurer les services publics en anglais et en français. Bien qu'elle ne soit pas très contraignante, qu'elle soit molle à certains égards, la loi est un symbole tellement fort qu'elle nous garantit le principe d'égalité, surtout qu'elle est adoptée à l'unanimité par l'Assemblée législative. Quelques mois plus tard, le gouvernement fédéral de Pierre Elliott Trudeau adoptera une loi similaire. L'idée a toutefois été avancée par le gouvernement libéral de Lester B. Pearson, en 1963, lorsqu'il met sur pied la Commission royale sur le bilinguisme et le biculturalisme, mieux connue sous le nom de commission Laurendeau-Dunton. Cette commission d'enquête a pour mandat de recommander des mesures pour que le Canada avance, en tant que fédération, en adoptant le principe d'égalité entre les deux peuples fondateurs. Elle met alors l'accent sur les problèmes culturels et linguistiques qui divisent le pays. Plusieurs recommandations sont formulées dans le cadre des travaux qui dureront près de sept ans. L'officialisation du français et de l'anglais comme langues officielles, tant au fédéral qu'à l'intérieur des provinces du Nouveau-Brunswick, du Québec et de l'Ontario, en est une. Pour finir, le gouvernement fédéral acceptera de faire du Canada un pays bilingue sur le plan formel. Toutefois, la notion de peuples fondateurs se perdra avec le temps lors de l'adoption du multiculturalisme.

★★★

Si la grande réforme sociale «Chance égale pour tous» mène à des tensions politiques au Nouveau-Brunswick, la *Loi sur les langues officielles*, elle, rallie progressistes-conservateurs et libéraux. C'est dans l'air du temps et les deux grands partis politiques veulent alors donner une plus grande reconnaissance au français dans la province. Lorsque le premier ministre du Canada Lester B. Pearson sort un lapin de son chapeau avec la création d'une commission d'enquête, «p'tit Louis» s'assure que ce lapin courra longtemps. À sa grande réforme «Chance égale pour tous», le premier ministre décide d'ajouter le bilinguisme officiel. La petite province des Maritimes bénéficiera du vaisseau amiral du fédéral. Le père Clément Cormier, qui a été l'instigateur de l'Université de Moncton, siège à cette commission nationale. Il proposera de prendre des recommandations de la Commission pour ensuite les appliquer à la réalité néo-brunswickoise.

Soudainement, relate Robert Pichette, cela devient une priorité gouvernementale. Un matin, Louis Robichaud ouvre la porte du bureau de son chef de cabinet et lui demande : «Pis ? Où est-ce qu'on en est avec le projet sur les langues officielles ?» Un secrétariat provincial s'occupe du dossier et les choses n'évoluent pas très vite. M. Pichette balbutie une excuse au premier ministre, ne sachant pas trop comment dire les choses. Finalement, il concède qu'il n'y a rien de concret.

«Comment il n'y a rien !? Grouille-toi !», tonne le premier ministre, selon Pichette. Un sentiment d'urgence gagne alors les employés du bureau du premier ministre. Robert Pichette dit à son adjoint Pierre Vachon de l'accompagner chez Clément Cormier. Ils y passeront presque une journée entière à travailler d'arrache-pied. Ce soir-là, M. Pichette a du matériel pour un projet de loi qui changera l'histoire de la province. L'Assemblée législative a finalement adopté la *Loi sur les langues officielles* le 18 avril 1969, quelques mois avant celle du gouvernement Trudeau.

Certes, la loi n'est pas aussi contraignante que celle adoptée par la Chambre des communes. Plus de 50 ans plus tard, l'avocat Michel Doucet explique que «les deux [lois] déclaraient l'anglais et le français langues officielles, une pour les institutions fédérales, l'autre pour le Nouveau-Brunswick au niveau des institutions provinciales. Autre que cela, il n'y a pas énormément de comparaisons qu'on peut faire entre les deux».

La loi fédérale va alors beaucoup plus loin que celle des libéraux provinciaux. À Ottawa, déjà, on reconnaît la langue de travail, le commissariat aux langues officielles est créé pour assurer un rôle de chien de garde auprès du gouvernement. Le pouvoir exécutif doit respecter cette loi qui assure l'égalité des deux langues. Au Nouveau-Brunswick, pas de commissaire ni de contraintes pour les fonctionnaires. Elle est symbolique et c'est pas mal tout. Mais ce symbole est extrêmement important. Il va sans dire que pour moi, c'est l'une des choses les plus importantes qui soient arrivées dans l'histoire du pays. À partir de ce moment, on m'a lancé un message extrêmement clair : anglophones et francophones sont égaux et doivent donc être traités de façon égale. Je ne l'ai pas oublié.

***

Nous sommes en plein été, à la fin des années 1960, et je pars de la maison de mes parents pour me rendre à Alma, dans la baie de Fundy. Je traverse le petit village de pêcheurs avec mon super bolide, une Ford Galaxie au très gros moteur V8. Pendant trois étés, je vous assure que les résidents et mes collègues seront bien au courant de ma présence. Le soleil est timide lorsque je gare ma voiture pour aller rejoindre l'équipe de la voirie. Les enfants, je suis alors bûcheron et ma mission est de défricher la forêt pour qu'un chemin traversant le parc national Fundy soit construit. Oui, votre père a déjà utilisé une scie mécanique et une hache ! Je fais partie d'une équipe d'environ cinq jeunes sous la supervision de Mac McGinnis, un colosse de 6 pieds 5 pouces et 300 livres. Originaire du Cap-Breton, c'est un homme extraordinaire. Imaginez, il peut soulever une voiture Volkswagen tout seul ! Le travail dans le parc est assez dangereux. Des collègues se sont gravement blessés avec les scies à chaîne. Le travail est dur dans le bois, avec les mouches, durant les grandes chaleurs d'été.

L'une de mes tâches est aussi de faire le tour des terrains de camping le soir. Il est rare que des personnages connus se trouvent dans le parc, mais à une occasion, j'ai eu la chance de voir l'actrice Yvette Mimieux, qui a joué dans le film The Time Machine du réalisateur George Pal quelques années plus tôt. Vous pouvez imaginer la fierté qui m'habite lorsque je raconte cette histoire à mes amis ! Et croyez-moi, je pense que je la raconte encore aujourd'hui. C'est seulement dommage que je n'aie pas eu d'appareil photo pour immortaliser le tout. Ils ont dû me croire sur parole.

Le travail physique me convient certainement. Outre couper des arbres à Fundy, je passe des étés de ma jeunesse à conduire un camion de produits réfrigérés entre Moncton et Charlottetown. Je fais un exercice similaire pour la cueillette de bidons de lait dans les fermes de la région de Shédiac et Barachois, quelques années plus tard. J'obtiens aussi un emploi à l'inspection de sécurité des véhicules sur les routes du sud-est. En hiver, je vends du linge chez Rubens et des encyclopédies en faisant du porte à porte. Ce n'est pas difficile pour moi de faire ces tâches, sauf peut-être pour la vente d'encyclopédies. De fait, j'aime beaucoup être en compagnie des travailleurs pendant mes années collégiales et universitaires.

Je deviens aussi de plus en plus à l'aise socialement. Je commence à « courir » les filles dans ces années-là. Courir est un bien grand mot. Je ne pense pas être Don Juan, mais j'ai finalement une petite amie à Moncton. Elle s'appelle Suzanne et elle est très, très belle. Un jour, elle a fait des photos de mode pour des revues.

Elle était belle comme ça! Je me souviens qu'elle a subi un malheureux accident en pratiquant un sport de glisse et qu'elle a été dans le plâtre pendant de longs mois. J'ai peut-être 18 ou 19 ans et Suzanne est ma première flamme. Je suis sorti avec elle pendant deux ans. Peut-être moins. Je ne suis pas vraiment amoureux d'elle, mais j'aime être en sa compagnie, notamment parce qu'elle est une véritable beauté. Le fait que nous n'ayons pas grand-chose en commun me déplaît. Elle n'a aucune intention d'aller au collège ou à l'université. Je décide donc de la laisser pour cette raison. Je lui dis alors : « Dans cinq ans, on n'aura plus rien à se dire. Je vais avoir changé, et toi tu n'auras pas changé. »

Mon plus grand succès en amour arrive peu de temps après. En fait, ce n'est pas un succès, c'est une réussite. C'est l'accomplissement de ma vie. Nous sommes dorénavant dans la deuxième moitié des années 1960. C'est quelque temps après mon arrivée à l'Université de Moncton et je suis célibataire, sans amie à l'horizon. En solitaire, j'écoute avec joie Elvis Presley, je boude les soirées dansantes et les événements où on entend les mélodies des Beatles. Je demande donc à une grande rousse du comté de Madawaska si elle veut sortir avec moi un soir. Elle refuse mes avances. Je vous avoue les enfants que je n'ai pas trop aimé cela. La peur en moi s'est installée. J'ai peur qu'une autre fille refuse mes avances. Vraiment, ma confiance est ébranlée. Je me dis alors que c'est terminé et que je ne demanderai plus à personne de sortir. Ma grève de la drague durera un an et ça ne m'aura pas dérangé du tout.

Mais voilà que Ginette Gagné est dans ma classe. Ginette est une fille super, mais elle a un *boyfriend*. Par principe, je ne lui demande pas de sortir avec moi, mais Ginette m'aime beaucoup et nous placotons régulièrement. Originaire de Grand-Sault, au Nouveau-Brunswick, elle loue un appartement avec d'autres filles à Moncton. Un jour, elle s'assoit à côté de moi en classe et m'annonce qu'elle m'a organisé une sortie avec une dénommée Yolande Martin. Je ne la connais pas du tout, mais nous nous sommes possiblement déjà croisés sur le campus de l'Université de Moncton. À l'époque, il n'y a pas beaucoup de bâtiments sur le campus et toutes les étudiantes et tous

Mon plus grand succès en amour arrive peu de temps après. En fait, ce n'est pas un succès, c'est une réussite. C'est l'accomplissement de ma vie.

les étudiants se voient un jour ou l'autre. Ginette me dit donc : « Yolande ne sort avec personne et il faut qu'elle sorte. Il faut que tu sortes aussi, donc vous allez sortir ensemble. »

La grande rencontre a lieu au parc Fundy où une fête étudiante est organisée. Yolande est du type studieux, comme moi. Ce soir-là, elle prend congé d'étude pour aller à cette soirée. C'est comme ça que nous nous sommes rencontrés. C'est l'année 1967, les Rolling Stones, les Supremes et les Doors se partagent la tête du Billboard 100. Nous avons la vie devant nous. Dès le premier soir, je sais que je suis en compagnie d'une jeune femme extraordinaire. Elle est alors étudiante en arts mentions sciences et biologie. Elle est originaire de Caraquet, dans la Péninsule acadienne, moi de Moncton. Ils sont trois frères et sœurs, nous quatre. Nos deux mères ont travaillé avant de devenir femmes au foyer. Son père est voyageur de commerce, le mien pathologiste. Je viens de la ville, elle de la campagne. Durant ses études, elle développe une passion pour la littérature et la génétique. Elle est une femme sérieuse, studieuse avec qui je veux passer le plus de temps possible.

Un jour, nous sommes plus ou moins allongés sur un divan et ma tête repose sur ses genoux. Dès cet instant, j'ai l'impression que nous pourrions faire notre vie ensemble. C'est inexplicable, je le sais. Illogique. Nous avons découvert l'amour comme un cadeau et l'avons partagé sans pause depuis. Nous étions alors et restons toujours inséparables. Un an plus tard, nous nous sommes mariés, à Caraquet. Elle voulait pourtant attendre quelques années. Moi, j'étais pressé.

> Dès le premier soir, je sais que je suis en compagnie d'une jeune femme extraordinaire.

3 Debout

JE VIENS TOUT JUSTE DE TERMINER DES ÉTUDES en économie et sociologie à l'Université de Moncton et je veux devenir enseignant. À l'université ou à l'école, ça m'est égal, je souhaite seulement transmettre mon savoir et former la prochaine génération. J'adore les enfants et pour moi, il est tout naturel de me diriger dans ce domaine. J'aime d'abord et avant tout les « sciences molles », les sciences sociales. À l'école, j'ignore complètement qu'un jour je deviendrai avocat. Et encore moins, juge.

J'ai cependant toujours été incertain et anxieux par rapport à mes choix de carrière. Encore aujourd'hui, je me poserais mille et une questions avant d'accepter ou de refuser un emploi. J'ai pratiquement pris une vie entière à trouver un travail satisfaisant. Lorsque je termine mes études à l'Université de Moncton, la Société Radio-Canada recrute des présentateurs de nouvelles pour les mois d'été à Moncton. Le journalisme, pourquoi pas ? Je me présente aux essais pour me faire dire, finalement, que je n'ai pas « le bon accent » ni une voix « radiophonique ». Tant pis. Je mets cela de côté et me concentre sur l'enseignement. Même si je me vois exercer cette profession, je demeure indécis. Il y a un doute qui subsiste dans mon esprit. Un jour, mon père voit bien que je suis tourmenté. Il sent mon anxiété.

Depuis ma tendre enfance, je suis premier de classe et j'ai une grande facilité dans tous les domaines. « C'est normal que tu ne saches pas ce que tu veux », me dit-il. Ça ne m'aide pas tellement qu'on me dise cela. Mon père est généralement de très bon conseil. Certes, il est foncièrement dynamique, drôle et divertissant, mais il a cette qualité d'écoute et de conseil difficilement descriptible. Je discute avec lui pendant quelques minutes. Ce n'est rien de très élaboré ou officiel, mais cette conversation est pourtant l'une des plus marquantes de ma vie. Mon père veut connaître mes objectifs de vie, ce que je souhaite accomplir. Ce n'est pas de savoir quelle profession je veux exercer plus que tout au monde, mais plutôt de savoir quelle sera ma mission. Pourquoi suis-je sur terre ? Mon père n'aurait jamais compris si je lui avais dit que je voulais « un bon salaire et vivre confortablement en faisant le moins d'effort possible ». C'est une réponse inadmissible pour lui. Et au fond, entre vous et moi, je pense comme lui. Je réfléchis un peu à sa question. En réalité, je sais pertinemment que je veux accomplir quelque chose qui a une valeur profonde pour la société. C'est ce que je lui dis, sincèrement, sans trop y penser : « Le droit », me répond-il du tac au tac. Selon lui, si mon intérêt primordial est pour les sciences sociales, je dois penser à faire des études en droit. Il m'explique que cette discipline est la plus rigoureuse de toutes et celle qui m'ouvrirait le plus de portes. Je souris. Mon père est devenu pathologiste parce que sa santé ne peut plus soutenir son style de vie comme médecin de campagne. Il a toujours eu une affection particulière pour le droit. Il a souvent été appelé à témoigner à titre d'expert dans des procès pour expliquer le résultat de ses autopsies, dans le cas de meurtres en particulier. Il s'est ensuite spécialisé pour devenir médecin légiste et est devenu l'un des experts les plus en vue dans les Maritimes. Cette proposition n'est donc pas surprenante. C'est naturel. Le droit, pourquoi pas ? Ce n'est pas que je veuille défendre des bandits, mais bien aider mon prochain et appuyer ceux qui n'ont pas le pouvoir et la chance de se garder la tête en dehors de l'eau.

Avec le temps, j'ai développé un amour du droit et un attachement pour tout ce qui a trait à la justice, et surtout à la justice sociale. Pour moi, dans une société trop judiciarisée en raison de la déconfiture des facteurs de solidarité communautaire, il est important pour les juristes de jouer un rôle déterminant pour appliquer le droit avec compassion. Ce sera là ma définition de la justice. J'ai aussi appris au fil des années que l'approche multidisciplinaire est indispensable dans la majorité des domaines et j'ai trouvé beaucoup de satisfaction à travailler avec les spécialistes d'autres disciplines.

★★★

En arrivant à Montréal, je ne pense pas un instant que je m'apprête à vivre les années les plus formatrices de ma vie. J'exercerai plusieurs professions dans ma vie et les études à Montréal auront été formatrices pour chacune d'entre elles. J'y apprends à mieux parler et écrire la langue française, à mieux analyser des textes et à préciser ma pensée. Avec le recul, je n'ai cependant jamais maîtrisé la langue comme je l'aurais voulu et suis toujours admiratif des

Le droit, pourquoi pas ?

professeurs que j'ai connus plus tard, à l'Université de Nice, pour l'étendue de leur vocabulaire. À l'Université de Montréal, j'apprécierai l'ambiance qui règne sur le campus et la vie en français. Juste en français. Parce que, vous aurez compris qu'avec l'éducation que j'ai eue, il n'est pas question d'aller étudier dans la langue de Shakespeare. À l'époque, seules l'Université Dalhousie à Halifax et l'Université du Nouveau-Brunswick (UNB) à Fredericton offrent une formation en droit dans les Maritimes. En 1967, il n'y a pas de faculté de droit en français au Nouveau-Brunswick. La Faculté de droit de l'Université de Moncton, que j'ai participé à créer, sera mise sur pied à la fin des années 1970. Ce sera d'ailleurs la première faculté de *common law* française au monde. Mais me voilà en 1967 avec très peu d'options sous la main. Ma priorité est d'étudier en français. L'école de droit de l'Université Laval a bonne réputation, et celle de Montréal aussi.

Je me présente donc à l'examen d'admission à l'Université de Montréal. À mon arrivée dans la salle d'examen, je constate rapidement que je serai le seul Acadien à être admis. Encore un isolement à envisager!

Tout au long de mes études à Montréal, je me sentirai mis à l'écart. Peut-être est-ce de ma faute? En première année, la classe compte environ 320 étudiants. Il y a tout un contingent de diplômés du Collège Brébeuf qui est bien solidaire et qui prend beaucoup de place. Ils semblent tous voir les autres étudiants, ceux du Lac-Saint-Jean, de Gaspésie, de Beauce, les quelques étudiants juifs, la poignée d'anglophones bilingues, et moi, le petit Acadien, comme des étrangers.

Dans mes cours de la promotion 1970, je côtoie celle qui siégera 30 ans plus tard avec moi à la Cour suprême, Louise Arbour, et le futur premier ministre du Québec, Pierre Marc Johnson. Nous sommes parfois dans les mêmes cours, mais nous ne sommes pas proches. Je n'ai alors pas beaucoup d'amis. J'étudie beaucoup et je fréquente surtout Yvan Bolduc, le premier de classe incontesté. Yvan aura une brillante carrière d'avocat spécialisé en litige civil et commercial. Il comptera parmi ses clients les anciens premiers ministres québécois Lucien Bouchard et Jacques Parizeau. En sortant des bancs de l'université, Yvan est devenu auxiliaire juridique, ce qu'on appelle couramment des «clercs», pour le juge en chef de la Cour suprême du Canada, Gérald Fauteux. Puis, je me suis aussi lié d'amitié avec Hélène Dumont, qui deviendra plus tard vice-doyenne et vice-rectrice à l'Université de Montréal.

Est-ce qu'on m'exclut en raison de mes origines? Je ne pense pas. D'abord, est-ce même de l'exclusion? Je ne dis pas qu'ils m'ignorent, mais j'ai le sentiment de ne pas être des leurs. Cela dit, je ne m'en fais pas trop puisque j'ai d'excellents rapports avec plusieurs professeurs et quelques amis. Un fait demeure toutefois: Yolande est loin et je me sens bien seul à Montréal. Après avoir été diplômé de l'Université de Moncton, j'ai pris la route de la métropole sans ma bien-aimée. Yolande est retournée à Caraquet auprès de sa mère après le décès de son père qui est mort d'une crise cardiaque à l'âge de 56 ans. Dans la Péninsule acadienne, elle enseigne la 9ᵉ année à l'école régionale. Elle n'a que 20 ans et elle enseigne le français, l'histoire et la religion, qui est en fait un cours de morale, à pas moins de 85 enfants répartis dans trois classes.

Sa vie est donc très occupée et bien remplie. Elle vous dira qu'elle n'a pas eu le temps de s'ennuyer de moi. Avec son salaire, elle s'assure que la maison ne manque de rien. Le plan initial est une relation à distance pour la totalité de mes études à Montréal. Mais, après quelques mois seulement, je m'ennuie. Beaucoup. Après un an, je me tanne et je fais la grande demande. Votre mère et moi nous marions en août 1968 à Caraquet. Quelques semaines plus tard, elle emménage avec moi dans un petit appartement minable près de l'Université de Montréal. Nous vivons alors une vie d'étudiants, sans argent et sans sorties. Yolande a consacré ses économies à l'achat d'une Volkswagen Beetle usagée et elle peine à se trouver un emploi. Jamais elle ne pourra enseigner au Québec puisqu'on ne lui reconnaît pas son expérience du Nouveau-Brunswick. Elle postule ensuite pour bon nombre d'emplois, notamment dans le domaine pharmaceutique. En vain. Notre situation est d'ailleurs instable puisque nous ne savons pas ce que nous ferons après mes études. Resterons-nous au Québec? Irons-nous dans notre province natale? Bref, elle cesse ses recherches le temps que je finisse mes études.

La Faculté de droit de l'Université de Montréal est un milieu beaucoup plus intellectuel et étudier le droit est vraiment gratifiant. Il y a une méthodologie, une langue associée à cette discipline que j'affectionne particulièrement. Je travaille beaucoup avec des principes et des objectifs clairs, et ce, depuis ma tendre enfance. Je ne m'inquiète aucunement quand les professeurs prédisent que nous serons environ 260 en deuxième année. Je ne sais pas encore si je vais pratiquer le droit, mais je sais que je suis au bon endroit. J'ai surtout la certitude d'être dans une bonne école, un bon milieu, une belle ville, à une belle époque.

Les enfants, je vous écris et je repense qu'il n'y a pas si longtemps, j'ai travaillé au sein d'une commission visant à établir le salaire des juges militaires et j'ai dû choisir un président pour mon comité. J'ai choisi Jean-Louis Baudouin, un de mes professeurs à l'Université de Montréal. Il a pris sa retraite et il est un peu plus vieux que moi. Je me souviendrai toujours que son père, qui nous a aussi enseigné, est mort soudainement, comme ça, en terminant un cours. Il a fait une crise cardiaque et tout le monde a accusé les étudiants parce que nous avons été durs à son égard. Immigrant de France, il a toujours enseigné comme un Français. Lorsque je suis ses cours, je vois comme il est rigoureux tant sur le fond que sur la forme. Son français est parfait. Jean-Louis, son fils, nous enseigne aussi à l'époque. Les gens aiment alors autant le fils qu'ils rejettent le père. Les deux m'ont beaucoup influencé, parce que j'admire leur capacité intellectuelle et qu'il est tellement épanouissant de voir des gens parler parfaitement le français.

★★★

Les trois quarts des étudiants sont séparatistes. Ils sont membres du Parti québécois (PQ) ou du Mouvement souveraineté-association. Je n'ai jamais voulu devenir membre du PQ et je dois admettre que je n'ai jamais voté pour ce parti, pourtant progressiste à bien des points de vue. J'ai toujours, sans exception, voté pour le Parti libéral. Toujours. Il n'y a pas une fois où j'ai voté autre chose que libéral. Nulle part. Durant cette période, j'appose tout de même un autocollant du PQ sur ma voiture pour m'éviter des ennuis. Voyez-vous, je crains qu'on fracasse les vitres de ma voiture. Nous vivons alors de grands bouleversements et la tension règne en ville. Déjà que je ne suis pas de l'endroit, je ne veux surtout pas prendre de risque. Nous sommes en 1970 lorsque j'obtiens finalement mon diplôme. Nous sommes au printemps et le Front de libération du Québec (FLQ) gagne du terrain à la veille de ce qu'on appellera plus tard la crise d'Octobre. Quelques mois plus tard, un diplomate britannique sera kidnappé et un ministre québécois assassiné.

Je ne veux pas revenir en détail sur ce pan de l'histoire du Québec, mais je vous avoue, Émilie et Jean-François, que je suis frappé d'une très grande tristesse durant ces événements. Les étudiants sont alors très politisés, mais l'émotion les gagne et certains, dont bon nombre étudient à la Faculté de droit de l'Université de Montréal, appuient le FLQ. Appuyer un mouvement révolutionnaire n'est pas toujours problématique. Mais que mes collègues de classe en droit endossent les activités du FLQ, qui assassinera tout de même le ministre de l'Immigration, du Travail et de la Main-d'œuvre, Pierre Laporte, est indigne, irréfléchi, voire écœurant. À ce moment-là, je ne peux m'empêcher de ressentir une certaine tristesse en constatant que des étudiants ne comprennent même pas ce qu'ils étudient. Ils ne comprennent pas l'importance d'un système de justice démocratique. Pour moi, les actions du FLQ ne sont pas seulement illégales, mais elles s'apparentent drôlement à du terrorisme. Ces gens mettent des bombes dans des boîtes aux lettres. Ils ne s'attaquent pas seulement aux membres du gouvernement, à la police, à l'armée. Ils s'en prennent aux gens ordinaires. Ce sont des gestes gratuits qu'on ne peut pas pardonner et qui ne donnent finalement rien. Tu ne bâtis rien. Je ne pense pas cela par désaccord ou même par haine à l'égard des séparatistes ; au contraire, j'ai plusieurs amis qui sont péquistes. Je respecte ceux qui fondent leur allégeance sur une croyance que le Québec ne sera jamais égal au Canada pour des raisons politiques, démographiques, culturelles et même économiques. Je n'ai jamais eu de problème avec un tel raisonnement. De fait, je respecte cette idéologie et je pourrais la défendre, sans pour autant être en faveur. Toutefois, ceux qui sont souverainistes par vengeance à l'égard des Anglais qui ont battu les Français sur les plaines d'Abraham ne me convaincront jamais. J'estime qu'il s'agit là d'une idiotie incompréhensible. Et Dieu sait qu'ils sont nombreux à l'époque à défendre pareille opinion.

En octobre, quand le premier ministre canadien Pierre Trudeau invoque la *Loi sur les mesures de guerre*, je sursaute. Initialement, je suis en faveur, mais je demeure sceptique. Je ne sais pas s'il s'agit d'une action exagérée par rapport au mouvement séparatiste ou si c'est totalement lié aux actions du FLQ. Je me demande quelle est la vraie raison de son action. Je suis d'avis qu'il s'agit là d'une mesure extrême et qu'il faut inévitablement que le danger soit extrême pour y recourir. Or, je n'en suis pas convaincu. Il y a un enlèvement limité et le meurtre d'un ministre. Plus je suis les événements, plus je constate que le premier ministre du Canada s'en prend au Parti québécois et au mouvement séparatiste. C'est un moyen de les écraser, ni plus ni moins, et de leur faire peur en les mettant en prison. Je suis contre cela. La démocratie ne fonctionne pas comme cela. En même temps, il est difficile d'imaginer que celui qui a invoqué cette loi, si restrictive, qui brime les libertés individuelles des Canadiens au Québec, soit la même personne qui adoptera une décennie plus tard la *Charte canadienne des droits et libertés*. Il y a là quelque chose d'irréconciliable et c'est pour cela que ça ressemble étrangement à une vengeance politique. Je suis déçu de mon premier ministre.

★★★

Joseph Zénon Daigle est un homme brillant. Originaire du comté de Kent, comme mon père, il est parti de rien pour finalement accomplir de grandes choses pour le Nouveau-Brunswick. Sa vie sera parsemée d'embûches. Septième de neuf enfants, il grandit dans une extrême pauvreté. Son père fermier, raconte-t-on, n'a jamais eu plus de dix dollars de son portefeuille. Joe trimera dur pour aboutir dans un cabinet d'avocats de sa région natale. Il fréquentera le Collège Saint-Joseph, puis fera son droit à UNB, avant d'obtenir une bourse pour étudier le droit aux cycles supérieurs, en 1958-1959, à l'Université de Paris. À son retour d'Europe, il rejoint la garde rapprochée de son ami de longue date, Louis J. Robichaud, fraîchement élu premier ministre de notre province. Il sera son adjoint pendant deux ans avant d'être hospitalisé pour une tuberculose. Il met alors des mois, si ce n'est des années, à s'en remettre. Guéri, il décide de s'éloigner de la jungle politique de Fredericton pendant plus d'une décennie. Il rentre plutôt dans ses terres, dans son patelin, et ouvre son cabinet d'avocats à Richibouctou, puis à Bouctouche, où il pratique le droit criminel, notamment, avec Guy Richard qui sera plus tard juge en chef de la Cour du Banc de la Reine.

Joe est un excellent avocat, parfaitement bilingue, il a une attitude très posée. Puis, comme par magie, il est nommé juge à la Cour provinciale en 1967. Louis J. Robichaud est toujours premier ministre. À 32 ans, il devient ainsi le plus jeune juge de l'histoire de la province. Enfin, deux ans plus tard, il reçoit un autre appel du premier ministre Robichaud. Et cet appel changera ma vie pour un temps.

★★★

Je suis anxieux. Je vois mai arriver à grands pas et j'ignore toujours ce que je vais faire de mon été et même de mon automne. Je n'ai pas le goût de pratiquer le droit au Québec et ne cherche pas de cabinet pour faire ma cléricature. J'hésite, valse entre les options qui ne sont pas pour ainsi dire « béton ». Faire mon cours de *common law* à McGill, poursuivre ma carrière dans le monde de l'enseignement ou encore faire ma maîtrise sont toutes des options que je soupèse. Je suis complètement indécis. C'est absurde puisque je suis rendu à la toute fin et je n'ai pas d'idée claire. J'aurais dû me décider plus vite que cela. Mais je me sens à l'étranger à Montréal. Il est difficile de s'y faire des réseaux. Évidemment, je ne connais pas un seul avocat qui pratique le droit au Québec. À l'époque, mes collègues de classe parviennent facilement à se trouver des postes au sein de cabinets ou encore dans la fonction publique. Ma seule option est un oncle par alliance à Québec, Roland Legendre, qui est juge et qui m'a suggéré de communiquer avec son ancien cabinet. Mais encore là, il n'y a pas de garantie. Puis, le téléphone sonne. Un dénommé Joe Daigle est au bout du fil. Son nom me dit quelque chose, sans plus.

Quelques semaines plus tard, j'ai M. Daigle devant moi. Nous sommes à la Faculté de droit et il me parle de son projet. J'ai devant moi un homme éloquent, pas particulièrement grand, mais élancé et surtout très articulé.

« Vous êtes l'un des seuls Acadiens à avoir étudié le droit en français. Vous êtes un jeune homme brillant et je veux que vous vous joigniez à mon équipe », se souvient M. Daigle, assis à son bureau dans son appartement du centre-ville de Moncton en 2017. Son « équipe », c'est le groupe de traduction et de consolidation des lois du Nouveau-Brunswick, une organisation lancée par le premier ministre Robichaud après l'adoption de la *Loi sur les langues officielles* quelques mois plus tôt. Le mandat de Me Daigle est de traduire les lois, mais aussi de faire un grand ménage et de consolider les lois. La consolidation signifie essentiellement de prendre, par exemple, une loi adoptée en 1950, amendée en 1960, en 1966 et 1969, et de l'actualiser pour éviter de fouiller les amendements. Or, lorsqu'on consolide, il est parfois pertinent de faire un peu de ménage, parce qu'il y a peut-être des choses qu'on peut enlever, qu'on veut définir différemment. Le groupe veut aussi s'assurer que la terminologie soit la même d'un ministère à l'autre, parce que les choses ne sont pas particulièrement structurées. Par exemple, la description des immeubles dans la *Loi sur les biens* peut ne pas être la même que dans la *Loi sur la location des locaux d'habitation*.

J'écoute ce qu'il a à me proposer, puis lui réponds : « Vous savez, je viens de finir mon droit et j'aimerais pouvoir le pratiquer. » Le projet doit durer deux ans et Me Daigle, persuasif, me dit qu'il pourrait être bien d'intégrer l'équipe, de rencontrer un peu les gens influents de Fredericton. « Ce n'est pas une mauvaise expérience tant sur le plan professionnel que personnel », me dit-il. Je constate l'ampleur de sa tâche. Disons qu'il a intérêt à être convaincant, puisqu'il est extrêmement exigeant de bâtir une équipe de la sorte.

« J'ai cherché conseil. J'ai eu des rencontres à Ottawa au bureau de traduction. J'ai réalisé très vite que ce n'était pas facile. D'abord, pour la traduction des lois, j'étais conscient que je ne pouvais pas juste aller chercher des traducteurs à Ottawa. Dans plusieurs aspects du droit, de *common law* au Nouveau-Brunswick, la terminologie en droit des biens n'existait pas à Ottawa. Je voulais essayer de trouver quelqu'un d'ici qui avait eu une formation de *common law* et de traducteur en même temps, mais ça n'existait pas. Donc, je suis allé à Ottawa. Il y a eu des étapes dans ça. Au tout début, j'ai embauché des traducteurs du Québec, des Québécois ou des Français et le plus près que je pouvais trouver c'était un type comme Michel qui finissait son droit à l'Université de Montréal, mais qui était d'ici. Quelqu'un qui avait une très bonne connaissance de l'anglais. Alors, c'était un peu le type de traducteur que j'avais besoin. Il n'était pas traducteur de métier, mais je savais que le français l'intéressait beaucoup. C'est à ce moment que je l'ai approché en avril et il a accepté de venir », raconte Joe Daigle. Outre moi, il approche d'autres jeunes francophones comme Fernand et Aldéa Landry, qui finiront par être très impliqués en politique provinciale. Fernand sera chef de cabinet et stratège du premier ministre Frank McKenna et Aldéa deviendra la première femme à occuper les fonctions de vice-première ministre au Nouveau-Brunswick. Aldéa sera également ministre des Affaires intergouvernementales pendant les discussions entourant l'Accord du lac Meech.

Sans trop penser, j'accepte l'offre. Yolande et moi retournons donc dans notre province natale. Toutefois, un problème additionnel se pose : l'équipe est basée à Fredericton, une ville de loyalistes unilingues. Par chance, nous avons un couple d'amis francophones vers qui nous tourner. Les Landry occuperont une place importante dans nos vies et nous avons développé une belle amitié avec eux au fil des années.

★★★

Yolande comprend pourquoi nous aboutissons à Fredericton. Elle comprend, mais n'est pas pour autant heureuse de ce dénouement. Ce n'est pas une destination rêvée, certes. Le choix ne signifie pas qu'on y restera toute notre vie, mais quand même, il y a ce nuage gris au-dessus de notre tête. Je n'ai pas vraiment le choix puisque je n'ai fait aucune démarche pour trouver un autre emploi. À Fredericton, je m'improvise alors traducteur juridique.

Lors de mon premier jour de travail, je me présente à l'adresse déterminée et je sursaute. Ce n'est pas l'édifice central du gouvernement, mais bien une vieille maison à deux étages, grise, sombre, située tout près de l'édifice principal sur la rue Queen. C'est vraiment comme entrer dans un édifice de troisième zone. Je me dis que ça ne doit pas être important tant que ça, notre projet. Visiblement, cette organisation ne semble pas être une véritable priorité du gouvernement. Je fais un commentaire à M. Daigle et il me répond que c'est tout ce qui est disponible. Je comprends qu'il ne veut pas froisser le gouvernement, déjà que ça ne sent pas très bon pour les libéraux de Louis J. Robichaud à Fredericton. Cela fait 10 ans qu'ils sont au pouvoir. Le gouvernement est usé, fatigué et il doit affronter en prime un chef progressiste-conservateur très populaire. Richard Hatfield sera élu premier ministre du Nouveau-Brunswick le 26 octobre 1970, quelques mois après mon arrivée à Fredericton. M. Hatfield, un francophile assumé, ne met pas fin aux travaux de notre groupe de travail. Vivement la stabilité d'emploi. Le mandat du groupe de travail est de cinq ans et un rapport final doit être remis en 1974. Plus les semaines passent, plus je trouve le travail intéressant. Je m'intéresse à la langue et dois commencer à développer un vocabulaire français de la *common law*.

L'équipe de traduction ne comprend qu'une autre personne avec une formation en droit, Michel Darras, un Français d'origine, bien plus âgé que nous, qui n'a jamais pratiqué le droit. Michel est un type remarquable par son énergie et sa curiosité intellectuelle. Il a travaillé à New York, puis enseigné à l'Université Memorial à Terre-Neuve. Michel et moi avons créé une compagnie de traduction en même temps, que nous appelons Les traductions précises. Je ne gagne pas beaucoup d'argent au gouvernement, un peu plus de 10 000 $ par année, et j'ai besoin d'un second revenu. Nous obtenons plusieurs contrats pour traduire toutes sortes de choses, en particulier des rapports du gouvernement. Par exemple, nous obtenons un contrat pour traduire le rapport annuel du ministère de la Santé. Michel n'est pas le meilleur pour obtenir des contrats, mais il excelle en traduction. Au départ, il m'encourage à me joindre à lui et, de fil en aiguille, notre travail prendra de l'expansion dans le secteur privé.

Il me convainc aussi de créer avec des collègues la Corporation des traducteurs et interprètes du Nouveau-Brunswick pour donner plus de crédibilité à la profession. Il voulait davantage de structure et qu'un examen d'admission soit nécessaire pour pratiquer. Une association professionnelle pour les traducteurs deviendra d'ailleurs la seule avenue pour obtenir des salaires décents. Il ne s'agit pas de créer un syndicat, mais d'établir des normes contraignantes. Il semble alors tout à fait raisonnable et légitime qu'un traducteur doive réussir un examen pour avoir un titre professionnel. Je veux que notre statut soit reconnu dès le départ et je me rends donc à Montréal pour rencontrer la présidente de l'Association des traducteurs du Québec. Elle m'aide en me fournissant plusieurs documents, comme leur charte, que nous copierons tout en l'ajustant en fonction de nos critères à nous. Puis, elle me présente à certaines personnes clés pour m'aider à fonder l'association. Nous l'avons finalement créée en quelques mois et elle existe toujours. Je ressens encore une certaine fierté à être le premier et peut-être encore le seul membre d'honneur de la Corporation des traducteurs, traductrices, terminologues et interprètes du Nouveau-Brunswick (CTINB). C'est ma mère qui dessinera le sigle de la Corporation, elle qui était aussi une artiste, travaillant surtout les émaux sur cuivre.

À Fredericton, j'aime mon travail même si je sais qu'il est éphémère. Le gouvernement Hatfield veut que le travail se fasse à un rythme soutenu. Sans subir de pression politique particulière, Joe Daigle rencontre régulièrement le ministre de la Justice John Baxter pour l'informer de l'avancement des travaux.

« Les gens avec qui nous travaillions le plus étaient John Baxter, le ministre de la Justice, et le sous-ministre Gordon Gregory. Tous les deux arrivaient de Saint-Jean et je ne pense pas qu'ils y croyaient vraiment. Mais Baxter est devenu vraiment intéressé parce que la dernière année, il insistait pour qu'on termine [rapidement]. Il savait qu'il y avait une élection en 1974 et il voulait que les lois soient terminées parce qu'il y avait une déclaration qui se faisait et il était dans la première page de la présentation des volumes. Il voulait que ce soit lui qui signe ça. C'était aussi personnel que ça. Si la publication et l'adoption en chambre se faisaient après l'élection, peut-être qu'il n'allait plus être ministre de la Justice et de fait il ne l'a plus été », raconte Joe Daigle.

Le ministre Baxter veut être dans les livres d'histoire, ni plus ni moins. Il est là son intérêt. C'est pour cela qu'il s'est mis à mettre beaucoup de pression sur le groupe après mon départ. Le rythme des travaux respectera la bonne volonté du ministre.

Il faut comprendre que je veux une certaine stabilité d'emploi et donc, à peine quelques mois après mon entrée en fonction, je communique avec le directeur de l'École des Sciences sociales de l'Université de Moncton, Aurèle Young, pour qu'il considère ma candidature à un poste de professeur. J'ai 23 ans et je subis là un malheureux échec. On ne peut m'embaucher. Je poursuis mon travail à Fredericton, où j'ai terminé sans heurts ma période de probation le 1er décembre 1970. Le problème, c'est que je suis considéré comme traducteur et non comme juriste, si bien que mon salaire de 787 $ par mois n'est pas celui de mes collègues juristes.

Je découvre alors qu'on refuse de me classifier comme un juriste parce que mon diplôme en est un de droit civil et non de *common law*. Je suis payé beaucoup moins que les juristes faisant partie de la section responsable de la consolidation des lois. C'est injuste : je proteste. Le juge Daigle se dit alors impuissant à régler le problème. Je parviens à m'entretenir avec le ministre du Secrétariat de la province et ministre du Travail, Rodman Logan. Ce dernier, un avocat unilingue anglophone de Saint-Jean, est intraitable. Dans sa jeune vingtaine, M. Logan a traversé l'Atlantique pour combattre durant la Seconde Guerre mondiale. Au combat, il est blessé à deux reprises, mais continue tout de même à servir son pays. L'homme devant moi a le regard du militaire.

La visite fut mémorable. Il m'accueille froidement et m'invite immédiatement à préciser ma demande. Du type « *what do you want* ». Il est assis derrière son gros bureau de bois ; j'aperçois derrière lui un grand étendard de l'Orange Lodge. La scène est parfaite. Sans gêne aucune, je lui dis que je suis juriste et que je veux être rémunéré au même niveau que mes amis qui ont un parcours universitaire similaire au mien. Ils sont diplômés d'UNB en *common law*, moi de l'Université de Montréal en droit civil. Il me semble qu'il n'y a pas là une grande différence. Il me regarde, incrédule, et me répond que je n'ai pas les mêmes compétences qu'eux. Je suis prêt à débattre avec lui. Je lui rétorque que mes camarades n'ont pas mon expertise non plus. Je maîtrise parfaitement les deux langues officielles de la province, la qualité de mon écriture est supérieure et je suis l'un des seuls – si ce n'est pas le seul – à avoir un diplôme de droit en français. J'ajoute que c'est justement ce pour quoi son gouvernement est venu me recruter à Montréal. Visiblement froissé, il me demande candidement pourquoi il devrait me faire une faveur. «*Why should I do anything special for you, because you're a Frenchman?*», sont ses paroles exactes.

Du tac au tac, je lui réponds qu'il n'aura pas à s'abaisser. «*You won't have to do me any favors, I'm leaving right now.*» Je viens d'annoncer au ministre ma démission. Je tourne les talons et sors de son bureau. Ce dernier ne tente d'aucune façon de me freiner, de me dissuader, de me convaincre de rester et de poursuivre la discussion. Je marche d'un bon pas, sans nervosité, en direction de la misérable vieille maison de la rue Queen. En entrant dans le bureau de Joe Daigle, je ne perds pas une seconde et l'avise de mon départ.

Le 19 juillet 1971, j'écris au sous-ministre du Secrétariat de la province, H.H.D. Cochrane, pour l'aviser de ma démission. Je suis furieux et je me permets d'écrire ceci dans ma lettre de départ: «*Under the circumstances, I have come to the conclusion that there is no likelihood of advancement in store for me here, nor am I liable to have any guarantee in the matter of salary raises.*»

La réponse du sous-ministre, le lendemain, me confirme que mon intention de retourner à l'université pour y faire ma maîtrise est la meilleure décision.

«*I do not recall at any time agreeing to any reclassification and salary increase to be effective April 1, 1971 [...] Considering the length of your service I do not feel you have been mistreated, salary wise or in any other way*», écrit le sous-ministre Cochrane.

Plus de 40 ans après les faits, Joe Daigle soutient encore que j'ai eu un traitement équitable.

«M. Bastarache avait le salaire qu'il avait demandé. Le salaire était de 14 000 ou 15 000 $, c'était ce que je payais mes traducteurs», dit-il. Je respecte son opinion, mais je suis en désaccord. Il m'a embauché parce que je venais de terminer des études en droit civil. Je ne suis peut-être pas membre du Barreau, mais j'ai un diplôme! Je suis pour ainsi dire avocat et on n'a pas voulu le reconnaître. Peu importe, j'ai quitté mon poste. Et c'est la France que j'explorerai, au grand bonheur de Yolande.

4
Le militant

IL N'Y A RIEN COMME LA CÔTE D'AZUR. La beauté de cette région où la mer Tyrrhénienne et la mer des Baléares se rejoignent avec au loin la Corse et la bottine italienne est quasi indescriptible. C'est Cannes. C'est Monaco. C'est le paradis. Cette découverte de la France n'était pas pour l'essentiel celle du touriste qui visite les musées et les monuments ; nous avons appris à connaître la culture française, les us et coutumes, la vie de quartier, l'administration, la police, et surtout les étudiants.

Yolande fait alors un cours sur l'histoire du cinéma et, chaque fois, le professeur demande d'aller voir plusieurs films par semaine. C'est possible à Nice, parce que c'est la capitale du septième art en France. Nous avons donc passé bien des heures dans des salles de cinéma spécialisées à visionner des œuvres étrangères et à y découvrir le cinéma classique.

Arrivés à Nice, nous louons un appartement de mi-sol dans la grande « maison rose » de la très étroite avenue de la Clua. Une maison appartenant à Mme Maugé, une vieille dame qui avait demandé à l'Université de Nice de lui envoyer uniquement des étudiants canadiens en réponse à sa demande pour des locataires. Mme Maugé a vécu au Canada à une autre époque et elle nous fait confiance. Pourquoi ? Aucune idée.

L'université est éparpillée dans la ville ; les facultés sont souvent bien éloignées les unes des autres et celles que Yolande et moi fréquentons sont justement à une bonne distance.

De la maison rose, nous devons conduire près d'une dizaine de kilomètres avec ma Renault 4 pour nous rendre à nos cours. Tous les matins, je dépose votre mère à la Faculté des lettres, là où elle suivait des cours d'histoire, puis je continue ma route vers la Faculté de droit et des sciences économiques.

Yolande suit deux cours dont la faculté n'est jamais arrivée à organiser les horaires convenablement. Durant une heure, chaque semaine, deux cours s'entrecoupent. Aux grands maux les grands remèdes ; j'assiste à l'une des classes de Yolande et je prends des notes pour elle. Or, les professeurs prennent toujours les présences à Nice. Avec le plus de féminité possible, je déclare « présente » lorsque le professeur appelle le nom de Yolande. À chaque occasion, comme si c'était la première fois, le professeur me fixe, hésite, puis dit : « Mais vous n'êtes pas

J'ai passé des moments mémorables durant mes études en France. Me voici en 1971 rue de la Clua à Nice. (Crédit : Archives de Michel Bastarache)

Yolande Bastarache ! » Au début, j'essayais de lui expliquer ma présence, mais il refusait mes explications. Par la suite, je me suis mis à dire simplement : « Non, je prends des notes pour elle. » Il hausse les épaules et appelle le prochain nom.

***

Nous sommes au lendemain de l'aventure de Fredericton. Tout de suite après avoir quitté Fredericton, je décide de retourner aux études. J'obtiens rapidement une bourse d'études par l'entremise du consulat de France à Moncton et m'inscris au diplôme d'études supérieures de droit public à l'Université de Nice. Yolande choisit le programme de maîtrise en histoire. J'ai choisi le droit international et constitutionnel, parce qu'il est inutile pour un Néo-Brunswickois comme moi, qui a déjà en poche un diplôme de droit civil, de faire une maîtrise en droit civil. De plus, j'ignore encore dans quel domaine et surtout où je vais me diriger après cette aventure européenne de deux ans. Je pense à l'enseignement universitaire, ou à une carrière dans la diplomatie. Le consulat de France m'a dirigé à Nice. Pas le choix. On ne choisit pas notre destination. Des amis veulent absolument aller à Paris et aboutissent à Montpellier ou à Strasbourg. Mais quelle chance d'aboutir sur la Côte d'Azur! Ça nous allait à merveille!

Notre arrivée à Nice en 1971 coïncide avec une panoplie d'événements qui ont marqué le XXe siècle. Je pense à l'ascension de François Mitterrand à la barre du Parti socialiste français, à la mort du cofondateur du groupe The Doors, Jim Morrison, dans son appartement de Paris, et au piratage, en décembre, d'un avion de Pakistan International Airlines. Les étudiants des lycées grouillent encore, et ceux des universités sont sur le bout de leur siège, prêts à déclencher la grève à tout moment. Mai 1968, c'était hier, en France, et nous en ressentons encore les ressacs.

Nice est bien différente de Moncton, Fredericton et Montréal. C'est beau et le climat est tellement agréable. J'ai le privilège d'avoir René-Jean Dupuy comme directeur de thèse et professeur principal. M. Dupuy est un homme extraordinaire. Il est d'une autre époque, celle de ma mère. Tunisien d'origine, il a commencé ses études de droit à Alger en 1942 avant de joindre les forces alliées. L'Armée américaine lui a décerné la Bronze Star Medal pour honorer le militaire et l'homme droit qu'il était. Après la Seconde Guerre mondiale, il a repris ses études de droit à Paris où il s'est lié d'amitié avec Boutros Boutros-Ghali, qui deviendra secrétaire général de l'Organisation des Nations unies et de la Francophonie. M. Dupuy est devenu l'un des premiers professeurs de l'Université de Nice en 1962 où il a créé l'Institut du droit de la paix et du développement. Je note au passage que Boutros Boutros-Ghali a accepté d'écrire la préface d'une édition de mon livre sur les droits linguistiques au Canada.

Professeur Dupuy a toujours la même routine. Il entre en classe avec une grosse liasse de documents, la dépose sur la table, se penche la tête par-derrière et laisse tomber quelques gouttes dans ses yeux. Il s'essuie le visage et commence son cours. Il n'a presque jamais ouvert ses notes et parle de façon aussi claire que s'il lisait un texte. Il répond à toutes les questions sans hésiter, même celles que je lui pose relativement à des dispositions constitutionnelles canadiennes. Il offre un enseignement rigoureux et sous sa direction, il m'a fallu m'habituer à produire de nombreux travaux sans intervention fréquente de sa part.

Puis, il y a cette thèse que je devais rédiger. M. Dupuy avait enseigné surtout le droit des traités et, en 1970, l'ONU a adopté la Déclaration des principes régissant le fond des mers et des océans, ainsi que leur sous-sol, au-delà des limites de la juridiction nationale. Cette déclaration a par la suite mené à la tenue en 1972 de la Conférence des Nations unies sur l'environnement, à Stockholm, en Suède, puis à la création du Programme des Nations unies pour l'environnement (PNUE). Mon directeur de thèse m'a dit : «J'aimerais que tu explores un sujet qui traite du droit de la mer.»

Je me souviens de l'avoir regardé, incrédule, me disant à moi-même : «Bon, le droit de la mer, le droit de la mer, le droit de la mer...» Enfin, l'idée m'est venue. Cette thèse porterait sur la pollution dans l'Arctique canadien et le golfe du Saint-Laurent.

Avec le recul, je note bien humblement que j'étais relativement en avance sur mon temps, puisqu'il s'agit au xxie siècle d'un enjeu international extrêmement important. À l'époque, c'est l'une des premières thèses qui traite de cela. Il faut se rappeler que le premier ministre Pierre Elliott Trudeau a fait de Jack Davis le tout premier ministre de l'Environnement de l'histoire du Canada, en 1971. Dans les circonstances, trouver la documentation requise n'est pas de tout repos.

J'écris au ministère des Affaires extérieures et à tous les de ministères possibles au Canada. Je veux des boîtes de documents. La réponse que je reçois me laisse incrédule : aucun document disponible. Ils m'ont tout refusé. Je suis donc allé voir M. Dupuy pour lui suggérer de changer le sujet de ma thèse.

Ça n'a pas duré bien longtemps. Il réplique sans détour : «Les Américains ont tout cela et ils vont t'aider. Il faut passer par le U.S. Department of State.» Ce sont les années Nixon et de son secrétaire d'État, William P. Rogers, à quelques mois de l'arrivée du légendaire Henry Kissinger, qui est aux commandes des affaires étrangères

Imaginez les enfants, un jeune étudiant canadien à Nice qui lance une bouteille à la mer et qui reçoit, quelques semaines plus tard, une immense boîte avec toute la documentation inimaginable. Un enfant dans un magasin de bonbons, rien de moins.

américaines. J'ai écrit une lettre au State Department, à Washington. Imaginez les enfants, un jeune étudiant canadien à Nice qui lance une bouteille à la mer et qui reçoit, quelques semaines plus tard, une immense boîte avec toute la documentation inimaginable. Un enfant dans un magasin de bonbons, rien de moins.

J'ai terminé ma thèse de maîtrise, mais je n'étais pas prêt à faire le doctorat complet. Je n'ai fait que la scolarité, pas la thèse. J'avais un Diplôme d'études supérieures et c'était suffisant.

★★★

La fin approche et je sens l'étau se resserrer sur moi. Je suis dans un cul-de-sac en Europe. J'adore ma vie là-bas, mais je sais très bien qu'il me faut un emploi à mon retour au Canada. De la « maison rose », je tente de dénicher un emploi en enseignement. Enseigner le droit dans une institution francophone est l'idéal. Je fais alors des démarches auprès de l'Université Laval et de l'Université de Montréal. Hélas, sans succès. À Laval, il m'est apparu tout de suite que l'on n'était pas intéressé à autre chose qu'un Québécois *pure laine*, ou encore un Français *de France*. La qualité du dossier et les domaines de spécialisation n'y changeraient rien. Contrairement à Laval, Montréal a fait preuve d'une certaine ouverture. On m'offre un poste d'une année pour enseigner des cours de service dans les autres facultés. Disons simplement que je n'étais pas très enthousiaste à retrouver mon *alma mater* dans de telles circonstances.

Au fil des semaines qui passent, je me dis qu'une carrière de fonctionnaire au ministère des Affaires intergouvernementales à Québec ou aux Affaires étrangères à Ottawa me permettrait d'acquérir une expérience pertinente. Je tiens d'abord à mettre en pratique les notions apprises à Nice.

Finalement, c'est à l'Université de Moncton que j'aboutis. Le vice-recteur à l'enseignement Helmut Schweiger me propose un cours d'introduction aux sciences politiques de trois heures par semaine en mai 1973 et j'accepte. Mes derniers mois en France sont consacrés aux voyages sur le vieux continent. Un jour, je communique avec mon père et mon frère Marc. J'ai besoin de liquidité.

« Il m'a demandé de lui envoyer de l'argent parce qu'il voulait revenir de Nice en passant par [Anvers], avec une BMW », se rappelle Marc. J'avais fait une bonne affaire lorsque j'ai acquis ma BMW 2002 à crédit pour importation hors taxes au Canada six mois avant le retour. C'était tout un achat ! Sauf qu'avec le recul, je me demande si elle en valait la chandelle. D'abord, la propriétaire de la maison rose, Mme Maugé, n'a pas caché son désarroi lorsque je suis arrivé chez elle avec mon bolide. Elle m'a fait la gueule parce que c'était une voiture allemande. Comme de nombreux Français de sa génération qui avaient vécu la Seconde Guerre mondiale, elle n'aimait pas les Allemands.

Je dois donc envoyer ma voiture au Canada par bateau. Départ d'Anvers, en Belgique, arrivée à Halifax. J'ai fait venir la voiture et pour économiser de l'espace, j'ai bien rempli la voiture de linge et d'autres souvenirs de mes deux années passées outre-mer. En arrivant au Port d'Halifax, j'ouvre le coffre arrière et constate que tout a disparu. Je me suis fait voler tout ce que j'avais rapporté de souvenirs. Par chance, il me restait ma BMW 2002.

★★★

Je commence donc ma carrière de professeur et, rapidement, je constate qu'il faudra que je m'ajuste. «Je me souviendrai toujours, il y avait des étudiants de toutes les facultés et le premier examen qu'il a donné, je pense qu'on était une centaine d'étudiants et quand il a donné les résultats, six personnes avaient réussi l'examen et la note la plus haute était un C. Il a dû s'ajuster parce qu'il y avait des pleurs dans la salle et des cris!», raconte le juriste Michel Doucet, qui était justement dans cette classe. Si je ne me trompe pas, il est l'un des étudiants à avoir eu le C en question.

Enfin, en parallèle à cet emploi de professeur à temps partiel, je me retrouve à la Société nationale des Acadiens (SNA). L'année précédente, j'ai écrit une longue lettre à un ami de la famille, Hector Cormier, le secrétaire général de la SNA, pour lui signifier mon intérêt à défendre les droits des Acadiens. À mon retour d'Europe, Hector avait des problèmes de santé et il m'a demandé de l'assister, puis de le remplacer quelques mois plus tard à titre de secrétaire général. J'improvise donc, cette fois comme un genre de travailleur social. La Société compte un personnel d'animateurs sociaux en région dont le travail complète celui de revendication du secrétariat.

Dans mon entourage, des gens font le saut quand j'arrive à la SNA. Certains peinent à croire que je puisse vraiment diriger des groupes de pression comme la SNA et la Société de l'Acadie du Nouveau-Brunswick (SANB).

«Il y a un aspect qui ne m'a pas surpris, le fait qu'il est défenseur des Acadiens. Je m'étais dit "est-ce qu'il va rester à ce niveau-là?" Je le voyais à un plus haut niveau parce qu'il était plus sérieux [que ça]. Personnellement, lui qui allait à la SNA et la SANB, je souhaitais qu'il ne reste pas là trop longtemps, parce que je voyais tout son potentiel», confie mon cousin Bertin LeBlanc.

La présidence de la SNA, que j'ai occupée de 1974 à 1977, m'a outillé de façon extraordinaire pour la suite des choses. Sans cette expérience, peut-être n'aurais-je jamais plaidé dans un tribunal ou encore atteint la Cour suprême du Canada. L'heure est venue de mettre en pratique tout le bagage acquis au fil des années. L'occasion est belle de m'exprimer comme avocat et de défendre coûte que coûte nos droits. Quelle belle occasion à saisir!

***

Eh bien, mon arrivée à la SNA n'a rien de bien flamboyant. Je suis dorénavant un militant, sans être un très grand activiste ou nationaliste dans l'âme. Les principales revendications portent sur la création de conseils scolaires homogènes pour les Acadiens, une représentation adéquate des Acadiens dans la fonction publique provinciale et le bilinguisme à l'hôtel de ville de Moncton. Il n'y a rien de révolutionnaire là.

Comme je l'ai exprimé dans les années ultérieures par l'entremise de la revue *Égalité*, dont j'étais le rédacteur en chef et cofondateur, « l'égalité, c'est l'aspiration à la reconnaissance et à la justice ». Et c'est là ma mission. Rapidement, je veux que l'Acadie se dote d'un réseau d'institutions fort qui ferait l'envie des autres groupes minoritaires du Canada. Je veux d'abord et avant tout que nos droits soient protégés par le gouvernement fédéral.

C'est l'époque du projet constitutionnel du premier ministre Pierre Elliott Trudeau. Ce dernier souhaite ardemment rapatrier les pouvoirs constitutionnels du Canada de Londres, en Grande-Bretagne. Le premier ministre du Nouveau-Brunswick, Richard Hatfield, et le premier ministre Trudeau croient que les droits linguistiques devaient être garantis dans la constitution et qu'un minimum national doit être établi. Je suis absolument d'accord avec eux. Encore aujourd'hui, les minorités doivent jouir d'une certaine sécurité culturelle. La situation particulière du Québec et de certaines autres provinces où la minorité linguistique est négligeable ne peut pas freiner les efforts pour instaurer des mesures robustes.

Je crois fondamentalement qu'en acceptant de faire partie de la fédération canadienne, le Québec, comme les autres provinces d'ailleurs, accepte de limiter d'une certaine manière ses libertés et ses pouvoirs. Les minorités francophones d'un océan à l'autre n'ayant pu compter sur leurs gouvernements provinciaux pour assurer le respect de leurs droits linguistiques les plus élémentaires, il faudrait s'entendre sur un minimum de droits à être reconnus partout au Canada. C'est urgent, nous ne pouvons pas nous permettre de perdre du terrain à l'échelle nationale. De plus, le Québec n'est pas notre plus grand allié. Nous sommes de plus en plus isolés.

***

Quelques années plus tôt, les États généraux du Canada français ont marqué profondément les communautés francophones d'un bout à l'autre du pays. Ce sont en quelque sorte des rassemblements, qui ont eu lieu de 1966 à 1969, pour réfléchir sur l'expérience francophone en Amérique du Nord. Les Assises nationales de novembre 1967 ont véritablement marqué l'histoire. En tout, ce sont plus de 1 000 délégués du Québec, une centaine de représentants des réseaux associatifs et quelque 360 francophones hors Québec qui se présentent à Montréal pour l'occasion.

Le contexte est extraordinaire pour plusieurs raisons. Le Québec vit sa Révolution tranquille, c'est le centenaire de la Confédération canadienne, Montréal accueille le monde entier avec l'Exposition universelle et Charles de Gaulle fait son apparition surprise au balcon de l'hôtel de ville de Montréal pour prononcer un discours qui est finalement devenu historique. Son « Vive le Québec libre » fait encore rêver des séparatistes aujourd'hui, imaginez. Or, c'est surtout la montée du RIN, du FLQ, le départ retentissant de René Lévesque du Parti libéral du Québec et la cristallisation du mouvement séparatiste qui gardent les gens en haleine. Les enfants, c'est une autre époque, une période enivrante à bien des égards.

L'historien de l'Université York, Marcel Martel, a étudié en profondeur les tenants et les aboutissants des États généraux. Selon lui, les assises nationales de novembre 1967 ont véritablement marqué une rupture dans les rapports entre les francophones du Canada. Dès les premiers débats, la voix des francophones hors Québec, qui représentent moins du quart des participants, a été limitée par les nationalistes québécois qui tiennent à ce que ces derniers ne puissent discuter que « des problèmes qui les concernent », donc pas des enjeux québécois.

Puis, il y a cette déclaration sur l'autodétermination des francophones du Québec qui soulève l'ire des francophones de l'Ontario et qui divise les participants. Un professeur d'économie de HEC Montréal, François-Albert Angers, propose que « les Canadiens français constituent une nation » ; que « le Québec constitue le territoire national et le milieu politique fondamental de cette nation » ; et que « la nation canadienne-française a le droit de disposer d'elle-même et de choisir le régime politique sous lequel elle entend vivre », peut-on lire dans *Les États généraux du Canada français* (1968).

« Les intervenants québécois invitent les minorités à appuyer la démarche d'émancipation de leurs compatriotes du Québec puisque leur avenir dépend maintenant de la concentration des énergies nationales sur le territoire québécois », relate Marcel Martel dans *Le deuil d'un pays imaginé*. Durant le débat, seuls cinq délégués de l'extérieur du Québec interviennent et le constat est frappant : il y a division.

De fait, les Québécois appuient évidemment la résolution presque à l'unanimité (98 %) et l'Ontario est déchiré (55 % des 188 délégués votent contre). Les francophones de l'Ouest divisent leurs votes entre l'appui, le rejet et l'abstention, alors que 52 % des délégués des Maritimes appuient ou « appuient avec nuances » la résolution.

« Les délégués des autres provinces rejettent les propositions qui reconnaissent au Québec, en tant qu'État national du Canada français, le droit d'obtenir les pleins pouvoirs d'un État quasi souverain qui leur offrirait de meilleures garanties quant à leur survivance », poursuit Marcel Martel.

Les francophones de l'Ontario en ont assez et marquent clairement leur objection en minimisant leur participation. Les autres assises qui suivront n'auront pas la même portée. Les Canadiens français se sentent trahis par les Québécois. C'est le divorce.

Dorénavant, on appellera les Canadiens français du Québec des Québécois. Les Acadiens demeurent des Acadiens, ce qui nous convient bien, mais nos frères et sœurs de l'Ontario et de l'Ouest se sentent isolés et même abandonnés. Des francophones d'un océan à l'autre sentent que le Québec nous considère comme des gens assimilés ou en voie de l'être. D'autres disent qu'il faut cesser de s'identifier en fonction du Québec, puisqu'il ne nous aide en rien de toute manière, si ce n'est que par le biais des actions de Québécois au fédéral. Une association nationale, puis d'autres provinciales ont vu le jour pour défendre les intérêts des francophones en milieu minoritaire. Personnellement, je n'ai pas de conflits avec les Québécois en général, mais plutôt avec certains représentants du Parti québécois. Le parti développe alors sa thèse sur le droit d'établissement au Québec pour les francophones des autres provinces. La tension empire lorsqu'il accède au pouvoir et qu'il fait le choix de s'en prendre aux francophones hors Québec devant les tribunaux.

★★★

C'est une tempête parfaite. J'aboutis à la SNA après les états généraux, après la fondation du Parti acadien, mais aussi après la sortie du film *L'Acadie, l'Acadie!?!* qui met au jour tout ce que j'ai vécu dans ma jeunesse et durant mes années universitaires comme francophone en milieu minoritaire. Tout le Canada est désormais au courant de ce que vivent les Acadiens. Ç'a été un réveil instantané chez nous et partout ailleurs au pays. Je me mets rapidement à l'attaque et la première chose que je fais à la SNA est d'établir des liens très étroits avec le mouvement jeunesse qui se regroupe sous l'association Activité Jeunesse. Je vais alors à leurs réunions et je les invite aux nôtres. Rapidement, je développe une grande amitié avec leur président, Yvon Fontaine, qui est un excellent leader. Quelques années plus

Tout le Canada est désormais au courant de ce que vivent les Acadiens. Ç'a été un réveil instantané chez nous et partout ailleurs au pays.

tard, je lui ai même enseigné le droit international et le droit des biens à l'Université de Moncton. Notre amitié a duré.

J'essaye d'organiser des projets communs parce que je veux que les jeunes comprennent les principes derrière les enjeux et que leur groupe n'existe pas juste pour avoir du « fun ». Je veux que leur exubérance ait un impact sur les gens de la SNA. Ça a été un succès, sans aucun doute. Le militantisme acadien connaît un regain appréciable à ce moment-là. Les gens revendiquent la gestion de leurs écoles, veulent la télévision en français en région et demandent de plus en plus de services dans leur langue.

Puis, un deuxième chantier se présente : la Société de l'Acadie du Nouveau-Brunswick (SANB). C'est que, voyez-vous, la SNA, qui a été fondée en 1881 sous le nom de Société nationale l'Assomption, tient des rencontres périodiques pour débattre d'enjeux propres au peuple acadien. On parle alors d'éducation, de colonisation, de la presse, d'exode de la population et d'agriculture, par exemple. C'est une association purement néo-brunswickoise. En 1957, pour la première fois, la Société nationale des Acadiens fait la promotion de la vie française en Acadie, et donc, dans les trois provinces maritimes. Toutefois, la présence de la SNA comme défenseur des francophones s'est effritée dans la foulée de la commission Laurendeau-Dunton. La Fédération acadienne de la Nouvelle-Écosse (FANE) qui a été fondée en 1967 commence à prendre de plus en plus de place. Pareil pour la Société Saint-Thomas-d'Aquin de l'Île-du-Prince-Édouard. Enfin, nous voulons diversifier nos activités et percer sur la scène nationale et internationale en développant notamment des relations avec la France. Notre représentation locale diminue inévitablement. Nos moyens financiers sont très limités. On reçoit moins d'argent des gouvernements provinciaux et nous devons regarder du côté d'Ottawa pour augmenter nos ressources. Rapidement, la solution est de devenir une fédération qui chapeautera la FANE, la Société Saint-Thomas-d'Aquin et la SANB, qui apparaît au même moment au Nouveau-Brunswick. En 1974, nous avons devant nous une SNA renouvelée.

Avec le recul, j'estime que la SANB a bien grandi, bien vieillie, quoique je ne me tienne plus vraiment au courant des dernières nouvelles. Malgré sa belle croissance, je note au fil des ans un problème fondamental dans le milieu associatif acadien. Il se résume en un seul mot : trop. Trop, comme dans trop d'associations, trop de politique et trop de voix. Une si petite province, avec une masse pas si critique de francophones, peut difficilement entretenir 1 001 associations comme l'Association acadienne des artistes professionnel.le.s du Nouveau-Brunswick, la Société des enseignantes et enseignants retraités francophones, la Fédération des femmes acadiennes et francophones du Nouveau-Brunswick, et plus encore. Les institutions se sont tellement multipliées que la SANB et la SNA ne peuvent plus représenter adéquatement tout ce beau monde.

En faisant de la SANB en partie une fédération d'organismes, les individus ne se voient plus dans leur association de défense. Diviser les membres entre individus et associations est une bien mauvaise idée et le retour dans les dernières années à une formule plus traditionnelle mettant le membre, l'individu, au cœur de la mission de la SANB est une voie plus prometteuse. Mais le mal est peut-être fait. La voix des Acadiens s'est affaiblie et ce qui devait être un revirement de situation a trop tardé. Le train est peut-être passé. C'est ce qu'il y a de malheureux.

5 Les dead ducks

ÉMILIE, JEAN-FRANÇOIS, encore au milieu des années 1970, il faut gérer le divorce avec les Québécois. Bien que les états généraux aient eu lieu il y a plus de cinq ans, l'avenir des communautés francophones en milieu minoritaire est au cœur de mes inquiétudes. Nous avons des défis à la maison, en Acadie, mais le fossé qui se creuse avec le Québec nous force à nous allier davantage avec les autres communautés francophones du Canada. À l'époque, je fais la rencontre d'Hubert Gauthier, un Franco-Manitobain extraordinaire. Hubert milite alors dans les milieux francophones de l'Ouest et en particulier dans sa province natale. Il est le directeur de la Société franco-manitobaine et siège au conseil d'administration de ce qu'ils appellent à l'époque la Fédération des francophones de l'Ouest. Je suis président de la SNA et nous nous rencontrons assez souvent lui et moi. À l'époque, il n'y a pas encore d'organisme national qui réunirait les francophones en milieu minoritaire, mais on se rencontre sous l'égide de l'Association canadienne d'éducation de langue française, mieux connue sous le nom de l'ACELF. C'est l'Association qui essaye tant bien que mal de réunir tous les francophones du Canada, y compris ceux du Québec.

À un moment donné, Hubert et moi nous rendons compte que l'ACELF, au nom de ses membres, demande des fonds d'Ottawa pour financer une table de concertation des francophones hors Québec. C'est à ce moment-là que nous commençons à « comploter », comme dirait si bien mon nouvel ami. Nous décidons de siéger à cette table tout en jugeant inapproprié que l'ACELF, qui est fondamentalement un organisme québécois, soit le seul organisme qui puisse nous regrouper. Nous croyons préférable de nous doter d'une organisation qui chapeauterait les organismes francophones hors Québec et qui nous permettrait de développer une certaine autonomie. Le projet prendra plusieurs années avant qu'on inaugure la Fédération des francophones hors Québec (FFHQ).

Nous, les Acadiens, pouvons désormais rencontrer nos amis de l'Ouest et faire des caucus, souvent en cachette. De fil en aiguille, nous développons une franche camaraderie et une sincère amitié avec nos interlocuteurs. Nous avons 27 ou 28 ans et pourtant, nous sommes à la tête de nos organisations respectives. Nous formons une nouvelle génération déterminée qui avance sans freiner, sans filtre et sans peur. Nos collègues, plus âgés et expérimentés, nous regardent parfois avec inquiétude, croyant que nous sommes de jeunes révolutionnaires. Nous sommes dans les années 1970 et avons une opportunité en or avec Pierre Elliott Trudeau au pouvoir de créer quelque chose qui nous appartiendra. Nous pouvons marquer notre société, pas seulement en Acadie ou dans l'Ouest, mais partout au pays.

Hubert et moi faisons appel à des collaborateurs dans nos régions respectives. Au début, l'Ontario est quelque peu réfractaire puisque ses représentants sont à Ottawa et qu'ils ont avantage à entretenir de bonnes relations avec le gouvernement fédéral à Ottawa. De notre côté, nous sommes bien loin des cercles décisionnels. Une fois que nous avançons dans la création de l'organisme, l'Ontario se sent en quelque sorte obligé d'y adhérer. Nous avons réussi à les convaincre. Imaginez, les francophones de la plus grande province canadienne se joignent alors à nous. Nous savons à ce moment-là que nous sommes en train d'écrire l'histoire.

En 1975, nous participons à la première Biennale de la francophonie canadienne organisée par l'ACELF. La rencontre s'intitule «La francophonie en situation» et elle se déroule à Chicoutimi, *of all places.* Après les états généraux, des Québécois nous ont signifié leur ennui de continuer à partager des réunions avec nous, pauvres gens du «Canada anglais». On nous dit alors que des associations nationales ne sont pas nécessaires. Je siège avec Hubert Gauthier au comité des francophones hors Québec de l'ACELF où nous parvenons à rassembler tous les francophones non québécois. C'est à ce moment que nous déclarons à nos confrères notre intention de quitter l'organisme et de prendre nos distances des Québécois.

«On sentait que les Québécois avaient un autre but et qu'il n'y avait pas vraiment de place pour nous. Quelque part, nous pouvons les remercier, car c'est grâce à eux que nous avons commencé à nous regrouper et à nous parler», explique Hubert Gauthier lors d'une entrevue accordée à la chaîne TFO 40 ans après la fondation de la FFHQ.

Nous déterminons dès le début qu'Hubert occupera la direction générale et la présidence de la nouvelle fédération. Pour ma part, je resterai encore un peu à la SNA et surtout, j'appuierai Hubert dans ses fonctions à titre de conseiller stratégique. Hubert est un vrai populiste d'une efficacité remarquable. Il a beaucoup de facilité à prendre des concepts compliqués et à les expliquer pour que le commun des mortels puisse non seulement le comprendre, mais aussi qu'il adhère à la cause qu'il défend. Le pari que nous faisons est celui qu'Ottawa nous transférera l'argent qu'il donne déjà à l'ACELF.

Le vrai divorce n'est plus une idée et un objectif, on le vit. C'est réel. Nous parlons uniquement pour nous et les Québécois parlent pour eux. Nous sommes prêts à nous battre non seulement pour de l'argent, mais aussi pour une cause politique. Nous n'avons pas besoin des francophones du Québec pour faire des représentations pour les francophones d'ailleurs. De toute manière, ils n'ont jamais été très convaincants dans leur approche.

En quelques mois, la FFHQ parvient à percer la sphère publique. Nous avons dix fois plus de place dans les médias que l'ACELF et notre influence grandit à un rythme effréné. En 1991, la FFHQ deviendra la Fédération des communautés francophones et acadiennes (FCFA) du Canada. Pour sa part, l'ACELF existe toujours, mais sa mission et sa portée ont beaucoup changé. J'estime que c'est notamment le Parti québécois qui l'a tuée en revendiquant le rôle de défenseur des Québécois.

★★★

Un jour, j'appelle Hubert et lui suggère de créer un manifeste, un document qui résumera notre action et nos revendications. Le premier ministre Pierre Elliott Trudeau affirme que la *Loi sur les langues officielles* règle tous les problèmes et qu'elle permet l'épanouissement des francophones en milieu minoritaire. Personnellement, je trouve qu'il est vite en affaires. Dans la loi bien-aimée de Trudeau, l'assimilation, l'éducation, le développement économique des communautés et surtout le poids démocratique des communautés linguistiques en milieu minoritaire sont pour ainsi dire ignorés. Hubert rassemble alors un petit groupe d'avocats et de militants à Ottawa et ensemble, nous rédigerons le manifeste *Les héritiers de Lord Durham*.

Le manifeste est présenté quelques mois à peine après l'élection du Parti québécois, en novembre 1976. J'éprouve une certaine inquiétude face à ces résultats électoraux. Durant mes années à Montréal, j'ai vu la fondation du Mouvement souveraineté-association et du Parti québécois dans les années 1960 ; je vois là un parti politique s'approprier le rôle de défenseur des Québécois et je ressens un malaise. Un parti politique qui a formé le gouvernement à plusieurs reprises et qui aspire, élection après élection, à diriger la Belle Province, sera dorénavant le porte-parole des Québécois ? Vraiment ? C'est non seulement difficile à comprendre, c'est difficile à accepter. Comment le Parti québécois, avec René Lévesque à sa tête, peut-il être son propre critique ? Quoique avec toutes les batailles internes qui marqueront l'histoire de ce parti, ça reste à voir. Pour nous, à l'extérieur du Québec, l'élection du PQ n'est pas une bonne nouvelle. On sent la division Québec français, Canada anglais. René Lévesque, fraîchement élu premier ministre, est tout de même celui qui a qualifié les francophones de l'Ouest canadien de « *Dead ducks* » en entrevue à l'émission *Twenty Million Questions* diffusée sur les ondes de CBC en 1968. Pour nous, il est insensé qu'un politicien québécois, né à Campbellton au Nouveau-Brunswick de surcroît, vienne nous dire que nous sommes voués à l'assimilation. Hubert est toutefois plus ouvert à l'égard du Québec.

« J'avais une idée que les francophones hors Québec avaient besoin d'un allié comme le Québec d'une façon ou d'une autre. Michel a toujours été un gars très

Pour nous, il est insensé qu'un politicien québécois, né à Campbellton au Nouveau-Brunswick de surcroît, vienne nous dire que nous sommes voués à l'assimilation.

sceptique par rapport au PQ, par rapport aux Québécois en général. Plus que moi. Entre les deux, on trouvait un juste milieu pour travailler. Je trouvais que Trudeau tenait les francophones hors Québec pour acquis. Je disais qu'il fallait un contrepoids et que Trudeau, pour ne pas qu'il nous tienne pour acquis, il va falloir aller parler au Québec. Évidemment, Lévesque a été élu en 1976 », explique Hubert Gauthier.

La FFHQ a réagi positivement à l'élection du Parti québécois. Il y a certainement eu de grands débats entre les différents organismes d'un bout à l'autre du pays, mais en fin de compte, la position collective est devenue la mienne : nous avons nos intérêts à nous, mais nous avons également des relations à développer avec le Québec. Le PQ est le gouvernement du Québec ; il s'agit d'un gouvernement légitime et il est nécessaire de lui parler ouvertement et avec respect. La pression est forte. Nos pairs et le gouvernement fédéral nous demandent directement de ne pas parler aux séparatistes à Québec. Mais sur le plan stratégique, nous nous devons de demander publiquement des rencontres avec le premier ministre du Canada, puis avec le premier ministre du Québec.

Finalement, nous irons livrer le manifeste aux deux gouvernements pour qu'ils sachent où nous nous tenons. « Nos rêves sont brisés. Nous vivons une crise profonde, aiguë, et qui sait, peut-être même voulue et consciemment entretenue. Notre situation de francophones hors Québec ressemble à celle d'une famille devant sa maison incendiée. Elle est sans abri, les yeux rivés sur quelques biens épars. Mais il lui reste la vie », peut-on lire dans les premières pages du manifeste qui traite notamment des législations portant sur les langues officielles, l'éducation et le rôle des médias.

Notre rencontre avec le premier ministre Trudeau est assez mémorable puisqu'il semble particulièrement irrité que nous ne l'appuyions pas ouvertement. Après quelques minutes seulement, il nous accuse de ne pas être très reconnaissants à son endroit. Il nous reproche de le critiquer publiquement. Si ma mémoire est bonne, il nous qualifie même de « méchants » durant cet échange. Il faut dire qu'à ce moment-là, Hubert parvient à séduire les médias et à les intéresser à notre cause. Il se promène d'un bout à l'autre du pays pour représenter la FFHQ et il peut faire des points de presse partout. Les journalistes semblent intéressés notamment parce que nous sommes jeunes et que nous n'avons rien à perdre. Nous sommes indépendants dans notre approche et ni Trudeau ni Lévesque ne peuvent prétendre que nous sommes dans leur coin. Nous parvenons à jouer avec les deux parties. À Ottawa, les politiciens détestent notre *flirt* avec les séparatistes. Durant une rencontre, nous leur disons que nous entretenons des relations avec le gouvernement du Québec, qu'il a été élu de façon démocratique et qu'effectivement il est nationaliste et indépendantiste. Toutefois, nous avons un but précis et nous devons nous faire aider de tous les côtés.

« Je faisais des rencontres avec les Sociétés Saint-Jean-Baptiste de partout et je m'étais fait menacer par le Secrétariat d'État de nous faire couper notre financement si je continuais à faire des discours. Dans les sociétés, il y avait des fédéralistes, des nationalistes et d'autres complètement séparatistes, comme à Montréal », raconte Hubert. Nous développons nos stratégies ensemble, de façon informelle. Puis, nous irons rencontrer René Lévesque. Nous sommes alors tellement jeunes. Personne n'a encore atteint la trentaine dans le groupe. Notre tactique est la suivante : il faut montrer à René Lévesque qu'il a tort de penser que nous n'avons aucune autre voie que l'assimilation. Nous éprouvons une forte amertume après qu'il nous a traités de *dead ducks*. M. Lévesque est un grand démocrate et nous savons que c'est par notre passion que nous pourrons le convaincre de nous aider dans notre lutte pour une vie en français dans un océan anglais.

« Lévesque nous a dit en pleine réunion, et Bastarache était là, "je ne peux pas être contre l'énergie que je vois devant moi". Il nous avait dit cela à peu près comme ça. Parce qu'on lui avait dit qu'on voulait qu'il arrête de dire que nous étions morts. On était devant lui. On lui avait dit qu'au Québec, il y avait les mêmes phénomènes [que pour les francophones hors Québec] qu'il l'accepte ou non. On reconnaissait l'assimilation, on ne disait pas que nous étions fleurissants. Au contraire, on craignait pour notre survie. On est la première ligne et quand les bateaux arriveront, nous serons les premiers à tomber au combat. Après cela, ça s'en va chez vous », rappelle Hubert Gauthier. Nous avons touché une corde sensible.

★★★

Cette rencontre, comme toutes celles qui ont suivi durant le premier mandat du PQ, a été très cordiale. Rapidement, nous sentons une oreille attentive de la part des élus et des fonctionnaires québécois. Au fil des ans, je rencontrerai à quelques reprises Claude Morin, alors ministre des Affaires intergouvernementales et responsable des relations avec les communautés francophones canadiennes.

Les rencontres engagent souvent sa directrice de cabinet de l'époque, Louise Beaudoin, une femme intelligente qui a par la suite été députée à l'Assemblée nationale et ministre. Durant ces rencontres, il est surtout question des luttes francophones en matière d'éducation. Nous cherchons, à la FFHQ, à faire reconnaître les conseils scolaires francophones en Alberta, au Manitoba, en Ontario et en Colombie-Britannique, notamment. Le gouvernement Lévesque est assez sympathique aux francophones hors Québec, mais il ne nous accorde pas une attention très soutenue. Disons que ce que nous demandons ne fera pas partie de leurs priorités. Ils ont en fait développé la fâcheuse manie de nous mettre des bâtons dans les roues. C'est sans doute parce que dans leur tête, nous sommes voués à l'assimilation. J'essayerai de les convaincre de ne pas nous nuire. Pas de nous appuyer sans réserve, simplement de ne pas nous nuire.

« Écoutez, je comprends que vous avez votre parti, vous vous battez pour vos affaires, vous êtes pour la séparation, on comprend tout cela, mais ça ne veut pas dire que vous ne devriez pas avoir des relations avec les francophones d'ailleurs qui soient positives et qu'il y ait une coopération par exemple dans le secteur universitaire, dans le secteur de la culture », leur ai-je dit durant une rencontre. Pour moi, il est élémentaire que le Québec soit ouvert sur le monde et encore plus sur ses voisins immédiats. Je leur répète que les artistes québécois vont faire des spectacles à Moncton, à Caraquet, à Campbellton, à Ottawa, à Saint-Boniface et à Edmonton. Ce sont des revenus additionnels pour eux. L'absence d'appui du gouvernement québécois, c'est aussi un manque d'encouragement à l'égard de leurs propres artistes. M. Morin est sensible et sympathique à cet argument, mais dès que la question est politique, il n'y a rien à faire.

Nous avons des conflits, puisque le PQ est contre le développement des droits des francophones hors Québec, particulièrement lorsqu'ils adopteront la loi 101. Un ministre du cabinet Lévesque nous a même dit : « Si le fédéral vous aide sur le plan législatif et ainsi de suite, ce que vous obtenez comme francophones hors Québec, bien ce sera revendiqué par les Anglais au Québec. Puis, on ne veut rien donner aux Anglais chez nous. »

Le problème avec cet argument, c'est qu'il est mal fondé. Les anglophones québécois ont tout ce qu'il leur faut. Ils ont leurs hôpitaux, leurs écoles et leurs universités. On demande la gestion des conseils scolaires. Il n'est même pas encore question de santé, et eux, ils ont déjà tout cela depuis des lunes. De plus, la loi 101, cette *Charte de la langue française* adoptée en 1977, protégera encore plus le français au Québec. Mais quel est le problème ? Claude Morin me répondra alors : « Le problème, c'est qu'on veut avoir le droit de leur enlever. » Il veut protéger la juridiction du Québec en matière d'éducation à tout prix.

★★★

Il n'est pas question d'enlever partiellement ou complètement des droits à la minorité anglophone, c'est plutôt qu'ils veulent pouvoir restreindre leurs droits dans le domaine culturel et linguistique par l'entremise de la loi 101. Le conflit est venu largement du fait que le fédéral a voulu aider – à mon grand bonheur – les minorités, y compris les anglophones du Québec. Les péquistes sont donc furieux et tenteront de nous mettre en échec devant les tribunaux à plusieurs reprises. Pour ma part, je ne suis pas fâché ni insulté. Franchement, je ne suis pas surpris par leur approche, mais quelle déception. Quelle petitesse de leur part. « Je ne comprends pas de quoi vous avez peur », leur ai-je répété. Plus de 40 ans après nos discussions, Claude Morin soutient que cela n'a jamais été la réelle intention du gouvernement Lévesque.

« Je me souviens en général, puisque c'était l'objet de discussions, mais j'ai toujours dit qu'on n'abandonnait pas les francophones hors Québec. Pas du tout! C'était plutôt un réflexe comme si on tentait de s'isoler, alors que c'était le contraire. On avait des relations avec d'autres pays, alors je ne voyais pas pourquoi nous n'en aurions pas eu avec les francophones hors Québec. D'ailleurs, j'ai donné des subventions comme ministre à des associations francophones hors Québec », explique l'homme âgé de 88 ans au bout du fil. Ce dernier répète que son gouvernement n'a jamais voulu nuire aux francophones en milieu minoritaire ni aux anglophones du Québec d'ailleurs, mais qu'il a cherché à préserver et à renforcer la langue française dans la province. De là à justifier leur opposition à la gestion de nos écoles devant les tribunaux, il y a ici un mystère à percer.

Il est cependant intéressant de noter qu'à deux reprises des avocats du gouvernement du Québec m'ont fait savoir, dans la salle des avocats de la Cour suprême du Canada, qu'ils ne croyaient absolument pas à la position qu'ils présentaient; ils suivaient les ordres d'en haut. J'ai toujours pensé que la position du gouvernement ne reflétait pas l'opinion populaire. J'en avais la preuve.

Cela dit, ce ne sont pas des adversaires et encore moins des ennemis dont il est question. Au fond, c'est de la politique notre affaire. Un jour, j'ai eu le plaisir de prendre un verre avec MM. Morin et Camille Laurin. Nous étions alors dans un restaurant de Québec et M. Laurin se penche vers moi et me dit : « Écoute Michel, je comprends que tu veux rester francophone, que la culture française est importante pour toi. Mais entre nous, ta seule solution, c'est de déménager au Québec. » Je me suis presque étouffé avec une gorgée de vin. Une autre déception.

Camille Laurin est un type très calme, très posé, et j'ai développé un grand respect pour lui. Il est un homme d'État et un vrai démocrate. C'est pour cela que des commentaires comme ceux-là me déçoivent tellement. Je ne peux pas croire que des hommes aussi brillants disent des choses aussi insensées. Plusieurs années plus tard, Jean Samson, qui a été leur avocat principal et un homme que j'ai toujours aimé, m'arrête au passage :

— Michel, tu viens ici et on se parle comme ça, mais tu sais que tu es le pire ennemi de ces gars-là, me lance-t-il.

— Ah oui, pourquoi donc? Suis-je si méchant que cela?

— Non! Tu es la preuve qu'ils ont tort quand ils disent que tu n'es pas capable de garder ta langue et ta culture si tu ne vis pas au Québec. Et c'est vraiment fatigant.

J'ai toujours respecté ceux qui veulent l'indépendance du Québec pour les bonnes raisons. Je sais, les enfants, c'est étonnant venant de moi. J'ai toujours compris ceux qui voulaient bâtir un pays pour avoir leurs propres institutions pour des raisons culturelles, linguistiques et économiques. Avoir vécu au Québec toute ma vie, j'aurais peut-être pensé comme cela. Les Lévesque, en dépit de l'incident des « dead ducks », Morin, Laurin et Johnson, je n'ai pas eu de vrais conflits avec eux. Mais le caractère négatif et méchant dans l'approche de bon nombre de séparatistes est un irritant, sans aucun doute. Ceux qui veulent toujours l'indépendance du Québec pour se venger des Anglais, des plaines d'Abraham et d'autres événements historiques d'il y a deux siècles, on repassera. Il va sans dire que ce n'est pas une opinion légitime. On tourne la page et on passe à autre chose. Il faut se battre pour le présent et le futur.

★★★

Lorsque le débat s'engage sur le renouvellement constitutionnel qui a abouti à la *Loi constitutionnelle de 1982*, les francophones hors Québec prennent tous les moyens à leur disposition pour se faire entendre. Il faut comprendre d'abord que les articles 16 à 22 de la Charte portent sur les langues officielles, mais que l'article 15, qui a trait au droit à l'égalité, y est également rattaché de façon parfois assez directe. Il reste que l'article primordial dans mes revendications et celles des minorités francophones de partout au pays, c'est l'article 23. Il concerne le droit à l'instruction dans la langue de la minorité. Cet article est divisé en trois parties. D'abord, 23 (1) touche à la langue d'instruction, 23 (2) a trait à la continuité d'emploi de la langue d'instruction et, finalement, 23 (3) à la justification par le nombre. C'est la dernière partie qui conduit trop souvent les francophones devant les tribunaux.

Voici ce que cette disposition stipule: « Le droit reconnu aux citoyens canadiens par les paragraphes (1) et (2) de faire instruire leurs enfants, aux niveaux primaire et secondaire, dans la langue de la minorité francophone ou anglophone d'une province : *a)* s'exerce partout dans la province où le nombre des enfants des citoyens qui ont ce droit est suffisant pour justifier à leur endroit la prestation, sur les fonds publics, de l'instruction dans la langue de la minorité ; *b)* comprend, lorsque le nombre de ces enfants le justifie, le droit de les faire instruire dans des établissements d'enseignement de la minorité linguistique financés par les fonds publics.

En général, je pense que l'objectif des francophones hors Québec consiste à s'assurer d'une interprétation constitutionnelle qui permettra d'établir que les établissements scolaires de la minorité leur seront réservés, qu'ils seront gérés par elle, qu'ils seront distincts des établissements devant promouvoir le bilinguisme par l'immersion. La seule véritable protection collective qui se trouve dans la Loi constitutionnelle, c'est l'article 23 de la Charte, et cette garantie est de loin la plus fondamentale pour assurer l'avenir des minorités linguistiques.

Pendant les débats constitutionnels, nous avons voulu nous assurer que l'article 23 aurait le plus de mordant possible. Avec mes collègues francophones, j'ai écrit le manifeste *Pour ne plus être sans pays*. C'est un texte servant de représentation politique, un texte fait pour choquer et forcer les médias à nous faire une place dans le débat constitutionnel. Je comparais devant le comité parlementaire, je participe à des conférences de presse, je donne des entrevues et je prends part à des colloques. Nous faisons alors un travail de terrain pour convaincre les gens de nous donner des protections constitutionnelles. Nous avons à peu près tout fait, sauf engager un dialogue solide avec les rédacteurs de la loi. Même les articles 16 à 23 de la *Charte canadienne des droits et libertés* ont été rédigés avec d'autres intérêts en vue. L'article 23 est modelé sur des textes législatifs du Québec. Le point central de ma revendication à l'époque, c'est d'obtenir un amendement à l'article 23 de la Charte pour qu'on y ajoute le contrôle de la gestion scolaire. Hélas, ma demande a été rejetée. Toutefois, lisez bien cet article ; il s'y trouve une subtilité qui finira par bien nous servir : « Établissements d'enseignement DE la minorité. » Tout est dans le « de ». En anglais, on lit « of ». En français, c'est « de », et non « pour ». Il y a une nuance importante, nuance qui fait toute la différence. Si on dit « pour » la minorité, c'est qu'on accepte qu'un conseil scolaire anglophone gère des écoles françaises, sans nécessairement avoir la sensibilité requise. Alors que si on dit « de » la minorité, on affirme que c'est la minorité qui a le contrôle de ses établissements. Les tribunaux peuvent donc interpréter la loi de façon positive, à mon grand bonheur.

En général, je pense que l'objectif des francophones hors Québec consiste à s'assurer d'une interprétation constitutionnelle qui permettra d'établir que les établissements scolaires de la minorité leur seront réservés, qu'ils seront gérés par elle, qu'ils seront distincts des établissements devant promouvoir le bilinguisme par l'immersion.

Même si je suis le représentant des francophones hors Québec, le premier ministre néo-brunswickois Richard Hatfield retient mes services comme conseiller constitutionnel à l'occasion des négociations finales sur la *Loi constitutionnelle de 1982*. Nous avons une petite équipe, de sept ou huit personnes, alors que le Québec en a, je devine, une vingtaine. J'ai alors l'occasion de dire à Claude Morin qu'en dépit des nombres, il est mal conseillé parce que tout son monde a la même formation, la même opinion et une absence totale d'expérience avec les délégués des autres provinces. De fait, aucun n'a vécu hors du Québec m'a-t-on dit. Mes discussions avec certains d'entre eux ont révélé qu'ils n'ont aucune idée de ce que pense M. Hatfield.

Les enfants, permettez-moi de vous raconter une petite histoire. À la veille de la rencontre finale entourant les négociations constitutionnelles, je suis dans un bar au sous-sol du Château Laurier. Je suis attablé avec M. Hatfield et trois membres de notre délégation, dont le responsable, Barry Toole. Il y a aussi des membres de la délégation de la Saskatchewan, et peut-être quelques autres personnes, je ne m'en souviens plus. À un moment donné, Roger Tassé, le sous-ministre de la Justice du gouvernement fédéral, rentre dans le bar et vient à notre table. Il explique qu'on lui a demandé de nous aviser qu'il y a une rencontre dans la suite réservée par l'Ontario. Les délégués des provinces sont invités à s'y rendre en vue de trouver un terrain d'entente pour dénouer l'impasse. Les négociations sont alors au point mort. Roger nous demande donc d'envoyer quelqu'un du Nouveau-Brunswick. Nous avons tous remarqué la présence de Claude Charron et de Louise Beaudoin qui sont à une autre table. Roger me demande de les aviser de l'invitation, puisque je connais assez bien Louise. Je m'occupe de la tâche, mais les délégués du Québec me disent ne pas avoir de mandat pour participer. Je leur demande d'appeler M. Lévesque ou M. Morin. On ne veut pas les déranger. J'insiste sur l'importance de la rencontre. On s'entend alors sur une alternative ; nous nous rencontrerons très tôt le lendemain matin pour que tous soient bien informés des négociations et que les délégués du Québec aient le temps d'en parler avec MM. Lévesque et Morin. M. Charron et Mme Beaudoin acceptent. Le lendemain matin, nous attendons nos amis du Québec. Aucun signe de vie. Ils ne se présenteront finalement pas à notre rendez-vous.

Dans les heures et les jours qui suivent, on invente l'histoire de la nuit des longs couteaux, la nuit durant laquelle les provinces anglaises auraient comploté contre le Québec. Cette fabrication politique a la vie dure. Elle a été dénoncée par M. Chrétien et M. Hatfield notamment. Et je me joins certainement à eux.

Plusieurs années plus tard, alors que j'attends pour prendre l'avion à l'aéroport de Halifax, M. Hatfield, qui est déjà très malade, vient me rejoindre. On se connaissait assez bien et il est venu s'asseoir avec moi. Nous avons parlé pendant plus d'une heure. Durant la conversation, il m'a dit qu'il n'aurait sans doute pas la possibilité d'écrire ses mémoires, vu que sa maladie était terminale et qu'il regrettait énormément ne pas pouvoir le faire pour dénoncer le mensonge de la nuit des longs couteaux. Il m'a dit qu'il voulait m'en parler pour m'inciter à dénoncer ce mensonge moi-même. Je l'ai fait à quelques reprises et le fait encore aujourd'hui.

Il est très malheureux, à mon avis, que la propagande séparatiste trouve place dans les universités, les cégeps et les écoles du Québec. Pas besoin de mentir pour expliquer ce qui s'est passé durant les négociations constitutionnelles ou justifier son refus d'entériner l'entente. On peut facilement comprendre le comportement des divers acteurs et se faire une idée ; drôle que l'on ait si peu confiance à Québec.

★★★

Cela dit, ce ne sont pas que les séparatistes qui finiront par me donner le plus de fil à retordre au Québec. Dans la foulée des négociations entourant l'Accord du lac Meech, dans les années 1980, des membres du gouvernement de Robert Bourassa m'ont fait suer à grosses gouttes.

En raison de l'absence de la signature du Québec sur la « nouvelle constitution » de 1982, le gouvernement progressiste-conservateur de Brian Mulroney décide de faire des pieds et des mains pour que le Canada et le Québec se réconcilient. En 1986, il lance une autre vague de négociations pour que le Québec signe la constitution de 1982. C'est l'Accord du lac Meech.

Les négociations ne sont pas de tout repos. Le gouvernement de Robert Bourassa pose des conditions extrêmement rigides pour adhérer au projet de M. Mulroney. Cinq conditions, en fait : que le Québec soit reconnu comme une société distincte ; que les pouvoirs du Québec en matière d'immigration soient reconnus dans la Constitution ; que le droit à trois juges du Québec à la Cour suprême du Canada soit protégé par la Constitution ; que le Québec ait le droit de se retirer avec compensation de tout programme mis en place par le gouvernement fédéral dans ses champs de compétence ; et que le Québec ait un droit de veto sur toute modification constitutionnelle et le droit de se retirer de toute entente avec compensation afin de protéger son statut de société distincte.

Je suis contre. Je trouve que le gouvernement Bourassa exagère. Mes confrères francophones de partout au pays estiment eux aussi que ça va trop loin. Le concept de société distincte est extrêmement difficile à accepter pour les francophones qui ne forment pas la majorité dans leur province. Bien que je ne sois pas directement impliqué dans les débats entourant Meech, j'offre quelques conseils à Yvon Fontaine, alors président de la FFHQ.

À l'époque, je fais des procès pour faire appliquer l'article 23, notamment en Alberta, avec la cause Mahé, et ailleurs. Le gouvernement du Québec intervient régulièrement contre moi. La seule province officiellement francophone au

Canada intervient contre des francophones de l'Ouest. Je n'ai jamais pu tolérer cela. Je demande donc au gouvernement et au ministre de l'Éducation, Claude Ryan, non pas de changer son fusil d'épaule, mais bien de rester chez lui et de nous laisser tranquilles. Je veux que le Québec cesse de nous nuire et qu'il nous laisse faire ce qu'il faut pour obtenir la gestion de nos écoles. Un gouvernement libéral du Québec tente de nous bloquer la voie. Quelle honte!

Je multiplie donc les appels et les franches discussions avec M. Ryan et le ministre des Affaires intergouvernementales, Gil Rémillard. Un jour, nous entreprenons de discuter avec des membres du gouvernement Bourassa de nos positions respectives concernant l'entente du lac Meech. Ils sont environ 15 représentants du Québec de leur côté de la table. Nous, nous sommes trois. Quelques minutes avant la réunion, Gil Rémillard s'approche de moi et me dit:

— Tu t'exprimes très bien en français pour un francophone hors Québec.

Ça commence bien. J'ignore s'il sait à ce moment-là que nous sommes tous les deux diplômés de l'Université d'Ottawa et que nous avons étudié presque en même temps à l'Université de Nice. Je ne suis pas impressionné.

— Oui, M. Rémillard, je suis vraiment content que vous disiez cela parce que j'allais justement vous faire remarquer qu'il y a des fautes de français dans le document que vous faites circuler.

Ça donne le ton. Trente ans plus tard, M. Rémillard affirme qu'il n'y a jamais eu d'hostilité dans nos rapports. Je tends à être d'accord avec lui sur ce point; j'ai toujours eu beaucoup de respect pour l'homme politique qu'il a été. Ses efforts dans les négociations entourant l'Accord du lac Meech sont quasi légendaires. Il est un homme de conviction, comme moi, et je reconnais cela. Toutefois, lorsqu'il affirme que le gouvernement du Québec n'est pas intervenu contre les francophones, tant dans la cause Mahé que dans Meech, c'est faux. Il ne semble pas comprendre que d'avoir affirmé devant l'Assemblée législative du Nouveau-Brunswick, à Fredericton, que celle-ci n'avait pas la possibilité de changer un seul mot de l'entente du lac Meech était insultant. Ce message n'a d'ailleurs jamais été accepté. Concernant le droit à l'éducation des minorités, Gil Rémillard persiste.

«Ce que je me souviens, et ce n'était pas mon dossier, c'était celui de Claude Ryan, on voulait que les minorités puissent avoir le droit de gérer leurs établissements, mais on voulait aussi que les minorités aient de l'enseignement dans leur langue dans les établissements qu'ils ne gèrent pas nécessairement, parce qu'il y a des endroits où le nombre n'est pas suffisant pour avoir des écoles; mais ils peuvent avoir des cours. Il y avait ce genre de nuances», soutient Gil Rémillard. De fait, M. Ryan m'a dit qu'il était sympathique à ma demande, mais que M. Rémillard s'y était opposé et avait obtenu l'assentiment du Cabinet.

Au fil des années, le gouvernement du Québec s'est targué d'entretenir une relation valable avec les communautés francophones à l'extérieur de la province.

Il y a eu des investissements et des belles paroles, des gestes d'appui, certes, mais toujours avec comme trame de fond une manigance pour préserver son statut particulier au sein de la fédération canadienne. Il pose des gestes qui, pour préserver une bonne distance avec la communauté anglophone du Québec, vont jusqu'à pénaliser, voire nuire aux francophones d'un océan à l'autre. Le gouvernement est intervenu dans l'affaire Mahé sur le droit à l'éducation et à la gestion des établissements d'enseignement des francophones en Alberta d'une façon injustifiée. La minorité a gagné, et franchement, le Québec a perdu toute crédibilité lorsque la Cour suprême du Canada a tranché dans cette cause historique.

« Non. J'étais procureur général et de ce que je me souviens, tout le monde était d'accord avec ça, rétorque M. Rémillard. Quand Mahé est arrivé, pour ma part, de ce que je me souviens, c'était très bien. » Or, les coupures de journaux ne mentent pas : le gouvernement du Québec a été décrit comme un traître. La soupe est tellement chaude à l'époque que le ministre Ryan a dépêché son secrétaire à la politique linguistique au gouvernement du Québec, Jean-Claude Rondeau, dans l'Ouest en mission pancanadienne pour rencontrer les communautés francophones. Cette tournée est, comme l'a si bien écrit Marcel Adam dans *La Presse* du 5 décembre 1989, « pour justifier le comportement inattendu du Québec dans la cause Mahé, et pour leur dire que le gouvernement québécois n'est pas contre le droit à la gestion scolaire pour les francophones hors Québec ». Cet émissaire avait, selon M. Adam, déclaré que « si le Québec n'a pas clairement appuyé les francophones hors Québec dans cette affaire, c'est que le Québec est jaloux de sa juridiction exclusive en matière d'éducation, et qu'il ne voulait pas agir à l'encontre de ce principe en se mêlant des affaires des autres provinces ».

Une décennie plus tard, Claude Ryan lui-même, dans un document préparé pour le Barreau du Québec sur les droits linguistiques, écrira : « Au Québec, en effet, la majorité elle-même existe et se perçoit comme une minorité dans le grand tout canadien et nord-américain. Elle cherche à se protéger en tant que telle. Ceci explique que la Charte de la langue française accorde la première importance aux

Au fil des années, le gouvernement du Québec s'est targué d'entretenir une relation valable avec les communautés francophones à l'extérieur de la province. Il y a eu des investissements et des belles paroles, des gestes d'appui, certes, mais toujours avec comme trame de fond une manigance pour préserver son statut particulier au sein de la fédération canadienne.

droits linguistiques de la majorité et qu'elle a souvent tendu à réduire les droits reconnus à la minorité. » Tout est dit.

★★★

Dans les années 2010, le gouvernement libéral de Philippe Couillard a tendu la main aux autres provinces pour tenter de réunir la grande famille canadienne. Or, il s'oppose en même temps à la démarche de la Commission scolaire francophone du Yukon n° 23 lorsqu'elle intente une poursuite contre le procureur général du territoire du Yukon pour manquement à ses obligations relativement à l'éducation dans la langue de la minorité en vertu de l'article 23 de la Charte, de la *Loi sur l'éducation* du Yukon et de la *Loi sur les langues* du Yukon.

La cause s'est rendue jusqu'en Cour suprême du Canada. Dans son mémoire, la procureure générale du Québec s'est opposée à toute interprétation de l'article 23 de la Charte qui aurait comme conséquence de donner plus de pouvoirs de gestion à la minorité anglophone. « Dans le contexte québécois où l'anglais exerce un fort pouvoir d'attraction sur les francophones et les allophones, un tel élargissement du pouvoir de gestion et de contrôle des représentants de la minorité anglophone aurait de graves conséquences sur la protection de la langue française et sur l'organisation du réseau scolaire [...] et compromettrait le fragile équilibre de la dynamique linguistique québécoise et nuirait à la protection du français dont la vitalité bénéficie non seulement aux Québécois, mais aussi à l'ensemble des francophones du Canada », peut-on lire. C'est complètement absurde que devant les tribunaux, le gouvernement tienne de tels propos, mais que sur la scène politique, il lance en grande pompe son manifeste « Québécois, notre façon d'être Canadiens : Politique d'affirmation du Québec et de relations canadiennes ». Dans ce document, paru en juin 2017, le gouvernement tente de se convaincre lui-même d'être l'allié indéfectible des francophones hors Québec.

« Le Québec a conclu des accords de coopération et d'échanges en matière de francophonie canadienne avec l'ensemble des gouvernements des provinces et des territoires. Nous souhaitons accroître la coopération avec ces gouvernements et engager davantage les milieux associatifs dans l'établissement des priorités d'action. C'est ainsi que le Québec continuera de s'investir comme il l'a fait, notamment, en signant avec de nombreuses provinces des déclarations portant sur la francophonie canadienne et en renouvelant ses accords de coopération », peut-on lire dans ce document de près de 200 pages. Rappelons que la FCFA dénonce depuis des années une majorité de gouvernements provinciaux et territoriaux parce qu'ils ne respectent pas leurs obligations aux termes des accords avec le fédéral concernant l'aide à l'enseignement dans la langue de la minorité. Que valent dans ce contexte des ententes entre les provinces ?

6

L'Acadie... Ô l'Acadie

OCTOBRE 1979, Edmundston. Émilie, tu viens de naître et notre province vit une période d'effervescence, en particulier chez les Acadiens. La tension est à son comble à la Convention d'orientation nationale de l'Acadie, où 1 200 délégués se sont assemblés pour débattre d'enjeux francophones. Il s'agit de la 16e convention de l'histoire et la première en près d'un siècle qui réunit autant de participants. L'idée est alors de permettre aux Acadiens de s'exprimer sur l'avenir politique de l'Acadie et sur un projet collectif acadien.

Tous les Acadiens du Nouveau-Brunswick sont invités et je ne manque pas l'occasion d'y assister, d'abord, parce que j'ai aidé à mettre au monde la SANB quelques années plus tôt, et puis parce qu'à titre de vice-doyen de l'École de droit de l'Université de Moncton, je ressens une certaine obligation de participer. La réunion dure trois jours. Des ateliers et des séances plénières sont organisés. C'est le lieu de prédilection pour des débats parfois enflammés.

Dès mon arrivée le 6 octobre, je sens que quelque chose se trame. Il y a une aura dans la salle. Rapidement, je mets le doigt dessus : le Parti acadien a *packeté* la salle.

★★★

Dans sa jeune vingtaine, Bernard Richard est assez impliqué dans la communauté du Grand Moncton. Le jeune homme originaire de Cap-Pelé est alors travailleur social pour le ministère du Développement social du Nouveau-Brunswick. Il est un homme sérieux, et, à l'époque, il croit pouvoir aider son coin de province en s'engageant en politique.

« Déjà en 1974, j'avais un intérêt pour l'aspect social, les politiques sociales. La poursuite de l'égalité, l'égalité des chances. Le Parti Acadien avait beaucoup cela », dit-il dans une entrevue accordée au journal L'Étoile au début des années 2010. Ce dernier compare assez justement le Parti acadien au Nouveau Parti démocratique dans son approche en matière de politiques sociales. Mais dès qu'il est question de politique linguistique, il y a un virage nationaliste que le NPD ne prendra jamais.

Fondé en 1972, le PA regroupe essentiellement des syndicalistes et des intellectuels francophones qui se sentent délaissés par les partis politiques traditionnels. Les conflits linguistiques à la fin des années 1960 et la montée du Parti québécois poussent de nombreux jeunes Acadiens à se prendre en main. En janvier 1971, un instituteur de Petit-Rocher, André Dumont, attire six autres personnes du nord-est du Nouveau-Brunswick pour former le *comité des sept* afin d'explorer la possibilité de créer un nouveau parti politique. L'idée d'un territoire national pour les Acadiens est avancée par les uns, alors que d'autres croient qu'il faut plutôt défendre les francophones de la province. Il y a sept personnes dans ce comité, et imaginez qu'ils ne sont jamais arrivés à un consensus sur l'orientation. En novembre 1972, le PA tient son congrès de fondation où 125 militants acclament Euclide Chiasson comme chef. Notons que le parti n'a jamais attiré plus de 1 000 membres.

Aux élections de 1974, Bernard Richard se présente comme candidat pour le Parti acadien dans la circonscription de Shédiac. Il ne l'a pas eu facile. Shédiac est une circonscription *rouge vin*. Le Parti libéral y est roi et maître depuis des générations. C'est une bataille perdue d'avance. Les Richard de Cap-Pelé sont reconnus à une époque comme étant de grands militants conservateurs. Donc, lorsque le jeune de la famille se présente sous la bannière du PA, les chances de réussites sont pratiquement nulles. Bernard amasse finalement 283 voix, bien loin du vainqueur, le libéral Azor LeBlanc qui obtiendra 4 404 voix. Pourtant, il ne termine pas dernier puisque c'est le néo-démocrate qui prend le quatrième rang avec 206 voix.

Bernard n'a pas été élu, évidemment. Il est plutôt devenu avocat, puis député du Parti libéral pendant de nombreuses années. Il a été ministre de la Justice et ministre de l'Éducation dans le gouvernement de Frank McKenna et de Camille Thériault, puis chef intérimaire du parti. Bernard a fait beaucoup pour notre province et le premier ministre progressiste-conservateur Bernard Lord l'a reconnu en le nommant, bien que libéral, Ombudsman du Nouveau-Brunswick, ceci au début des années 2000.

Bernard est un homme droit. Il a accepté le mandat du premier ministre. Il a démissionné de son siège de député et s'est mis la grande famille libérale du Nouveau-Brunswick à dos. Les libéraux ne peuvent alors concevoir qu'un des leurs accepte un poste d'un premier ministre progressiste-conservateur, même s'il s'agit d'un poste d'importance dans la vie démocratique de notre province. À ce titre, il a fait un travail colossal, notamment auprès des jeunes à titre de défenseur des enfants et de la jeunesse de la province. Quelques années plus tard, le gouvernement de la Colombie-Britannique lui demandera d'occuper la fonction de défenseur de la jeunesse dans l'ouest.

À l'époque, je me dis que Bernard n'est pas un mauvais gars et que ses intentions sont honorables. Ce n'est pas le Parti acadien de quatre ans plus tard. C'est alors un parti beaucoup plus modéré, nationaliste certes, mais pas encore tout à fait séparatiste. Il faut dire que c'est la naïveté qui a amené Bernard à se présenter pour un tel parti. Lui-même l'admet; son engagement au PA s'est fait de façon plutôt accidentelle.

« J'étais invité par des amis à une réunion pour choisir un candidat du PA et on était une dizaine de personnes. Puis, finalement, on a tiré à la courte paille et j'ai dû me présenter », relate-t-il dans la même entrevue accordée au journal *L'Étoile*. Ça démontre un peu le sérieux de ce parti.

Deux ans après sa fondation, le Parti acadien n'attire que 12 candidats et obtient 3 607 votes lors de l'élection de 1974. On parle d'environ 1 200 votes de plus que le nombre de bulletins annulés cette année-là. Les candidats intéressants sont rares. Outre Bernard Richard, on retrouve en lice Jean-Marie Nadeau, l'activiste des activistes en Acadie, et Gilles Thériault, un syndicaliste et acteur important dans le secteur des pêches au Nouveau-Brunswick. Gilles est le frère de Camille Thériault, qui occupera le poste de premier ministre du Nouveau-Brunswick pendant un an à la fin des années 1990, et le cousin germain de l'épouse de celui qui sera ministre au gouvernement fédéral, le libéral Dominic LeBlanc.

Mais le Parti progressiste-conservateur a la frousse de sa vie lors de cette élection puisque seulement quatre ans après qu'il a pris le pouvoir, il récolte 2 000 votes de moins que le Parti libéral. Il réussit néanmoins à conserver une majorité des sièges à l'Assemblée législative. Mine de rien, le Parti acadien devient un joueur dans l'élection.

« En 1974, un certain Jean-Pierre Ouellette se présente comme conservateur et se fait élire avec 95 voix de majorité. Un certain Jean-Marie Nadeau, qui était candidat pour le Parti acadien, avait obtenu 99 votes. Il a fait gagner Jean-Pierre Ouellette. C'est pour cela que même si le PA ne satisfait pas les critères pour être reconnu, le gouvernement a modifié la loi pour le faire reconnaître, « parce que ça faisait leur affaire », raconte le politologue Roger Ouellette.

Puis, vient rapidement l'élection de 1978. Deux ans plus tôt, le PA prend un virage résolument nationaliste, revendiquant désormais la division du Nouveau-Brunswick et la création d'un État national pour les Acadiens. Cet État peut soit devenir la 11e province canadienne ou encore s'annexer à un Québec souverain. Le parti change, mais la population aussi évolue. À l'été 1982, j'écris ceci dans la revue *Égalité*: « Au Nouveau-Brunswick, le régime de bilinguisme est fondé sur le concept de personnalité et vise à permettre aux individus de fonctionner dans les deux langues sur tout le territoire, assurant ainsi l'égalité de statut des langues officielles. Pour certains francophones du Nord-Est, en particulier, il est clair que cette philosophie correspond à la volonté du gouvernement d'unifier le Nouveau-Brunswick en niant le sentiment d'appartenance régionale des Acadiens, sentiment qui paraît essentiel au maintien de la cohésion culturelle et linguistique de la communauté francophone. »

Politiquement, le Parti acadien voit une brèche pour faire des gains, en particulier dans le nord de la province. Euclide Chiasson quitte la direction du parti et laisse sa place à Jean-Pierre Lanteigne, un médecin de Bathurst. Les membres du Parti acadien sont divisés en deux factions : il y a ceux qui veulent diviser le Nouveau-Brunswick et créer une province acadienne, et ceux qui veulent juste diviser le Nouveau-Brunswick et annexer le Nord au Québec. Je suis farouchement contre les deux options. Je trouve cela complètement ridicule, utopique, sans réelle valeur. En 1977, le parti organise un autre congrès – cette fois-ci avec 50 délégués ! – pour se débarrasser de son aile d'extrême gauche et adopter un programme politique résolument séparatiste. La province acadienne est maintenant au cœur de la plateforme du parti à la veille des élections.

Lors des élections de 1978, le PA obtient des résultats quasi inespérés avec quatre fois plus de votes qu'à l'élection précédente. Le parti compte 23 candidats et amasse 11 562 votes. Le prêtre Armand Plourde vient tout près de gagner dans Restigouche-Ouest. Ce dernier obtient près de 40 % des votes dans la circonscription qui englobe notamment Saint-Quentin et Kedgwick, d'où il est originaire. C'est étrange puisque la plupart gens du nord-ouest du Nouveau-Brunswick se considèrent comme Acadiens seulement à temps partiel, à leur convenance, comme durant le Congrès mondial acadien de 2014. Même Armand Plourde se considère à la fois comme Brayon (de manière générale un résident du grand Madawaska) et Acadien. Jean-Pierre Lanteigne démissionne quelques mois après l'élection, déçu de ne pas avoir fait élire un seul député alors que la porte était grande ouverte, selon lui.

★★★

Ils sont des centaines. À mon arrivée à Edmundston, je me doute bien que des gens du Parti acadien seront présents. Mais à ce point-là ? Pas tout à fait. Durant les trois jours de cette convention nationale, organisée par la SANB, on veut permettre aux Acadiens de s'exprimer sur leur avenir politique. Le grand débat et le vote auront lieu le lundi 8 octobre 1979. Les gens du PA rempliront la salle et rapidement, on sentira que la question portant sur la création d'une province acadienne divisera les délégués. Les jeux de coulisses se mettent en branle et le tout culmine par un résultat retentissant : 48 % des participants désignent la province acadienne comme étant le projet collectif idéal pour les Acadiens. Je n'en reviens pas.

« Quand j'étais dans l'atelier [de M. Bastarache] en 1979, il a dit quelque chose qui m'avait beaucoup marqué. À l'époque, on parlait souvent de la création d'une province acadienne et il avait dit que s'il avait un souhait, l'Acadie serait un pays. Je ne pensais pas qu'il était en faveur d'une province acadienne. Pour lui, ce n'était pas possible, mais si c'était possible, ce serait son souhait. En 1979, il a dit ça », se souvient l'historien Maurice Basque, alors étudiant à l'Université de Moncton. Il était là. Il s'en souvient. Mais je doute qu'il ait compris le contexte de cette affirmation. Ce que j'ai dit à cet atelier, c'est que lorsque nous n'avons pas le choix, que l'on doit collaborer, on peut toujours rêver. Mais si l'on doit rêver, vaut mieux se faire un pays imaginaire, pas une organisation territoriale complexe.

Disons les choses comme elles sont : nous avons d'autres chats à fouetter à l'époque. Les gens du PA, qui se trouvent sérieux, vont tellement s'entre-déchirer sur cette question territoriale qu'ils nous font perdre de vue l'enjeu réel. Notre objectif, c'est de faire notre place à Fredericton et d'obtenir l'égalité des communautés linguistiques. Nous voulons, comme francophones et Acadiens, avoir une représentation sérieuse au gouvernement. Je dis alors aux participants, dans mon atelier et pendant toute la convention, que ça ne vaut même pas la peine de parler de cette séparation de l'Acadie puisque nous n'avons pas le territoire, les nombres, ni les ressources pour réussir.

De fait, nous n'avons rien du tout. Puis, nous ne pouvons pas dire que le Nord de la province est francophone et le Sud anglophone, comme on le dit d'usage dans la province. Ce n'est pas vrai. La Ville de Bathurst, la plus populeuse du Nord-Est, est composée à 53 % de francophones. Campbellton ? C'est pareil ! Ils sont nombreux à s'appuyer sur le fait que Caraquet est pratiquement à 99,999 9 % francophone. Bien sûr, ils ont raison, mais il n'y a pas de population là-bas. C'est ça le problème. Il n'y a pas d'économie non plus. Dans *La question du pouvoir en Acadie*, Léon Thériault met en lumière qu'en vertu des statistiques de 1976, la province acadienne compterait 61 % de francophones et 37 % d'anglophones. Comment aurions-nous pu convaincre un anglophone sur trois de voter en faveur de la séparation d'une petite portion géographique et démographique de la province, alors que les anglophones de partout au pays bouillent de rage à l'endroit des séparatistes du Québec.

J'ai assisté aux débuts éclatants du PQ, un parti à peine né qui montait dans les intentions de vote à vue d'œil. Ce qu'il faut retenir de cette formation politique, à l'époque, c'est qu'elle a un vrai programme politique. Ce n'est pas qu'un rêve, mais une possibilité, quelque chose d'accessible.

Ma relation avec les gens du PA a été extrêmement difficile, tendue et personnelle. Jean-Pierre Lanteigne a été l'une des personnes les plus insultantes que j'aie rencontrées. Il était impossible de discuter intelligemment avec lui parce qu'il te traitait automatiquement de traître. Dès que j'ouvre la bouche, il m'interrompt systématiquement et, trop souvent, il emploie des termes incendiaires pour intimider. Cela n'apporte rien de bon au débat et je décroche. Il finit par crier dans le vide. Les relations n'ont pas été harmonieuses. Il y a trop peu de militants à qui nous avons pu parler et discuter intelligemment. Ça montre à quel point ce parti n'est pas sérieux. Franchement, un Parti acadien défini ainsi n'est pas légitime au Nouveau-Brunswick.

Le pire dans tout cela, c'est qu'on s'est mis en situation de conflit avec le gouvernement, avec la presse anglophone aussi, et on a cultivé les différences plutôt que de chercher les matières sur lesquelles on peut s'entendre pour progresser. Je trouve que ce débat nous a fait reculer plutôt qu'avancer.

Plutôt que de créer le PA, nous aurions dû compter sur plus de gens comme Bernard Richard, qui sont prêts à se battre à l'intérieur des partis traditionnels et à forcer les partis à prendre des positions plus courageuses dans tous les domaines. Or voilà qu'au moment où je me dis cela, des gens au gouvernement mettent leur carrière en jeu en me tendant non pas une, mais deux perches. Émilie et Jean-François, la suite est fascinante.

Tiens, la dualité

IL S'APPELLE RICHARD HATFIELD. Fils de Heber Hatfield, ancien maire de Hartland et député fédéral au Parlement du Canada de 1940 à 1952, Richard Hatfield est pour ainsi dire « tombé dans la potion magique » de la politique à un très jeune âge. Presque à sa naissance, de fait, en 1931, dans la très rurale ville de Woodstock, au Nouveau-Brunswick. Le petit Richard fréquente les meilleures institutions scolaires des Maritimes. D'abord, la très prestigieuse Rothesay Collegiate School, près de Saint-Jean, puis à l'Université Acadia, en Nouvelle-Écosse, tout juste avant d'aller faire son droit à l'Université Dalhousie. Son cochambreur de l'époque n'est nul autre qu'Alex Campbell, qui sera premier ministre de l'Île-du-Prince-Édouard de 1966 à 1978, un record de longévité dans la plus petite province canadienne. M. Campbell est le plus jeune premier ministre du XXe siècle au Canada ; il a pris le pouvoir à l'âge de 32 ans.

Après avoir pratiqué le droit en Nouvelle-Écosse pendant six mois, Richard Hatfield devient l'adjoint au ministre canadien du Commerce, Gordon Churchill. Nous sommes à la fin des années 1950 ; Richard quitte ses fonctions après seulement un an pour retourner chez lui, à Hartland. Là-bas, il reprendra l'entreprise familiale que son père lui a laissée en héritage. Bien que son père lui ait bien dit de ne pas se lancer en politique quelque temps avant sa mort en 1952, Richard Hatfield annonce en 1961 qu'il briguera le siège de Carleton à l'Assemblée législative. L'ancien premier ministre Hugh John Flemming a démissionné de son poste de député après sa défaite contre Louis Robichaud. Pourquoi se lancer en politique, Richard ? « Pour le peuple », dira-t-il plus tard. Cinq ans après son entrée en politique, celui qui se fait couramment appeler Dick se présente à la direction du Parti progressiste-conservateur, où il donne rendez-vous à un vrai de vrai conservateur : J.C. « Charlie » Van Horne.

Richard est fondamentalement un libéral, ou un progressiste-conservateur beaucoup plus progressiste que conservateur. Les attaques vicieuses de Van Horne, qui est selon des commentateurs politiques à la solde de la très riche famille Irving, lui permettent de remporter facilement la course. Puisque Van Horne n'est pas en mesure de remporter son siège lors de l'élection générale de 1967, Richard devient chef de l'opposition officielle sans mal. En 1969, à Saint-Jean, les deux politiciens croisent le fer encore une fois. Cette fois, Richard est prêt et il tient une nouvelle carte dans sa manche : l'appui des francophones.

★★★

Richard Hatfield est un excentrique. À l'époque où tout se décide, ou presque, à l'hôtel Lord Beaverbrook de Fredericton, le premier ministre entretient sa garde rapprochée comme pas un. Il ne dort presque pas, et c'est assez connu qu'il ne déteste pas faire la fête. Au gouvernement, des proches raconteront au fil des années qu'il est doté d'une ouverture d'esprit remarquable.

Brenda Robertson est la première femme à avoir été députée à Fredericton, en 1967, et la première à avoir siégé au cabinet. La députée de la circonscription d'Albert, puis de Riverview, n'est que très rarement invitée dans les soirées mondaines où on retrouve la crème des politiciens et autres gens influents de la bulle de Fredericton. « Je buvais mon propre scotch », a-t-elle déjà dit en entrevue à L'Étoile.

Puis, un soir, alors qu'elle ne se doute pas qu'elle se fera réveiller à 2 heures du matin par le premier ministre, elle devra se rendre à la maison de M. Hatfield près du fleuve Saint-Jean à Fredericton. Au moment où elle stationne son auto, un collègue francophone de la région d'Edmundston s'engage lui aussi dans l'allée de la résidence. Le premier ministre convie ce soir-là deux alliés aux profils bien différents.

Une autre nuit : même scénario. Les trois, comme ça, à des heures impossibles et jusqu'à 6 heures du matin. Et une autre nuit, puis une autre. Bref, un soir par semaine, pendant trois ans, les trois se rencontrent en secret chez le premier ministre pour faire un tour d'horizon : stratégie parlementaire ou médiatique, résolution de problèmes et analyse des activités à venir.

C'est ainsi que le premier ministre rencontre sa seule ministre, qui est députée de l'une des circonscriptions les plus anglophones et réfractaires au bilinguisme de toute la province, et Jean-Maurice Simard, le ténor francophone. Et ténor, il le sera.

★★★

On l'appelle simplement Jean-Maurice. C'est un personnage qu'on ne peut pas inventer. Jean-Maurice est un animal politique jusque dans ses gènes. Il est un pragmatique dans sa plus simple expression. Un geste mène à un résultat. Originaire de Rivière-Bleue, dans la région du Bas-Saint-Laurent au Québec, il étudie le commerce à l'Université d'Ottawa pour devenir comptable. Il fait carrière pendant quelques années dans une firme du nom de Riddell, Stead, Graham & Hutchison. Puis, à Edmundston, il fonde un cabinet qu'il étend ensuite à

Grand-Sault. Son engagement politique remonte aux années 1960, alors qu'il voit dans le Parti progressiste-conservateur une alternative aux libéraux. Selon lui, les rouges tiennent pour acquis les francophones de la province. Il s'engage alors dans l'association progressiste-conservatrice locale, puis tente de se faire élire au fédéral. L'échec ne le ralentit guère. De fait, ça lui donnera des ailes. Des ailes jusqu'à Saint-Jean, où il décide d'aider Richard Hatfield à remporter la chefferie du parti, en 1969. Les deux sont progressistes, sans aucun doute. M. Hatfield voit la nécessité d'obtenir l'appui des francophones pour vaincre Van Horne, un anglophone qui veut remettre en cause les avancés progressistes du programme des chances égales pour tous de Louis J. Robichaud. Lorsqu'ils se sont rencontrés, Hatfield et Simard ont rapidement compris que leur avenir politique serait indissociable. Et il le sera. Jean-Maurice se fait élire en 1970 et quittera le navire en 1985, année où il est nommé au Sénat du Canada par le premier ministre Brian Mulroney.

« Jean-Maurice savait que, pour faire une différence, il devait changer l'organisation du pouvoir du gouvernement. Pour ce faire, il devait commencer par changer l'image et l'attitude du Parti conservateur dans notre province. La chance est qu'il avait trouvé un défenseur en la personne de notre collègue disparu, Richard Hatfield. Quand on y repense, il est juste de dire que l'un n'aurait pu exister sans l'autre, même si cette coexistence était parfois aussi effervescente que la période où nous vivions », témoignera Brenda Robertson, elle aussi devenue sénatrice par la suite, dans un discours à la Chambre haute du Parlement quelques mois après le décès de son ancien collègue, en 2001.

Durant ses années à Fredericton, Jean-Maurice est bien plus qu'un lieutenant politique francophone pour le premier ministre. Richard Hatfield le nomme rapidement ministre des Finances dans le premier mandat des bleus. Puis, il fait de lui le nouveau président du Conseil du trésor, un poste névralgique dans l'appareil gouvernemental. Et c'est là que Jean-Maurice gagnera sa liberté politique. Il n'est pas du genre à se laisser marcher sur les pieds et disons simplement que le Conseil du trésor lui donne les coudées franches pour appliquer au gouvernement des politiques qui assureront aux conservateurs de rester au pouvoir pendant longtemps. Du moins, c'est son opinion, moins celle de ses collègues anglophones du sud de la province.

Quelques mois après la convention d'orientation nationale de l'Acadie à Edmundston, en 1979, Jean-Maurice est entré dans mon bureau de l'École de droit. Sans hésiter, il me dit : « Michel, il faut qu'on se parle. »

***

Nous sommes en 1980 et la situation politique est préoccupante pour les progressistes-conservateurs. Cela fait dix ans qu'ils sont au pouvoir et le désintérêt de la population à leur égard se fait de plus en plus sentir. Jean-Maurice craint que le Parti acadien ne donne des munitions aux francophones et aux Acadiens dans leurs revendications en mettant en lumière, par exemple, un manque de services gouvernementaux en français. L'élection de 1978 a d'autant plus donné des sueurs froides que c'est grâce en partie au Parti acadien qu'ils ont pu garder le pouvoir. C'est durant cette élection que Joe Daigle a fait l'erreur de sa vie : il s'est présenté avec un message complaisant à l'égard des anglophones pour ne pas les choquer, tout en ne promettant rien aux francophones. C'est lui qui n'a rien eu.

Instinctivement, Jean-Maurice a senti la bonne affaire : pour s'assurer de la prochaine élection tout en écartant le Parti acadien, il faudra s'adresser aux francophones, tout en satisfaisant les anglophones. Depuis leur élection en 1970, les progressistes-conservateurs de Richard Hatfield ressemblent étrangement aux libéraux de Trudeau à Ottawa et à ceux de Louis Robichaud. Dès leur arrivée, ils mettent en place des initiatives importantes sur le plan linguistique, comme le droit aux documents dans les deux langues officielles à l'Assemblée législative, la permission de tenir des procès en anglais ou en français, et la création des conseils scolaires francophones. Toutes des initiatives qui sont adoptées dans les années 1970.

Le Nouveau-Brunswick de mon enfance est caractérisé par des relations sans signification particulière entre les deux groupes linguistiques. Les deux communautés vivent isolées. Il semble même y avoir une barrière psychologique en raison de cet isolement. Le premier ministre Hatfield a compris cette réalité dès le début de son premier mandat et a fait de l'équilibre entre les deux communautés de langues officielles une priorité. « Aucun de nos problèmes ne pourrait exiger un examen et des efforts plus sérieux que la nécessité pour nous de créer un compromis juste entre les deux communautés de langue officielle du Nouveau-Brunswick », déclare-t-il dans son discours du budget d'avril 1972. Or, cet équilibre ne peut être atteint que si, et uniquement si, les francophones peuvent jouer un rôle significatif dans tous les secteurs d'activités de la province.

Dans ce même discours, Hatfield rajoute : « Les francophones doivent être impliqués dans le processus décisionnel si nous voulons établir des buts et des objectifs qui

> Le Nouveau-Brunswick de mon enfance est caractérisé par des relations sans signification particulière entre les deux groupes linguistiques. Les deux communautés vivent isolées. Il semble même y avoir une barrière psychologique en raison de cet isolement.

reflètent les aspirations de tous les Néo-Brunswickois. Autrement, comme je l'ai indiqué plus tôt, nous ne serons pas en mesure, je le répète, de réaliser notre propre objectif en tant que province », dit-il.

M. Hatfield mise gros. Le sait-il? Probablement. Le rêve de Louis J. Robichaud et de l'Acadie se concrétisera lentement, mais sûrement. Un anglophone de Woodstock vient d'annoncer qu'il se battra pour que les francophones et les anglophones soient égaux.

« Le Nouveau-Brunswick veut répondre positivement au défi d'établir une compréhension mutuelle à l'intérieur de nos frontières provinciales. Les Néo-Brunswickois veulent mieux se connaître ; ils sont prêts à établir ensemble des objectifs communs qui peuvent répondre aux aspirations des deux communautés linguistiques », dit le premier ministre.

Le défi est entier. Jean-Maurice, Québécois d'origine, n'est pas le plus aimé des loyalistes de la « *bible belt* » néo-brunswickoise. Le vote anglophone sera en jeu en 1982 parce que le gouvernement a tant flatté les francophones dans le sens du poil. Il est bien possible que tous ses efforts ne donnent rien. Non seulement le Parti acadien fait du bruit, mais tous les journaux anglophones condamnent le gouvernement pour sa mollesse présumée à l'égard du fait français. Jean-Maurice est devant moi, et je sens qu'il a besoin de mon aide.

« On n'est pas capable de régler notre problème en modifiant la *Loi sur les langues officielles*. Il y a trop de résistance au cabinet », me dit-il. Le gouvernement veut renouveler la *Loi sur les langues officielles*, adoptée en 1969 par les libéraux, mais il ne sait pas comment s'y prendre. L'idée d'une commission pour recommander des changements à la Loi surgit. Une telle commission mènera sans doute à de petites choses comme une politique de langue de travail et des postes bilingues dans la fonction publique. Mais il apportera surtout des divisions entre anglophones et francophones. Un fait demeure cependant : il faut que le gouvernement modernise cette loi.

Jean-Maurice ne croit pas qu'il s'agisse d'une mesure suffisante sur le plan politique pour gagner l'élection. Ça l'est sans doute, mais il faut autre chose parce que Jean-Maurice veut d'abord gagner les élections générales grâce au vote francophone. Or, pour Richard Hatfield, la grande question qu'il répète sans cesse est : « *Is it enduring* »? Est-ce un progrès qui va durer? J'ai rencontré bien des fois M. Hatfield pour lui parler de ces choses-là et j'ai toujours eu l'impression que le bien commun était sa grande priorité. La pérennité des politiques adoptées devient alors plus importante que tout au monde.

J'ai toujours eu une relation harmonieuse avec M. Hatfield. Il ne parle pas beaucoup et lorsqu'il s'avance, c'est souvent pour poser une question. Son niveau d'écoute marque son interlocuteur. Devant lui, il y a une seule certitude : il écoute. C'est d'ailleurs un trait de sa personnalité que j'ai toujours apprécié. Un jour, il me demande d'organiser une rencontre pour parler avec des chefs de file acadiens. Je l'invite donc à venir à la maison où un petit groupe de gens issus de différents milieux l'attend pour discuter des questions francophones. La soirée s'est finalement terminée à trois heures du matin, une soirée au cours de laquelle il a bu pas moins de 20 tasses de café.

Et donc, je suis dans mon bureau du pavillon Adrien-Cormier lorsque le général des questions linguistiques du gouvernement Hatfield me demande finalement s'il est possible d'adopter une loi qui garantirait l'égalité des deux communautés linguistiques. Pas seulement des langues, mais des communautés.

« Ça se fait ça ? », me demande Jean-Maurice Simard, les yeux grands ouverts. Je suis surpris. Je n'ai jamais vraiment pensé à cela. Je ne sais même pas s'il y a un précédent ailleurs dans le monde. Je lui réponds qu'il s'agirait là sans doute d'une première, mais que l'exercice serait complexe. Je me suis rapidement demandé si je pouvais, à titre de doyen, me lancer dans un tel projet. La réponse est venue assez vite. La vocation de la faculté est de former des gens qui vont défendre les droits linguistiques et de contribuer à un projet de loi du genre est donc fondamental. C'est pour cela que je décide de me lancer.

★★★

La démarche que je choisis consiste à mettre sur papier des principes et des garanties tant pour les anglophones que pour les francophones et Acadiens. Tout cela sera ensuite complété par une nouvelle *Loi sur les langues officielles*. Donc, une loi sur les communautés linguistiques, et une loi sur les langues. La différence est importante puisque la loi sur les communautés est beaucoup plus large. Le principe à faire valoir, c'est que les deux communautés sont égales. L'anglophone n'a pas plus de droits que le francophone. Les deux sont égaux et ils peuvent avoir accès à l'éducation non seulement dans leur langue, mais dans leur propre école. Ils auront désormais leurs propres centres culturels et sociaux. C'est extrêmement important. *La Loi sur les langues officielles* l'est aussi, mais elle donne surtout le droit de parler les deux langues et impose d'abord et avant tout des devoirs au gouvernement relativement à l'offre de services.

> Et donc, je suis dans mon bureau du pavillon Adrien-Cormier lorsque le général des questions linguistiques du gouvernement Hatfield me demande finalement s'il est possible d'adopter une loi qui garantirait l'égalité des deux communautés linguistiques. Pas seulement des langues, mais des communautés.

Il est bon de se rappeler qu'historiquement les francophones ont toujours favorisé les droits collectifs, alors que les anglophones s'en remettent généralement aux droits individuels.

Je commence par étudier, éplucher, dépouiller diverses lois adoptées par le Parlement du Canada, des lois fédérales qui peuvent comprendre des principes qui ressemblent à ceux que je cherche. Cette approche-là n'a pas fonctionné. En grattant davantage, je trouve qu'il n'y a que le projet de fédération de la Belgique qui soit utile. Ce projet a tenté d'établir un régime dans lequel les grandes ethnies composant la population du pays, les Wallons et les Flamands notamment, peuvent trouver un certain degré d'autonomie.

Mais plus j'avance, plus je constate que le contexte au Nouveau-Brunswick n'est pas du tout propice à la vie commune des deux communautés. Ces deux cultures ne vivent pas les mêmes réalités et une étude importante de la situation doit être faite au plus vite. Cette étude pourrait nous amener à la création et à l'établissement d'une carte administrative unique et multifonctionnelle pour la province. La carte permettrait de décentraliser le pouvoir et de l'octroyer aux nouvelles administrations locales ou encore celles qui sont déjà en place. Je me dis que si le projet de loi sur «l'égalité des peuples fondateurs» ne fait pas place à la création de régions administratives, on devra ensuite adopter une loi sur le pouvoir régional. Une réforme du système parlementaire doit aussi être faite. Si nous procédons de cette manière, nous pourrons intégrer nos principes à des dispositions qui ensemble formeront une véritable constitution provinciale. Cela leur donnerait une valeur symbolique et éducative très importante.

En remettant ma première version du projet de loi à Jean-Maurice Simard, je l'avise par écrit que le projet de loi va « probablement être critiqué par les Acadiens nationalistes s'il ne comprend pas des dispositions faisant place à une certaine autonomie acadienne ou au moins à une certaine idée de territoire acadien ».

La garantie des droits de groupes ethniques doit rejoindre deux choses selon moi. Ce sont deux préoccupations essentielles : la protection contre la discrimination, et donc l'égalité formelle, notamment en ce qui a trait au libre usage de la langue maternelle et au respect des droits civils et politiques ; puis la protection contre l'assimilation, soit l'égalité réelle, qui suppose les droits collectifs comme le droit aux institutions scolaires, culturelles et sociales distinctes avec l'obligation du gouvernement de les subventionner. L'important est d'assurer la plus grande autonomie réalisable pour les deux communautés.

La loi qui a été adoptée, ce n'est pas la loi que j'ai rédigée. Ma loi fait quatre pages et on y retrouve beaucoup plus de choses. Les enfants, le projet de loi 88, adopté par l'Assemblée législative, compte trois articles. En somme, il a pour objet 1) de renforcer le caractère unique de la province par la reconnaissance des deux communautés linguistiques, l'égalité de leur statut, de leurs droits et privilèges ; 2) de garantir que le gouvernement provincial assurera la protection de

L'important est d'assurer la plus grande autonomie réalisable pour les deux communautés.

l'égalité entre les deux communautés en reconnaissant le droit à des institutions culturelles, pédagogiques et sociales distinctes ; et finalement 3) en stipulant que le gouvernement provincial adoptera des programmes financés par lui dans les ministères et agences pour le développement culturel, économique, pédagogique et social des communautés linguistiques officielles.

C'est ce que j'appelle affectueusement un « résumé ». Un résumé, car ce que je propose initialement, moi, ce sont sept articles beaucoup plus détaillés. Par exemple, dans l'article 2), « le gouvernement du Nouveau-Brunswick s'engage envers les communautés à assurer la protection de leurs droits, à répartir de façon équitable le bénéfice et l'affectation des sommes qui pourraient être attribuées sur les fonds publics ». Admettons que ce n'est pas tout à fait cela qu'on a vu. L'article 4) est particulièrement riche puisqu'il inclut notamment C) le maintien « d'un système scolaire homogène pour chacune des deux communautés linguistiques officielles et assure la gestion du système scolaire par chacune des dites communautés » et D) par des actions positives, pour garantir « un développement économique comparable aux diverses régions où habitent les deux communautés linguistiques officielles en assurant un développement industriel, commercial et agricole équilibré des diverses parties de la province ». J'ajoute de plus qu'il faut « assurer que les deux communautés linguistiques soient représentées équitablement à tous les échelons de la fonction publique. »

Évidemment, dans mon projet de loi, j'inclus le droit de toute personne ou tout organisme à caractère social ou culturel appartenant à l'une des deux communautés de recourir aux tribunaux pour assurer l'application de la loi. Ça, c'est l'article 5.

Finalement, l'article 6 tourne un peu le fer dans la plaie des récalcitrants puisque je prévois que cette loi aura priorité sur toutes les autres lois et que pour la modifier, il faudra que les trois quarts des élus de l'Assemblée législative donnent leur appui. Le tout doit être exécutoire à compter du 1er juillet 1980. Il va sans dire que ça ne s'est pas du tout passé comme ça.

***

Jean-Maurice est en faveur de tout cela, évidemment, mais je lui dis, moi-même, qu'il y a beaucoup de choses dans ce projet de loi que le gouvernement ne voudra jamais adopter. Il devra s'attendre à des rencontres ministérielles un peu plus mouvementées. Certains ministres anglophones n'accepteront pas une telle loi parce qu'elle va trop loin. La première mouture du projet de loi a été envoyée à une poignée de hauts fonctionnaires et à des ministres influents. Rapidement, un sentiment de panique se faire sentir.

«L'article 5 est d'une importance capitale, car il tente de prévoir la mise en œuvre des propositions et des directives contenues dans les articles précédents. À ma connaissance, cela donnerait une autorité sans précédent aux tribunaux dans cette province et probablement ailleurs au pays. Les tribunaux seraient tenus d'émettre des directives qui auraient une incidence directe sur les dépenses du gouvernement et prendraient en fait des décisions politiques dans des domaines qui, à ce jour, ont généralement été considérés comme des prérogatives du parti élu au gouvernement», écrit le conseiller législatif du ministère de la Justice du Nouveau-Brunswick, Alan D. Reid, à l'attention de Jean-Maurice Simard.

Dans sa note, M. Reid s'inquiète de l'influence des tribunaux dans le processus démocratique et dans l'élaboration des politiques publiques. Mais vous savez, j'aime mieux partir avec quelque chose de gros et rapetisser un peu que de partir avec peu et de me faire dire non. Jean-Maurice est d'accord avec mon approche et il m'a demandé de présenter mon projet de loi à Richard Hatfield. C'est à son bureau, en personne. Je lui montre donc le résultat de mon travail, en attente d'une réaction. M. Hatfield lit rapidement et me répond mot pour mot : «Oh, mon Dieu, Michel, je ne pourrai jamais convaincre mon cabinet d'adopter ça.» Initialement, le premier ministre se dit qu'une nouvelle loi sur les langues officielles sera annoncée et que son gouvernement sera correct puisqu'il aura fait mieux que son prédécesseur. C'est son but, au départ. Et là, visiblement, ça chauffe. La modernisation de la *Loi sur les langues officielles* de 1969 sera beaucoup plus complexe que prévu. Il sent que sur ce front, ce sera un échec, mais que le projet de loi sur les deux communautés linguistiques pourra sans doute le sauver. Et surtout, cette nouvelle loi aura une portée beaucoup plus large qu'une loi linguistique.

Silencieux, le premier ministre pense à son affaire. Il veut adopter la loi quand même, mais il devra d'abord consulter d'autres personnes sur cette question.

«Laisse-moi appeler deux personnes», me dit-il.

Ces deux personnes, ce sont Bruce Hatfield, son neveu et avocat assez connu de la région de Fredericton, très impliqué au sein du parti, et Roger Savoie, lui aussi avocat, plus tard juge à la Cour du Banc de la Reine à Moncton. Je dois avouer que je trouve cela étrange. Je ne connais pas tellement Mᵉ Savoie ni Mᵉ Hatfield.

« Je parlais à mon oncle surtout des enjeux politiques », précise Bruce Hatfield lors d'un entretien téléphonique en 2017.

Ils ont pris le projet de loi que j'ai élaboré, l'ont analysé et m'ont dit que plusieurs éléments devront être enlevés. Je ne suis pas très chaud à l'idée. Deux juristes qui ne sont pas élus, et qui n'ont finalement que l'oreille du premier ministre, viennent mettre du sable dans l'engrenage.

Bruce Hatfield est extrêmement réticent à l'idée d'adopter des droits collectifs. Il contribue d'ailleurs à dépouiller le projet de loi, en particulier l'article 5 portant sur le rôle des tribunaux. « Je suis d'accord avec les principes exprimés dans les articles deux à quatre. Je crois que des principes comme ceux-ci doivent guider les politiques de tout gouvernement du Nouveau-Brunswick », écrit-il dans une lettre confidentielle à l'attention de Jean-Maurice Simard. « Toutefois, je ne crois pas qu'il serait approprié de tenter de transformer ces principes de politiques en propositions, en lois, tel que mentionné dans les articles 5 et 6. »

Selon lui, l'application de cette loi changera « drastiquement » le fait que c'est au gouvernement de dépenser l'argent des contribuables et d'appliquer les politiques publiques par l'entremise de personnes élues démocratiquement.

« Cela enlèverait des pouvoirs significatifs aux élus d'un gouvernement dans ses affaires quotidiennes pour les remettre aux juges et aux tribunaux », affirme-t-il. Je le concède, c'est un projet de loi ambitieux.

Bruce dit alors que ça ne passera pas au cabinet ni chez les anglophones de la province. Plus de 35 ans plus tard, il concède que le projet de loi 88 a été extrêmement important pour la province et aussi pour le Parti progressiste-conservateur.

« Je ne me souviens pas d'avoir discuté avec M. Bastarache de cela ni avec Jean-Maurice Simard. Je ne le nie pas, mais je ne me souviens pas de ça. Je sais que j'avais eu des discussions avec mon oncle sur l'aspect politique. J'étais très préoccupé politiquement et nous l'étions tous un peu au sein du parti. J'en parlais avec Lowell Murray, qui était conseiller politique de mon oncle, de comment les tribunaux allaient interpréter cette loi. Politiquement, c'était une question extrêmement importante. Finalement, ça nous a aidés à remporter notre plus grande majorité en 1982 et il faut certainement donner le crédit à Jean-Maurice Simard », affirme Bruce Hatfield en 2017.

En décembre, Jean-Maurice Simard m'annonce qu'il ira voir son « monde » et qu'il décidera des prochaines étapes ensuite. Je suis complètement exténué. Je suis doyen de l'École de droit, j'enseigne deux cours par session, puis tous les soirs, je vous retrouve à la maison Yolande et toi, Émilie. Mais je me dis qu'il s'agit là d'une opportunité unique de faire des gains pour la minorité francophone. L'enjeu est trop grand pour ne pas participer.

Jean-Maurice me rappelle quelques semaines plus tard et à sa demande, je réécris le projet de loi pour qu'il n'ait pas l'air trop amputé lors de son dépôt. Il me demande aussi mon opinion sur le développement de ce projet, qui commence à en titiller plus d'un. Je le fais tout en étant perplexe quant à l'utilité pratique de mes remarques. C'est un beau projet de loi, mais les aspects positifs sont très peu véhiculés et sont mal connus. Au sein de la population, le projet est tout simplement incompris. J'estime qu'un débat sur l'évolution politique du Nouveau-Brunswick et plus précisément sur la dualité est fondamental en 1980. Malheureusement, on passe à côté. Je cible alors trois facteurs pour expliquer la réaction des deux communautés de langues officielles :

1) L'absence totale de mobilisation des représentants acadiens. Ce n'est pas peu dire, le projet de loi s'adresse d'abord et avant tout à cette communauté.

2) Le rôle minime et décourageant des médias dans l'analyse du projet de loi, de son incidence et de sa portée.

3) Le fait que la défense du projet de loi est l'affaire d'un seul homme, Jean-Maurice, qui est le plus controversé de la scène politique provinciale.

J'estime que le manque d'appui des membres de l'establishment acadien à l'égard de ce projet de loi est bizarre. Parmi ceux-ci, on retrouve notamment le journal *L'Évangéline*, l'Université de Moncton, les Caisses populaires acadiennes, l'Assomption, l'Association des enseignants francophones du Nouveau-Brunswick, les hebdomadaires et autres groupes culturels. Les leaders d'opinion comme Roger Savoie, Rino Volpé, Jean-Guy Finn, Claude Bourque, Jean-Guy Rioux, Donatien Gaudet et Hector Cormier, par exemple, sont muets ou presque. Je n'en reviens pas. Y a-t-il un scepticisme ? Une indifférence ? Des complots ? Une opposition ? Je l'ignore et ça me dérange.

Avec le temps, le projet de loi sera déposé, puis, après des mois de débats, de déchirements, surtout chez les anglophones, il est adopté sous le désormais célèbre nom de « Bill 88 », la « Loi 88 ».

Une galère de 18 mois qui aboutit finalement. J'avoue que cela m'a apporté beaucoup de satisfaction. Même si mon projet de loi initial a été dépouillé un peu, je me dis que c'est la toute première fois que dans un pays, à ma connaissance, une loi sur l'égalité des communautés est adoptée. On ne parle plus uniquement de l'égalité des langues. Je me dis que vous, les enfants, pourrez grandir dans une province où les deux communautés sont égales. C'est un accomplissement, sans aucun doute. Je suis particulièrement content de la clause portant sur le droit à des institutions culturelles distinctes. J'ai argumenté ferme avec les mandarins du gouvernement et j'ai eu gain de cause. Là, je me dis qu'on ne peut plus revenir en arrière et nous enlever nos conseils scolaires. J'ai bien voulu y inclure la santé, mais dans les hautes sphères du gouvernement, c'est un « non » catégorique.

Le gouvernement a pu garder tout ce qui est vraiment culturel, puisqu'il peut « vendre » à la population la justification pour la langue et la culture. Le gouvernement doit dans toutes ses lois et ses programmes garantir l'accès à des institutions distinctes dans le domaine culturel et scolaire aux deux communautés linguistiques. Ce qui a fait que cette disposition a pu être adoptée, selon moi, c'est qu'au ministère de la Justice, les fonctionnaires ont probablement dit aux politiciens que cela n'aurait pas de valeur devant les tribunaux, qu'il s'agit là d'une simple déclaration politique.

Mais moi, je sais très bien que cela a une valeur, puisque nous sommes alors à quelques mois de l'adoption de la *Charte canadienne des droits et libertés* par le gouvernement fédéral de Pierre Elliott Trudeau. En mon for intérieur, j'estime que de nombreuses personnes, y compris des juristes, craindront que les tribunaux en fassent une interprétation libérale et progressive. Il y a là une grande ressemblance avec l'article 15 de la *Charte canadienne des droits et libertés* qui stipule que « la loi ne fait acception de personne et s'applique également à tous, et tous ont droit à la même protection et au même bénéfice de la loi, indépendamment de toute discrimination, notamment des discriminations fondées sur la race, l'origine nationale ou ethnique, la couleur, la religion, le sexe, l'âge ou les déficiences mentales ou physiques ». Je crois donc que la loi sera interprétée de la façon la plus large. Il s'agit là d'un texte de même nature.

N'oubliez pas, les enfants, que cette loi n'est pas du tout constitutionnelle à l'époque. À la base, c'est un projet de loi comme les autres, une loi qui ressemble quand même à la *Loi sur les langues officielles*. C'est cependant une loi quasi constitutionnelle, ce qui a une incidence eu égard à son interprétation. Ce que je veux dire, c'est que bien malin celui qui tentera de l'abolir ou de la modifier de façon significative. Sur le plan strictement politique, cette loi deviendra explosive. Personne ne veut y toucher, sauf pour l'étendre et lui donner une plus grande portée. J'exclus évidemment les politiciens zélés, les populistes qui tentent de régner par la division. Ils ont fait long feu, ceux-là. À l'époque, j'éprouve énormément de fierté. Je viens de gagner une joute politique et juridique.

> À l'époque, j'éprouve énormément de fierté. Je viens de gagner une joute politique et juridique.

Plus tard, dans les années 1990, il a été question d'incorporer la loi dans la *Charte canadienne des droits et libertés* et là, c'est la consécration. En 1993, l'article 16.1 a été ajouté à la Charte, confirmant que « la communauté linguistique française et la communauté linguistique anglaise du Nouveau-Brunswick ont un statut et des droits et privilèges égaux, notamment le droit à des institutions d'enseignement distinctes et aux institutions culturelles distinctes nécessaires à leur protection et à leur promotion». De plus, on reconnaît le rôle de la «législature et du gouvernement du Nouveau-Brunswick de protéger et de promouvoir le statut, les droits et les privilèges» de ces deux communautés. Les Acadiens et les francophones du Nouveau-Brunswick en doivent une à Fernand Landry qui a tout fait pour que la modification soit apportée. Ceci dit, il faut également rendre à César ce qui est à César. Le gouvernement de Brian Mulroney a eu la volonté et le courage politique de procéder à cette modification constitutionnelle. J'ignore le détail des débats politiques qui ont dû avoir lieu dans les coulisses au gouvernement fédéral et qui sont les acteurs clés dans cet épisode. Certains évoquent le rôle prédominant du député de Madawaska-Victoria Bernard Valcourt. Personnellement, je l'ignore. Ce que je sais, c'est que la province ne pouvait procéder seule. Elle avait besoin d'un allié à Ottawa, surtout avec la présence d'un premier ministre néo-brunswickois réfractaire, qui, étonnamment aujourd'hui, prend tout le crédit: Frank McKenna.

8
La commission qui changera tout

EN 1967, un dénommé Bernard Poirier est embauché par le premier ministre Louis J. Robichaud pour faire le ménage au gouvernement. Ménage n'est peut-être pas le terme approprié. Essentiellement, le premier ministre veut alors établir des structures pour le programme « Chance égale pour tous », mais surtout ajouter l'obligation de maintenir une main-d'œuvre francophone dans la fonction publique provinciale, largement dominée par les anglophones. J'ai déjà croisé Bernard à quelques occasions, mais il connaît mieux mon père et surtout mon frère Marc, le journaliste. Bernard est journaliste au quotidien L'Évangéline et en deviendra ensuite l'éditorialiste en chef et le rédacteur en chef. Un beau jour, il annonce à sa femme qu'il s'en va à Fredericton, qu'il change de carrière. Il commence à travailler un peu dans les dossiers francophones, dans le développement de Services Nouveau-Brunswick, puis rapidement monte les échelons. Trois ans plus tard, les progressistes-conservateurs sont élus et le premier ministre Richard Hatfield ne tournera certainement pas le dos à un francophone qualifié dans la fonction publique.

En 1975, le premier ministre demande à Bernard d'occuper le poste de directeur général à la Direction des langues officielles, qui est alors sous la responsabilité du Secrétariat du conseil des ministres. M. Hatfield souhaite garder Bernard près de lui et, lentement mais sûrement, faire de cet Acadien un genre de commissaire aux langues officielles. Ce n'est pas encore un officier de l'Assemblée législative, comme ça le deviendra dans les années 2000. La nuance est importante. Un employé du gouvernement a les mains liées lorsqu'il critique l'exécutif. Il doit faire preuve de prudence et de diplomatie. Un commissaire, lui, est redevable aux élus, et donc, à la population.

Lorsqu'il entre en fonction, cinq ans après l'entrée en vigueur de la *Loi sur les langues officielles*, Bernard raconte avoir suggéré au premier ministre Hatfield d'entreprendre une grande étude sur la situation du bilinguisme au Nouveau-Brunswick pour souligner les dix ans de la loi.

« J'ai proposé ça et ça a été adopté plus tard. Je ne suis pas certain que le premier ministre Hatfield avait tout lu le mandat! De toute façon, on travaillait surtout avec Jean-Maurice Simard et lui il était convaincu de l'affaire », raconte-t-il.

Le premier ministre veut modifier la Loi sur les langues officielles. Toutefois, il ne sait pas exactement comment s'y prendre. Lorsque Jean-Maurice Simard m'approche, en 1980, alors qu'il discutait déjà du mandat relatif au projet de loi 88, il est question de moderniser la loi pour lui assurer une certaine efficacité. Quelques semaines plus tard, je me retrouve devant le premier ministre à Fredericton. Il veut des idées. Je lui explique qu'une des choses les plus importantes qu'on ne retrouve pas dans la loi de 1969 est le droit de travailler dans sa langue au Nouveau-Brunswick. Il n'y a aucune déclaration formelle dans la loi à cet égard. J'ai rapidement vu dans son visage qu'il sera difficile de le convaincre. Pas qu'il soit réticent, loin de là, mais il se questionne plutôt sur la faisabilité d'une telle proposition.

« Il faudrait avoir des superviseurs bilingues et beaucoup de postes bilingues, me dit-il, préoccupé. Est-ce que c'est vraiment faisable ? Est-ce que ça marche à Ottawa ? » Il s'agit là de questions dont il n'a pas les réponses. Il l'ignore et Jean-Maurice aussi. Mais Jean-Maurice, habile politicien, dit que « si on fait une commission et que tout le monde peut s'exprimer, ça va être un exécutoire pour l'affaire. Propose-nous des choses faisables et on les fera ». Le gouvernement doit d'abord comprendre l'état de la situation avant même d'adopter une modification à cette loi historique. Nous prévoyons donc de faire une étude très large de la question linguistique, préparer un rapport et ensuite le présenter à l'Assemblée législative. Les élus l'analyseront et modifieront ensuite la loi. Du moins, c'est ce que nous croyons à ce moment-là. La commission Poirier-Bastarache vient de naître.

★★★

Nous ne perdons pas de temps. Il est aussitôt question de nommer les membres de la commission. Le premier ministre et son lieutenant francophone veulent que je dirige cette commission, mais ils veulent que je sois accompagné d'un coprésident qui œuvre au sein de la fonction publique. On m'explique que le gouvernement ne veut pas que les documents du groupe de travail soient accessibles en vertu de la *Loi sur le droit à l'information*, adoptée quelques années plus tôt. Il s'agit en quelque sorte d'une commission interne où le secret est important. D'où la présence de Bernard Poirier, à titre de directeur général des Langues officielles. Bernard a été d'une immense utilité lors de nos travaux. D'abord, il connaît tout le monde à Fredericton et surtout, il connaît le système. C'est un homme très respecté dans la haute fonction publique provinciale. Son opinion est très valable.

Le 23 mai 1980, le cabinet du premier ministre nous avise que Bernard, le fonctionnaire Martin Thériault et moi avons l'autorisation de commencer nos travaux. Le premier ministre signe un décret confidentiel du Secrétariat du cabinet le 26 juin, autorisant l'allocation de 30 000 $ pour nos travaux, qui dureront environ un an. Rapidement, nous constatons que le travail prendra un an de plus et que la facture sera plus salée. Le premier ministre et les mandarins du gouvernement n'ont pas particulièrement apprécié cette nouvelle. Des retards dans le dépôt du rapport risquent d'avoir une incidence puisqu'il y aura une élection en 1982.

Dans le document en question, on peut lire que la « révision va aussi prendre en considération les inquiétudes et les idées des groupes et individus qui ont pour but de promouvoir le développement des deux communautés linguistiques de la province ».

« La *Loi sur les langues officielles* a été adoptée il y a plus de 10 ans. Comme pour d'autres lois de cette nature, une révision et un ajustement sont parfois nécessaires en raison de l'évolution de la société néo-brunswickoise. Le progrès dans la prestation des services au public indique que l'on devrait commencer à s'intéresser aux autres aspects de la Loi qui sont mentionnés à l'article 2, notamment le statut d'égalité et les privilèges des deux groupes linguistiques au Nouveau-Brunswick. Cette révision tiendra également compte des préoccupations et des idées des groupes et des individus dont le but est de promouvoir le développement des deux communautés linguistiques de la province », peut-on lire dans le décret du cabinet.

C'est généralement Bernard qui préside nos réunions et je m'occupe plutôt de la rédaction des documents. Notre approche est assez simple. Je prépare quelque chose, puis tous les membres s'assoient ensemble pour délibérer. Nous discutons du réalisme des recommandations et des chances qu'elles soient acceptées par le gouvernement. Ultimement, c'est lui qui décidera du sort de notre rapport. Dès le départ, je sais ce que je veux mettre dans le rapport, mais je me demande comment nous allons nous y prendre pour faire accepter toutes nos recommandations par le premier ministre Hatfield. Devons-nous faire du lobbying auprès des sous-ministres ? C'est là que Bernard est particulièrement utile. Il connaît la machine comme le fond de sa poche.

★★★

Par où commencer ? Nous avons un rapport de plusieurs centaines de pages à préparer et nous avons environ un an pour le faire. Dès le départ, je divise tout cela en quatre grands objectifs. Le premier est de faire accepter le bilinguisme comme « an asset for New Brunswick ». C'est quelque chose qui nous distingue positivement des autres et qui peut nous aider dans le développement de la province. Il faut nous démarquer des autres provinces pour que le gouvernement fédéral soit ouvert à aider financièrement la province.

Le deuxième objectif, c'est l'embauche de francophones dans la fonction publique. Je sais, les enfants, que je reviens souvent là-dessus, mais c'est tellement important. En ayant des francophones pour offrir des services gouvernementaux, les Acadiens et les francophones de la province auront une plus grande proximité et une plus grande confiance dans le gouvernement, et bien entendu des services

Je sais, les enfants, que je reviens souvent là-dessus, mais c'est tellement important. En ayant des francophones pour offrir des services gouvernementaux, les Acadiens et les francophones de la province auront une plus grande proximité et une plus grande confiance dans le gouvernement, et bien entendu des services de meilleure qualité.

de meilleure qualité. Combien de fois ai-je entendu, au fil des années, dans le sud-est de la province, que le gouvernement provincial est « le gouvernement des Anglais » ou « *la gang* de Fredericton » ? Il faut trouver un moyen de faire embaucher des francophones dans la fonction publique. Je sais d'expérience que les principaux obstacles sont géographiques et démographiques. Les francophones ne veulent pas aller vivre à Fredericton et travailler pour des anglophones. Disons-le franchement, Fredericton est une ville anglophone. Le français doit devenir une langue de travail au sein même de la fonction publique. Or, ce n'est pas possible si un unilingue anglophone est responsable d'un groupe de francophones. D'où l'idée d'inscrire dans la loi, ou la réglementation, la création des unités de travail francophones.

Le troisième objectif vise une certaine décentralisation du pouvoir. Fredericton est considéré comme le centre de l'univers par une grande proportion de la population. Ailleurs, le gouvernement n'est pas *vraiment* présent ; on ne retrouve en région que des affaires sans grande importance. Par exemple, pourquoi une grande partie du ministère des Pêches ne peut-il pas être géré à Caraquet ou à Shippagan ? Au fond, c'est là que la pêche se pratique. Là et dans la baie de Fundy, évidemment. Des gens à des centaines de kilomètres de la mer décident du bon fonctionnement de la pêche.

Des services doivent être offerts pour tout le monde, par tout le monde, et ce, dans les deux communautés de langues officielles. De là me vient l'idée de faire la « fameuse » carte des régions administratives. J'essaye d'imaginer comment on ferait pour imposer le bilinguisme partout au Nouveau-Brunswick sans créer un million de problèmes. Je ne pense pas que le bilinguisme va s'implanter, comme ça, par magie, dans chaque région de la province. Une loi disant que les services sont disponibles partout a déjà été adoptée. Nous pouvons aménager cela en rendant les services disponibles partout, mais pas nécessairement avec des bureaux à chaque endroit. Par exemple, il n'est pas absolument nécessaire d'avoir des fonctionnaires francophones et anglophones à Caraquet, une région purement francophone. Nous pouvons y offrir des services en anglais au moyen des technologies comme le téléphone, le fax et aujourd'hui l'Internet.

Il faut trouver un pourcentage acceptable de membres d'une des deux communautés linguistiques officielles pour déclarer une région bilingue. C'est là que me vient l'idée du 20 %. Je me dis que si 20 % des gens sont de la minorité, c'est un nombre suffisant pour justifier la présence de représentants dans les deux langues officielles. Vingt pour cent, c'est environ 5 000 personnes si on prend pour point de départ une ville ordinaire au Nouveau-Brunswick. Si moins de 20 % de la population est de l'autre communauté linguistique, on aura uniquement des représentants de la majorité et un service d'appoint pour la minorité. Encore faut-il déterminer les limites de ces régions. Il faut une masse critique de la population dans chaque région et diviser cela sans couper la province en deux : le Nord francophone et le Sud anglophone. Il s'agit là d'une fausse conception de la réalité. À Bathurst, une ville bilingue sur le plan statistique, où divisons-nous la région exactement ? Sur quelle rue ? Il faut faire cela autrement et garder en tête les objectifs qui sont de fournir des services gouvernementaux de qualité. C'est ça l'idée.

Finalement, le quatrième objectif est d'augmenter le bilinguisme individuel en changeant le système d'éducation. Ce qu'on veut, c'est que les associations professionnelles se déclarent bilingues, ou qu'on les déclare bilingues, et qu'on oblige les écoles anglaises à enseigner le français. Inversement, c'est déjà en vigueur. Mais c'est surtout d'encourager l'immersion dans des régions quasi unilingues anglaises comme Chatham, St Stephen et St Andrews.

★★★

Je suis déterminé à faire ce travail rapidement. Je suis toujours doyen de l'École de droit de l'Université de Moncton ; j'enseigne deux cours par session et je publie autant d'articles que quiconque à la faculté. De plus, la vie à la maison n'est pas facile. Émilie, ma grande fille, tu es alors très malade et nous n'arrivons pas à obtenir un diagnostic.

Le 21 juillet 1980, Bernard Poirier, Martin Thériault et moi décidons de commander des études dans trois domaines : juridique, politique et sociologique. Nous communiquons avec de nombreux spécialistes, comme le sociologue René-Jean Ravault, pour qu'ils fassent les études dont nous avons besoin.

Lors de cette réunion de juillet 1980, nous sommes déterminés à couvrir un large territoire. Nous identifions des personnes-ressources au gouvernement fédéral et au gouvernement du Québec, comme Jean-Denis Gendron, Pierre Coulombe et le Dr Camille Laurin, que je connais par l'entremise de la FFHQ. Martin Thériault, qui agit à titre de secrétaire de la commission, communiquera avec Paul Ponjaert de l'Ambassade de Belgique à Ottawa pour que nous en apprenions davantage sur les méthodes adoptées par les Belges dans le dossier des langues officielles. Puis, nous invitons Robert Kerr, un professeur de droit anglophone de l'Université Windsor en Ontario, à se joindre à notre groupe de travail. Quelle erreur! Une commission sur le bilinguisme et nous sommes trois Acadiens et un Ontarien. Qui plus est, nous sommes certainement perçus comme étant des militants, notamment en raison de notre approche. Avec le recul, Bernard Poirier et moi croyons que nous n'avons pas bien fait les choses.

« Je pense que cela a été une erreur au départ. Lorsqu'ils ont nommé les commissaires, on aurait dû avoir peut-être deux anglophones et deux francophones. Au moins deux anglophones sur cinq. Ensuite, c'était un anglophone qui venait de l'Ontario, qui demeurait en Ontario! Peut-être avait-il des racines au Nouveau-Brunswick, mais c'est sûr que dans bien des endroits, les gens qui s'opposaient disaient "ça c'est une gang de francophones. Ce sont trois francophones qu'on voit tout le temps" », soutient Bernard, 35 ans plus tard.

Du 11 au 14 août 1980, Robert Kerr, Martin Thériault et moi avons pris la route d'Ottawa et de Québec pour voir comment le fédéral a développé, entretenu et appliqué sa *Loi sur les langues officielles* et comment la province de Québec applique sa Charte de la langue française. À la direction des langues officielles du Secrétariat du Conseil du Trésor, on nous conseille de nous en tenir aux généralités dans la loi et à être plus spécifique dans son application en formulant des politiques et des règlements. Par exemple, la politique de la langue de travail dans la fonction publique pourrait être incluse dans le projet de loi. L'identification des exigences linguistiques des postes est plus ou moins la base de toute la politique linguistique du Conseil du Trésor. Chose certaine, il faut éviter à tout prix d'imposer des « bonis bilingues » pour récompenser les employés bilingues.

Le lendemain, nous sommes au Commissariat aux langues officielles pour y rencontrer Gilles Lalande, Stuart Beaty et Steven Acker, des hauts fonctionnaires qui travaillent étroitement avec le commissaire de l'époque, Maxwell Yalden. Là aussi, il est beaucoup question de la politique de la langue de travail qui doit s'inscrire, autant que possible, dans une législation future. Ces fonctionnaires nous confirment que les ministères ne se préoccupent à peu près pas des langues officielles depuis l'entrée en vigueur de la loi fédérale. On affirme que l'exigence de bilinguisme doit être définie de façon standard pour tous les ministères et agences du gouvernement.

Puis, à Québec, les officiers du Conseil de la langue française nous suggèrent d'ouvrir le débat au public et de demander des mémoires une fois un premier texte achevé. Cet élément n'est pas inintéressant, puisque la version finale de la Charte de la langue française du Québec est basée en bonne partie sur les revendications des groupes de pression comme le mouvement Québec français. Je suis particulièrement heureux d'entendre de leur part que la délimitation du territoire est « quasiment primordiale » dans notre cas, en raison de notre situation démographique et linguistique. Certes, il faut laisser aux gens le droit d'être unilingues, tout en mettant en place les mécanismes nécessaires pour leur permettre de poursuivre et de réaliser la carrière de leur choix. C'est à ce moment-là que nous comprenons vraiment à quel point les gestes symboliques comme l'affichage en français deviennent importants puisqu'ils servent à établir et à maintenir une relation entre le langage et l'identité.

Durant le dernier jour de cette tournée, je rencontre le Dr Camille Laurin, le père de la loi 101, un homme que je connaissais déjà. Dès le début de la rencontre, M. Laurin met cartes sur table : la situation au Québec n'est pas la même au moment d'adopter la loi 101 en 1977, qu'elle ne l'est au Nouveau-Brunswick trois ans plus tard. Selon lui, le risque politique a été beaucoup moins grand au Québec qu'il ne le sera pour le gouvernement Hatfield. Imaginez, la Charte de la langue française n'est pas ce qu'on pourrait qualifier de « loi comme les autres ». Nous comprenons que la pression sur nous sera forte. Encore là, la délimitation du territoire pour identifier des zones anglophones et francophones, puis des zones bilingues, était au menu. Plus que jamais, je crois qu'une carte est nécessaire.

M. Laurin nous recommande fortement de traiter de l'entreprise privée, notamment de la langue des services. C'est un élément particulièrement difficile. Imposer à l'entreprise privée une telle politique peut mener à des tensions extrêmement graves au Nouveau-Brunswick, même au XXe siècle. Le ministre Laurin est très courtois et d'une grande aide. Ses collègues et lui nous ont invités à les consulter de nouveau « à n'importe quel moment » ou lorsque le besoin se fera sentir. Il a également évoqué la possibilité que quelqu'un du Québec nous donne un coup de main dans nos travaux. M. Laurin met l'accent sur l'importance que les deux groupes linguistiques soient traités équitablement au sein de l'appareil gouvernemental et qu'anglophones et francophones puissent faire carrière dans la fonction publique sans nécessairement être obligés de devenir bilingues.

Nous retournons à la maison avec un bagage important d'informations. Le travail est bien commencé.

$\star\star\star$

Octobre 1980, nous sommes dans le bureau du premier ministre Hatfield. Nous lui expliquons la portée de notre projet. Notre intention d'analyser la législation linguistique dans quatre états européens et au Canada se heurte à un mur.

« Pas besoin d'aller partout au pays. Il n'y a rien à gagner là puisque le Nouveau-Brunswick est unique », tranche-t-il. Nous lui expliquons l'importance de faire des études sur les aspects juridiques et linguistiques rattachés aux ordres professionnels, aux sociétés de la Couronne et aux municipalités. « Je ne suis pas certain que nous sommes prêts au Nouveau-Brunswick à imposer des politiques linguistiques aux municipalités et aux entreprises. Je ne veux pas que ce soit imposé aux municipalités. Je suis d'accord pour les sociétés de la Couronne, par contre », répond M. Hatfield.

Aussitôt que nous lui parlons des sondages que nous comptons faire relativement aux attitudes face au bilinguisme, le premier ministre devient incisif. « Protégez les deux langues », lance-t-il. « Essayez de donner au gouvernement des lignes directrices. Sur d'autres aspects, comme les entreprises et les municipalités, vous pouvez donner des suggestions. La loi doit fournir un choix, et non une obligation. » Et surtout : « Je suis contre les sondages et vous le savez. Alors, évitez d'utiliser ce terme et de faire des sondages. »

C'est pourtant le cœur de notre travail. Si nous voulons comprendre l'impact et la portée de la *Loi sur les langues officielles*, nous devons connaître la perception de la population à cet égard. Au lieu d'utiliser le terme « sondages », nous utiliserons dorénavant les termes « études » et « analyses ». Nous voulons une analyse de la langue de la justice, des mécanismes de contrôle et d'application de la politique linguistique. Nous ferons aussi une étude sur le bilinguisme dans la fonction publique et en éducation, puis une autre, plus générale, démolinguistique et sociolinguistique du Nouveau-Brunswick. Ce qui retiendra surtout l'attention, c'est l'analyse sociologique des attitudes face au bilinguisme. Ça, les enfants, ça changera notre vie.

***

René-Jean Ravault et moi nous sommes déjà croisés sans vraiment le savoir. En 1967, il enseigne à l'Université de Moncton quand j'y termine mes études. Sociologue et spécialiste des communications de masse, Ravault est consultant et chercheur lorsque mon équipe communique avec lui. Je sais que René-Jean peut nous aider avec la partie la plus délicate de notre travail puisqu'il a vécu le mouvement étudiant à Moncton à la fin des années 1960. Il connaît la relation complexe et parfois explosive entre les deux communautés linguistiques de la province. Bref, j'ai confiance en lui. Nous lui offrons de faire l'étude sociologique sur la perception du bilinguisme par les deux communautés de langues officielles. Au total, nous aurons déboursé plus de 25 000 $ pour cette étude qui s'est avérée fatale pour notre commission.

À l'été 1981, René-Jean nous fait parvenir ses premières impressions après avoir mené des dizaines d'entrevues avec anglophones et francophones partout en province. « Il y a beaucoup de subtilités qui devront être étalées ; je m'efforcerai de présenter le rapport final dans un style aussi diplomatique et prudent que possible », écrit-il.

Dans la première partie de son rapport, il écrit que dans la mesure où l'établissement « de l'égalité des statuts des francophones et des anglophones seront promues par le gouvernement du Nouveau-Brunswick, il semble évident que les éléments les plus radicaux ou militants de la population francophone n'auront pas beaucoup d'influence sur l'ensemble de la population francophone et acadienne de la province ». J'entends déjà Jean-Maurice Simard se frotter les mains. Les francophones souhaitent unanimement la *bilinguisation* factuelle et symbolique de Fredericton ou la décentralisation de certains ministères. La *bilinguisation* réelle de la fonction publique et une expansion du principe de dualisme à d'autres ministères que celui de l'éducation sont également des éléments qui reviennent dans les rencontres de René-Jean. Je me réjouis aussi du fait que les francophones veulent avoir des régions linguistiques bien déterminées.

Là où ça se complique, c'est chez les anglophones, surtout chez les anglophones plus âgés. Le vieux fonds rétrograde est évidemment présent. Pour cette frange de la population, le gouvernement est déjà allé beaucoup trop loin avec sa *Loi sur les langues officielles*. Le Canada et le Nouveau-Brunswick, disent-ils, ont toujours été anglais et doivent le rester.

« Le bilinguisme est un gaspillage économique d'autant plus grave que l'anglais est la langue internationale des affaires. Bilinguisme et dualisme en éducation ne font que diviser le pays et la province. Tout ceci est de la faute à De Gaulle, du *French-Power* d'Ottawa, de René Lévesque, des Québécois qui sont venus à Moncton à la fin des années 1960 et de Jean-Maurice Simard », relate René-Jean Ravault dans son compte rendu.

Ce dernier conclut sans détour que le « sujet est très brûlant » chez les anglophones. Certaines personnes refusent d'être interviewées même si l'anonymat leur est garanti. Lorsque notre rapport de 1 020 pages est déposé au bureau du premier ministre le 7 mai 1982, nous pensons humblement que quelques semaines plus tard, nos 96 recommandations feront la manchette. Or, c'est finalement cette étude qui soulèvera l'ire, encore plusieurs années plus tard. Les anglophones perçoivent cette section comme une attaque en règle des francophones qui veulent, semble-t-il, voler des pouvoirs à la majorité. C'est le chaos. Les médias anglophones s'en mêlent et finalement, notre rapport ne vaut plus rien.

« [Je recevais] des appels, des lettres, des lettres anonymes de menaces que j'ai transmises à la GRC. Il y avait des *cartoons* qui n'étaient pas flatteurs. Mais ça faisait partie de notre travail et il fallait prendre des risques. J'ai pris des risques lorsque je suis allé à Fredericton et j'ai pris des risques dans toutes les affaires que j'ai entreprises. Puis, on n'avait pas le choix. Une fois qu'on avait décidé de faire une étude et qu'on avait pris connaissance des rapports des consultants, et qu'on les a intégrés, on savait que ça allait choquer des gens », se souvient Bernard Poirier.

Comme Bernard, je reçois des messages pas très gentils, dont une menace de mort. C'est arrivé assez drôlement. Au début, ce sont des appels téléphoniques anonymes à la maison. Puis, je commence à recevoir des menaces écrites. Lorsque ça arrive, je ne fais rien puisque je ne veux pas inquiéter Yolande. Mais la pression est forte. La communauté anglophone a probablement décidé que j'étais un ennemi. À un moment donné, je montre des lettres à Bernard Poirier et tout de suite, il me dit d'aviser la police, ce que je finis par faire. Toutefois, la réponse est assez surprenante. On me dit que ce sont des choses qui arrivent souvent et qu'il n'y a pas de danger, que ce n'est pas sérieux.

Un jour, je reçois un appel un peu différent. Mon interlocuteur m'annonce sans trop de gentillesse qu'il mettra une bombe dans mon auto. Là, ça devient un peu plus inquiétant et j'avise la GRC, qui ne fera absolument rien. Rien, rien, rien. J'ai une femme et un enfant, et la police refuse d'assurer notre sécurité. Je ne connais pas les politiques de la GRC et j'ignore si ce sont des choses qui arrivent souvent dans le contexte des commissions. Je ne suis pas particulièrement inquiet, puisque jamais je n'aurais pu penser un instant que quelqu'un, sérieusement, me tuerait pour avoir dirigé une commission. Qui plus est, il s'agit d'une commission assez intellectuelle.

***

Nous recommandons une transformation complète de la politique linguistique de la province, qui doit désormais avoir pour but d'assurer des services de qualité égale dans les deux langues officielles. Tous les Néo-Brunswickois en bénéficieront.

La commission aura duré presque deux ans et aura coûté des centaines de milliers de dollars au gouvernement provincial. Honnêtement, je n'ai presque pas vu cet argent qui a surtout servi à payer les études que nous avons commandées, de la papeterie et quelques voyages. En somme, cette commission nous aura fait vivre des moments difficiles, mais aussi exaltants sur le plan intellectuel. J'ai écrit ce rapport de la première à la dernière page, mais sans l'aide de mes trois collègues, jamais ce document n'aurait vu le jour. Je sens malgré tout que nous avons accompli quelque chose d'important pour l'avenir de la province.

Nos recommandations sont claires et nettes, en plus d'être appuyées sur des études extrêmement sérieuses. Nous recommandons une transformation complète de la politique linguistique de la province, qui doit désormais avoir pour but d'assurer des services de qualité égale dans les deux langues officielles. Tous les Néo-Brunswickois en bénéficieront. Nous voulons assurer à tous les citoyens une accessibilité raisonnable à des emplois dans la fonction publique, peu importe la langue officielle qu'ils maîtrisent, tout en conservant une participation équitable des anglophones et des francophones au sein du gouvernement. Finalement, nous proposons de reconnaître l'identité régionale des communautés linguistiques et de favoriser le développement et l'épanouissement des deux communautés linguistiques sur le plan régional.

En fin de compte, nous recommandons au gouvernement de reconnaître la dualité linguistique au sein même de l'administration publique et d'effectuer une régionalisation administrative, sur une base linguistique, des services gouvernementaux. La dualité accordera aux fonctionnaires et aux citoyens la liberté de choisir la langue qu'ils voudront utiliser au quotidien. Ce faisant, tous les services seront offerts dans les deux langues officielles. Nous précisons également dans nos conclusions que cette dualité linguistique n'impliquera pas de dédoublement intégral de l'administration publique ni la désignation illico de deux sous-ministres dans chacun des ministères. Nous visons plutôt un grand réaménagement administratif pour créer des unités de travail anglophones et francophones. La dualité est en fait la dispensation de services en fonction des besoins particuliers de chacune des deux communautés linguistiques.

La régionalisation administrative est au cœur de notre rapport. Nous rejetons le concept de territorialité, mais nous plaidons pour une reconnaissance de l'identité régionale afin de protéger l'homogénéité linguistique des zones francophones en particulier. En fin de compte, nous recommandons au premier ministre Hatfield une nouvelle loi qui remplacera complètement la *Loi sur les langues officielles* existante. La loi de Louis J. Robichaud n'est plus actuelle à notre avis. De plus, la nouvelle politique linguistique sera mise en œuvre par un nouveau bureau des langues officielles.

La réponse était consternante. D'abord, le gouvernement a camouflé notre rapport pendant des mois avant l'élection d'octobre 1982.

«En 1982, il n'était pas question du rapport Poirier-Bastarache dans l'élection. Pour nous, c'était encore les répercussions de la loi 88 et du rapatriement de la constitution. Et ça nous a bien servi puisque nous avons remporté notre plus forte majorité. Mais les années qui ont suivi ont vraiment été difficiles, notamment avec le rapport Poirier-Bastarache. Le *backlash* a été puissant», se rappelle Bruce Hatfield, le neveu du premier ministre et stratège conservateur durant cette élection.

Finalement, le gouvernement et l'opposition officielle refuseront complètement nos recommandations. Nous n'en revenons pas. Le rapport est méticuleusement placé sur une tablette et cette fois ce sont les francophones qui manifesteront leur mécontentement dans les mois et les années qui suivent. La pression est telle que le gouvernement est forcé de créer la commission Guérette-Smith qui tiendra plus de 150 heures d'audiences publiques pour que les gens se défoulent sur notre rapport. C'est une «vraie réussite», puisqu'on assiste à de nombreux débordements lors des audiences. De la violence et des insultes, bref tout sauf un débat honnête. Cet exercice, effectué en 1985, a permis de confirmer de façon irréfutable les analyses présentées dans notre rapport trois ans plus tôt. Leurs conclusions sont drôlement alignées aux nôtres et à certains moments, honnêtement, il est particulièrement difficile de distinguer le point de vue du comité de celui de notre groupe d'étude réuni trois ou quatre ans plus tôt. Le rapport Guérette-Smith est déposé à l'Assemblée législative en 1986 et il est, lui aussi, placé sur une tablette par Richard Hatfield. Constat : le Nouveau-Brunswick n'aura pas progressé depuis 1969 et les libéraux de Frank McKenna remporteront tous les sièges de l'Assemblée législative en 1987. Avoir su, les progressistes-conservateurs auraient dû adopter notre rapport en 1983, après les élections. Nous n'aurions pas fait tout ce travail en vain. Malgré tout ce désordre, le Barreau du Nouveau-Brunswick me nomme coprésident d'un groupe de travail qui doit proposer une politique linguistique à l'organisme. De là le Rapport Barry-Bastarache qui sera adopté en partie et qui donnera une impulsion réelle à la coopération entre les avocats des deux communautés linguistiques au Nouveau-Brunswick.

★★★

Au départ, je comprends que le rapport Poirier-Bastarache pourra soit être accepté ou refusé. S'il est accepté, je crois qu'il sera suivi de nombreuses politiques internes au gouvernement pour en assurer la mise en œuvre. J'envisage même de pouvoir les aider à faire ça. Quelle naïveté ! J'ignore alors que ce sera refusé complètement. Je n'ai jamais prévu la réaction à l'étude sur les attitudes chez les gens. Par la suite, tout le monde m'a reproché de l'avoir incluse dans le rapport final, puisque c'est moi qui ai voulu faire cela. Pour moi, il est nécessaire de comprendre ce que les gens ressentent par rapport à un enjeu si important. C'est une question d'identité. Comment peut-on solutionner un problème si on ne le connaît pas ? On veut convaincre les anglophones de quoi au juste ? Bien avant de décider ce dont on veut les convaincre, il faut savoir ce qu'ils pensent. Moi, je trouve que M. Ravault a posé des questions objectives. Ce n'est pas méchant son questionnaire. Mais là, tout d'un coup, on reçoit des commentaires incendiaires : « Bien non, vous avez perdu la guerre, vous devriez retourner en France. » Franchement, comment puis-je m'attendre à une telle réaction ? Je m'attends effectivement à ce qu'il y ait des sauts d'humeur du genre, mais jamais d'une très forte proportion de la population anglophone. Non, je ne l'ai pas anticipé du tout.

Le plus difficile, c'est que nous avons mis tellement d'énergie dans ces travaux sans retombée positive. Personnellement, je ne compte pas le nombre de fois où je suis parti de Moncton pour rencontrer mes collègues à Fredericton. À tout coup, je revenais le soir à la maison pour ne pas vous laisser seule, Yolande et Émilie. Arrivé à la maison, j'écris un chapitre et je l'envoie à mes collègues dans les jours qui suivent. Souvent, je me lève la nuit pour écrire, parce que je ne trouve pas le sommeil. Je me couche et je pense à quelque chose. Et là je me dis : « Il faudrait que je développe quelque chose ici et là. » Puis, je me lève, je vais à mon bureau et je m'écris des notes pour ne pas oublier ma pensée le lendemain. Enfin, je retourne me recoucher.

Je ne regrette pas tous ces efforts, mais je crois que si c'était à refaire, connaissant les répercussions négatives du public, le rejet du document, les menaces et la mauvaise presse, je changerais mon approche. Avoir fait les choses autrement, nous aurions peut-être eu une meilleure *Loi sur les langues officielles* et la province aurait fait un peu de progrès. J'ai été tellement déçu de ne pas avoir aidé ma province sur-le-champ. Si c'était à refaire, je ne commanderais pas d'étude sur les attitudes. Mon propos n'a rien à voir avec la qualité du travail de René-Jean, au contraire ! Ce n'était pas inutile, mais ça a compromis les résultats. J'aurais mieux fait de me fier à ma propre perception de ce que les deux communautés linguistiques pensaient du bilinguisme et ne pas faire d'étude. J'aurais aussi pu faire une étude et ne pas publier les résultats. Je dis cela, mais il me semble que nos recommandations auraient quand même été rejetées.

Le rêve

TRACY A 12 ANS et souffre d'une paralysie cérébrale grave. Quadriplégique, sa condition physique la rend immobile et elle se voit clouée au lit la plupart du temps. Son état est permanent et découle d'une altération neurologique survenue à la naissance. Elle dépend entièrement des autres pour prendre soin d'elle. Elle doit être nourrie à la cuillère et son manque d'éléments nutritifs lui fait perdre du poids. Tracy aurait la capacité mentale d'un bébé de quatre mois et elle ne peut communiquer qu'au moyen d'expressions du visage, de rires et de pleurs.

La petite fille de Wilkie en Saskatchewan semble avoir un semblant de joie de vivre. Tracy aime particulièrement la musique, le cirque et ses proches. Elle rit aux éclats lorsque son père fait un feu de camp à la ferme familiale. Tracy peut apparemment reconnaître les membres de sa famille et elle manifeste de la joie lorsqu'elle les voit. Elle aime également être bercée doucement par ses parents.

Toutefois, elle fait des convulsions malgré ses médicaments. Ses parents et ses médecins croient qu'elle souffre énormément, et que sa douleur ne peut pas être soulagée par les médicaments qu'on lui administre. Tracy a cinq à six crises d'épilepsie par jour. Elle a certainement une déficience grave, mais elle n'est pas en phase terminale. Ses médecins prévoient qu'elle devra subir de nombreuses chirurgies. Et ce qui devait arriver arriva. Tracy est passée sous le bistouri en 1990 pour équilibrer la musculature de sa ceinture pelvienne, puis une autre fois en 1992 pour corriger la courbure anormale de son dos.

La petite Tracy doit aussi subir une opération chirurgicale pour régler son problème de hanche disloquée. Les médecins espèrent que cela calmera la douleur constante. Cette chirurgie doit avoir lieu le 19 novembre 1993. Entre-temps, sa famille la place dans un foyer collectif de North Battleford, à une cinquantaine de kilomètres de la ferme familiale. Elle y vivra quelques mois, de juillet à octobre 1993, alors que sa mère, Laura, est enceinte d'un quatrième enfant, Lee. Un jour, Laura aurait confié à son mari que cette procédure chirurgicale de novembre 1993 serait sans doute de trop. Il s'agirait en quelque sorte d'une mutilation.

Le père de Tracy peine à croire qu'elle puisse continuer de vivre ainsi. Il décide de mettre fin à ses jours. Il envisage plusieurs scénarios, comme de donner à sa fille une surdose de Valium, ou encore, de lui tirer une balle dans la tête. Le dimanche 24 octobre 1993, alors que sa femme et ses autres enfants sont à l'église, Robert Latimer emmène Tracy à sa camionnette, l'assoit et insère dans la cabine un boyau lié au tuyau d'échappement. À son retour de l'Église, Laura trouvera Tracy dans son lit, morte.

***

Le jour de ta naissance, Émilie, a été le plus beau de ma vie. Ex æquo avec la tienne, bien sûr, Jean-François. À ce moment-là, je veux plus que tout au monde une fille. Yolande et moi commençons à parler d'enfants à notre retour d'Europe, durant l'année 1973. Nous aurons une famille avec plein d'enfants. Yolande en veut quatre, et bien que j'aie en tête le chiffre trois, je ne suis pas contre. Chez nous, nous sommes quatre, et ils sont trois chez Yolande. Nous avons tous les deux de grandes familles avec de nombreux cousins et cousines. Votre mère s'inscrit alors à l'Université de Moncton au baccalauréat en science et tombe finalement enceinte lors de sa dernière année, en 1978. Je termine à ce moment mes études de *common law* à l'Université d'Ottawa et je reviens au Nouveau-Brunswick pour commencer ma carrière de professeur à l'École de droit de l'Université de Moncton. J'ai alors un bon emploi de professeur adjoint, que j'ai obtenu en mars. Nous n'avons donc aucune inquiétude sur le plan financier. Yolande se dit en plus qu'elle terminera ses études et commencera une carrière. À ce moment-là, nous vivons le rêve.

Votre mère a une grossesse somme toute normale. Elle continue d'aller à ses cours et ne manque pas d'ambition. Pour elle, c'est assez clair qu'elle fera une maîtrise en histoire ou en littérature. Mais quelques semaines avant la fin des cours, elle arrête tout. Elle n'en parlera pas trop, mais elle est anxieuse. Durant toute sa dernière année d'études en science, elle a une inquiétude. Rien d'alarmant, mais juste une pensée récurrente que quelque chose peut possiblement clocher.

« C'est comme si je savais que ça allait arriver. On dit ça, mais personne ne peut croire ça et moi-même je ne peux pas le croire. Il y avait quelque chose, il y avait une anxiété avant que j'aie Émilie que quelque chose allait arriver », raconte votre mère.

Un jour, elle me dit calmement que nous devons être prêts si nos enfants sont malades. Je sursaute. Sur le coup, je ne comprends pas ce qu'elle tente de me dire. Mais c'est vrai, un nouveau parent doit être prêt à toute éventualité.

Puis le grand jour arrive. Le 28 juillet 1979, Émilie, tu es née à Moncton, et tu es en pleine santé. Rien à signaler. Enfin, Yolande s'en est fait pour rien. Les trois premiers mois sont une période d'adaptation pour nous. Nous avons 32 ans, j'ai une carrière et je serai nommé doyen de l'École de droit dans les mois suivants. Je joue même au hockey avec les étudiants de la faculté et au racquetball avec des amis d'autres facultés. Les choses vont vite, et je ne suis pas souvent à la maison, mais Yolande s'occupe bien de toi. Sans le savoir, toutefois, elle est de plus en plus inquiète.

À deux mois, elle t'emmène voir mon père. «Il y a quelque chose qui ne va pas avec Émilie», lui dit-elle. Tout de suite, ton grand-père Fred t'examine. Rien à signaler. Mais Yolande sait que quelque chose cloche puisqu'elle voit que tu restes figée. Tu joues avec tes jouets et soudainement, tu restes complètement immobile pendant quelques secondes. Ça devient de plus en plus inquiétant. Mais jamais nous n'aurions pu imaginer la suite. Comme nous dit alors ma mère: «Ah! Vous autres, vous n'avez pas fumé, bu, vous n'avez pas de vie difficile, dangereuse, vous ne pouvez pas avoir de problèmes.» C'est vrai, nous sommes sages, nous menons une bonne vie sans excès et il n'y a aucune raison de s'inquiéter. Et pourtant.

Yolande dit qu'«avec la génétique, on ne sait rien, tout est possible», elle qui a trop fait de science pour penser autrement. Émilie, tu pleures, pleures, pleures. Tu es inconsolable. Mais encore là, les médecins nous disent que jusqu'à trois mois, il n'y a rien qu'on puisse faire pour te consoler. Je ne suis pas alarmiste, mais je commence à me poser de sérieuses questions. Et si notre petite fille, qui arrive dans notre vie comme un morceau de bonheur, était malade? Je ne veux pas y penser.

★★★

Nous sommes sous le choc. Nous pensons maintenant qu'il n'y a rien à faire. Tu as trois mois et te voilà en convulsion. C'est la panique. À l'Hôpital Georges-Dumont de Moncton, nous luttons ensemble pour sortir de cet état de panique qui nous habite. Je fais les cent pas. Nous voulons croire que les médecins vont faire quelque chose. D'abord, arrêter cette crise. Puis, faire en sorte qu'elle ne se répète pas. Nous ne pouvons pas le croire. Nous espérons tellement que ce ne soit qu'un terrible cauchemar. Hélas, c'est bien réel et les médecins de Moncton ne peuvent rien faire. Pas grave, nous irons à Halifax, où l'hôpital pour enfant IWK a bonne réputation.

Pendant deux semaines, ils chercheront et ils feront tout en leur pouvoir pour trouver la cause de ces convulsions. Ils réussissent à te calmer un peu. Tête dure, comme ton père, tu ne réponds pas beaucoup aux médicaments, parce que ce n'est pas juste une petite crise. Ce sont des convulsions répétitives.

Et donc, à contrecœur, je dois quitter Halifax pour le travail, où une pile de dossiers m'attend à la Faculté de droit. Yolande restera à ton chevet tous les jours, gardant un œil sur toi à tout moment. Quelques enfants francophones sont laissés à l'hôpital par leurs parents. Ils n'ont pas le choix, puisqu'ils n'ont pas les moyens de faire autrement. Il n'y a pas d'hôpital pour enfants au Nouveau-Brunswick. Tout le personnel à Halifax est unilingue anglophone et lorsque ces enfants entendent votre mère parler français, ils accourent vers elle et se mettent à la suivre partout, toute la journée. Plusieurs d'entre eux ont peur des adultes qui tentent de leur parler en anglais. Quelques années plus tard, je ferai une levée de fonds pour la fondation de cet hôpital pour que l'on y offre des services en français pour les enfants.

Un soir, c'est le calme plat à l'étage. Yolande est là, assise près de toi. Une médecin que nous n'avons jamais vue auparavant entre dans ta chambre. Elle semble remplacer notre médecin ce soir-là ; elle connaît ton dossier. « Quand on ne peut pas contrôler facilement les convulsions, c'est qu'on ne peut rien faire », dit-elle à Yolande. C'est encore un choc.

Toute la famille cherche à savoir ce que tu as. Mon père revoit la littérature scientifique. Nous questionnons les médecins qui ne pourront mettre le doigt dessus. Ce qui les dérange, c'est que si c'était effectivement un problème génétique, tu aurais eu plusieurs problèmes et symptômes. Mais Émilie, tu n'en as qu'un. Il n'y a rien d'autre. Ton corps se développe normalement pour un bébé de ton âge, c'est à n'y rien comprendre. Avec les années, tu grandiras jusqu'à avoir la taille d'un enfant de 10 ans. Je me suis toujours demandé ce qui se passait dans ta tête. Je sais que tu es consciente, que tu sais ce qui se passe, même alitée en permanence, prisonnière de ton corps et de ton système nerveux qui refusent de te laisser vivre librement. C'est ce qui est le plus dur : tu es prisonnière.

Jamais nous n'avons eu réponse à notre question principale : quelle est cette maladie ? C'est alors tellement rare que les spécialistes ignorent ce que c'est. Ils donnent des noms, mais c'est comme décrire l'herbe dans le champ. Essentiellement, c'est comme si on m'avait dit : « M. Bastarache, vous avez un cancer. » Quel cancer ? « On ne sait pas. » Un chercheur à Ottawa pense alors que le problème réside dans les mitochondries, puisque c'est là où le corps trouve son énergie. La mitochondrie ne produit pas l'énergie normalement et donc des particules secondaires dans la cellule doivent, semble-t-il, prendre le relais. C'est pour ça que les médecins nous disent que tous tes tests sont normaux. Cependant, le cerveau ne peut pas avoir assez d'énergie. Ça prend beaucoup d'énergie pour faire fonctionner le moteur de notre corps et c'est ce qui ne fonctionne pas. C'est la seule chose qu'on sait.

> Jamais nous n'avons eu réponse à notre question principale : quelle est cette maladie ? C'est alors tellement rare que les spécialistes ignorent ce que c'est.

***

Nous ne parlons pas vraiment d'avoir un deuxième enfant. Notre plan d'avoir une grande famille ne change pas, mais nous sommes débordés à la maison. Yolande, l'étudiante, est devenue du jour au lendemain Yolande nouvelle maman, puis Yolande l'infirmière. De mon côté, je dois définir et modeler la nouvelle école de droit après le départ prématuré du doyen Pierre Patenaude. Outre mes travaux à titre de chef de l'école, j'accepterai de travailler au sein du groupe de travail portant sur les langues officielles au Nouveau-Brunswick, mieux connu sous le nom de commission Poirier-Bastarache. Je m'absente parfois pendant plusieurs jours de la maison, mais j'essaye toujours de revenir le plus tôt possible. Et j'écris, ô que j'écris. Je publie des articles de droit, j'écris dans des revues, je prépare des notes juridiques, bref, je n'arrête pas. Je ne sais trop combien de ces textes ont été écrits à ton chevet, Émilie.

Puis, comme ça, Yolande tombera une nouvelle fois enceinte, sans vraiment le savoir. Nous sommes très inquiets pour le deuxième enfant. Nous ignorons complètement ce que tu as, Émilie, et on ne sait pas si Jean-François sera atteint de la même maladie. De fait, personne ne sait quel est le problème. Les médecins essayent d'évaluer quelles sont les probabilités que nous ayons un deuxième enfant malade comme le premier. En partant avec la prémisse que la maladie est à ce point rare qu'elle n'a pas de nom, les chances sont très minces. On nous dit alors qu'on pourrait avoir un enfant avec le même problème, ou pas du tout.

« Vous pourriez avoir quatre enfants sans problème ou quatre avec le même problème. C'est toute une histoire de chance », nous a dit un médecin généticien à l'hôpital des enfants de Montréal.

Comme le dit si bien Yolande aujourd'hui, « on était dans un nuage ». On ignore complètement ce que nous réserveront les mois et les années suivantes. Votre mère veut évidemment garder son enfant. En dépit des regards inquiets et de pitié qui nous sont lancés par nos proches, nous avons toujours voulu beaucoup d'enfants. Puis, quand tu es né en 1981, Jean-François, ton grand-père a poussé un soupir de soulagement. Parce que tu es un

Et j'écris, ô que j'écris. Je publie des articles de droit, j'écris dans des revues, je prépare des notes juridiques, bref, je n'arrête pas. Je ne sais trop combien de ces textes ont été écrits à ton chevet, Émilie.

garçon, il y a semble-t-il une forte probabilité que tu n'aies pas la même maladie qu'Émilie.

★★★

Jean-François, tu es né six semaines avant la date prévue et jamais nous n'avons été aussi impatients que durant les trois premiers mois. Feras-tu des convulsions comme ta sœur? Ou encore, seras-tu l'enfant que nous rêvions d'avoir quand nous roulions sur la Côte d'Azur quelques années plus tôt. Hélas, exactement trois mois après ta naissance, les convulsions ont commencé. La même chose que pour ta sœur.

« Je me souviens, ils étaient à l'Île-du-Prince-Édouard. C'était l'été, ils avaient loué un chalet et on devait aller les rejoindre le lendemain. On a eu un appel de Michel nous disant : "Ne venez pas, Jean-François vient de faire les mêmes convulsions qu'Émilie a faites au même âge. On doit rentrer d'urgence." Pour eux, ça a été un choc terrible », raconte mon grand ami Yvon Fontaine.

J'ai tellement de rêves pour ma femme, mes enfants, ma famille. Je ne peux accepter que mes enfants soient aussi malades. Je ne sais plus quoi faire. Quoi penser? « Ça n'a pas de sens du tout du tout. Qu'est-ce qu'on va faire? Comment va-t-on fonctionner? », ai-je lancé à Yolande. Elle est tellement forte. Sans broncher, elle me répond : « Il n'y a pas de problème, on va fonctionner. On va les mettre tous les deux dans la même chambre. On va s'en occuper, on va faire ce qu'il faut. »

Dès ce moment-là, notre vie changera complètement. Yolande abandonnera son rêve scientifique et littéraire pour se concentrer à temps plein sur vous, les enfants. Il n'y a rien d'autre au monde. Complètement coupée du monde extérieur, elle consacrera toute son énergie à vous deux. S'il y a une chose que nous ne voulons pas, c'est d'être les parents de cas désespérés comme nous en avons tellement vus dans les hôpitaux. Nous n'avons jamais voulu vous abandonner et vous laisser devenir des cadavres à l'extérieur de notre maison. Pour nous, le bien-être de nos enfants, c'est la priorité. Il n'y aura pas de souffrance. Aucune douleur. Yolande apprendra avec le temps les rouages d'une infirmerie et notre maison deviendra un semblant d'hôpital.

« Je n'étais pas capable d'abandonner mes enfants. C'était mes enfants et je les adorais tous les deux », dit-elle. Moi aussi, je vous ai adorés. En dépit de mon absence, la douleur que je ressens alors est vive. Mon seul remède est le travail. Après chaque mauvaise nouvelle, je redouble d'ardeur. Si je ne peux vous sauver, je peux peut-être sauver quelqu'un d'autre. Et je fuis le quotidien trop dur à supporter.

Vous êtes tous les deux affligés par une maladie incurable du système nerveux, une maladie qui vous rendra totalement invalides et qui mènera à votre mort prématurée. Or, le sentiment d'impuissance qui affecte les parents en pareille circonstance est si fort chez moi que j'en perds le sommeil. Il me faut agir à tout prix, tout entreprendre pour obtenir un diagnostic certain, pour explorer toutes les chances de traitement. Tous les parents qui sont plongés dans de telles circonstances réagissent différemment.

Pour nous, ça deviendra une mission. Allons-nous pouvoir diagnostiquer la maladie? Y aurait-il un traitement? Et, plus tard, la maladie sera-t-elle congénitale et susceptible d'affliger tous nos enfants? Nous avons tout fait pour trouver une réponse à ces questions. Nous avons consulté des spécialistes à Halifax, à Montréal, à Toronto, à Ottawa et à Baltimore, au Johns Hopkins Hospital. La visite à Baltimore est remarquable parce que l'assurance maladie du Nouveau-Brunswick ayant refusé de financer la consultation, c'est le ministère de la Santé des États-Unis qui a tout pris à sa charge. Les spécialistes américains ont obtenu une subvention puisque ton cas, Émilie, est particulièrement intéressant sur le plan scientifique. Un ami nous a alors mis en contact avec un médecin canadien à Boston qui a fait un suivi avec les plus grands spécialistes américains à Baltimore. Nous avons vécu une période de désarroi incroyable. L'incertitude, l'inquiétude, la fatigue physique et morale nous ont épuisés, votre mère et moi.

«Michel, tout seul, tu lui changeais les idées et il parlait d'autres choses et il se concentrait sur d'autres choses. L'intelligence, c'est le *fun*. Il fallait lui parler d'autres choses que la famille. Parce que Yolande était d'une tristesse inouïe. Elle était blanche comme un linge. Elle n'avait plus de raison de vivre. Il essayait de lui changer les idées. Il l'emmenait voyager. Il a réussi à mettre tous ses efforts sur sa carrière et laisser ce côté-là qui était *fucké*», témoigne mon frère Marc.

Et dire que toi, ma belle petite fille, tu as survécu pendant 17 ans alors que ton espérance de vie était d'un, deux, trois ou quatre ans selon les spécialistes. Dix-sept ans de soins intensifs à la maison, jusqu'au jour où tu es morte dans mes bras.

Mon seul remède est le travail. Après chaque mauvaise nouvelle, je redouble d'ardeur. Si je ne peux vous sauver, je peux peut-être sauver quelqu'un d'autre. Et je fuis le quotidien trop dur à supporter.

***

La plus belle chose dans toute cette galère, c'est la magnifique relation fraternelle que vous avez développée au fil des ans, jusqu'à la mort de Jean-François. Même si les médecins affirment le contraire, vous communiquiez alors sur une base régulière, à votre manière. Nous savons que vous viviez pleinement votre vie dans les circonstances. Ces sourires, ces regards, ces tout petits sons que vous faites par moments. Même alitée, avec un tube nasogastrique que Yolande vous met, vous avez votre routine avec votre mère et vous trouvez le moyen d'échanger, de communiquer entre vous.

Quand nous allons à l'hôpital, Émilie, tu t'assois avec Yolande et tu te balances les jambes. Les médecins qui t'examinent disent alors que c'est un tic nerveux. Nous, nous savons très bien que tu le fais intentionnellement. Comment? On l'ignore, tu ne nous l'as jamais dit! Puis, quand on vous place tous les deux dans un lit pour changer l'autre lit, on voit bien que vos mains se rapprochent, tranquillement, et qu'elles finissent par se toucher. Pas de chicane, juste un toucher affectueux. Mais bon, Jean-François, tu es quand même un petit garçon et donc, la vocalise se fait parfois bien entendre. Ta mère dira que nous nous ressemblons toi et moi. Paraîtrait que nous sommes impatients tous les deux. Elle se souvient d'ailleurs du jour où elle vous a laissé tous les deux dans la chambre et que, rendue dans la cuisine, tes petits cris lui ont fait tourner les talons.

« Je suis arrivée dans la chambre. J'ai dit : "Jean-François, il y a quelque chose qui se passe? Qu'est-ce qu'il y a?" » C'était Émilie qui avait vomi, et c'était lui qui m'appelait. Je voyais qu'ils étaient vraiment en symbiose », relate Yolande. Puis Émilie, quand je te sors du bain et que je te sèche les cheveux, je sais que tu es contente. Je le sais! Il n'y a pas de parole, mais il y a une communication.

Six jours par semaine, Yolande est avec vous 24 heures sur 24. Sauf le samedi où elle prend congé. Nous quittons souvent la maison en matinée et revenons à 17 heures. On laisse alors les rênes de l'infirmerie aux rares infirmières qui acceptent de venir s'occuper de vous. Pas que vous soyez des enfants difficiles, mais elles ont peur que vous mouriez dans leurs bras et elles refusent de vous garder.

Lorsque 17 heures approche, toutefois, personne n'a d'inquiétude puisque vous vous animez. La joie, le bonheur de revoir votre mère. Nous le savons, les infirmières ou les membres de la famille qui nous aident nous ont tout raconté.

★★★

Pour ne pas penser à mes problèmes, je me plonge dans le travail. Je suis à l'œuvre souvent 60 heures par semaine et quand j'arrive à la maison le soir, je suis tellement fatigué que je dors. Je pense à vous, les enfants, mais la plupart du temps, je suis trop pris, trop absorbé par mon travail. Et lorsqu'on nous dit que votre maladie est incurable, je pense alors que c'est le fond du baril. C'est pire que si vous étiez morts. Pire, parce que j'ai l'impression que vous pourriez mourir

50 fois. Mentalement, je me fais à l'idée que ça durera un an et que nous devrons faire face à votre départ. Un an passe, et non. Une autre année. Puis, une autre. Dans ton cas, Émilie, c'est 17 ans d'attente. Les meilleurs spécialistes au monde, à Baltimore aux États-Unis, nous ont dit un maximum de quatre ans et que dépasser ce seuil serait pratiquement impossible. Et bien ils se sont trompés.

Aujourd'hui, je me sens coupable de m'être réfugié dans mon travail durant cette période. J'aurais dû trouver un moyen de m'occuper plus de Yolande. Mais je ne sais pas comment. Elle est alors très dépressive, toujours fatiguée avec tout le travail que ça impose. Je suis sans moyens. Je me dis qu'il faudra prendre des pauses. Au cours des années 1980, je prendrai de plus en plus de causes partout au pays. Les causes Mahé et Mercure, en Alberta et en Saskatchewan, sont mes plus gros dossiers. Pendant ce temps, Yolande opérera l'infirmerie d'une main de maître. Mais il faut s'arrêter et prendre du temps pour nous. Le médecin, un dénommé Dr Léger, a même forcé Yolande à prendre un peu de recul.

« Si tu ne t'en vas pas tout de suite, si tu ne prends pas de vacances, tu vas être malade et tu ne pourras plus t'occuper d'eux », disait-il. Et il a réussi là où j'ai échoué si souvent, à convaincre ma femme de s'arrêter. Plus tard, lorsque je serai à la présidence d'Assomption Vie, nous sommes allés dans les Caraïbes dans un endroit paradisiaque. C'est alors quasi impossible de ne pas penser à toi, Émilie, qui est alors à l'hôpital. Puis, nous avons fait un grand voyage à Singapour et juste avant de revenir, ma mère nous laissera un message nous avisant qu'Émilie fait une pneumonie. Quand on vous laisse à l'hôpital, je ne sais trop pourquoi, vous finissez toujours par faire une pneumonie. C'est notamment pour cela que votre mère déteste partir. Elle se reposait, mais elle devait ensuite travailler deux fois plus au retour.

« Je me rappelle, j'étais à l'hôpital avec maman pour la voir et on passait l'après-midi là. On lui prenait le bras et on essayait de faire comme si on était Yolande. Aussitôt que Yolande arrivait, elle changeait, c'était comme si elle se réveillait, qu'elle réalisait que Yolande était arrivée. Elle pouvait avoir une grosse pneumonie, avoir de la misère à respirer, aussitôt qu'elle voyait sa mère, tout allait bien. Elle repartait à la maison », raconte ma sœur Monique, qui nous a tellement aidés avec les enfants.

Les médecins et les infirmières se sont toujours attendus à ce que vous mouriez d'une pneumonie. Mais non, vous étiez encore là. On vous ramenait à la maison et Yolande vous guérissait.

***

Quelques mois après la mort de mon père en 1984, ta santé, Jean-François, s'est dégradée. Tu as de la difficulté à garder ta nourriture et on essaye de te stabiliser et de développer de nouveaux trucs. Mais cette fois-là, Yolande est épuisée, vraiment épuisée. La situation est plus difficile que jamais. Je travaille chez Lang Michener et je suis la plupart du temps dans les aéroports et dans les palais de justice de l'Ouest canadien. Votre mère doit alors vous soigner tous les deux et vous tourner pendant la nuit pour vous aider à vous rendormir et à ne pas faire de plaies de lit. La situation est à ce point critique que Yolande se met à faire des crises de panique. Elle rentre dans son sommeil, et puis tout à coup, c'est comme si elle étouffait. Un médecin lui suggère de voir un spécialiste. Or, au lieu de l'écouter, elle rentre à la maison et se couche un peu l'après-midi. Yolande sent alors que la santé de Jean-François se détériore, sans connaître nécessairement la gravité de son état. Elle t'emmène donc à l'hôpital. Je ne suis pas là, évidemment, trop occupé à me battre pour les francophones de l'Alberta et du Manitoba.

Lors de la visite à l'hôpital, une infirmière te fait tomber par terre sur le terrazo. Tes deux jambes se fracasseront au contact du sol. Déjà que tu as une pneumonie, un petit bébé d'à peine trois ans ne peut supporter de tels chocs.

Un jeune médecin originaire de la Nouvelle-Écosse s'assoit avec Yolande pour essayer de lui dire que tu ne survivras pas. Il est incapable de lui faire comprendre le message.

« Je le regardais et je lui demandais : "Quand puis-je le ramener à la maison ? Et quand est-ce que ça arrête ?" Il n'était pas capable de me dire qu'il allait mourir. C'est deux jours après qu'on l'a perdu. C'était dur. C'était terriblement, terriblement dur », dit-elle.

★★★

À ton départ, Jean-François, nous nous apercevons que ta sœur vit difficilement le deuil. Tous les matins à 10 heures, Yolande s'occupe généralement de vous. Mais là, pendant une semaine, Émilie, tu appelles ta mère avec un son que tu ne fais pas d'habitude. Il te manque quelque chose, quelqu'un. Un petit frère, tiens. Nous te berçons, te consolons, il n'y a rien à faire, nous ne pouvons le ramener.

D'échec en échec, l'impossibilité d'agir de façon efficace mènera aux idées noires devant la vie en général. Perdre un enfant est la pire tragédie qu'un parent puisse vivre. Perdre un enfant et savoir qu'on perdra le second un jour sans avoir de date précise équivaut à de la torture. Nous cherchons à trouver un sens à cette vie, à retrouver une forme d'énergie pouvant nous permettre de nous battre avec toi, Émilie. Une brève tentative de recourir à la spiritualité a même été faite, ce qui n'est pas banal pour quelqu'un qui est fondamentalement athée. De fait, je me dis athée parce qu'incapable de croire, alors que je le voudrais. Mon athéisme n'a rien d'un sentiment antireligieux ou d'une contestation devant le fait d'avoir grandi dans un milieu dominé par l'Église catholique. Je ne crois pas qu'on puisse se forcer à croire ; le pari de Pascal n'est pas possible en pratique.

Honnêtement, parler de religion m'énerve. Mes parents étaient catholiques, mais nous n'avons jamais parlé de religion à la maison. Ils ont cessé de pratiquer dans les années 1960 quand leurs enfants ont atteint leur maturité. Ma volonté d'éviter le sujet vient, je crois, en bonne partie de l'endoctrinement de trois ans dont j'ai fait l'objet au Séminaire Notre-Dame-du-Perpétuel-Secours. Je suis sûrement croyant à l'époque, sans trop comprendre pourquoi. En tout cas, je suis devenu non pratiquant dans les années 1960 et non croyant par la suite. Lorsque Émilie est hospitalisée à Toronto, Yolande et moi sommes allés à l'église, comme quoi il est vrai qu'on se tourne vers la religion quand on est désespéré. D'une certaine manière, j'aurais voulu être croyant parce que cela aurait pu fournir un certain réconfort durant cette tourmente. Mais dès que je me suis mis à écouter le message du prêtre, dès que je l'ai entendu lire les paroles de l'Évangile, j'en ai eu assez. Tant mieux pour ceux qui sont capables de croire, mais je ne peux me forcer à le faire.

Quand le malheur frappe si fort, on se sent complètement perdu, tout à fait seul dans l'univers. Les médecins sont incapables de nous aider et les proches sont désemparés. Bien sûr, la famille religieuse et ce qu'on nous a enseigné quand nous sommes enfants deviennent la dernière bouée de sauvetage. Vous avez été baptisés pour votre protection. Nous nous disions sans doute que lorsque vous alliez mourir, vous seriez reçus dans cette famille religieuse et qu'on ne vous perdrait pas dans je ne sais quoi. Nous ne voulons pas trop y penser. C'est une autre façon de vous protéger. À l'époque, il ne s'agit pas d'une décision rationnelle, mais bien d'un instinct. Un baume sur le cœur ? Peut-être, tiens.

Mon baume, ce sont mes proches qui me l'ont donné. Yolande et moi avons eu la chance d'être entourés d'une famille extraordinaire et d'amis qui nous ont aidés dans cette période difficile. Pareil pour les pédiatres à Moncton, à Halifax, à Toronto, à Baltimore et à Ottawa.

Cela dit, je ne pourrai jamais témoigner avec suffisamment de justesse du dévouement extraordinaire de votre mère durant ces 17 années. Souvent, je sombre dans la peine, la douleur. Mais elle me relèvera. Elle ne m'a jamais laissé tomber et je n'aurais jamais pu l'abandonner. Lorsque j'ai accepté le poste de directeur à la Promotion des langues officielles à Ottawa, des médecins nous ont dit qu'il faudrait être très prudents afin de conserver notre mariage. Paraîtrait que 85 % des couples divorcent lorsqu'ils sont plongés dans une situation comme la nôtre. Pas nous. Le divorce et la séparation d'avec nos enfants n'ont jamais été une option. Vous êtes à nous, pas aux médecins ni aux infirmières. Nous formons une famille unie.

Votre maladie incurable et totalement débilitante a créé une peine profonde comme un abîme, une peine qui est toujours là, qui jette un voile sur toute autre chose. Elle empêche la joie et toute perspective de bonheur. Cette peine fait encore plus mal du fait que je la vois tous les jours dans le regard de votre mère. Je la verrai jusqu'à notre mort.

Je me souviendrai toujours de ce médecin qui t'a déjà soignée, Émilie, et qui a voulu découvrir comment nous arrivions à supporter notre tragédie, votre mère et moi. Il m'a demandé, bien simplement :

« Arrivez-vous à trouver de la joie dans votre vie, dans ce que vous faites, dans ce que vous voyez, ou est-ce que plus rien ne vous intéresse ? » Je crois qu'il a trouvé les mots justes. Je ne sais cependant pas plus de façon certaine si c'est seulement la tragédie que nous avons vécue qui est la cause de tout mon trouble. Je vois encore mon père songeur dans le salon, le portrait de quelqu'un qui n'est pas satisfait de sa vie. Je sais de façon certaine que la douleur de perdre mes enfants est immense, indélébile, permanente, et que cela a transformé ma vie. C'est vrai, j'ai bien du mal à trouver de la joie ou de l'émerveillement ; Yolande dit que je suis la seule personne au monde qui n'a pas été impressionnée par les chutes du Niagara.

★★★

Lorsque la cause Robert Latimer arrive à la Cour suprême du Canada en 1999, je ne sais pas trop quoi faire. Latimer a été accusé de meurtre au premier degré, mais un jury le déclare coupable de meurtre au second degré, le 16 novembre 1994. Le juge le condamne à la peine minimale obligatoire, soit un emprisonnement à perpétuité, sans possibilité de libération conditionnelle avant 10 ans. Il fait appel. La Cour d'appel de la Saskatchewan donne raison au juge de première instance. Mais Robert Latimer est tenace. Il demande à la Cour suprême du Canada d'entendre sa requête. Il affirme qu'au moment de son arrestation, il n'a pas été informé de son droit d'appeler un avocat. Le clan Latimer affirme aussi que la poursuite s'est ingérée dans la sélection et le travail des jurés.

En février 1997, la Cour suprême du Canada ordonne un nouveau procès. La Cour lui donne raison. L'intervention d'un représentant de la Couronne auprès des candidats jurés dans le procès est, selon la Cour, un abus de procédure et une entrave à la justice. Le 22 octobre de la même année, le deuxième procès de Robert

Latimer débute. Le juge et le jury semblent sympathiques à sa cause, mais il est tout de même reconnu coupable de meurtre au second degré. À l'époque, aucune disposition de clémence dans un cas de « meurtre par compassion » n'est prévue dans le Code criminel. Latimer plaide depuis le début qu'il a justement agi par compassion à l'égard de sa fille malade.

Le juge du deuxième procès trouve que la peine initiale est « exagérément disproportionnée » par rapport au crime. Dans sa décision, il accorde une « dispense constitutionnelle » de la peine minimale obligatoire. Robert Latimer écope donc d'une peine d'emprisonnement d'un an et d'une année de libération conditionnelle. Il est alors confiné à sa ferme. La Couronne porte l'affaire en appel et la Cour d'appel de la Saskatchewan infirme cette décision et maintient la peine initiale de 10 ans. Robert Latimer demande à nouveau à la Cour suprême du Canada de trancher. Le fermier saskatchewanais fait valoir que la Couronne a « frauduleusement mal rapporté les faits » au public. Il fait appel de sa peine, mais aussi du jugement qui le reconnaît coupable. La Couronne l'appuie dans sa requête en Cour suprême, disant qu'on pourra finalement démystifier les exemptions constitutionnelles dans le cas des peines minimales. La Cour doit notamment répondre à cette question : « L'imposition de la peine minimale obligatoire pour meurtre au deuxième degré constitue-t-elle en l'espèce une peine cruelle et inusitée, en violation de l'article 12 de la *Charte canadienne des droits et libertés* ? »

Ceci survient alors que je suis devenu juge au plus haut tribunal du pays et y siège depuis trois ans. À l'époque, je n'ai jamais manqué une seule cause. Je lis les documents en prévision de l'audience et je suis frappé par la similitude entre toi, Émilie, et Tracy Latimer. Vous aviez presque le même âge en 1993. J'épluche le dossier et je vois que ce sont les mêmes médicaments que nous t'avons administrés tout au long de ta vie. Sa chaise est la même que la tienne. Je suis là, dans mon bureau à hésiter. Au fil des ans, j'ai parlé de vous à des collègues et à des amis. J'ai mentionné dans certaines entrevues que mes enfants étaient malades, mais sans entrer dans les détails. Ce n'est pas du domaine public. Et donc, qui peut bien savoir que je sais mieux que quiconque ce que les Latimer vivent ? Mes collègues à la Cour le savent très bien, mais outre ceux-ci ? Je me dis alors que cela ne fait pas une bien grande différence et que je pourrais bien entendre la cause de façon impartiale. J'hésite cependant. J'en parle alors à votre mère, et j'attends avant de décider si je dois me retirer de la cause ou non. « Nous savions l'histoire avec ses enfants. Il n'en parlait pas beaucoup, mais nous sympathisions avec lui et sa femme », rappelle Beverley McLachlin, qui entre alors dans ses fonctions de juge en chef. J'ai discuté longuement de la situation avec elle. « Il sentait dans cette cause, contrairement aux causes linguistiques, qu'il était trop proche de l'affaire. Il m'a donc dit qu'il ne se sentait pas à l'aise de siéger », dit-elle.

En janvier 2001, sept de mes collègues rendent un verdict unanime : la peine de prison à perpétuité de Robert Latimer, sans possibilité de libération conditionnelle avant 10 ans, est confirmée. Mes collègues écrivent: «La peine minimale obligatoire n'est pas exagérément disproportionnée en l'espèce. Nous ne pouvons pas conclure qu'à certains égards les circonstances particulières de l'affaire ou de la situation personnelle du contrevenant diminuent la responsabilité criminelle de M. Latimer.» Il doit retourner en prison pour avoir commis le plus grave de tous les crimes, celui de meurtre.

★★★

C'est très compliqué. Si l'enfant souffre énormément, on peut comprendre le désir du parent de le soulager. Mais la loi est ce qu'elle est, à l'époque. Si l'enfant malade ne souffre pas, c'est une toute autre histoire.

Peut-on mettre fin aux jours de son enfant par compassion? C'est déchirant. Je comprends que quelqu'un ait pu choisir de le faire, mais jamais je n'aurais pu agir de la sorte. Comment aurais-je pu? J'ai souffert, certes, mais pas vous. À l'époque, Émilie, tu reconnais ton père; tu reconnais ta mère. Quand Yolande entre dans ta chambre, tu lui souris. Tu la reconnais. Tu ne souris pourtant pas quand c'est une infirmière qui entre. Ta mère me jure que tous les jours, quand j'arrive à la maison et que la porte du garage s'ouvre, tu t'agites. Tu sais que j'arrive! Comment peut-on savoir que son enfant veut mourir? Il y a là tout un débat portant sur la loi permettant de mettre fin à la vie dans certaines circonstances, mais je préfère ne pas y participer. Tout cela est si douloureux.

10
La bataille de l'Alberta

NOUS SOMMES AU TOURNANT DES ANNÉES 1980 et tous les jours, Paul Dubé amène son fils à la maternelle. Le garçon est brillant, plein d'enthousiasme et énergique. Puis, après deux semaines de cours, impossible de le sortir du lit. Il s'ennuie à mourir. À bord d'une coccinelle, père et fiston jasent de tout et de rien, toujours en français. Puis, le petit Dubé interpelle son père pour lui dire : « Regarde papa, t'as vu la bleue voiture ? »

« Je me disais que ce n'était pas possible, il n'avait jamais fait une faute comme celle-là », témoigne M. Dubé, plus de 30 ans après les faits. C'était l'école d'immersion à l'œuvre. Paul et son épouse n'allaient pas passer l'éponge aussi facilement. « On les laisse parler en souhaitant qu'ils apprennent la syntaxe normale. Mais là, on transformait la syntaxe en faute », dit-il avec énergie. Sa volonté de changer les choses a croisé celle de Jean-Claude Mahé et d'Angéline Martel, deux jeunes professionnels aux ambitions infinies. Monsieur occupait alors un poste aux communications de l'Office national du film, à Edmonton. Madame était enseignante.

Jean-Claude Mahé a quitté sa terre natale de Saint-Paul, en Alberta, dans les années 1970 pour voyager et enseigner à l'étranger. À son retour au début des années 1980, il régnait au Canada une effervescence renouvelée à l'égard du premier ministre Pierre Elliott Trudeau, alors engagé dans une bataille pour rapatrier la constitution canadienne et adopter une Charte des droits et libertés. « Après, je me suis demandé : "Qu'est-ce que ça veut dire pour l'Alberta ? Pour les francophones hors Québec" ? », raconte-t-il en mai 2018, dans les bureaux de Téléfilm Canada à Montréal, dont il est alors le directeur général par intérim. Sa passion pour l'éducation de la minorité franco-albertaine est toujours présente. Et la flamme est bien vive lorsqu'il rappelle à quel point il voulait un système scolaire de langue française robuste et élargie dans la province la plus conservatrice du pays.

Les enfants du couple Mahé-Martel ont régulièrement été appelés à donner un coup de main aux petits anglophones dans leur apprentissage de la langue de Molière, jusqu'au jour où le couple a pris conscience de l'injustice de cet état de fait. Et leurs enfants, eux, qu'apprenaient-ils ? Ils voulaient une école française à Edmonton, pas une école d'immersion. Une école publique, non catholique, française.

« On était bien contents qu'il y ait des enfants en immersion et que des anglophones se préoccupent que leurs enfants deviennent bilingues. Mais moi, si je pense qu'il y a eu un élément déclencheur, c'était le refus du gouvernement en place de même nous entendre, en plus des commissions scolaires et de l'ACFA. C'est ça qui nous a déclenché à nous organiser », affirme Jean-Claude Mahé.

L'Association canadienne-française de l'Alberta (ACFA), qui défend les intérêts des Franco-Albertains, a alors une relation très cordiale avec le gouvernement provincial qui est, lui, composé exclusivement d'anglophones. Paul Dubé et Jean-Claude Mahé affirment encore aujourd'hui que l'ACFA a craint de perdre des amis anglophones qui sont jusque-là conciliants vis-à-vis de la minorité. Aux yeux du groupe des trois, le projet est trop révolutionnaire au goût de l'organisme : ils trouvent que les choses ne bougent pas assez vite. « Nous, on n'était pas là pour transformer le monde. On voulait transformer la communauté. On voulait qu'il y ait justement une éducation française. On voulait sauver nos enfants. Initialement, mon motif premier de m'engager pour changer de système, c'est que je voyais ce que ça faisait à mes enfants », lance M. Dubé. Dans la vieille maison qui sert de bureau à une poignée de professeurs du campus Saint-Jean de l'Université de l'Alberta, à Edmonton, Paul Dubé a toujours en mémoire les moindres détails d'une affaire qui marquera l'histoire du pays à jamais.

Il se souvient de ses amis et lui qui parviennent à l'époque à s'entretenir avec le ministre de l'Éducation, David King. Tout indique qu'il s'agit d'une rencontre de courtoisie de la part du ministre. Or, les trois amis ne voient pas cela du même œil. Après la réunion, Jean-Claude Mahé dit au ministre King qu'il s'attend à un suivi en temps et lieu. Le ministre n'a pas donné suite à cette réunion. L'affaire sera fermée, vissée et enterrée.

Mais Jean-Claude Mahé est un type déterminé : il communique donc avec tous les avocats francophones de la province. Autant les jeunes que les plus âgés. Personne n'a voulu les représenter, dit-il. Il choisit finalement l'avocat Brent Gawne, syndicaliste connu, unilingue anglophone et francophile. Me Gawne est prêt à aller à la guerre pour ses clients. Pour lui, il s'agit d'une cause phare pour tous les francophones du Canada.

★★★

La lutte du groupe des trois prend de l'ampleur au début des années 1980. Les rencontres de cuisine avec d'autres membres de la communauté se multiplient. Les appuis s'additionnent et aucun effort n'est ménagé. Les trois comprennent à ce moment ce à quoi je pense et je réfléchis à l'autre bout du pays. L'adoption d'une nouvelle *Charte canadienne des droits et libertés* fait naître une multitude d'options pour faire progresser notre cause. La seule avenue sera judiciaire puisque les balises de la loi sont alors beaucoup trop vagues. La mise en vigueur de l'article 23, dans le domaine scolaire, ne se fera jamais sans que les gouvernements soient d'abord traduits en justice. Cet article de notre Charte vise à maintenir les deux langues officielles du Canada, mais aussi les cultures anglaise et française. Elle cherche également à favoriser l'épanouissement de chacune des deux langues dans les provinces où elle n'est pas parlée par la majorité. L'article 23 accorde aux parents de la minorité linguistique le droit à un enseignement dispensé dans leur langue partout au Canada lorsque le nombre le justifie.

Au milieu des années 1980, on compte plusieurs causes de nature linguistique dans le milieu scolaire au Canada. Je pense à l'Ontario, au Manitoba, à l'Île-du-Prince-Édouard, à la Nouvelle-Écosse et surtout à l'Alberta. Si bien qu'il faut faire un tri. Il faut déterminer quelles batailles nous feront gagner la guerre et ainsi avaliser nos droits à l'instruction et à la gestion scolaire dans notre langue. Je rencontre à l'occasion quelques juristes en privé pour discuter de ces causes et de la manière que je peux me rendre utile. «Tout le monde s'est entendu pour dire que le groupe Mahé était le plus avancé. C'était la meilleure chance de succès et c'était celle-là qui allait être poussée. Les autres allaient attendre de voir ce que le jugement Mahé allait donner», se rappelle l'avocat et professeur de droit Pierre Foucher, présent dans bon nombre de ces rencontres.

En 1984, l'Edmonton Roman Catholic Separate School district n° 7 établit une école francophone, l'École Maurice-Lavallée. On y compte 242 élèves de la maternelle à la 6e année l'année suivante, et, rapidement, elle double presque son nombre d'inscriptions. Le nombre d'enfants dans la région d'Edmonton dépasse alors les 3700.

L'affaire Mahé est exactement ce qu'il nous faut. Une cause solide, dans une province extrêmement conservatrice, avec des acteurs quasi parfaits. Un trio infernal formé de jeunes professionnels et intellectuels qui veulent simplement offrir une bonne éducation en français à leurs enfants. Dans les faits, c'est beaucoup plus que cela. C'est se battre pour les enfants, mais aussi pour une vision du

C'est se battre pour les enfants, mais aussi pour une vision du Canada où la dualité linguistique est importante, reconnue, et où la culture peut se transmettre.

Canada où la dualité linguistique est importante, reconnue, et où la culture peut se transmettre. La guerre des minorités francophones serait nationale, mais la bataille que nous entamions, elle, était en Alberta. Et nous étions prêts à tout pour la gagner.

★★★

Au bout du fil, mon ami Georges Arès. Nous sommes en 1983 et l'Affaire Mahé prend rapidement son envol. « On ne peut pas rester neutres, l'éducation dans la province, c'est important. Il faudrait intervenir », me dit Georges, qui est alors très engagé dans les luttes francophones avec l'ACFA. Je finis par lui envoyer un avis juridique sur la position que devrait prendre l'association dans l'affaire. Les enfants, ce n'est pas compliqué, je lui indique qu'il faut s'allier au groupe des trois.

Ma recommandation ne fait toutefois pas l'unanimité. C'est que la religion est extrêmement importante pour bon nombre d'Albertains, en particulier dans les régions rurales. Les francophones sont nombreux à vouloir des écoles catholiques. Or, la proposition du groupe des trois est très claire : une école qui respecte tout un chacun, sans vocation religieuse.

Personnellement, je suis tout à fait d'accord avec leur position, et ce, depuis le début. Il est complètement dépassé et discriminatoire de classer les gens en fonction de leur religion. Il règne dans le système une hypocrisie de pureté religieuse alors que les trois quarts des familles qui inscrivent leurs enfants à l'école ne sont pas pratiquantes. Mais mon client tient absolument à préserver l'unité chez les francophones et estime que l'école catholique rassemble le plus grand nombre de personnes. Déjà, les débats font rage dans certaines familles et la tension monte d'un cran dans les communautés lorsque le projet du groupe Mahé est mentionné. Je répète à Georges et aux autres que nous éviterons toute référence au débat religieux et que si le juge l'amène sur le parquet, nous dirons que l'article 23 s'applique dans les deux cas et que les gens peuvent demander une école publique ou catholique.

À ce moment-là, nous ne sommes toujours pas assurés d'avoir les nombres suffisants pour présenter un dossier juridique solide pour ce qui est de la gestion des établissements scolaires. Mais le groupe des trois ne bouge pas sur la question religieuse. J'approche alors Brent Gawne pour lui demander de convaincre ses clients de ne pas insister sur cet aspect et de demeurer discrets dans leurs déclarations.

Il ne faut pas donner de munitions au gouvernement. Je veux qu'on se tienne loin de cette patate chaude autant que possible et qu'on garde en tête les principes qui nous guident. Pourquoi avons-nous besoin d'une école ? Pourquoi est-ce que l'article 23 appuie le développement de la communauté ? Pourquoi faut-il absolument qu'on nous accorde le droit de gestion? Il ne faut pas oublier que c'est la première fois qu'on essaye d'obtenir la gestion complète, pas juste celle d'une école. Il ne faut surtout pas échapper cette cause, car cela mettrait nos revendications pancanadiennes en péril.

***

Peu de temps avant le procès, je prends un avion pour Edmonton pour rencontrer Brent Gawne et lui faire part de mon intention d'obtenir un statut spécial comme intervenant. Je veux plaider le fond de l'affaire et présenter des témoins. Devant les tribunaux, il y a un plaignant et un intimé. Le plaignant poursuit, l'intimé se défend. Mais il y a aussi des intervenants qui peuvent tenter de faire pencher la cause d'un côté ou de l'autre. Je suis convaincu que nous avons plus de chances de succès contre le gouvernement si j'ai le pouvoir d'appeler des témoins à la barre.

Le gouvernement de l'Alberta ne va pas répondre avec un avocat stagiaire dans cette affaire. Au contraire, l'enjeu est trop grand et il est prêt à mettre toute la gomme pour gagner la cause. « Le gouvernement était très réticent à entreprendre quoi que ce soit concernant l'article 23 à ce moment-là [...] D'un point de vue politique, le gouvernement n'était pas prêt à prendre une telle initiative », racontait plusieurs années plus tard le ministre de l'Éducation de l'Alberta de 1979 à 1986, David King, dans le documentaire *Droit comme un F*, diffusé à TFO, en Ontario.

Les juristes et politiciens d'un bout à l'autre du pays suivent attentivement la bataille de l'Alberta. Ultimement, en Cour suprême du Canada, nous serons 15 intervenants. Le gouvernement albertain et les partis adverses mettent des ressources importantes pour gagner la cause. En plus, la province dont nous espérons avoir l'appui, le Québec, est contre nous. Franchement, le combat est inégal.

Brent Gawne est un homme bien, mais il n'est pas trop équipé pour affronter à lui seul une armée d'avocats spécialisés en droit constitutionnel. En toute modestie, il a besoin de moi. En amenant des témoins clés pour la cause, des témoins qu'il ne peut pas se payer, j'aide indéniablement ses clients et lui permets surtout d'amasser de la preuve.

Contrairement aux autres associations nationales francophones, l'ACFA dispose à l'époque d'un important fonds en fiducie. Lorsqu'elle a été fondée en 1926, l'association voulait un moyen de rejoindre le plus de francophones possible en Alberta. Au fil des années, elle devient propriétaire d'une fréquence radio, CHFA. En 1974, Radio-Canada achète la fréquence et l'ACFA place les fonds obtenus en fiducie. L'ACFA bénéficie quand même de subventions annuelles comme les autres organismes francophones et mène des campagnes de financement assez fructueuses pour se doter d'un coffre-fort bien rempli. L'ACFA dispose donc d'une machine de guerre essentielle pour cette cause.

***

John C. Major est un drôle de type. Né à Mattawa en Ontario entre les deux guerres mondiales, il a déménagé près d'une dizaine de fois avant l'âge adulte. De Mattawa au nord-ouest de l'Ontario, en passant par Jacques-Cartier, aujourd'hui Longueuil, sur la Rive-Sud de Montréal. Il vit une enfance dans les valises, à suivre son père, alors télégraphe au Canadien Pacifique. John, qu'on appelle aussi Jack, ne parle pas un traître mot de français à une époque où l'anglophone québécois peut vivre dans la langue de Shakespeare sans problème au Québec. «Je mérite beaucoup de crédit pour avoir enseigné l'anglais à plusieurs francophones parce qu'ils allaient à Loyola pour apprendre l'anglais et moi, je n'étais pas assez intelligent pour apprendre le français en même temps», raconte-t-il avec un sourire.

C'est l'époque de Maurice «Rocket» Richard et de la domination des anglophones dans le Québec de Maurice Duplessis. Nous sommes en pleine «Grande noirceur». Jack, comme bon nombre d'anglophones, ne voit pas la nécessité d'apprendre le français. Il peut vivre, se faire soigner, travailler et étudier en anglais, alors pourquoi apprendre une autre langue?

À l'automne 1953, Jack est libre comme l'air et c'est à Toronto qu'il entre dans le merveilleux monde du droit. Qui l'eût cru? Ce jeune blasé allait dorénavant étudier dans l'une des écoles de droit les plus prestigieuses du pays, Osgoode Hall. C'est une époque où tout est possible, surtout lorsqu'on a l'intelligence de Jack. À la fin de ses études, il prend la route de Calgary pour y faire sa cléricature et être admis au barreau. De fil en aiguille, il obtient un poste chez Bennett Jones, un petit cabinet de 16 avocats fondé par le 11e premier ministre du Canada, Richard Bedford (R.B.) Bennett.

Jack affirme qu'il connaissait le premier ministre albertain Peter Lougheed un peu en raison de sa pratique. Il confie que le fait que les conservateurs aient formé le gouvernement allait lui permettre d'obtenir des contrats puisque le gouvernement voudrait utiliser des avocats différents de ceux du Crédit social. Est-ce que le premier ministre devait approuver ses contrats? Il n'en sait rien. Mais il en a obtenu. À force de pratiquer, Jack devient l'un des avocats les plus craints en Alberta. Ses victoires en cour se multiplient. Dommage pour lui que je ne figure pas à son tableau de chasse!

***

Mahé est ma première cause menée de la Cour du Banc de la Reine jusqu'à la Cour suprême du Canada. Comme professeur de droit, je ne suis pas un plaideur régulier et je connais mal les règles et les procédures de plaidoiries au procès. En appel, ça va, et c'est le gros de mon travail. L'exercice est nouveau en première instance; je dois appeler des témoins à la barre et faire admettre la preuve. Au début, j'improvise un peu. Je me fais la main et ça ne semble pas mal du tout. Heureusement, j'ai Georges Arès, qui est avocat, pas très loin derrière moi pour me glisser des conseils ici et là. Ça, c'est lorsqu'il n'est pas appelé à la barre des témoins.

Le groupe de Mahé a intenté une poursuite contre le gouvernement de l'Alberta pour obtenir une définition claire de la portée de l'article 23 de la *Charte canadienne des droits et libertés*. Il demande aux juges de déclarer qu'il y a dans la région métropolitaine d'Edmonton un nombre suffisant d'enfants dont la première langue est le français, et qu'ils ont droit à l'instruction publique dans leur langue dans des établissements gérés par la minorité francophone. Il est aussi impératif que les juges statuent que l'article 23 de la Charte confère aux francophones le droit de faire instruire leurs enfants dans des établissements équivalents à ceux fournis aux enfants anglophones en Alberta.

Entre en scène le grand John C. Major. J'ai entendu brièvement parler de l'avocat, sans plus. Au début du procès, il ne m'impressionne pas. Sa réplique est selon moi assez sommaire : le droit à l'instruction dans la langue de la minorité financée par les fonds publics existe uniquement lorsqu'il y a un nombre suffisant d'élèves dans un district scolaire déjà existant.

« Je l'ai traité comme toutes les autres poursuites. L'objet était que Mahé voulait plus d'espace dans son école et plus d'enseignement. L'argument au premier niveau, du point de vue du gouvernement, c'était qu'il n'y avait pas suffisamment d'élèves pour justifier l'augmentation », explique-t-il.

Je constate que Jack a une qualité que devraient avoir tous les juristes dans le monde : il est pragmatique. Il refuse de retarder une cause seulement pour gagner du temps ou pour faire dérailler le procès. Il joue franc-jeu et a toujours été un gentleman, vraiment. Trente ans plus tard, Jack semble d'accord avec mon analyse.

« Je pourrais dire que c'est parce que je suis paresseux. Il y avait des choses que je ne croyais pas importantes, donc je ne m'en préoccupais pas. Ce que je trouvais important, c'était l'interprétation de l'article », témoigne-t-il, calmement assis dans une salle de conférence d'une tour de bureaux de Calgary.

Je saisis rapidement son style et ses façons de faire. Je vois en lui un homme habile, charismatique et vif d'esprit, mais je trouve franchement que ses arguments sont vides de sens. En première instance, ses contre-interrogatoires se résument souvent à mettre en valeur le fait qu'il n'y a pas un nombre important de francophones et que l'École Maurice-Lavallée est bien suffisante pour la communauté. Bien sûr, les francophones constituent la minorité ! C'est le cœur même de l'affaire. Tout ce qu'il avance est déjà une évidence pour tout le monde. J'ai donc décidé de l'ignorer complètement. Mon approche serait plus éducative, davantage comme un conférencier qui veut convaincre un auditoire de sa position. Je ne me préoccuperai donc pas de répondre directement à Jack et de reprendre les arguments. Cartésien de nature, je prévois que pour bâtir une forteresse, il faut d'abord commencer par la fondation, puis le premier étage et le deuxième. Ultimement, un fort indestructible sera érigé pour nous permettre de remporter la victoire.

Mes témoins sont mes armes. J'appelle à la barre le Dr Lionel Desjarlais, un professeur d'éducation à l'Université d'Ottawa et expert reconnu à l'échelle internationale en matière d'éducation pour les minorités francophones. Je lui fais dire, par exemple, que « l'école représente un microcosme qui donne tout le soutien à la culture qu'on ne retrouvera pas à l'extérieur de l'école, puisque [les enfants] sont dans un environnement anglo-américain ».

Ensuite, j'appelle à la barre Stacy Churchill, un spécialiste de la gestion scolaire et du développement des programmes qui a étudié à la London School of Economics en Angleterre et à l'Institut d'Études politiques de l'Université de Paris. M. Churchill est un homme excentrique et on m'a fortement conseillé de bien le préparer. Durant mon interrogatoire, M. Churchill met en lumière la nécessité de reconnaître aux représentants de la minorité linguistique le droit de gérer leurs établissements scolaires. Ce droit est important si l'on veut mettre en place un programme d'études adapté aux besoins particuliers de la clientèle francophone. Si la minorité ne gère pas son école, le français ne sera qu'une langue d'enseignement. Tout l'aspect culturel sera inévitablement mis en veilleuse.

« Il y a définitivement un lien entre la nature des services offerts et les étudiants de la minorité, leur taux de participation en général, les structures et les méthodes utilisées pour leur offrir ces services. Il y a un lien qui a été démontré ailleurs qu'au Canada. Ma recherche montre en partie que ces types de relations existent à travers la majorité des pays industrialisés », a-t-il dit en cour.

Selon mes deux experts, l'école est un milieu culturel. En fin de compte, la cour le comprendra. Dans sa décision, le juge en chef de la Cour suprême du Canada, Brian Dickson, écrit : « Les minorités linguistiques ne peuvent pas être toujours certaines que la majorité tiendra compte de toutes leurs préoccupations linguistiques et culturelles. Cette carence n'est pas nécessairement intentionnelle : on ne peut attendre de la majorité qu'elle comprenne et évalue les diverses façons dont les méthodes d'instruction peuvent influer sur la langue et la culture de la minorité [...] Si l'article 23 doit redresser les injustices du passé et garantir qu'elles ne se répètent pas dans l'avenir, il importe que les minorités linguistiques aient une certaine mesure de contrôle sur les établissements d'enseignement qui leur sont destinés et sur l'instruction dans leur langue. »

Case closed.

★★★

Je suis optimiste, mais avec certaines réserves. Toute la question entourant la langue d'enseignement est acquise selon moi. Mais je suis loin d'être convaincu que nous avons gagné sur la question de la gestion. Depuis le début, je me dis que la formulation de l'article 23 de la *Charte canadienne des droits et libertés* finira sans doute par nous nuire. J'ai mon argument de texte un peu boiteux et plus j'y pense, plus je doute de parvenir à convaincre un anglophone avec une analyse textuelle aussi simple.

Les enfants, vous vous souvenez sans doute du passage « les écoles de la minorité » et non « pour la minorité » dans l'article 23 de la *Charte canadienne des droits et libertés*. En anglais, c'est plus large : « *minority language schools* ». Jack Major ne comprend pas cette nuance et je crains que les juges l'ignorent eux aussi. Je dois leur expliquer le plus simplement possible l'équivalent en anglais : « *for the minority* » et non « *of the minority* ». Assis au fond de sa chaise, Jack semble se dire « *ah, it's irrelevant* ». Les juges, heureusement, n'ont pas trouvé que c'est « *irrelevant* ». Ils ne comprennent pas la nuance, parce qu'ils ne maîtrisent pas le français, mais tout au long de l'audience, les juges ont écouté très attentivement mon propos. Je suis assez sûr d'avoir fait comprendre cet argument, simplement par leur non-verbal.

Tout de même, les conséquences sont énormes. Vont-ils accepter des incidences aussi importantes avec un petit argument basé sur deux mots dans un article de la *Charte canadienne des droits et libertés* ? C'est ce que je souhaite. Je mise alors beaucoup sur le fait que le gouvernement fédéral n'a pas rapatrié la Constitution pour rien. Pourquoi a-t-on amendé la Constitution ? Pourquoi y a-t-on ajouté une disposition sur le droit des minorités linguistiques ? N'est-ce pas pour changer tout ce qui se passait au Canada avant la Charte ? Cet objet est vraisemblablement un changement fondamental. À force de me répéter, les juges l'ont accepté.

En dépit de toute sa gentillesse et de son pragmatisme, Jack reste un anglophone qui n'a absolument pas de sensibilité concernant le fait français en milieu minoritaire, et ce, même si son épouse est francophone. Ses collègues et lui vont parfois être assez durs avec nous lorsqu'on fait de bons coups. Les juges des trois instances les voient agir, les voient argumenter, et semblent s'être dit que ce comportement est « *mean spirited* ». Qu'est-ce qu'il y a de mal à envoyer ses enfants francophones à l'école française ? Dans mes plaidoiries, j'insiste beaucoup là-dessus. Brent Gawne aussi d'ailleurs. En Cour d'appel, je me souviens avoir tout mis sur la table en espérant le coup de circuit : « Quel est le mauvais côté ? On regarde le bon côté des choses et j'ai des témoins ici qui vous parlent de la culture, de la continuité de la langue, de l'unité de la famille ; est-ce que ce ne sont pas des valeurs que nous partageons comme Canadiens ? L'autre partie dit : "On va les assimiler parce que ça va coûter moins cher". N'est-ce pas ce qu'ils sont en train de nous dire ? Ça coûte trop cher d'envoyer des enfants francophones à l'école française ! »

À l'un des juges, je déclare sans broncher que les enfants doivent aller à l'école de toute manière, mais que pour des raisons pécuniaires, on les priverait de leur culture et les empêcherait de parler à leurs grands-parents. En jetant un regard sur Jack, je vois dans ses yeux qu'il est furieux. La position qu'il défend a des conséquences regrettables pour l'un des peuples fondateurs du Canada. Plus je martèle cet argument, plus son temple s'effondre. Je sens alors que les juges doivent se dire : « On ne peut quand même pas être aussi injuste ! »

Finalement, avec le travail acharné de Brent Gawne et de ses clients, nous avons gagné. En première instance, puis en appel. Mais pour nous, c'est insuffisant. Les juges retiennent nos arguments généraux, mais leurs jugements ne sont pas assez précis. La portée de l'article 23 n'est pas complètement définie. Finalement, Brent Gawne recrutera une jeune avocate brillante, Mary T. Moreau, qui plaidera l'affaire en français en Cour suprême du Canada et deviendra l'une des avocates francophones les plus en vue de l'Alberta. Mary vient d'une famille très connue dans la communauté franco-albertaine et sa plaidoirie devant les sept juges est encore aujourd'hui un symbole important pour les Franco-Albertains.

« Brent Gawne disait : "On est là, on est rendu, alors on y va. On va mettre tout sur la table. Non seulement la question 'si le nombre justifie une école', mais 'si le nombre de francophones justifie une commission scolaire'." » Certains disaient que ce n'était pas des faits parfaits parce que les nombres étaient trop bas en Alberta pour créer une commission scolaire. Mais ce que la Cour suprême du Canada a compris, c'est que c'est dans ces circonscriptions là où les besoins sont les plus forts parce que l'assimilation a déjà fait ses ravages et qu'il fallait une réponse efficace », raconte Mary, qui a été nommée juge en chef de la Cour du Banc de la Reine de l'Alberta en 2017.

En cour d'appel, puis en Cour suprême du Canada, Jack Major décide d'amener un peu de politique au tribunal. Fin renard, Jack sait que j'ai comparu devant le comité parlementaire sur le rapatriement de la Constitution au début des années 1980. À l'époque, je demandais qu'on amende l'article 23 pour y inscrire le droit de gestion des établissements scolaires de la minorité. En cour, il déclare que « si lui-même [moi] demande de l'amender pour le mettre, c'est qu'il sait que ce n'est pas là. Il ne peut pas dire ce jour-là "ce n'est pas là, mettez-le" et aujourd'hui dire le contraire ».

Je suis pris de court, déstabilisé par cette frappe dans mon angle mort. Je ne sais pas quoi lui répondre. Je dois réfléchir quelques instants. Comment reprendre le dessus ? Je m'avance finalement et dis : « Vous savez, quand j'ai demandé de mettre ça, c'est M. Jean Chrétien qui défendait l'affaire. M. Chrétien n'a pas dit "ce n'est pas là, je ne veux pas le mettre", il a dit "ce sera aux tribunaux de décider de la portée de l'article 23". Bon, nous sommes devant les tribunaux, alors décidez quelle est la portée de l'article 23. »

★★★

Émilie, Jean-François, l'une des premières fois où j'ai mis les pieds à la Cour suprême du Canada, c'est pour défendre un mort. Nous sommes en novembre 1980, lorsque le père André Mercure reçoit une contravention pour excès de vitesse. Il conteste alors son constat au motif que la loi est inapplicable parce qu'elle a été adoptée en anglais. Il exige un procès en français. Défaite en première instance, puis en appel : rien ne va plus pour le clan Mercure. Un beau jour, l'avocat qui le représente, Me Roger Lepage, m'appelle et me demande de l'aider à mener l'appel en Cour suprême. J'accepte volontiers de collaborer avec lui et de plaider la cause devant le plus haut tribunal du pays. Mais alors que nous travaillons d'arrache-pied sur notre mémoire, nous apprenons avec consternation que le père Mercure est mort. Dans de telles circonstances, la Cour suprême va nous apprendre qu'elle rejette le dossier, jugeant inadmissible la cause sans que le requérant soit vivant. C'est une procédure tout à fait normale en droit criminel. Or, la cause est d'intérêt national et dans des cas très exceptionnels, la Cour peut décider d'entendre l'affaire.

J'écris donc une lettre au juge en chef de l'époque, Brian Dickson, lui demandant de maintenir notre autorisation. Dans sa réponse, le juge Dickson nous demande de plaider notre requête devant trois juges de la Cour suprême. L'autre partie, le gouvernement de la Saskatchewan, peut répliquer dans le même cadre pour faire valoir que la demande doit être rejetée. C'est la première fois que je comparais vraiment à la Cour suprême. Finalement, j'ai gain de cause. Après quelques mois d'attente, le tribunal nous avise que la cause sera entendue même si André Mercure est mort.

Ce n'est que la première manche. Au moment des plaidoiries, je me tiens debout pendant de longues minutes à recevoir les coups des juges devant moi. Je revis la scène 30 ans plus tard et je ressens encore ce sentiment d'être agressé de toutes parts par les avocats des autres parties. Je ressens aussi la froideur des juges qui se traduit par une agressivité dans le ton. Je ne peux passer sous silence le comportement du juge Willard Estey qui est un homme extrêmement dur. Assis à droite du juge en chef Dickson au moment de ma plaidoirie, il est presque méprisant. Je le trouve tellement intimidant. Personnellement, il ne me pose pas de questions, il m'attaque. Puis, il cesse de m'écouter. Juste comme ça. Il tourne des pages devant lui et parle à son voisin. Il m'énerve et me cause du stress.

Tout près, le juge Antonio Lamer joue lui aussi les durs. Mais je connais bien Lamer et je crois savoir comment l'amadouer. Le juge Estey, par contre, personne ne peut se mesurer à lui. C'est lui qui a finalement rédigé la dissidence dans *Mercure*. Il écrit que « la Saskatchewan, comme toutes les provinces, a obtenu au moment de sa création le pouvoir d'établir ses propres institutions, y compris le pouvoir de spécifier la langue devant être employée dans leurs débats ».

Néanmoins, ce fut une demi-victoire. Nous avons établi le droit aux lois bilingues et au procès en français, mais ce droit n'est pas de nature constitutionnelle, donc il peut être retiré. La Cour suprême lance alors le message aux provinces qu'elles doivent traduire leurs lois, mais du même souffle, que ce n'est pas protégé constitutionnellement. Résultat : toutes les provinces intéressées ont adopté une loi pour annuler l'obligation de traduire les lois.

★★★

Le 14 juin 1989, Google n'existe pas. Facebook non plus. Twitter non plus. Or, comme avocat, il est important de connaître le ou les juges devant qui nous plaidons. Dresser un portrait rapide, ses intérêts et domaines de spécialisation en droit, mais aussi les décisions qu'il a rendues dans le passé en lien avec la cause, quelques éléments du genre pour éviter d'être pris au piège.

Aujourd'hui, c'est rapide. Avec toute l'information qui circule à grande vitesse, en quelques minutes à peine, on a une bien meilleure idée de la direction du vent à la Cour suprême du Canada. À l'époque, on creuse pendant un bon bout de temps, si bien que, personnellement, j'essaye parfois de deviner quel juge est le plus sympathique à ma cause. Je tente alors de m'adresser à lui, parce que je veux que ce soit lui qui pose les questions. Si un juge froid ou dissident interroge, ses questions peuvent potentiellement déstabiliser. Dans le cas Mahé, je sais que Gérald La Forest est acquis, comme il l'a été dans Mercure. Je sais aussi qu'il s'agit d'une des dernières causes du juge en chef Dickson et qu'il veut sans doute réparer certaines décisions désastreuses que sa cour a rendues dans les années précédentes en matière de droits linguistiques. Heureusement, les juges Estey et Beetz ne siègent plus à la cour à ce moment-là. Jean Beetz a rédigé quelques années auparavant une décision extrêmement restrictive en matière de droits linguistiques dans *Société des Acadiens* et sa présence à la Cour nous aurait placés dans une situation précaire.

Cela dit, il y a le juge Lamer qui peut me faire grincer des dents. Cet avocat-criminaliste québécois est devenu quelques années plus tard le successeur de Brian Dickson comme juge en chef. Quel homme difficile ! C'est un juge qui écoute la cause et qui déséquilibre les juristes devant lui en relevant des éléments anodins. S'il y a eu un accident d'automobile et que l'avocat dit que le véhicule impliqué est bleu, il est du genre à répliquer « oui, mais que serait-il arrivé si l'auto avait été rouge ? » S'il y a réponse à sa question, il répliquera : « OK, et s'il avait été jaune ? » Il n'arrête pas. Il reste collé sur l'avocat et ce dernier ne peut avancer dans le débat en raison de ses questions.

À la Cour suprême du Canada, il est difficile d'aller présenter de façon logique tout un argument, parce que dès le départ, les juges interrompent les procureurs avec des questions. C'est véritablement une séance de question-réponse. Un pose sa question, l'avocat répond du mieux qu'il peut, ensuite il essaye de reprendre là où il en est et un autre en pose une autre. Et souvent, les questions ne sont pas sur le même sujet. Un questionne sur la gestion, l'autre sur le critère des nombres, l'autre sur l'aspect culturel, bref, ça va dans tous les sens. Les juges ont pris connaissance du dossier, des mémoires, et surtout, ils veulent en finir au plus vite. C'est un théâtre anarchique, rien de moins. Heureusement, les avocats ne sont pas limités à une heure pour faire leur présentation à l'époque.

Je me suis préparé pendant des mois pour la plaidoirie dans l'affaire Mahé. Comme à l'habitude, j'arrive au tribunal sans stress puisque je suis persuadé de connaître le dossier mieux que quiconque dans la salle d'audience. Ma stratégie est simple : je ferai une présentation très courte pour être certain d'avoir couvert suffisamment de terrain. S'il me reste du temps, j'improviserai. Je me suis aventuré à deviner toutes les questions que les juges pourraient me poser et je les ai notées au fur et à mesure qu'elles me passent par la tête.

Devant les Dickson, La Forest, L'Heureux-Dubé, Lamer, Wilson, Sopinka, Gonthier et Cory, cela a été beaucoup plus simple que prévu. Si je me fie aux retranscriptions du tribunal, aucun juge ne m'a interrompu durant ma courte présentation. Aucun ! C'est presque un exploit.

★★★

Le 15 mars 1990, « personne ne pensait qu'on allait avoir le jugement qu'on a eu. Je pense que la Cour suprême du Canada est allée aussi loin qu'elle pouvait », soulève Jean-Claude Mahé. Comme il a raison ! Une décision unanime écrite par l'un des plus grands juristes de l'histoire du Canada. Un Manitobain d'origine. Unilingue anglophone. Brian Dickson.

Citant un mémorandum écrit par le juge en chef Dickson lui-même, Robert J. Sharpe et Kent Roach écrivent dans la biographie de ce dernier que « la cour [semblait] avoir le même avis avec des variations mineures » dans l'affaire Mahé. Selon les auteurs, c'est le juge Peter Cory qui s'est exprimé en premier lors des délibérations. Anglophone de l'Ontario, le juge Cory a travaillé assez fort pour apprendre le français et il aurait déclaré aux autres juges être « en faveur du bilinguisme et du biculturalisme » et vouloir accorder à la minorité francophone un rôle considérable dans la gestion de leurs institutions scolaires. Le juge Gonthier aurait alors acquiescé, suggérant que l'article 23 « est une disposition qui corrige et qui devrait avoir une interprétation élargie et intentionnelle ». Le juge Sopinka aurait également appuyé une approche particulière pour l'article 23. Et comme je l'avais prévu, Gérard La Forest semble avoir favorisé une interprétation généreuse en ce qui a trait à la gestion scolaire. « Le système en entier ne peut fonctionner sans donner à la minorité un exemple positif en matière de gestion et d'éducation », aurait-il dit.

Le juge Dickson, lui, dit en privé que la position du Québec a eu un effet « divisif ». « Je sens que l'action de M. Bourassa... a fait un grand dommage à l'attitude des Canadiens de l'Ouest à l'égard de la promotion du bilinguisme», aurait-il écrit. En lisant le jugement, on constate que le juge Dickson a choisi de promouvoir le bilinguisme et le biculturalisme, et de s'assurer que les droits de la minorité francophone soient respectés. Dans le contexte sociopolitique dans lequel nous sommes en 1990, la décision de Brian Dickson peut difficilement être plus favorable.

«Je pensais que le juge en première instance était allé trop loin, mais je savais que ce n'était pas assez pour l'autre côté. Je pensais que dans la décision de la Cour suprême du Canada, les juges voulaient décider de la manière qu'ils l'ont fait, et je pensais qu'ils avaient ignoré les faits en n'acceptant pas de réponses, de preuves de ce que le gouvernement avait présenté [dans les débats entourant la Charte]. Ils ont fermé leur esprit, selon moi, en évaluant les intentions du gouvernement. Je pensais qu'ils s'étaient dit que c'était une bonne idée pour le pays et donc, ils sont devenus politiciens. Je ne pensais pas qu'ils étaient intellectuellement honnêtes. Je n'avais pas d'objection particulière, mais mon opinion était que ce n'était pas ce que le Parlement avait dit. Comme ça, c'est la Cour qui a interprété de façon très large l'intention du gouvernement», explique Jack Major en octobre 2017.

Certes, il est rare qu'un jugement ait un effet aussi grand pour aussi longtemps. Généralement, après cinq ou six ans, une décision tombe un peu dans l'oubli. Or, bien qu'il y ait eu un grand nombre de décisions relatives aux droits scolaires, même à la Cour suprême du Canada, c'est encore la cause Mahé qui est la plus souvent citée. Les enfants, je crois que c'est surtout grâce à la clarté du juge Dickson que nous en sommes arrivés là. Brian Dickson n'était pas seulement un grand juriste, il était aussi un grand intellectuel. Il écrivait extrêmement bien. Il s'est imprégné de l'objet même de l'article 23 et il a extrapolé ce qui devait changer dans la société canadienne. Je crois que c'est ça le cœur de l'affaire Mahé.

★★★

Émilie, Jean-François, lorsqu'on regarde l'Alberta du xxIe siècle, on constate le chemin qui a été parcouru en matière d'éducation pour la minorité. En 2018, on compte quatre conseils solaires francophones qui regroupent plus d'une quarantaine d'écoles. Juste au Conseil scolaire FrancoSud, il y a plus de 3 300 élèves qui fréquentent 14 écoles francophones situées dans le sud de l'Alberta. Quatre de ces écoles sont catholiques et dix sont publiques.

Au Conseil scolaire Centre-Nord, qui regroupe notamment les écoles d'Edmonton, là où l'affaire Mahé a commencé, on retrouve 19 écoles francophones et plus de 3 300 élèves. Si seulement le gouvernement de l'Alberta avait su à quel point le jugement allait avoir un impact positif sur l'éducation en français dans la région, il aurait sans doute accordé immédiatement le droit de gestion aux francophones. Or, ça n'a pas été le cas. Il aura fallu quatre ans de grandes négociations entre la province et les francophones pour instaurer un modèle pour les conseils scolaires. Encore aujourd'hui, la fragilité prévaut particulièrement dans le nord-ouest de la province, notamment en raison du déclin démographique, mais surtout à cause des divisions au sein de la communauté francophone.

Le Nord-Ouest a vécu de durs moments lorsque de nouvelles écoles sont arrivées dans le portrait. Certains francophones sont toujours réfractaires à l'école française pour des raisons religieuses, sociales, linguistiques ou simplement identitaires. Des guerres de clocher, finalement, qui ont fait éclater des familles parce que des enfants ne vont pas dans les écoles d'immersion ou dans les écoles anglaises.

Plus de 25 ans après la décision de la Cour suprême du Canada dans Mahé, le plus grand frein à l'enseignement en français aujourd'hui en Alberta, ce n'est pas la résistance des anglophones, mais bien l'attitude des francophones eux-mêmes. De Fahler à Rivière-la-Paix, en passant par St-Isidore et Grande Prairie, le discours est le même au sein du Conseil scolaire francophone du nord-ouest de l'Alberta : la bataille de l'Alberta a été gagnée contre le gouvernement, mais il y a encore des adversaires.

« Il y avait du monde qui travaillait contre nous. Il y avait du monde qui ne croyait pas que c'était une bonne chose. Ce qui est triste, c'est que c'était souvent francophones contre francophones. J'imagine que si on s'était tous alliés, ça aurait été plus facile que ça. On se faisait jeter en dehors d'une réunion par des francophones. On a eu des temps durs », explique Chantal Monfette, une ancienne conseillère scolaire du nord-ouest de la province qui s'est battue pendant deux décennies pour que les francophones du nord de la province aient droit à leurs écoles.

Le travail accompli dans cette région par le personnel enseignant et les directions d'école relève presque du miracle. Ils ont une poignée d'élèves qu'ils doivent mener de la maternelle à la 12e année et enseigner de huit à dix cours différents par année. De plus, ils ont ce nuage

Plus de 25 ans après la décision de la Cour suprême du Canada dans Mahé, le plus grand frein à l'enseignement en français aujourd'hui en Alberta, ce n'est pas la résistance des anglophones, mais bien l'attitude des francophones eux-mêmes.

d'incertitude qui plane au-dessus de leur tête. Une incertitude attribuable à l'état des finances publiques, puis à la division qui existe au sein de la communauté francophone elle-même.

C'est le même problème partout. Au fil des ans, j'ai dû aller en Nouvelle-Écosse quatre ou cinq fois rencontrer les comités de parents pour leur dire qu'ils se font des peurs pour rien. C'est d'ailleurs pour cette raison que j'ai embauché le spécialiste Rodrigue Landry pour qu'il m'aide à convaincre les gens et à publier des articles là-dessus. Il ira témoigner en cour que ce n'est pas parce que tu vas à l'école française que tu ne vas pas apprendre l'anglais. Les enfants, l'anglais c'est comme la grippe, tu attrapes ça en marchant dans la rue et en ouvrant des portes. Je me souviens d'être allé dans une réunion à Calgary quand on demandait une école secondaire française alors que la majorité des francophones étaient contre. Pourquoi? Simplement parce qu'une école bilingue permettrait aux enfants d'apprendre les deux langues. Rodrigue Landry est venu leur expliquer que les études montrent que les résultats académiques sont meilleurs quand l'enfant consolide sa position dans une langue avant de passer à l'autre. Il y a des gens qu'on peut convaincre, et d'autres non.

Aujourd'hui, il suffirait que les francophones réfractaires regardent les résultats, regardent ce qui est arrivé aux enfants qui ont fréquenté l'école française et comparent les résultats avec ceux qui ont choisi l'école bilingue ou d'immersion française. Je suis convaincu qu'ils ont mieux réussi et qu'il n'y en a pas un seul qui ne parle pas correctement l'anglais.

Les enfants, j'aurais tellement voulu me battre à vos côtés pour convaincre les Québécois et le monde entier que nous méritons notre place comme francophones au Canada. J'aurais tellement voulu réveiller nos amis francophones qui ne voient pas notre raison d'être, qui nous divisent. S'il faut que nous soyons divisés, il sera difficile de gagner nos batailles, déjà que la guerre avec les gouvernements est loin d'être gagnée.

11

Le vendeur, le professeur, le fonctionnaire et l'avocat

GILBERT FINN EST UN TITAN. Un homme d'une grande influence dans l'Acadie des années 1960, 1970 et 1980. M. Finn est né en 1920 à Inkerman, dans la Péninsule acadienne, où il a grandi dans une famille pas très fortunée. L'éducation n'est accessible qu'à une poignée de chanceux à l'époque. Le jour de son 15ᵉ anniversaire, il obtient une bourse pour étudier au Petit Séminaire de Chicoutimi. Cela a probablement changé sa vie. À son retour en Acadie, il mène une lutte sans merci pour libérer les Acadiens de l'oppression anglophone. Dans les années 1940 et 1950, il s'engage dans le mouvement coopératif acadien pour que les francophones puissent rayonner eux aussi sur le plan économique. Il n'arrêtera jamais ses efforts en ce sens.

M. Finn est un ami de mon père. Les deux se côtoient régulièrement avec Martin J. Légère, le fondateur des Caisses populaires acadiennes, notamment au sein de l'Ordre de Jacques Cartier, « La Patente », une organisation secrète qui avait pour but de promouvoir les intérêts des Canadiens français catholiques.

Sa carrière fut exceptionnelle. Il a dirigé d'une main de fer la compagnie d'assurance Assomption Vie, a été recteur de l'Université de Moncton et fondateur du Conseil économique du Nouveau-Brunswick avant d'être nommé lieutenant-gouverneur du Nouveau-Brunswick en 1987. Fils de pêcheur, M. Finn est un homme extrêmement croyant. Il l'a démontré en 2008, lorsque la gouverneure générale du Canada Michaëlle Jean a décoré le Dʳ Henri Morgentaler, grand militant pro-choix. Gilbert Finn a alors rendu sa médaille de l'Ordre du Canada dont il était membre depuis 1979. Ses valeurs sont au cœur de son action.

Sa devise est simple : « Fais quelque chose ! » Pour lui, il n'y a pas d'obstacles, il y a des défis. Lorsque je suis revenu de Nice dans les années 1970, je veux plus que tout au monde pratiquer ou enseigner le droit. Hélas, ça n'a pas tout de suite fonctionné pour moi. Un beau jour, je me suis assis avec mon père, un peu découragé. Je veux alors un emploi stimulant qui me permettrait de mettre en pratique ce que j'ai appris dans les écoles de droit, où, à défaut, pour l'instant, un travail formateur. Mais faire du travail communautaire ne m'intéresse pas du tout. J'aurais été bien à l'aise à le faire temporairement, comme un directeur général qui élabore des politiques, mais aller courir dans les régions et faire des réunions locales, ça ne m'intéresse pas du tout. Il me faut pourtant un emploi, un vrai. Mon père m'a simplement dit : « Bien, va voir Gilbert. »

Gilbert, figure imposante s'il en est une. À l'époque, il est PDG d'Assomption Vie, une compagnie d'assurance solidement ancrée dans les Maritimes. L'entreprise a été fondée en 1903 à Waltham, au Massachusetts. Lorsqu'il y est entré en 1950, la société affichait un actif de 7 millions de dollars et avait dû attendre 36 ans avant d'atteindre son premier million. De 1969 à 1979, l'entreprise vit des moments de gloire. Le montant des assurances grimpe à 850 millions de dollars, une hausse de 214 millions de dollars sur une période de 10 ans, selon M. Finn. L'actif passe ainsi de 30 millions à 84 millions de dollars.

L'Assomption a toujours été considérée comme la plus importante des institutions acadiennes. Elle fait partie d'un groupe de trois établissements symboliques : Assomption Vie, la Fédération des Caisses populaires acadiennes et l'Université de Moncton.

Les enfants, je n'ai rien, mais absolument rien d'un vendeur. Je déteste solliciter des dons et lorsqu'il m'arrive de le faire, je me sens comme un imposteur. En entrant dans le bureau de M. Finn, je ne m'apprête pas à lui demander un emploi. Je souhaite simplement qu'il m'aiguille sur les bons emplois qui pourraient être disponibles dans la région. Lui demander s'il connaît des gens à qui je pourrais proposer mes services. Il me regarde, avec tout le sérieux qu'on lui connaît.

« Michel, j'ai besoin de toi », lâche-t-il. Je sursaute. À l'époque, l'une des filiales de l'Assomption veut faire une demande pour l'obtention d'un permis pour la télédiffusion par câble dans le Sud-Est du Nouveau-Brunswick. L'Assomption fait donc les démarches auprès du Conseil de la radiodiffusion et des télécommunications canadiennes (CRTC). Il lui faut un avocat pour préparer la documentation. « Toi, t'as une formation en droit, tu es parfait pour faire ça. Ferais-tu ça ? » me dit M. Finn. J'ai accepté sur-le-champ.

Pendant environ deux ou trois mois, j'agirai à titre de chef de projet et ferai les représentations requises auprès du CRTC. Le permis n'a pas été accordé, mais je pense que M. Finn a apprécié mon travail. Bien humblement, je crois qu'il a vu en moi une personne méthodique qui prend le temps de bien faire les choses et d'appliquer la loi. Lorsque je lui ai annoncé que je partais, il a refusé d'accepter ma décision. En pleine restructuration, l'Assomption tente alors de se rajeunir, d'attirer du sang neuf. Il m'a demandé de rester pour devenir son adjoint. Je lui ai répondu sans détour et avec le plus de tact possible que ce n'était pas une « vraie job ». Il m'a relancé en me demandant si j'accepterais de devenir directeur des ventes de l'entreprise. Cette offre est venue un peu de nulle part. Je n'avais aucune expérience dans le domaine et en plus, je n'aime pas particulièrement les ventes. Je lui ai dit que je ne connaissais absolument rien là-dedans.

« Bien, si tu deviens directeur des ventes, les trois gars qui sont déjà là et qui ont beaucoup d'expérience vont t'accueillir et t'aider. Ils vont t'apprendre tout ce que tu dois savoir. Fais-le pour un an et tu verras après », m'a-t-il répondu.

Je me suis tout de suite mis au travail et j'ai de fait été bien accueilli à l'interne et dans les agences. L'année suivante, M. Finn a décidé de procéder à une restructuration et il m'a confié le poste de vice-président au marketing. Je lui ai répondu que les choses allaient beaucoup trop vite. Je n'ai pas encore 30 ans et j'accède à la direction d'un département de la plus importante institution financière acadienne. Ce que je ne sais pas à ce moment-là, c'est que M. Finn quittera quelques mois plus tard son poste de président-directeur général et qu'il souhaite placer ses dauphins bien en selle dans l'entreprise.

Je lui dis alors que je ne peux accepter ce poste, puisqu'il y aura de la résistance dans les agences, et que le mécontentement se ferait sentir dans le département de marketing. Les Paul Arseneault, Gérard Marcoux et Raoul Thériault ont une longue feuille de route et méritent bien plus ce poste. « Écoute, tous ces gars-là ont passé leur vie là-dedans et ils connaissent ça. Ils vont dire que ça devrait être eux », ai-je dit à M. Finn. Sourire en coin, il me répond : « Non, je les connais, ils sont d'accord avec moi que ça prend du sang nouveau et ils vont travailler avec toi. »

Décidément, l'improvisation devient un plan de carrière. Dès lors, je m'engage dans le développement des produits, la planification stratégique, la participation aux rencontres des associations professionnelles, la négociation avec les réassureurs et les rapports avec le Conseil d'administration. Je m'occupe également des négociations avec les agences réglementaires au Canada et aux États-Unis, puis avec d'autres entreprises et les représentants de l'industrie. Je travaille de près avec Paul Arseneault, un vrai spécialiste de l'assurance individuelle. Gérard Marcoux s'occupe alors de l'assurance collective et n'a pas besoin de supervision. Raoul Thériault est parti peu après mon arrivée pour fonder sa propre compagnie d'assurances générales.

En restant à l'Assomption Vie, j'ai le privilège d'apprendre de l'un des plus grands dirigeants de l'histoire du Nouveau-Brunswick. Gilbert Finn m'a tellement enseigné. D'abord, comment travailler avec un conseil d'administration et comment se préparer pour les réunions. Ils seront nombreux à dire de lui qu'il a été un expert du *backdoor lobbying*, mais ce n'est pas tout à fait exact. Tout le monde en fait toujours un petit peu, après tout. Mais lui, ce n'est pas sa méthode de prédilection. La recette Finn, c'est d'être toujours mieux informé que tout le monde autour de la table et d'être prêt à répondre à toutes les questions qu'on pourrait lui poser. Il devine les préoccupations des gens. De plus, il connaît la communauté acadienne et le gouvernement. Militant conservateur connu, la majorité de ses projets comprennent des décisions gouvernementales. Des changements aux règlements et changements au zonage, par exemple, sont très souvent nécessaires. Et, évidemment, le gouvernement est toujours dans le coup avant même que le projet ne soit présenté au conseil d'administration.

Gilbert Finn incarne le professionnalisme, ce qui n'est pas commun à l'époque chez les entreprises et les associations de chez nous au Nouveau-Brunswick. Il touche à tout en fait. Il sera même à la tête d'un groupe qui mettra sur pied un nouveau journal pour remplacer le quotidien acadien L'Évangéline qui devait faire faillite.

Il est probablement la seule personne que j'aie connue qui est un homme d'affaires et qui trouve que son rôle communautaire est aussi important que son rôle sur le plan des affaires. Sa sincérité sur le plan social est entière. Je sais qu'on l'a accusé d'un million de choses au fil des ans, surtout relativement à ses méthodes, mais ceux qui l'ont attaqué ne l'ont pas connu aussi bien que moi. C'est un homme sincère qui n'a jamais rien fait pour son propre bénéfice, surtout pas sur le plan financier. Gilbert a toujours été moins payé que ses confrères présidents de compagnies d'assurance. Et pendant ce temps, il n'a jamais arrêté de se battre pour sa communauté.

En Acadie, on perçoit parfois M. Finn comme un homme dur, un dirigeant qui a une main de fer et qui verse parfois dans l'intimidation. Or, l'homme que j'ai connu ne mérite aucun de ces qualificatifs. Certes, il défend fortement ses opinions. Mais encore là, c'était moins des opinions qu'il défendait que des projets. Il a toujours eu des projets. Il a toujours voulu faire quelque chose. Par exemple, c'est lui qui a eu l'idée de créer une association des gens d'affaires acadiens. Pour lui, c'est une nécessité. Les trois quarts des gens s'y sont opposés au début. Des hommes d'affaires influents ont craint que les francophones s'isolent des anglophones et que ce soit perçu comme du *chialage*. Pourtant, il les a convaincus de la valeur de son projet. Il a fait des réunions, a invité les récalcitrants et leur a expliqué son but. Il a répondu à toutes les questions qu'on lui a posées. Il dit alors : « De quoi vous avez peur ? Pourquoi vous avez peur des Anglais ? Vous avez peur de ne pas pouvoir vendre aux Anglais ? Nous, à l'Assomption, avons 40 % d'anglophones comme clients et pourtant je vais à la télévision parler des affaires acadiennes tout le temps. » Gilbert Finn est fort comme ça.

★★★

Ce qui me plaît dans le travail à l'Assomption, c'est la possibilité de gérer, de présenter des projets de développement. J'aime la partie interne de l'entreprise, la collégialité, mais j'aime surtout les relations gouvernementales. Toutefois, devoir travailler avec des vendeurs d'assurance, ça ne m'enchante pas du tout. Je déteste cela en fait. Pendant trois ans, je me promène dans les Maritimes et en Nouvelle-Angleterre et je rencontre des vendeurs d'assurance. La seule chose qui me manque, c'est d'avoir le goût véritable de faire ce métier. Je n'aime pas l'esprit mercantile des vendeurs, les concours de vente et les congrès. Je ne me sens vraiment pas à ma place et pense de plus en plus au métier d'avocat. Je me dis qu'il faut revenir au droit avant qu'il ne soit trop tard.

Je m'assois donc avec M. Finn pour lui expliquer mon dilemme. Je lui dis que j'aimerais faire des études en *common law* pour être en mesure de travailler comme avocat à l'extérieur du Québec. Pour cela, il faudra que je démissionne de mon poste à l'Assomption pour aller étudier à Ottawa. Il m'a dit : « Je vais t'aider. » Je lui ai répondu que je ne voulais rien devoir à l'Assomption. S'il m'aide, j'aurai l'obligation de revenir au sein de l'entreprise, et ça ne m'intéresse pas. Je veux être libre. Il m'a juré que je ne devrais prendre aucun engagement. Il a finalement payé mes études à l'Université d'Ottawa. M. Finn m'a payé bien plus que des études, il m'a payé un salaire, ma seule obligation étant d'exercer une supervision à distance sur le département des ventes et de participer à quelques réunions importantes de la compagnie. Je n'aurais aucune obligation de revenir ou de rembourser l'argent offert pour mes études. M. Finn est un homme bon. Ce qu'il a fait pour moi en 1977, je lui en serai toujours reconnaissant.

Je veux faire ma *common law* en accéléré. J'ai déjà fait mon droit civil et je juge qu'un an suffira pour obtenir mon diplôme avant de faire les examens du Barreau du Nouveau-Brunswick. J'ai donc postulé à l'Université du Nouveau-Brunswick (UNB), à l'Université Dalhousie et à McGill. Or, aucune de ces institutions n'accepte que je termine mon programme selon mes conditions. Je communique donc avec l'Université d'Ottawa et y rencontre le doyen de la faculté pour lui expliquer ma situation. Ce dernier accepte que je fasse mon programme en accéléré, mais pendant un an et demi. Je lui réponds alors que sa proposition n'est pas recevable, puisqu'elle compte une demi-année de trop. Il ne cède pas. Je tente donc de l'amadouer et de le convaincre de me laisser faire à mes risques et périls. « Écoutez, je peux faire l'année et demie de cours, mais dans un an de calendrier », lui ai-je dit. Ce qui pose un problème, c'est qu'il y a deux cours de deuxième année qui ont pour prérequis des cours de première année. Je lui dis que je pourrai faire les deux en même temps. Le doyen ne veut rien comprendre et me dit d'aller rencontrer le recteur de l'université pour voir si je peux le convaincre. Le père Roger Guindon est alors le recteur de l'Université d'Ottawa. Le père Guindon est une véritable légende vivante dans cette institution. Il a été recteur de 1964 à 1984, soit le règne le plus long de l'histoire de l'université. Certains le qualifient même de « père fondateur de l'Université d'Ottawa » tellement il a contribué à son développement.

Je me suis donc rendu à son bureau et lui ai expliqué ma situation. Avec ses grosses lunettes noires dignes des années 1970, il me regarde, sourire en coin, puis me demande avec scepticisme : « Penses-tu vraiment que tu peux faire une fois et demie le nombre de cours, travailler pour Assomption Vie et réussir tout ça ? » Du tac au tac, je lui réponds : « Bien sûr que je peux ! » C'était la seule réponse qui m'offrait une chance de réussir mon pari. Il m'a donné l'autorisation et sans

«Penses-tu vraiment que tu peux faire une fois et demie le nombre de cours, travailler pour Assomption Vie et réussir tout ça?» Du tac au tac, je lui réponds: «Bien sûr que je peux!» C'était la seule réponse qui m'offrait une chance de réussir mon pari. Il m'a donné l'autorisation et sans entrer dans les détails, les enfants, j'ai quand même terminé parmi les premiers de classe.

entrer dans les détails, les enfants, j'ai quand même terminé parmi les premiers de classe. Je ne sais pas comment j'y suis arrivé. De nature, je suis extrêmement concentré lorsque je travaille. Puis, je me suis entraîné à faire du *speed reading* parce que je voulais réduire le temps que j'accordais à la lecture. Je n'y suis jamais vraiment arrivé, mais après avoir lu un livre à ce sujet, j'ai pu effectivement améliorer ma rapidité d'exécution. J'ai adopté quelques techniques et ça m'a aidé à lire vite. C'est quand même drôle que les trois quarts des gens m'aient dit que je n'y arriverais jamais.

À mon arrivée à Fredericton pour faire mon Barreau, mon ami Fernand Landry est venu me voir avec un beau projet. Finalement, je pourrai m'exprimer sans attache.

★★★

Cela fait des mois, voire des années que l'Université de Moncton songe à mettre sur pied une école de droit. La Commission de l'enseignement supérieur des provinces maritimes, qui émet des recommandations aux quatre gouvernements provinciaux de l'est du pays, étudie ce projet, qui soulève les passions dans le monde universitaire. Le monde juridique est particulièrement plongé dans le débat. Le doyen de la faculté de droit de l'Université Queen's, Daniel A. Soberman, est embauché pour présenter une analyse de faisabilité. Dans son rapport, il conclut qu'un tel projet ne serait pas viable, qu'il relève essentiellement de l'utopie. Pendant ce temps, l'Université du Nouveau-Brunswick manifeste un certain intérêt à enseigner quelques cours en français. UNB, qui s'est toujours opposée à ce que Moncton ait sa faculté de droit, met beaucoup de ressources pour bloquer le projet. C'est un peu comme ce qui s'est produit 15 ans plus tôt lorsqu'elle s'est opposée avec véhémence à la création de l'Université de Moncton, sous prétexte qu'il n'y a pas de place au Nouveau-Brunswick pour une université française. De son côté, l'Université Mount Allison a « fait un mémoire absolument extraordinaire, positif, sur comment les Acadiens ont besoin d'une université », rappelle Yvon Fontaine, qui a été recteur de l'Université de Moncton de 2000 à 2012.

Je ne suis pas à l'Université de Moncton à l'époque, mais je suis de près le débat. Des réunions publiques sont organisées et je sais que plusieurs craignent que la faculté ait un impact négatif sur les ressources de l'université.

«Même des francophones praticiens de Moncton n'y croyaient pas du tout. Même Adrien Cormier qui était juge en chef à la Cour du Banc de la Reine!», raconte Joe Daigle, qui allait lui-même devenir juge en chef du Nouveau-Brunswick en 1998. Ce n'est pas banal, le nom du bâtiment qui abrite la Faculté de droit est justement... Adrien-J. Cormier. Passons. Le débat est ouvert certes, mais il se fait surtout en coulisses. Je n'y participe pas directement. Mais à Moncton, tout finit par se savoir. Parmi les opposants, nous entendions les noms du juge Guy A. Richard, un grand ami du juge Cormier, et Roméo LeBlanc, député à la Chambre des communes et ministre des Pêches sous Pierre Elliott Trudeau.

«À l'époque, les gens avaient l'impression que l'Université de Moncton ne pourrait pas faire vivre une faculté de droit et que pour le bien de la province, c'était mieux d'aller vers UNB et de mettre tous les gens ensemble. Je me souviens d'avoir parlé avec des avocats et certains juges qui disaient: "Non, ça ne fonctionnera pas à Moncton il faut aller à UNB"», soutient le professeur de droit Michel Doucet.

De fait, Roméo LeBlanc n'a jamais soutenu publiquement l'école de droit. De son côté, le recteur de l'Université de Moncton, Jean Cadieux y croit beaucoup, m'a-t-on dit, et il a demandé à Joe Daigle de formuler une réponse au rapport Soberman. L'exercice est complètement confidentiel, si bien que Joe se rend à son chalet pendant une semaine pour rédiger ce rapport. Jean Cadieux s'en est finalement servi dans ses revendications auprès de la Commission de l'enseignement supérieur des provinces maritimes qui a finalement accepté le projet. La Commission a beaucoup de pouvoir et rarement les gouvernements procèdent à des changements significatifs sans son appui. Le gouvernement Hatfield doit encore accepter de débloquer les fonds nécessaires pour que le projet se réalise. En fin de compte, après de grands débats à l'échelle provinciale, c'est ce qui s'est produit. Richard Hatfield a décidé qu'il ferait tout pour que cette faculté voie le jour, puisqu'elle représente un exemple probant de la dualité linguistique au Nouveau-Brunswick. Certains affirment que Gilbert Finn, un proche de M. Hatfield, a exercé des pressions sur le gouvernement. Ça ne me surprendrait pas, mais j'ignore si c'est le cas. Le gouvernement fédéral s'est également joint au projet en offrant un million de dollars à l'Université de Moncton pour créer la bibliothèque de droit.

Cela étant dit, il faut faire vite pour mettre sur pied cette école. Fernand Landry est mandaté par Jean Cadieux pour trouver un doyen, puis des professeurs.

★★★

J'ai finalement passé cinq années bien remplies à l'École de droit de l'Université de Moncton. Nous avons dû partir de zéro. Par exemple, j'ai contribué à développer un vocabulaire de la *common law* en français, une première mondiale. Il aura fallu préparer des cours, recruter des professeurs, des élèves, obtenir des accréditations des barreaux, établir des relations avec les autres facultés de droit, établir des relations avec le ministère de la Justice et les tribunaux. Notre mission principale est alors de former des juristes engagés au plan social, conscients que notre but premier est d'assurer l'accès à la justice pour les francophones en général et l'accès à la profession pour les étudiants. «On savait qu'il fallait créer un vocabulaire français pour la *common law* en plus de devoir développer les droits linguistiques. Tous les professeurs avaient cette mission-là. On savait que c'était ça. C'était un mandat qu'on avait de faire avancer le français juridique», soutient Michel Doucet.

Je suis devenu doyen de l'École à sa deuxième année. Le premier doyen, un civiliste de Sherbrooke du nom de Pierre Patenaude, ne s'est pas adapté au milieu. Il a mis beaucoup d'énergie et d'effort à bâtir cette école. Au moment de son départ, il nous a dit qu'il partait en raison de l'attitude des anglophones du Barreau et du ministère de la Justice. Personne n'y a cru.

Nouvellement doyen, je me suis engagé à continuer à fournir une bonne charge d'enseignement et à diriger l'école sans vice-doyen. Les ressources sont alors limitées et je veux exercer toute mon influence pour mettre en place un programme rigoureux, même si cela suppose qu'il y aura un certain nombre d'échecs. Notre crédibilité dépend du sérieux de notre projet. Malheureusement, certaines personnes dans la cinquantaine se sont inscrites en droit sans réaliser que le temps écoulé depuis leurs premières études et les difficultés inhérentes à l'étude du droit présenteraient un obstacle majeur. Certains de ces étudiants ont néanmoins réussi, d'autres non. Certains d'entre eux ont cru que je faisais exprès de leur rendre la vie impossible. C'était le contraire. Je voulais aider tous les étudiants à réussir, sans compromettre la qualité du programme. Je constate que la rigueur n'est pas un élément phare de la culture de cette université, sauf exception. Les programmes professionnels sont peu nombreux et presque personne ne comprend vraiment leurs particularités. Il faut alors faire un recrutement national, bâtir une bibliothèque spécialisée, offrir des primes salariales pour faire face à la compétition de l'Université du Nouveau-Brunswick et surtout de l'Université d'Ottawa qui offre certains cours en français. Faire accepter à l'administration centrale qu'il est normal de connaître des échecs, même si le nombre d'élèves est bas, représente toutefois un important défi.

Je crois que la jalousie au sein même de l'institution a compté pour beaucoup. Le Sénat académique a voulu fermer notre bibliothèque, ce qui a donné lieu à une lutte interne extrêmement acrimonieuse. Puis, l'université a refusé le statut de faculté à l'École de droit. Les primes salariales aux avocats/professeurs n'ont jamais été suffisantes ou même raisonnables. Devant toutes ces difficultés, j'ai exigé un appui indéfectible de l'administration centrale. On me l'a refusé. C'est à ce moment-là que je connais mes premiers différends avec Gilbert Finn, qui est désormais recteur de l'Université. Nous avons toujours conservé une collégialité et un respect mutuel, mais il y a certainement eu des moments difficiles.

En dépit de toutes les difficultés, l'École a formé des leaders pour la communauté francophone partout au Canada à l'extérieur du Québec et a contribué de façon importante à la vitalité de l'université. L'accès à la justice s'est grandement amélioré, ce qui représente un accomplissement. L'École de droit a su faire mentir les plus réfractaires, à commencer par l'auteur du rapport cité par les opposants.

«Un jour, j'ai rencontré le professeur Soberman dans un ascenseur à Montréal et il a arrêté l'ascenseur pour me dire : "C'est l'une des plus grandes erreurs que j'ai faites dans ma vie" », confie Yvon Fontaine. Effectivement, l'École de droit, qui est ensuite devenue une faculté, est encore aujourd'hui un exemple mondial. Elle fournit la preuve qu'il est possible d'enseigner la *common law* en français.

Le succès de l'école m'a permis de participer à un programme d'échanges entre les universités et le gouvernement fédéral, qui cherche alors à renouveler ses cadres supérieurs.

★★★

En quittant l'École de droit, je dois me trouver un emploi qui me fera avancer dans ma carrière. Je me suis donc rendu à Ottawa pour devenir directeur général de la promotion des langues officielles au Secrétariat d'État du Canada, devenu depuis le ministère du Patrimoine canadien. Un programme fédéral permet alors à des universitaires de faire un stage au gouvernement. Ils peuvent ensuite postuler pour un travail au gouvernement ou retourner dans leur université. Je suis évidemment satisfait que l'école de droit ait pris son envol, mais sur le plan personnel, je suis un peu déçu de ma progression. Je suis largement insatisfait du rôle de professeur et je m'attends à un milieu plus riche au plan intellectuel, à des travaux de recherche multidisciplinaires. Je crois que toute ma vie, j'ai eu une idée assez romantique du milieu universitaire et du travail universitaire lui-même en raison des images de la vie des grands juristes de Cambridge, d'Oxford et de Harvard dont j'avais lu la biographie. J'en suis donc encore à me demander quel travail saurait satisfaire mes ambitions, quel travail important au plan social me serait ouvert.

Au Secrétariat d'État, mon mandat est de deux ans et consiste à réformer le programme d'appui aux communautés minoritaires de langues officielles pour le rendre plus efficace comme instrument de développement communautaire. La deuxième étape est d'obtenir un poste important au ministère de la Justice.

Au départ, mon travail consiste à mettre l'accent sur la mise en place de structures institutionnelles et de projets coopératifs entre les gouvernements fédéral et provinciaux, à la manière des centres scolaires communautaires. Le travail a été entrepris avec enthousiasme, mais il a soudainement été arrêté avant toute possibilité de retombées positives en raison d'une élection fédérale. Le nouveau gouvernement Mulroney a décidé de geler tous les budgets pendant une année. Une réévaluation globale des programmes de tous les ministères sera alors menée. Or, j'administre des octrois aux communautés minoritaires et aux gouvernements provinciaux. Je ne peux rester là à ne rien faire.

Durant mon passage au Secrétariat d'État, j'ai cependant été appelé à faire un travail juridique important. On m'a demandé de préparer un projet de loi pour soumettre les Territoires du Nord-Ouest, et plus tard le Yukon, aux mêmes obligations linguistiques que le gouvernement fédéral. J'ai fait plusieurs voyages dans le Grand Nord pour mieux saisir comment les mesures que j'avancerais seraient mises en œuvre.

Durant cette période, un incident notoire est survenu lorsque le gouvernement fédéral a participé au procès portant sur la gestion scolaire devant la Cour d'appel de l'Ontario. Cette Cour fut la première à reconnaître aux membres de la minorité linguistique provinciale une participation effective à la gestion des écoles de langue française. Or, le ministère de la Justice du Canada a déposé un mémoire comme intervenant pour s'opposer à la reconnaissance du droit de gestion par la minorité de ses établissements scolaires. Un jour, je prends connaissance du mémoire et j'avise immédiatement la sous-ministre, Huguette Labelle, et par son truchement, le Secrétaire d'État du Canada, Serge Joyal. M. Joyal a contesté la position du ministère de la Justice et m'a demandé de produire un autre mémoire. En fin de compte, M. Joyal a dû faire appel au premier ministre Trudeau pour faire retirer le mémoire du ministère de la Justice et y substituer le mien. Il y a toujours eu une tension entre ces deux ministères fédéraux et je crains qu'il n'y ait encore rien qui ait changé.

Dans les mois qui ont suivi, j'ai fait tout ce qu'il fallait pour obtenir le poste de sous-ministre adjoint en droit public, au ministère de la Justice du Canada. J'ai fait les entrevues, satisfait aux exigences et été assuré que tout allait pour le mieux. Un jour, on m'informera que le gouvernement a décidé de réserver les postes disponibles dans la haute administration à des femmes seulement. Encore mal en point, j'ai accepté le poste de doyen associé à la Faculté de droit (section *common law*) de l'Université d'Ottawa. La faculté veut alors que je mette sur pied un programme d'études de la *common law* en français comme celui de Moncton.

Certains Acadiens perçoivent alors mon passage à l'Université d'Ottawa comme une trahison à l'égard de l'Université de Moncton. Je ne partage pas ce point de vue. L'Ontario a un sérieux besoin de juristes pour défendre sa minorité francophone qui représente plus de 700 000 personnes. Bien que de nombreux étudiants de l'Université de Moncton proviennent de l'Alberta, du Manitoba et de l'Ontario, elle ne pourra jamais accomplir à elle seule cette mission. Cela a finalement été compris à Moncton. J'ai conservé des liens étroits avec la Faculté de droit de Moncton et y donne occasionnellement des cours en plus de participer aux travaux de l'Observatoire international des droits linguistiques. J'ai été extrêmement touché lorsque l'Université de Moncton a annoncé que la bibliothèque de la faculté porterait mon nom en 1998.

Il y a peu de choses à dire au sujet de mon passage à la Faculté de droit de l'Université d'Ottawa. L'ambiance est moins intéressante qu'à Moncton, même si j'ai eu le bonheur de travailler avec une femme de grande valeur au plan professionnel, Louise Charron, qui est venue me rejoindre à la Cour suprême du Canada deux décennies plus tard, et avec plusieurs autres jeunes professeurs talentueux. Il y a alors une certaine rivalité entre les programmes de *common law* anglais et français, celui-ci étant encore en devenir sur le plan des structures. Le problème est surtout financier ; les anglophones craignent que l'octroi de fonds aux francophones ne les affecte à long terme. Pourtant, le projet a été préparé avec beaucoup de minutie et un financement spécial obtenu. Le Conseil de faculté l'a finalement accepté et l'a présenté au Sénat académique, qui l'a rejeté malgré le généreux octroi du gouvernement de l'Ontario. J'ai fait une deuxième présentation et demandé à expliquer le projet au Conseil des gouverneurs. Ma proposition a finalement été rejetée. Il n'y a plus de raison de rester à la Faculté, je démissionne.

Durant mes deux années à la Faculté de droit, j'ai entrepris une pratique du droit à temps partiel dans le domaine des droits linguistiques et développé une affection particulière pour la plaidoirie. J'ai notamment travaillé sur le dossier Mahé en Alberta, Mercure en Saskatchewan, en plus de piloter la deuxième phase du Renvoi sur les droits linguistiques au Manitoba et le Renvoi sur les droits scolaires, là aussi au Manitoba. Ces causes ont toutes été entendues par la Cour suprême du Canada. Pratiquer le droit, en cour, devient alors une véritable passion. Un jour, Me Roger Tassé me donne un coup de fil. Les enfants, le bonheur m'envahit quand je repense à cet appel. Me Tassé et moi nous connaissons depuis des années. Nous avons travaillé ensemble lorsque j'étais à la SNA, puis lors des négociations constitutionnelles. Enfin, il a été sous-ministre lorsque je suis de passage au gouvernement fédéral. Accompagné de Paul LaBarge et d'un dénommé Eddie Goldenberg, qui est le bras droit de Jean Chrétien, Me Tassé m'invite à me joindre à l'étude Lang Michener Lash Johnson.

Je mène plusieurs dossiers importants chez Lang Michener et j'ai le plaisir de plaider sur une base plus régulière. Toutefois, la dimension affaires du bureau me déplaît beaucoup et j'ai bien de la peine à me faire payer régulièrement. Pour quelqu'un qui vit de mois en mois, c'est très problématique. Mes clients sont très souvent des groupes pour la défense des minorités et leurs ressources financières sont limitées. J'ai des clients dans six provinces et un territoire qui, franchement, dépendent du programme des contestations judiciaires. La pratique du droit est gratifiante. J'aime beaucoup plaider mes causes et rédiger les mémoires. Au bureau, je suis toutefois assez isolé parce que je suis le seul à pratiquer dans ce domaine. Quelques affaires avec les avocats Hackland et LaBarge, la représentation du grand chef Mike Mitchell de la réserve Akwesasne, c'est toute la diversification qui s'est faite. Le bureau est totalement obsédé par la facturation et je constate rapidement que je ne suis pas trop populaire. Je plaide des causes subventionnées à des taux réduits auxquelles on applique des maximums. Un jour où l'on annonce que j'ai gagné une cause en Cour suprême du Canada, je reçois un message de l'administration centrale à Toronto signalant seulement que je n'ai pas atteint mes objectifs de facturation du mois.

Je dois aussi composer avec le fait que mon travail me force à m'absenter continuellement de la maison. Nous t'avons perdu quelques années plus tôt, Jean-François, et je peine à laisser Yolande seule avec toi Émilie. À la même période, une crise éclate chez Lang Michener et environ 20 des 26 avocats d'Ottawa ont démissionné. Quelques mois plus tôt, j'ai reçu la visite de dirigeants de l'Assomption Vie. Leur demande ne pouvait pas arriver à un meilleur moment.

12

L'Assomption

JE SUIS PERPLEXE. Le président-directeur général de l'Assomption Vie est devant moi, à Ottawa. Je le connais pourtant assez bien. Gilbert Doucet et moi avons passé de bons moments lors de mon passage à la Société des Acadiens du Nouveau-Brunswick. C'est un homme droit, un peu plus réservé que Gilbert Finn, mais un homme qui a les deux mains sur ses dossiers. Il tente de me convaincre. « Tu connais l'entreprise Michel, tu connais nos valeurs », me dit-il. Gilbert n'est pas chez moi pour m'offrir un emploi sur un plateau d'argent. Il ne me promet rien, en fait. Mais il est en mission. Un autre candidat, Rino Volpé, est déjà vice-président aux filiales et lorgne agressivement ce poste prestigieux.

« On avait retenu les services d'un chasseur de têtes, mais avant même de penser à la firme, on pensait à Michel. On le connaissait bien, on connaissait ses capacités. On voulait un visionnaire pour la compagnie. On voulait aussi quelqu'un qui connaissait l'Assomption. Michel est un travaillant, un homme brillant et le fait qu'il connaissait le droit lui donnait un avantage sur d'autres », explique Gilbert Doucet.

Notre situation familiale, Émilie, me force à apporter des changements dans ma vie professionnelle. Jean-François, tu nous as quittés quelques années plus tôt et votre mère broie du noir. Elle ne l'admettra pas, mais je suis convaincu qu'elle est alors en dépression. Yolande est totalement contre l'idée que j'accepte ce poste. Elle a beau me dire que je ne suis pas un homme d'affaires, que je détesterai cela et que ma place est dans le monde du droit, je ne connais presque personne à Ottawa et je ne ferai quand même pas du droit notarial ! Si je continue à pratiquer le droit, ce sera du droit constitutionnel et malheureusement, il ne se pratique pas tous les jours dans la capitale nationale. Le nombre de causes est limité et il se fait généralement d'un bout à l'autre du pays. C'est alors un véritable débat entre votre mère et moi.

« Pour sa carrière, ce n'était pas une bonne chose d'aller au Nouveau-Brunswick à l'Assomption. Ce n'était pas son domaine du tout, du tout, du tout. Je le voyais faire ses causes et travailler avec les gens et c'était bien parce qu'il défendait des causes vraiment importantes pour les francophones. Pour nous, c'était absolument extraordinaire de gagner des causes. Je voulais absolument que ça fonctionne et je savais qu'il était bon là-dedans. Oui [c'était un des postes les plus prestigieux au Nouveau-Brunswick]. Moi, ce n'était pas le prestige ou le poste, c'était le fait que ce n'était pas du droit», explique-t-elle près de 30 ans plus tard.

Le pire dans tout cela, c'est que moi-même je ne suis pas convaincu qu'il s'agisse d'une bonne idée. Pourrais-je aimer cela? Je l'ignore. Dix ans plus tôt, je quittais l'Assomption parce que je n'aimais pas la vie de vendeur. L'idée de me relancer là-dedans ne m'enchante pas trop. Après tout, il n'y a rien de plus différent de moi qu'un agent d'assurances. Je n'ai rien à leur dire et la description de tâche m'embête. C'est ce que je dis à Gilbert Doucet qui me répond alors : «Écoute Michel, Paul [Arseneault] va s'occuper de ça, toi tu ne t'en occuperas pas. Tu regarderas juste le rapport à la fin du mois.» Mine de rien, il est en train de me persuader que je peux m'éloigner de cet aspect du travail. Il sait comment me convaincre. Au fond, ce qui m'intéresse le plus dans tout cela, c'est d'être responsable d'une grande entreprise, d'avoir un pouvoir décisionnel et de faire ma marque en développant des projets.

Le droit demeure toutefois ma priorité. Je suis heureux dans ma pratique. J'aime défendre mes clients devant les tribunaux. C'est vrai, l'idée de devenir juge un jour me fait sourire par moments, mais avant tout, j'aime me promener dans les palais de justice et débattre.

«Nous en avions discuté. Si tu vois un bon avocat, avec un parcours académique, qui se trouve dans des causes qui ont trait aux politiques publiques, tu te dois de lui demander s'il est intéressé. Eh oui, il l'était. Il avait cette philosophie de vouloir changer les choses. Et ça, ça devient plus significatif quand tu es assis sur le banc que si tu t'adresses à la personne qui s'y trouve. Il ne l'avait peut-être pas dit ouvertement que c'était son ambition, mais il agissait déjà comme un juge même dans sa façon d'aborder ses clients», affirme mon ancien collègue Paul LaBarge.

Mais il y a un problème même si l'ambition est là. Je suis un Acadien vivant en Ontario. Certes, je suis entouré de juristes influents qui, dans certains cas, seront nommés juges dans cette province, mais je demeure un parfait inconnu, un étranger. Qui plus est, j'ai passé plus de temps dans les salles de classe que dans les palais de justice. Ce n'est pas un profil très intéressant, surtout dans une province comme l'Ontario qui compte des centaines de candidats crédibles.

Il faut que je me décide. Quitter le droit pour les affaires n'est pas un scénario plaisant. La vie est toutefois remplie de surprises. Une crise éclatera chez Lang Michener et de nombreux avocats quitteront le navire. Je suis prêt à rentrer dans mes terres avec toi, Émilie, et ta mère. Je me sens prêt à t'offrir finalement une certaine stabilité. Je prends alors le téléphone et appelle Gilbert Doucet pour l'informer que j'accepte de postuler. Je serai finalement nommé président-directeur général d'Assomption Vie en 1989. Au moment où on m'annonce que j'obtiens le poste, j'avise le conseil de ma condition *sine qua non* : mon mandat sera de cinq ans.

***

L'une des raisons pour lesquelles Gilbert Doucet est venu me voir et qu'il m'a incité à postuler est que le seul autre vrai candidat Rino Volpé ne faisait pas l'unanimité. Le conseil d'administration, lui, est divisé. C'est que Rino est un homme très exubérant qui a toujours de grandes idées. Il représente donc une candidature très intéressante pour certains administrateurs, alors d'autres sont plutôt craintifs.

Après avoir obtenu le poste, je demande à Rino de me rencontrer. Contrairement aux rumeurs, je ne lui ai pas demandé de démissionner. Je veux m'assurer que nous soyons toujours en bons termes. Et c'est réciproque, je crois. Je veux voir comment il envisage sa contribution au sein de l'entreprise. Rapidement, il me dit : « La condition pour que je reste, c'est que je sois totalement indépendant dans l'administration de mon secteur. » Essentiellement, il veut diriger sa propre compagnie au sein même de l'entreprise dont je prends les rênes. Or, il y a alors un conseil d'administration au sein de la filiale. Il poursuit son énoncé en disant : « Ce CA ne répondra pas à toi, mais à moi. » Je trouve son approche irréaliste. Dans les faits, un conseil d'administration ne répond pas à un dirigeant : c'est plutôt le contraire. Mais voilà qu'il entend nommer lui-même les membres du conseil. Il n'en est pas question. Je lui dis alors qu'il y aurait un seul président pour toute l'Assomption, pas deux. S'il souhaite rester, il devra accepter de se plier à ma façon de faire. Mettre de l'ordre dans l'entreprise sera l'une de mes grandes priorités. Le conseil exige cela et je ne peux pas diriger, consciemment, une entreprise qui n'atteint pas un niveau de professionnalisme acceptable. Contrairement à la croyance populaire, nous n'avons jamais eu de chicanes Rino et moi. Nous ne nous entendions pas sur une façon de procéder et il a décidé de quitter l'Assomption.

Aussitôt que je suis entré en fonction, j'ai entrepris un remaniement de l'équipe de direction. Je demande alors à Paul Arseneault de devenir mon bras droit. C'est un homme intègre que je respecte énormément. Je l'ai connu durant mon premier passage à l'Assomption et je suis convaincu qu'il fera un travail exceptionnel à titre de vice-président au marketing. Mon évaluation de l'entreprise me mène également à changer les actuaires de la compagnie. Je constate que nous dépensons une fortune en contrats avec des consultants de Montréal. S'il y a une chose que j'ai apprise chez Assomption Vie, c'est que personne ne facture plus cher dans la vie qu'un actuaire. Je veux alors diminuer cette dépendance et faire en sorte que nos contrats à Montréal ne soient que pour des vérifications actuarielles.

Il faut alors trouver quelqu'un qui sera en mesure de faire le développement des produits et tout le travail à l'interne. Nous devons tirer notre épingle du jeu dans un marché extrêmement concurrentiel. Rapidement, je commence à apprendre ce qu'est l'actuariat et comment on développe des produits. J'apprends aussi surtout comment faire de l'argent. Dans mon évaluation, je constate que nous ne ferons pas d'argent de sitôt si nous ne changeons pas nos produits. Il faut aussi considérer qu'un nouveau produit ne rapportera qu'après une durée de cinq à sept ans.

La compagnie est très stable, très solide, mais elle ne fait presque pas d'argent : les profits sont d'un million de dollars par année. C'est nettement en deçà de mes attentes puisqu'elle devrait générer des profits d'au moins 6 ou 7 millions de dollars considérant l'importance de l'actif. Durant une réunion, j'annonce aux employés que l'objectif est d'amener les profits à 5 ou 6 millions par année « au plus vite ». Avec le nouvel actuaire que je viens de recruter, il est beaucoup question de diversifier nos produits et d'analyser ce qui ne tourne pas rond. Certes, il nous faut deux ou trois nouveaux produits très payants, mais il faut aussi mener une analyse générale de ce qui se fait de mieux dans le milieu de l'assurance. Qu'est-ce qui est à la mode ? Est-ce que nos produits sont trop anciens ? Nos méthodes de vente sont-elles dépassées ? Les employés sont arrivés avec des idées qui sont essentiellement du copier-coller de ce qui se fait dans l'industrie. Les nouveaux produits ont une grosse composante de placements.

Autrefois, les compagnies d'assurances vendaient des polices « vies entières » qui duraient jusqu'à 99 ans. Le client paie sa prime et quand il meurt, c'est fini. Mais les nouvelles affaires comprennent désormais une option d'épargne, c'est-à-dire que les dividendes, ou encore l'argent supplémentaire à la prime sont transférés dans des comptes d'épargne. Il y a un avantage fiscal rattaché à cela, puisque ce n'est pas imposé comme un revenu ordinaire. Toutes les compagnies se sont mises à développer ce genre de produits. Nous avons donc créé notre produit bien à nous, que nous avons appelé « SécuriFlex », un bien drôle de nom si vous voulez mon avis. On s'est mis à vendre cela et nos revenus se sont mis à augmenter de façon exponentielle. Nous avons donc donné le mandat à des courtiers de vendre ces produits, au lieu d'embaucher de nouveaux vendeurs.

À l'époque, nous avons peut-être 150 employés à l'Assomption, en plus des quelque 200 employés dans nos filiales. Nous avons aussi une centaine d'agents d'assurance plein temps et quelques courtiers. À mon départ, nous aurons beaucoup plus d'employés, mais beaucoup moins d'agents d'assurances. Toute l'industrie est en mouvance au début des années 1990.

★★★

Déterminé à faire progresser l'entreprise, je me dis que nous pourrions faire davantage d'argent en mettant nos énergies dans l'assurance collective. Je prends donc rendez-vous avec le premier ministre Frank McKenna et son entourage. Je l'informe de notre volonté d'obtenir des contrats du gouvernement. Or, mes relations sont difficiles avec le premier ministre. Nous n'avons pas les mêmes intérêts et surtout pas le même tempérament. Son caractère *politicien* me déplaît beaucoup. La fin justifie souvent les moyens et ça me dérange. À l'Assomption, nous voulons administrer des fonds de pension et vendre de l'assurance invalidité. Je vois alors le gouvernement provincial comme un client potentiel. Or, je constate que la Croix Bleue, qui a elle aussi pignon sur la rue Main à Moncton, a presque tous les contrats du gouvernement en matière d'assurance collective. Je mets alors beaucoup de pression pour que le gouvernement soit équitable et qu'il nous donne notre part du gâteau. Mon ami Fernand Landry est le chef de cabinet du premier ministre à l'époque et je lui dis fermement de s'activer. Je suis très impatient. Finalement, il nous a aidés un peu, avec l'aide du ministre Raymond Frenette. Mes relations avec M. McKenna n'ont pas toujours été de tout repos, mais j'ai finalement obtenu quelques contrats et nous sommes parvenus à quintupler les ventes d'assurances collectives.

Environ un an après mon arrivée en poste, je constate que nos nouveaux produits génèrent plus d'argent. Notre argent n'est toutefois pas surtout tiré des primes, mais des capitaux propres, soit l'argent que l'on détient au nom de nos assurés. J'ai rassemblé mon équipe, puisque je vois alors que nous essayons d'administrer ces capitaux avec des actuaires qui ne sont pas des spécialistes des placements. Je veux que nous fassions nous-mêmes des placements de façon professionnelle pour nous et pour une nouvelle clientèle. Le conseil d'administration me demande de donner un contrat à la firme Bolton Tremblay de Montréal pour qu'ils gèrent notre fonds de placement. Je ne suis pas du tout d'accord avec l'idée. Effectivement, il est facile de déléguer cela à une entreprise établie, mais c'est elle qui fera de l'argent, pas nous. Je plaide plutôt que nous devrions créer notre propre compagnie de placements. Nous serions dès lors plus autonomes et libres de nos actions. Certes, tous ne sont pas de mon avis.

Tant pis, je me mets à chercher de petites compagnies de placements que nous pourrions acquérir et intégrer au giron d'Assomption Vie. Je fais une offre à une firme d'Halifax et tout indique que la transaction sera entérinée. Finalement, la transaction tombe à l'eau. Je commence à m'impatienter. Le temps, c'est de l'argent et nous en perdons beaucoup en n'ayant pas le plein contrôle des placements. J'ai ensuite rencontré six ou sept grosses compagnies de placements au Québec et à Ottawa. Dans les rangs, il y a la Banque Nationale, Desjardins, Bolton Tremblay, Jarislowsky et deux autres entreprises. Ce que je veux, ce n'est pas qu'ils gèrent nos capitaux propres, mais qu'ils s'allient à nous pour créer une compagnie qui nous appartiendrait chacun à 50 %. On se servirait de leur expertise en placements et nous pourrions offrir la nôtre en marketing. Ces négociations ont pris beaucoup de mon temps et finalement, tout est tombé à l'eau. Le conseil d'administration a commencé à grincer des dents. Il jugeait que je passais beaucoup trop de temps sur ce projet.

Durant ces semaines-là, j'apprends que deux grosses compagnies d'assurances québécoises battent de l'aile. Les dirigeants de l'une d'entre elles, Les Coopérants, m'ont accueilli dans leurs bureaux et nous avons discuté de certains scénarios. Je négocie notamment l'achat d'un portefeuille américain qui est alors très intéressant pour nous. Toutefois, la compagnie va déclarer faillite avant que nous puissions conclure une entente. Je rencontrerai encore une fois les dirigeants de Bolton Tremblay qui ont accepté de faire ce que je voulais initialement, soit d'investir à 50 % dans une nouvelle compagnie de placements. Placements Louisbourg est née. J'ai choisi ce nom en pensant à l'Acadie. Avec le temps, Louisbourg est devenue complètement indépendante, quoique toujours dans les filiales de l'Assomption.

« C'est le meilleur coup qu'il aurait pu faire, de créer une entité en quelque sorte indépendante. C'était une bonne idée de faire un *spin off*, une entreprise dérivée. Ce qui est arrivé, 27 ans plus tard, c'est que Louisbourg est une entité qui vole de ses propres ailes, qui a 2,3 milliards de dollars d'actifs sous gestion et dont les revenus provenant de l'Assomption sont maintenant de moins de 25 %. Au départ, Louisbourg était presque en totalité l'argent de l'Assomption et avait le mandat de se développer et on peut dire qu'ils ont réussi », explique l'ancien PDG de l'Assomption Vie, André Vincent, en mai 2018.

Cela nous aura pris deux ans avant que le projet aboutisse. En même temps, les revenus de l'Assomption sont montés à 5 millions de dollars annuellement et j'aurais pu les monter à 10 millions de dollars facilement en modifiant un peu la réassurance comme l'a fait mon successeur. Aujourd'hui, Louisbourg suit un parcours similaire à celui de l'Assomption, soit d'être transformée de joueur régional à national. Depuis les années 2010, Louisbourg a des mandats qui proviennent de clients de l'Ontario, du Québec et même de l'Ouest canadien. Au début, la firme qui est surtout spécialisée dans la gestion institutionnelle, la gestion des actifs pour des caisses de retraite ou des fondations. Maintenant, il y a une partie importante de ses revenus qui provient de la gestion privée, pour des particuliers.

★★★

D'origine américaine, Assomption Vie est encore profondément enracinée en Nouvelle-Angleterre dans les États du New Hampshire, du Connecticut, du Massachusetts et du Rhode Island dans les années 1990. À l'époque, je regarde la situation démographique dans les Maritimes et notre rendement chez nos voisins québécois et ontariens et je me dis que le marché américain est une avenue de choix pour prospérer.

Encore une fois, je rassemble ma garde rapprochée. Je leur dis que nous procéderons à l'acquisition de Mountain States Life, une compagnie du Nouveau-Mexique. Mon intention est alors d'acheter des petites compagnies en Louisiane, des Cajuns, et de les fusionner avec Mountain States pour en faire une compagnie aussi grosse que l'Assomption Vie. Or, je n'ai pas eu le temps de le faire. Le conseil d'administration exprimera des craintes relativement à la position géographique de cette entreprise. Ce ne sont pas des gens très entreprenants qui siègent à ce moment-là. De plus, les premières compagnies cajuns que j'approche acceptent l'entente, mais nous imposent des conditions très restrictives. Le principal enjeu est le déplacement des employés qui sont dans les sièges sociaux de la Louisiane et qui ne veulent pas déménager au Nouveau-Mexique. Je suis alors prêt à faire un compromis et à instaurer un système à deux bureaux : un pour les ventes et le marketing en Louisiane et un pour l'administration générale au Nouveau-Mexique. C'était un bon mariage.

Toutefois, tant les entreprises américaines que le Conseil d'administration de l'Assomption se sont mis à hésiter. Mon projet n'est pas assez complet pour convaincre les Louisianais. C'est la grande différence entre la réussite et l'échec. Quand j'ai voulu créer Louisbourg, je me suis préparé comme pas un. Mon plan était inébranlable. Certes, il y a eu beaucoup de résistance à l'époque. Les administrateurs ont été très craintifs. Mais le projet était tellement bien monté. Il y avait tellement d'expertise d'un bord et de l'autre qu'ils ont été obligés d'accepter. En fait, ça a été un grand succès parce que Louisbourg fait désormais plus d'argent que l'Assomption.

Pour ma part, je suis convaincu que l'aventure américaine aurait été payante à long terme. Hélas, mon successeur Denis Losier a mis la hache dans cette expansion au milieu des années 2000 et il n'y a plus aucune opération aux États-Unis. Il semble que l'Assomption Vie ait renié ses racines américaines.

« C'est une bonne décision de [s'être retiré]. C'est parce qu'on est trop petit pour pouvoir se diversifier ou même s'étendre, s'éparpiller davantage. C'est probablement mieux depuis qu'on a recentré notre objectif au niveau canadien. Mais c'était la saveur du temps à l'époque, l'expansion tous azimuts. Les entreprises s'étendaient géographiquement. À ce moment-là, nous étions un joueur beaucoup plus régional en Acadie », explique le successeur de Denis Losier, André Vincent.

Je suis en désaccord avec l'énoncé de M. Vincent. À l'époque, notre volume d'affaires en Nouvelle-Angleterre est important et les ventes se sont mises à baisser. Le conseil d'administration n'a pas voulu investir pour développer ce marché-là. C'est donc dire que nous avons continuellement perdu de la valeur et de l'équité aux États-Unis. En générant de nouvelles affaires au Nouveau-Mexique, nous aurions pu les administrer avec celles de Boston et revaloriser le portefeuille qui était là. Mais on s'est mis à vendre des polices d'assurance à des réassureurs pour se créer des profits et le volume n'a servi à rien. Il faut se décider : soit nous investissons aux États-Unis ou nous nous retirons. Le conseil a toujours été à cheval entre les deux. Mon successeur aura finalement choisi l'abandon.

***

Dans ses mémoires, Gilbert Finn écrit qu'« Assomption Vie, faut-il le rappeler, doit de toute nécessité demeurer la propriété du peuple acadien, une institution dont la mission, le rôle et l'image reflètent en tout temps cette réalité. Il ne faudrait pas que l'appât du gain et l'accumulation des profits finissent par obnubiler les esprits et porter atteinte à l'identité même de l'institution. Les fondateurs de la Société L'Assomption et leurs successeurs à la barre ont toujours privilégié le bien-être des membres de la Société, l'éducation des jeunes et l'avancement de l'Acadie ».

Durant toutes mes années chez Assomption Vie, je me suis toujours fait un devoir de défendre les intérêts des Acadiens et d'être présent dans la communauté, notamment par l'entremise des médias pour commenter les sujets d'actualité. Cette entreprise n'est pas comme les autres. Ce n'est pas seulement une maison d'assurance, c'est une institution qui a une mission sociale de défendre les intérêts des francophones en milieu minoritaire.

Depuis plusieurs années, je ne reconnais plus cette entreprise. Denis Losier, qui a pris ma place lorsque je suis parti en 1994, est un ancien ministre du gouvernement McKenna. Il a su s'engager dans les débats publics et s'est assuré que l'entreprise agisse pour la défense des intérêts des Acadiens et pour la protection de la langue française. Il a certainement fait preuve de leadership dans ce domaine. Or, son successeur semble avoir abandonné cet aspect de son travail. L'Assomption est devenue exclusivement une entreprise d'affaires et je crois que son rôle social a été diminué de façon considérable. D'ailleurs, avant que la Ville de Moncton n'abandonne Assomption Vie comme courtier et qu'elle confie ses placements à des étrangers, en partie des Américains, je ne me souviens pas d'avoir entendu André Vincent dire un seul mot sur une question qui porte sur la communauté acadienne et les questions linguistiques.

M. Vincent s'explique. « Je l'ai vécu dans d'autres organisations dont le Mouvement Desjardins, où j'ai travaillé pendant cinq ans à l'époque du référendum au Québec. Je peux vous dire que les prises de position du président du Mouvement Desjardins ont grandement nui à l'essor de Desjardins à l'extérieur du Québec. Ça les a retardés d'au moins cinq ans. C'était il y a plus de 20 ans, j'étais déjà dans un poste de direction dans l'une des filiales du Mouvement Desjardins. J'étais responsable de créer une plateforme nationale pour l'entreprise dans le secteur que je dirigeais, qui était les régimes de retraites et de l'assurance collective. Je peux vous dire que les prises de position de Claude Béland, ça nous a mis du sable dans l'engrenage pendant environ trois ans. Par expérience, j'ai choisi de ne pas mêler politique et affaires. »

André Vincent poursuit en disant qu'il a pris « une position forte en faveur de l'Acadie » en créant un programme de responsabilité sociale d'entreprise. Certes, nous n'avions pas ce programme, mais celui des dons et commandites avait la même mission qui est de rayonner dans la communauté et d'être un bon citoyen corporatif.

Dans les années 2010, si nous enlevons l'Université de Moncton, qu'aurions-nous comme rempart institutionnel en Acadie? Honnêtement, je l'ignore. Comme président-directeur général, Gilbert Finn a pris le porte-voix pour appuyer Radio-Canada, l'éducation, le développement économique et les subventions fédérales. Or, lorsque M. Vincent a pris les rênes de l'Assomption, on dirait qu'on a oublié qu'il s'agissait d'une institution acadienne. L'Assomption est devenue une machine à faire de l'argent et les revenus représentent désormais sa mission centrale et quasi unique. L'implication communautaire est pratiquement une campagne de marketing. Pareil pour la Fédération des Caisses populaires acadiennes qui a délaissé son nom pour dénaturer son identité et devenir une institution passe-partout: UNI Coopération financière. Hélas, l'Université de Moncton est bien seule maintenant.

> Dans les années 2010, si nous enlevons l'Université de Moncton, qu'aurions-nous comme rempart institutionnel en Acadie? Honnêtement, je l'ignore.

* * *

Le 7 janvier 2000 est une journée somme toute assez banale. C'est une semaine après le changement de millénaire et le bog de l'an 2000 qui n'a finalement jamais créé le désordre. Beverley McLachlin prend alors le relais d'Antonio Lamer à titre de juge en chef de la Cour suprême et nous allons, tous les juges, devoir passer à travers une période de transition en douceur. Ce jour-là, je reçois toutefois un fax qui a rapidement attiré mon attention. Le logo des Placements Louisbourg sort de la machine. Instinctivement, je me demande s'il y a des ennuis avec mes placements. Puis le fax imprime, et imprime, et imprime. C'est une lettre de Martin Boudreau, vice-président et directeur général des Placements Louisbourg.

«Bonjour Michel, Bonne Année! À titre de nouvelle... Placements Louisbourg (Actif sous gestion) – 1 004 763 533 $ – Le premier milliard... Sept employé(e)s à temps plein et des profits avant impôt excédent le million. Une belle création!»

Je suis sans mot. J'ai pris quelques instants pour bien saisir la réalisation. Le premier milliard d'une entreprise, ce n'est pas rien. Je lui ai répondu que malgré le passage des années, je n'arrivais pas à me convaincre que mon séjour à la tête de l'Assomption a été bien valable. Bien qu'il y ait eu modernisation des services, des restructurations, l'assainissement des finances, le refinancement des filiales immobilières, le repositionnement aux États-Unis et au Québec n'a pas été réussi, ni la réorganisation du système des agences, d'ailleurs. Je poursuis en lui disant que je reste convaincu qu'avec une plus grande solidarité de la force de vente et un plus grand engagement du Conseil, tout cela aurait été possible. Mon vrai réconfort aura toujours été la création de Louisbourg. Non seulement en raison de son succès, mais parce que nous l'avons créé malgré le Conseil, le gouvernement et nos propres services des finances. Nous avons bâti ses premiers actifs importants d'arrache-pied, contre toute attente et sans appuis.

Aujourd'hui, c'est encore ce que je pense. Louisbourg aura vraiment défini mon passage chez Assomption Vie. Mais je considère que ma décision de me joindre à ce fleuron de l'Acadie a été une mauvaise décision. Je ne suis jamais parvenu à m'éloigner des ventes ou du développement des produits comme je l'aurais voulu. La délégation dans ce domaine est limitée et les vendeurs ont pris beaucoup de mon temps. Les ressources actuarielles ont aussi été insuffisantes pour remplir leur mission sans l'aide de consultants. Ce que j'aurais voulu faire, moi, c'est du développement par des acquisitions, des fusions et j'y ai mis de gros efforts. Mais la compagnie était encore trop petite.

Je n'ai pas le tempérament requis et j'ai été naïf de croire que je pouvais sans regret renoncer à ma vocation, le droit. Encore une fois les enfants, votre mère a eu raison.

13

La politique

LES ENFANTS, lorsque je suis à la maison durant les fins de semaine et que le téléphone sonne, je me dis qu'il faudrait sans doute que j'aille mettre mes souliers au plus vite. Au bout du fil, j'entends souvent cette voix familière me dire : «Michel, allons-nous prendre notre marche?» Une ou deux fois par semaine, lorsque nos horaires nous le permettent, nous sortons et marchons pour la santé. Nous pouvons passer plusieurs heures à nous promener dans les environs du parc Rockliffe, à Ottawa, au cours d'un mois. Au menu, 55 000 sujets : le hockey, la météo, les Maritimes, les vacances, les voyages d'affaires, la politique américaine de Clinton à Bush, à Obama, à Donald Trump, l'Europe et souvent la francophonie. Deux vieux amis qui jasent.

Cette habitude de se rencontrer doit remonter à une période entre 2008 et 2014, lorsque nous travaillions tous les deux chez Heenan Blaikie. Sa carrière politique est derrière lui et moi, je viens de prendre ma retraite de la Cour suprême du Canada. Au bureau, j'ai beaucoup plus de temps qu'à la Cour. Comme avocat-conseil, je ne dois pas assurer de suivi régulier aux dossiers comme les avocats associés. Nous sommes là essentiellement pour les appuyer, leur apporter un peu de perspective sur le droit et leur prodiguer des conseils.

Celui qui deviendra mon ami marcheur commence à s'ennuyer de plus en plus au travail et quand personne ne lui rend visite, il commence à venir me voir. On jase un peu. Puis, nous avons commencé à prendre le petit déjeuner ensemble. Finalement, nous sommes devenus des amis. Nous habitons près l'un de l'autre et nos épouses s'entendent bien aussi.

Chez mon ami, j'ai trouvé un homme honnête, intelligent et avec un sens de l'humour extraordinaire. À l'automne 2018, je m'arrête chez lui et il me montre alors un livre sur les francophones aux États-Unis. Il est bien impressionné par toute l'histoire du français au New Hampshire et dans la région de Boston, au Massachusetts, avec la « *beat generation* » de Jack Kerouac et compagnie, notamment.

Puis, il me raconte avoir lu une histoire sur la défaite de George Washington contre ce qui allait devenir le Canada et le rôle important que les francophones ont joué dans cette bataille. À ce moment-là, il y a eu un débat aux États-Unis à savoir si on allait faire des efforts pour annexer le Canada et faire un pays de

À mon arrivée au cabinet Heenan Blaikie, je me suis lié d'amitié avec celui qui était à la tête du gouvernement qui m'a nommé à la Cour suprême, le premier ministre Jean Chrétien. Tous les dimanches, depuis 2017, nous faisons notre marche hebdomadaire ensemble. Yolande et Aline ont également développé une belle amitié au fil des années. (Crédit : Archives de Michel Bastarache)

toute l'Amérique du Nord. Il y aurait même eu des discussions pour savoir quelle serait la langue parlée dans cette éventualité. Bref, il semble emballé par ce pan de l'histoire.

C'est donc dans ce contexte qu'il a abouti sur le plateau de la populaire émission de variétés *Tout le monde en parle* à la télévision de Radio-Canada pour y faire la promotion de son plus récent livre. À sa droite, Denise Bombardier qui lui a à la fois lancé des fleurs et des couteaux tout au long de son entrevue. Mme Bombardier est une journaliste au français impeccable. Connue pour son franc-parler et son intelligence, elle a assurément voulu engager un débat avec mon ami... Jean Chrétien.

Mais c'est plutôt le chanteur du groupe Harmonium, Serge Fiori, qui a lancé le bal avec une question qui semblait venir tout droit du cœur : « Pourquoi ne pas voir le Québec comme un pays ? Pourquoi vous ne pouvez pas reconnaître la beauté du Québec comme un pays dans sa langue, dans sa culture, dans ses institutions, dans ses ressources ? Je ne peux pas comprendre cela. » Jean Chrétien lui a alors répondu : « Parce que vous n'êtes pas de mon avis. Si vous parlez français aujourd'hui, c'est parce que le Canada existait. Les francophones de la Louisiane, ça n'existe quasiment plus. Mon père a passé les dix premières années de sa vie à Manchester, New Hampshire, les francos du nord des États-Unis ont disparu, la langue a disparu. »

Mais c'est là que ça a dégénéré. Denise Bombardier s'est permis une fine analyse sociologique en déclarant notamment : « Le français n'existe plus à l'extérieur du Québec. »

Je me suis dit que Jean sortirait les arguments qui ont caractérisé sa carrière politique, c'est-à-dire l'adoption de la *Loi sur les langues officielles* qu'il a appuyée en 1969 aux Communes, puis l'adoption de l'article 23 de la Charte qui est sans doute l'un de ses plus grands legs. Je me dis qu'il parlerait des succès des écoles françaises et d'immersion d'un bout à l'autre du pays. Qu'il ferait la démonstration que nous ne sommes pas morts. Eh bien non. Il a sorti son argument sur les Franco-Américains. Il a dit que c'est grâce au Canada que le français perdure puisqu'aux États-Unis, c'est vrai que le français disparaît. Il avait encore son livre à l'esprit. Et pourtant, ce n'est pas le meilleur argument.

Quelques jours plus tard, nous marchons ensemble et il sait très bien qu'il n'aurait pas dû sortir cette carte de sa manche. « Qu'est-ce que t'aurais répondu toi, à Fiori ? » Je suis content qu'il me demande mon avis. Moi, j'aurais dit que ce qui est important, c'est que le Québec ait la possibilité de se développer comme une société de langue française et de culture française. C'est ce qui compte le plus. Au fond, la province a autant cette possibilité-là à l'intérieur du fédéralisme et on en a la preuve aujourd'hui. Il faut aussi tenir compte du fait que tous les francophones ne sont pas au Québec et qu'il y en a plus d'un million à

Moi, j'aurais dit que ce qui est important, c'est que le Québec ait la possibilité de se développer comme une société de langue française et de culture française. C'est ce qui compte le plus.

l'extérieur du Québec. Si on devait accepter la sécession, on accepterait la mise à mort d'un million de francophones canadiens. « Pis, qu'est-ce que t'aurais dit à la Bombardier ? » me relance-t-il.

Je lui aurais d'abord dit de vérifier les faits et d'essayer de les comprendre. Les enfants, quand j'ai plaidé la cause Mahé dans les années 1980, il y avait une école française en Alberta. Aujourd'hui, on en compte une quarantaine. Il y a un nombre considérable d'enfants francophones qui vont à l'école française partout au Canada. Qui plus est, contrairement aux insinuations de Mme Bombardier selon lesquelles il n'y aurait pas d'anglophones qui parlent français, il faut dire haut et fort que c'est faux ! C'est une autre fausse perception. Évidemment, nous n'avons pas connu les progrès voulus à cet égard et les écoles d'immersion n'ont pas donné les résultats espérés, mais de là à dire que ça n'a rien donné, c'est inacceptable. Il faut s'informer pour discuter de façon intelligente. Quoique, dans le cas de Mme Bombardier, même si on lui montre tous les faits et qu'on lui explique dans le détail, elle maintiendra que nous sommes des *dead ducks*.

★★★

Nous sommes à la fin des années 1970 et je suis pleinement engagé dans les luttes pour les francophones en milieu minoritaire. Je fais de la politique seulement en m'affiliant aux groupes de revendication d'un bout à l'autre du Canada. Si je suis personnellement de tendance « libérale », je suis tout de même ouvert à travailler avec les gouvernements formés par l'un ou l'autre des deux principaux partis. En 1978, mon ancien patron au département de traduction des lois du Nouveau-Brunswick, Joe Daigle, est devenu chef du Parti libéral du Nouveau-Brunswick. À l'époque, Joe est pris entre l'arbre et l'écorce puisqu'il a devant lui un premier ministre progressiste-conservateur qui ressemble comme deux gouttes d'eau à un libéral. Richard Hatfield se présente comme un candidat plus libéral que les libéraux à plusieurs égards, surtout par rapport aux Acadiens. En tant que chef francophone après les années Robichaud, Joe Daigle sent qu'il a l'obligation d'aller chercher le vote anglophone du sud de la province et de la région de Fredericton.

Un jour, son chef de campagne, mon bon ami Fernand Landry, vient me voir pour que je l'aide à développer une politique sur les droits linguistiques. Je ne suis pas membre du parti et je ne suis surtout pas impliqué dans la campagne. Au fil des ans, j'ai toujours dit que je voulais être constitutionnaliste et que, de ce fait, je voulais demeurer indépendant. Comme plusieurs intellectuels encore aujourd'hui dans un tas de domaines, j'ai accepté de conseiller le parti politique en m'assurant que mon nom n'apparaîtrait nulle part. Je n'ai jamais voulu être associé aux libéraux ni aux conservateurs. Quelques années plus tard, je travaillerai avec les conservateurs sur le projet de loi 88, portant sur la dualité linguistique au Nouveau-Brunswick. Dans ce cas, il s'agit cependant d'un gouvernement. Je veux que personne ne parle de mon engagement dans le parti, ai-je dit à Fernand.

J'accompagne donc Fernand à Fredericton dans une salle où les gens du Parti libéral préparent la campagne. Comme toujours, j'arrive là bien préparé et je me présente à la réunion avec cinq ou six points importants pour les francophones. Pour moi, il est important que ce soit intégré au programme. Nous avons alors un premier ministre qui nous a finalement donné les conseils scolaires francophones et les libéraux, selon moi, doivent poursuivre sur cette lancée.

Je ne me souviens plus exactement de la nature de mes revendications, mais c'est certainement dans la lignée du rapport que j'ai rédigé quatre ans plus tard, notamment sur la dualité linguistique au Nouveau-Brunswick. Tout de suite, je sens une résistance autour de la table. On me dit que le parti proposera une saine gouvernance et un bon gouvernement. Je réponds alors que ce n'est pas ce pour quoi on a demandé mon aide. Tant mieux pour eux s'ils veulent adopter cette approche, mais je suis là pour m'assurer que la minorité ait sa part du gâteau. Les libéraux m'ont rapidement fait comprendre que les anglophones de la province, y compris ceux du Parti libéral, n'apprécieront pas mes suggestions.

Je leur demande alors de parler directement à Joe Daigle. Et que ça saute, parce que je veux savoir si je suis en train de perdre mon temps. Je veux m'assurer que l'aspirant premier ministre, un Acadien de surcroît, tranche sur cet enjeu qui est quand même l'unique raison pour laquelle j'ai fait deux heures de route.

Joe Daigle vient nous rejoindre. La rencontre durera cinq minutes. «Non, non, non! Il n'est pas question qu'on se présente comme un parti nationaliste!» Je me retourne vers Fernand Landry et lui dis que ma présence est désormais inutile. Leur programme est plus conservateur que celui des conservateurs vis-à-vis des minorités! Je leur dis alors que je ne peux pas continuer de travailler avec eux. Avant de partir, je prends Fernand à part et lui dit qu'il ne faut pas écrire un programme pour les gens de Woodstock. Que, de toute manière, ils ne voteront pas pour les libéraux. C'est un fief conservateur connu et, qu'ils soient fâchés contre les libéraux ou non au moment de l'élection, ça ne changera rien.

«Tu ne connais rien à la politique!», m'a-t-il répondu. Je lui ai concédé sans réserve mon incompétence, mais lui ai clairement indiqué que bien des gens ne voteraient jamais pour un parti qui a peur. Finalement, Joe Daigle a perdu l'élection de 1978 par deux sièges. Il a même perdu des sièges dans les comtés francophones.

Le pire, c'est que les libéraux croyaient ce que je disais. Mais ils n'étaient pas prêts à défendre leurs propres idées, leurs propres convictions. Pour moi, il ne sert finalement à rien de prendre le pouvoir si tu promets de ne rien faire. Je me suis dit à ce moment-là que je ne ferais jamais de politique.

«Il m'a dit qu'il aurait été intéressé [à se présenter aux élections]. On a eu une discussion sur cela et ça l'intéressait beaucoup, beaucoup, et il était prêt à faire le pas. Mais là, il s'est passé quelque chose dans sa carrière et il était moins disponible [...] Il m'a indiqué son intérêt, oui. J'avais été très favorable. Ça aurait été une très bonne acquisition, Michel brasse les choses », rétorque Joe Daigle 40 ans plus tard.

Ce n'est pas tout à fait le cas. Je lui ai sans doute avoué que j'aurais aimé assumer un poste de ministre et que l'action politique m'intéresserait. C'est vrai. Je crois qu'un poste au cabinet est alléchant puisqu'on peut y influencer le gouvernement à sa manière. À l'époque, je suis naïf et je manque d'expérience, mais je n'ai jamais été prêt à faire le pas, en raison notamment de notre situation familiale. Puis, la partisanerie m'aurait sans aucun doute irrité au plus haut point. Votre mère n'aurait pas été très ouverte à l'idée non plus. Je lui ai d'ailleurs promis que je ne m'engagerais jamais, tant avec Joe Daigle qu'avec Richard Hatfield, parce que oui, Jean-Maurice Simard et Richard Hatfield m'ont demandé de me présenter. En prévision de l'élection de 1982, le premier ministre Hatfield a insisté pour que je me présente à Dieppe. Même si je ne suis pas ouvert à l'idée, mon frère Marc, qui est alors journaliste à Radio-Canada, entend des rumeurs relatives à ma candidature dans la circonscription de Caraquet, d'où vient Yolande. Ce n'est évidemment pas fondé.

Après mon refus, M. Hatfield m'a demandé si je voulais être sous-ministre adjoint au ministère de la Justice. Encore là, je lui ai dit non. Lorsqu'il me demande si je pouvais accepter de travailler pour le gouvernement, je lui réponds par l'affirmative, mais comme sous-ministre, pas sous-ministre adjoint. Il semble embêté et tente de me convaincre en me disant que ce serait pour assurer ma progression et être prêt à devenir sous-ministre. Je lui dis alors en toute franchise que je ne crois pas une seconde à ces promesses-là.

★★★

Quelques années après le rapatriement de la constitution, Roger Tassé me demande de me joindre à l'étude Lang Michener dans son bureau d'Ottawa. C'est là que je ferai la connaissance de Jean Chrétien. « Je savais qui il était, mais disons que je n'avais pas eu l'occasion de m'asseoir avec lui à l'époque [du rapatriement]. Il avisait Hatfield, donc il était dans l'entourage de Hatfield. Mais disons que je n'avais pas à faire directement avec lui, mais je savais qui il était », se rappelle Jean Chrétien plus de 35 ans après les événements.

Chez Lang Michener, Roger Tassé est conseiller du premier ministre Brian Mulroney dans le cadre des négociations concernant l'Accord du lac Meech, Paul LaBarge fait beaucoup de gestion au bureau, Eddie Goldenberg prend quelques causes et Jean Chrétien, eh bien, ce n'est plus vraiment un avocat. L'une des premières fois que je lui ai parlé au bureau, je lui ai demandé sur quelle cause il travaillait et il m'a répondu : « Non, non, moi je fais des négociations. »

Nous sommes en 1986 et Jean Chrétien prend une pause de la politique comme député. Finalement, il se présentera à la direction du Parti libéral du Canada et l'emportera contre Paul Martin. Mais avant cela, il prend quelques dossiers, notamment pour assister des autochtones. Un jour, il accueille au bureau un conseil de bande. Les dirigeants veulent intenter des poursuites contre le gouvernement fédéral. M. Chrétien me demande alors de m'occuper de l'aspect légal de leur demande. Je me souviens qu'il les a invités à s'asseoir devant lui et qu'il leur a dit : « Bon, avant que vous me disiez ce que vous voulez, moi je vais vous dire quelque chose : je ne suis pas un avocat, je ne vais pas aller en cour pour vous, je ne vais pas écrire d'opinion juridique pour vous. Si vous voulez mon aide personnelle, c'est pour des contacts, des réunions, pour convaincre le monde de faire des choses pour vous. Ça, je suis prêt à faire ça. Si vous avez un problème juridique, demandez à Michel. » M. Chrétien n'a jamais hésité à mettre cartes sur table. Il n'a jamais menti aux clients et n'a jamais fait croire des choses pour ses bénéfices et ceux du bureau. Lors de cette rencontre, il s'est penché vers moi et m'a chuchoté à l'oreille : « Michel, j'ai oublié le droit, ça fait 30 ans que je suis en Chambre. »

★★★

Jean Chrétien a vraiment un bureau politique chez Lang Michener. Son bureau est au bout du corridor et il n'y est pas très souvent. Il ne fait pas vraiment de droit, mais plutôt de la politique. Il prépare son retour. Il y a toujours des gens qui entrent et qui sortent. Il y a un sous-bureau dans le bureau qui appartient à Gordon Ritchie, un ancien ambassadeur aux Nations unies. M. Chrétien prend souvent le lunch avec M. Ritchie et le chef du NPD de la Saskatchewan Roy Romanow lorsqu'il est à Ottawa. Il discute souvent avec le premier ministre de l'Ontario, David Peterson et est également très proche de l'ancien premier ministre ontarien, le progressiste-conservateur Bill Davis.

Personnellement, je n'ai rien à voir avec ses affaires, outre en matière de droits autochtones par le truchement d'Eddie Goldenberg. Je le croise à l'occasion quand moi-même, je ne suis pas parti sur la route. « On se voyait, on prenait un café ensemble dans la bâtisse ou des choses comme ça. Oui, on était des amis, on se connaissait bien à ce moment. On n'allait pas manger ensemble, on n'était pas des amis pour jouer aux cartes, disons », explique Jean Chrétien. Je ne nous aurais pas qualifiés d'amis, quand même.

« Ils n'étaient pas dans la poche de l'autre, ce n'était pas une cabale ! Ils avaient une relation respectueuse. C'était un environnement amical et collégial. Je pense que ces deux hommes sont très privés de nature. Les deux sont assez réservés, ils ne le démontrent pas nécessairement, mais c'est profond », raconte notre ancien collègue Paul Labarge.

De fait, je suis un peu plus près d'Eddie Goldenberg à l'époque. Il est le plus fidèle allié de Jean Chrétien durant ses années en politique. Un jour, M. Chrétien et moi nous sommes rapprochés. Pas sur le plan personnel, vraiment, mais davantage au niveau politique. C'est que nous sommes alors plongés dans le débat du lac Meech. Roger Tassé est très en faveur. Le matin de l'annonce d'une entente, Roger festoie au bureau et demande à M. Chrétien d'appuyer l'entente au motif qu'elle aura alors plus de poids. Ce dernier dira plus tard qu'il n'a pas vraiment suivi l'affaire, et qu'il lui a simplement répondu : « Il faut que je réfléchisse : il faut que je voie. » Ce matin-là, je suis déçu. Déçu que cette entente ait été acceptée sans modifications. Comme je vous l'ai expliqué précédemment, les enfants, la raison principale est que nous venions d'obtenir la *Loi sur l'égalité des communautés linguistiques* au Nouveau-Brunswick et là, nous reculions, puisque nous étions définis à nouveau comme une minorité.

Jean Chrétien sait que je me suis impliqué avec les groupes de défense francophones dans ce dossier. Il me demande pourquoi je suis contre l'entente. Je lui explique alors ma position. Avec cet accord, il y aura un recul important pour les francophones hors Québec ; l'entente sera uniquement pour le bénéfice du Québec. Puis, il me dit : « Tu sais, Tassé est tout à fait de l'avis contraire. » Je lui réponds sans hésiter : « Oui, et il a tort. » Il trouve ma réplique bien drôle et me demande qu'on organise un petit débat pour qu'il se fasse une tête. Nous nous rassemblons donc dans la salle de réunion de Lang Michener avec quelques collègues. Roger Tassé donne d'abord son point de vue, puis j'enchaîne et nous débattons ensuite. L'exercice durera environ 45 minutes, puis M. Chrétien a tranché.

« J'ai toujours été préoccupé par le sort des francophones, disons que sur la substance de leur désaccord, je n'étais pas en position de mesurer, mais comme j'ai un peu tendance à être pour l'*underdog*, j'ai pris le côté de Michel vis-à-vis de Tassé, qui, quand il est arrivé le matin au bureau, était félicité par tout le monde. Michel n'était pas content », raconte Jean Chrétien en novembre 2018, tout en précisant que l'ancien premier ministre ontarien Bill Davis l'a également influencé dans sa prise de position.

Quelques heures plus tard, Jean Chrétien fera sa sortie publique contre l'Accord du lac Meech. Tel que rapporté dans les journaux de l'époque, M. Chrétien déclarera dans une émission de radio de Montréal : « Je suis très heureux pour M. Robert Bourassa et le premier ministre Mulroney, mais le gouvernement fédéral limitera beaucoup trop ses pouvoirs de partager les richesses. Ce qui va arriver c'est que [les provinces riches] auront leur argent et les pauvres ne l'auront pas. »

★★★

Lorsque j'ai quitté Lang Michener, Jean Chrétien prépare plus que jamais son retour en politique active. Il arpente plusieurs régions du pays pour rencontrer des leaders communautaires, des politiciens locaux et ainsi de suite. Il doit se créer un programme et il rencontre alors plusieurs experts dans différents champs d'activités. Je suis alors président-directeur général de l'Assomption Vie lorsque je reçois un message d'Eddie Goldenberg me demandant de lui envoyer quelques *pointers*, des indicateurs pour aider M. Chrétien dans ses réunions au Nouveau-Brunswick.

Je lui transmets dans un mémorandum confidentiel, une liste de préoccupations dont M. Chrétien devrait tenir compte. Entre autres choses, je lui souligne les questions acadiennes importantes. J'écris ceci : Les francophones veulent enchâsser la Loi 88 — la *Loi sur l'égalité des communautés linguistiques*. M. McKenna dit être d'accord, mais il sait qu'il y a un problème avec Ottawa (la Justice voit là un conflit avec le multiculturalisme et avec la nature même des garanties à enchâsser). Il retarde. Il va vouloir un PM qui soit prêt à l'aider avec le dossier. Il reste qu'il faut plutôt laisser parler M. McKenna et lui demander : « Comment puis-je t'aider avec le problème acadien ? » Je mentionne à Eddie Goldenberg que deux choses inquiètent le premier ministre McKenna : un changement possible de la juridiction sur les pêcheries et l'absence d'aide économique pour les infrastructures de la province. Je pense alors au système routier. « Il a besoin d'argent ! », ai-je écrit tout en ajoutant en pièce jointe le texte de la Loi 88.

M. Chrétien continuera à faire de même après être devenu le chef de l'Opposition officielle aux Communes. « M. Chrétien, quand il était chef de l'opposition, il cherchait des conseils des gens sérieux sur le plan économique, fiscal, politique extérieure et en droit constitutionnel. Et Michel a aidé dans ça », explique Eddie Goldenberg.

Je l'aide seulement parce que nous avons travaillé dans le même bureau et qu'on s'est entraidé à l'occasion. Je n'ai jamais été membre d'un parti politique et je n'ai jamais été rémunéré par un parti ni contribué financièrement à sa caisse électorale. De fait, au fédéral, je n'ai travaillé qu'une fois au programme des libéraux avant l'élection de 1993. Eddie Goldenberg avait demandé à l'avocat du cabinet BLG Guy Pratte de préparer quelque chose pour la campagne électorale eu égard à la réforme constitutionnelle portant sur les relations fédérales-provinciales. Guy m'a appelé et m'a demandé de l'aider, ce que j'ai fait. Nous avons passé deux jours, je pense, à rédiger des textes dont j'oublie la teneur. Quelque temps après, M. Chrétien me demande de me porter candidat pour le Parti libéral du Canada. Je lui réponds que ça ne sert à rien de me le demander, puisqu'il n'y a aucune circonscription qui soit disponible au Nouveau-Brunswick. Toutes les circonscriptions ont alors leurs candidats. Il me suggère de me présenter en Gaspésie et j'éclate de rire. Je n'ai jamais vécu en Gaspésie ! La discussion s'est arrêtée là et j'ignore si c'était une idée sérieuse.

« Je ne m'en rappelle pas. Des fois, tu dis à un gars "tu devrais être candidat", mais il y a bien des gens qui veulent se faire dire ça aussi. "Tu ferais un bon candidat", ça ne veut pas dire que tu l'as approché, que tu lui as offert un comté et que tu as parlé au président du comté », explique M. Chrétien. Pour ma part, il n'a jamais été question que je me présente. J'ai réalisé que la politique partisane, pour moi, ce n'est pas une avenue envisageable. De plus, les années passent alors que je suis à Assomption Vie et mon avenir n'est pas non plus dans le monde des assurances. Mon avenir, il sera dans un tribunal. Comme juge.

★★★

Les derniers mois chez Assomption Vie sont longs. J'ai informé le conseil d'administration que je ne renouvellerais pas mon contrat qui vient alors à échéance. Dans mon esprit, il est clair que j'effectuerai un retour dans le milieu du droit, et mon intention est ferme : je veux être juge à la Cour du Banc de la Reine. Je ne remplis cependant pas les critères d'admissibilité, n'ayant à peu près jamais plaidé au Nouveau-Brunswick. Je n'ai pas parlé de mes intentions à qui que ce soit, même pas à votre mère. Puis, un jour, je reçois un appel du juge Guy A. Richard. Je connais bien le juge Richard, notamment parce que sa fille Martine a été ma stagiaire chez Lang Michener et qu'elle a travaillé avec moi dans la cause Mahé.

Guy Richard m'informe que le poste de juge en chef du Nouveau-Brunswick sera laissé vacant d'ici 12 mois et m'incite fortement à postuler pour devenir juge à la Cour du Banc de la Reine du Nouveau-Brunswick, un tribunal de première instance. Il me dit alors : « Il faut absolument que ce soit quelqu'un de bilingue qui soit là, et quelqu'un qui peut faire justice aux francophones dans le système. En quittant l'Assomption, applique pour le poste de juge, moi je vais t'appuyer. Je vais m'organiser pour qu'il y ait beaucoup d'appuis ; donc, ça devrait marcher. »

Le juge Richard a beaucoup d'influence au Nouveau-Brunswick. Il a également ses entrées en politique. Il connaît très bien Jean Chrétien et Roméo LeBlanc. Le juge Richard et moi avons eu deux ou trois réunions et je lui ai finalement dit que ma nomination est utopique pour trois raisons : le gouvernement et le comité de sélection n'aiment pas nommer des professeurs d'université dans les cours de première instance ; la majorité des membres du comité de sélection sont anglophones et ils me percevront comme un nationaliste ; et je n'ai pas d'expérience de la pratique du droit au Nouveau-Brunswick. J'ai fait seulement deux ou trois procès chez moi. Ce n'est pas par manque d'intérêt, au contraire. En quittant l'Assomption, je veux retourner au droit, mais je ne veux surtout pas recommencer à parcourir le pays d'un océan à l'autre.

M. Richard parvient tout de même à me convaincre de postuler. Pour que ma candidature soit recevable, il faudra que je sois affilié à un cabinet. J'ai discuté avec le président du conseil d'administration du cabinet Stewart McKelvey de Moncton. Le fils du juge Richard, André, s'est joint aux discussions puisqu'il tenait à ce que je me joigne à eux. J'ai finalement signé une entente avec le cabinet et suis devenu associé.

Un beau jour, je reçois l'appel du Procureur général et ministre de la Justice, Allan Rock, qui m'informe que ma candidature est retenue pour un poste de juge à la Cour du Banc de la Reine du Nouveau-Brunswick. C'est la première fois que je parle à M. Rock. Il m'indique qu'une annonce sera faite dans les jours ou les semaines qui suivent. Je suis évidemment heureux de la tournure des événements. Je pourrai désormais exercer un métier qui me passionne et je suis d'autant plus heureux que ce soit à la Cour du Banc de la Reine, là où il y a des procès.

Allan Rock me rappelle toutefois quelques jours plus tard pour m'annoncer que je ne serai pas juge. « Le comité de sélection a voté contre et nous, on a juré qu'on ne nommerait personne qui ne serait pas appuyé par le comité », me dit-il au bout du fil. Une vingtaine d'années après les faits, Allan Rock a refusé de commenter.

Je sens alors que M. Chrétien est au courant de la situation. Contrairement à ce qui a été rapporté dans les journaux, en particulier dans le quotidien *Le Devoir* en décembre 2010, je n'ai jamais appelé le bureau du premier ministre pour demander quoi que ce soit. Dans l'article paru le 4 décembre 2010, un journaliste écrit que je « parle de [mes] ambitions à Roméo LeBlanc (originaire du Nouveau-Brunswick), qui s'apprête à devenir gouverneur général du Canada, que [je] connais bien ». Cette affirmation est complètement fausse. D'abord, je n'aurais jamais parlé à Roméo LeBlanc, puisque je ne le connaissais pas personnellement. Puis, je ne l'aurais tout simplement jamais approché. C'est que lorsque j'ai invité le ministre de la Justice du Canada, Marc Lalonde, à faire le discours d'ouverture à l'École de droit de l'Université de Moncton en 1978, plutôt que de l'inviter, lui, Roméo LeBlanc a très mal réagi. Mon cousin Bertin, qui a travaillé à son bureau, vous dira la même chose. « Aucune, aucune relation. Loin de là, je dirais. Roméo était un stratège politique, un animal politique. Il partageait sa visibilité avec Marc Lalonde, Jean Chrétien et le premier ministre Trudeau. Pas sûr qu'il aurait voulu partager cette visibilité-là avec quelqu'un d'autre. Michel était plus proche de Joe Daigle », dit-il.

Puis, le journaliste du *Devoir* poursuit en écrivant qu'« une source affirme que Michel Bastarache fait quelques appels auprès d'Eddie Goldenberg, alors conseiller de Chrétien ». Encore là, faux. « Jamais, jamais. Je ne sais pas [pourquoi les gens disent qu'il m'a appelé]. M'a-t-il dit un jour qu'il voulait être juge ? Peut-être, je ne m'en rappelle pas. Mais ce n'était pas du tout une campagne. Du tout. J'aurais été bien content s'il m'avait appelé. J'aurais trouvé cela tout à fait normal, mais il ne l'a pas fait », a-t-il dit en 2018. La vérité, c'est que je n'ai jamais parlé à M. Goldenberg, à M. Chrétien ou au chef de cabinet de ce dernier, Jean Pelletier, que je connaissais un peu. Je me suis toujours dit que si je devais un jour postuler, les gens responsables regarderaient mon dossier et me nommeraient uniquement si on me considérait comme la personne la plus qualifiée. Cela dit, je n'ai jamais douté de mes compétences pour faire le travail.

Deux mois plus tard, M. Rock me rappelle pour me dire que le juge Jean-Claude Angers de la Cour d'appel souhaite retourner à la Cour du Banc de la Reine et que son siège serait disponible. Je décide alors de postuler à nouveau.

«Il y a eu un problème avec le comité de sélection du Barreau parce que Moncton est francophone, mais Saint-Jean est anglophone. Ils avaient dit que Michel n'était pas qualifié pour la cour supérieure, mais très qualifié pour la Cour d'appel parce qu'il y avait une vacance francophone à la cour d'appel et une anglophone à l'autre. Ce qui était fantastique pour lui. Parce que dès qu'il est nommé à la Cour d'appel, il écrit beaucoup de jugements et est devenu un candidat idéal pour la Cour suprême», explique Eddie Goldenberg.

Deux mois plus tard, le ministre Rock me rappelle pour m'informer que je serai juge. Les enfants, vous devez vous demander pourquoi le gouvernement tient autant à me nommer juge. «Je connaissais sa réputation personnelle, qu'il avait été président de l'Assomption. Ça m'impressionnait. Qu'il était professeur d'université. Et là, on avait besoin d'un francophone à la Cour d'appel. J'ai consulté des gens, son nom est arrivé, et comme je l'aimais, je l'ai nommé. Comme je le connaissais, je l'ai nommé», répond Jean Chrétien.

***

Je sais alors que j'ai une pente abrupte à remonter pour convaincre les gens que je ne suis pas une nomination partisane. À la Cour d'appel, je reçois un accueil glacial de mes confrères. Je suis déterminé à faire le meilleur travail possible, mais la relation avec mes collègues est passablement difficile. Un jour, je rencontre le juge en chef William «Bill» Hoyt pour lui dire que les gens n'ont pas l'air très contents que je sois à la Cour avec eux. Il me répond: «Ils pensent que tu es comme Michel Blanchard», l'un des militants de la grève des étudiants de 1968 à l'Université de Moncton. Ils ne différencient pas les noms. Ils croient

«Je connaissais sa réputation personnelle, qu'il avait été président de l'Assomption. Ça m'impressionnait. Qu'il était professeur d'université. Et là, on avait besoin d'un francophone à la Cour d'appel. J'ai consulté des gens, son nom est arrivé, et comme je l'aimais, je l'ai nommé. Comme je le connaissais, je l'ai nommé», répond Jean Chrétien.

tous que je suis une espèce de révolutionnaire de l'Université de Moncton. Je lui ai dit qu'ils se trompent de personne, je n'étais même pas à Moncton en 1968 !

Bill leur a expliqué, tout le monde s'est détendu et nous nous sommes tous bien entendus. Je me suis offert pour écrire chaque fois que j'ai siégé. Plusieurs collègues étaient contents puisque cela allait alléger leur travail.

Les enfants, j'ai siégé pendant deux ans et demi à la Cour d'appel du Nouveau-Brunswick et je n'ai pas arrêté de travailler fort. À l'époque, j'adore tout de cet emploi. Je dactylographie mes décisions, je fais ma recherche moi-même, bref, je fais tout. Je suis parvenu à rendre 160 décisions durant mon passage à Fredericton. En guise de comparaison, j'ai rédigé 150 décisions en 11 ans à la Cour suprême. Le juge Hoyt et moi avons écrit environ 40 % des décisions de la Cour durant ces années. Nous avons tellement écrit de jugements que le ministère de la Justice a arrêté de publier les statistiques parce que ça paraissait trop mal pour certains juges.

Le droit criminel m'angoisse grandement à mon arrivée puisque je ne l'ai jamais pratiqué de ma vie. Je n'ai jamais plaidé de causes dans ce domaine. Mes seules connaissances remontent à mes études. Mais, dès le départ, j'ai la piqûre. Je n'aurais pas aimé pratiquer cet aspect du droit, mais je trouve la jurisprudence et l'interprétation du Code criminel tellement intéressantes. Contrairement au droit public, où il faut connaître tout le droit pour régler un problème, le droit criminel peut être pris un article à la fois. J'exagère, mais c'est pour dire que ce domaine est beaucoup moins généraliste. La forte majorité de nos causes sont de nature criminelle, ce qui me permet d'apprendre rapidement. De plus, je fais presque toutes les causes de droit de la famille parce que mes collègues n'aiment pas tellement cela.

Au début, lorsque je les entends me dire ce qu'ils pensent de ce domaine du droit, je suis convaincu que je n'aimerai pas cela. Les gens dans le milieu du droit ont toutes sortes de préjugés par rapport à ce domaine. Pour ma part, j'ai parfois dit à mes collègues que le droit de la famille compte cinq causes et deux lois, et que ça s'apprend en une journée. J'ai eu tort. Mais en réalité, le même problème revient souvent et le travail est souvent facile puisqu'il s'agit de traiter de divergences d'opinions sur les faits. Les choses complexes associées à ce domaine ne sont pas souvent de nature juridique.

La première décision que j'ai rendue dans une affaire complexe a été citée avec approbation par la Cour suprême du Canada peu de temps après ; elle a été citée au moins 5 000 fois à travers le Canada. C'est peut-être là que j'ai gagné le respect de mes collègues à la Cour. Puis, j'ai rendu une autre décision qui porte sur l'article 7 de la Charte. Il s'agit de l'histoire d'une femme qui vit de l'aide sociale et qui veut amener son affaire devant les tribunaux, mais qui n'a pas d'argent. Le fond de la décision a trait à la portée de l'article 7 de la *Charte canadienne des droits et libertés*, à son application lorsqu'une personne risque de perdre ses enfants ou quelque chose de fondamental dans sa vie. L'article 7 stipule que «chacun a droit à la vie, à la liberté et à la sécurité de sa personne ; il ne peut être porté atteinte à ce droit qu'en conformité avec les principes de justice fondamentale». Ma décision a eu pour conséquence d'élargir le principe de sécurité physique et de l'appliquer à la sécurité mentale. La Cour suprême a également approuvé cette décision et l'a citée. Ces deux décisions ont selon moi contribué à faire retenir ma candidature pour un siège à la Cour suprême.

★★★

Nous vivons une profonde tristesse. Je suis juge à la Cour d'appel du Nouveau-Brunswick. J'ai été PDG d'un fleuron acadien. J'ai gagné trois causes en Cour suprême du Canada, et pourtant, nous sommes, Yolande et moi, à l'Hôpital Chalmers de Fredericton. Dans mes bras, Émilie, tu es inerte. J'ai tellement pleuré. J'ai encore la gorge nouée en y pensant. Ta mère et moi avons voulu croire que ta mort n'était pas un drame, mais une délivrance pour toi. Durant les derniers mois, les pneumonies se succèdent et ton état se détériore rapidement. Ta mort, et celle de ton frère une décennie plus tôt, nous attristent encore énormément.

Mais la vie continue, même si votre mère et moi avons une maison bien vide maintenant. Comme c'est devenu mon habitude, je me suis réfugié dans le travail. Vivre un deuil comme celui-là m'a beaucoup changé. J'ai commencé à mieux comprendre le désarroi des gens qui vivent avec des personnes malades dont ils ont la garde et de ceux qui ont perdu un être cher. On développe un peu plus l'esprit de compassion. Quand je fais du droit criminel ou social, peut-être suis-je devenu plus sensible à la situation des victimes. J'ai continué à faire mon travail à la Cour d'appel du mieux que je pouvais. La vie à Fredericton est toutefois devenue longue et mélancolique. Votre mère et moi nous ennuyons beaucoup.

Quelques mois plus tard, toutefois, le juge néo-brunswickois à la Cour suprême du Canada, Gérard La Forest, a annoncé sa retraite. Un siège se libérera au plus haut tribunal du pays. Je suis convaincu que le gouvernement fédéral nommera une juge de la Nouvelle-Écosse.

«M. Bastarache, j'ai le plaisir de vous informer que vous êtes le choix du gouvernement pour siéger à la Cour suprême du Canada.»

Puis, le téléphone sonne. « M. Bastarache, j'ai le plaisir de vous informer que vous êtes le choix du gouvernement pour siéger à la Cour suprême du Canada. »

★★★

« Les critères que je cherchais, d'abord, la compétence. Deuxièmement, il n'y avait jamais eu un Acadien. Alors, j'ai nommé Roméo LeBlanc gouverneur général dans le même esprit. J'ai nommé Bastarache et Mme Arbour en Ontario. Mais les deux étaient des gens de calibre supérieur. Il n'y a jamais personne qui a dit que c'était des nominations d'incompétents. Au contraire. Ils ont tous deux eu une très, très bonne réputation. Mais c'était des francophones hors Québec tous les deux », raconte Jean Chrétien. Pourtant, l'opposition à la Chambre des communes se déchaînera. Je suis devenu, comme ça, un *prominent liberal*.

Le chef du Bloc Québécois, Gilles Duceppe, a ouvert le bal lors de la période des questions du 1er octobre 1997 : « Monsieur le président, aujourd'hui, le premier ministre vient de nommer un nouveau juge à la Cour suprême, M. Michel Bastarache, une nomination de toute évidence politique et selon un processus qui permet au premier ministre de nommer qui il veut, en fonction de ce qu'il veut. Le premier ministre ne trouve-t-il pas inacceptable, autant pour la crédibilité de la Cour suprême que pour le processus judiciaire, que les juges de la plus haute cour du Canada soient nommés par un seul homme, lui-même, sans aucune espèce de consultation publique ? »

Le Reform Party a enchaîné et je me suis une fois de plus retrouvé dans un tourbillon politique. Eddie Goldenberg explique 20 ans plus tard que le premier ministre Chrétien craignait à l'époque une réaction politico-médiatique disproportionnée. Il a même un peu hésité à me nommer. « Il ne voulait pas se faire critiquer. Il ne voulait pas que Bastarache lui-même soit critiqué pour avoir été une nomination de patronage. Mais c'était tellement clair qu'il n'y avait pas d'autres candidats de son calibre », dit-il. Et comment ont-ils choisi ? D'abord, il y a un siège libre. Puis, il existe une convention constitutionnelle qui sous-tend une représentation régionale. En vertu de cette convention, l'Atlantique compte un siège, le Québec et l'Ontario trois et l'Ouest deux. Il semblerait que les gens au ministère de la Justice ont regardé les dossiers. Généralement, un juge à la Cour suprême vient d'une cour d'appel provinciale et ce sont ses jugements qui sont examinés. Puis, le premier ministre Jean Chrétien tient absolument à avoir un juge bilingue. Or, l'apparence de proximité avec le premier ministre aurait pu ultimement me disqualifier.

Non, je n'ai pas postulé pour la Cour suprême du Canada. On ne postule pas pour ce poste à l'époque. Non, je n'ai pas approché qui que ce soit pour qu'on me nomme. Pour être bien honnête, je suis très bien à la Cour d'appel. À un point tel que lorsque je reçois l'appel du gouvernement, je demande un peu de temps pour en discuter avec le juge en chef Bill Hoyt. Ce dernier me dit même d'y penser à deux fois avant de précipiter une réponse. Il prendra lui-même sa retraite et mon nom circule pour le remplacer à titre de juge en chef du Nouveau-Brunswick. Or, on ne peut pas dire non à la Cour suprême.

Maintenant, il y a une question qui attend une réponse. Une question que nous devons nous poser comme société : doit-on disqualifier quelqu'un dans un processus de nomination parce qu'on le connaît ? Pas parce qu'il est un ami. La question est importante, elle est sincère. Elle se pose pour les nominations à la Cour suprême du Canada, à la magistrature, dans la fonction publique, dans l'entreprise privée et dans les ligues sportives, tiens.

Émilie, Jean-François, je marque une pause dans cette lettre. Je dois réfléchir. Je dois penser à cette surabondance de partisanerie qui nous afflige. Cette volonté de mettre en échec une personne pour ce qu'elle représente, plutôt que ce qu'elle est. Une idéologie politique a-t-elle plus d'importance que les compétences ? Misère.

> Maintenant, il y a une question qui attend une réponse. Une question que nous devons nous poser comme société : doit-on disqualifier quelqu'un dans un processus de nomination parce qu'on le connaît ?

★★★

« Mon conseil au premier ministre, je lui ai dit : "Si vous voulez le nommer parce que c'est votre ami, ce n'est pas une bonne nomination. Mais si vous décidez de ne pas le nommer, même s'il est très qualifié, mais son seul défaut c'est que vous avez travaillé ensemble, ce n'est pas une bonne raison de ne pas le nommer" », confie Eddie Goldenberg.

Jean Chrétien, lui, a son idée faite. Il veut prouver au monde entier, et surtout aux nationalistes québécois, que les Canadiens français ne sont pas des martyrs et qu'ils peuvent réussir au Canada. « Alors, j'étais premier ministre. Roméo était gouverneur général, Antonio Lamer était juge en chef. Jean Pelletier était mon chef de cabinet. Jocelyne Bourgon était greffière du Conseil privé. Un moment donné, il y avait cinq francophones à la Cour suprême sur neuf juges. Ensuite, l'ambassadeur du Canada à Washington, puis le chef de l'armée. Je veux dire, pour des martyrs, on n'était pas pire ! », dit-il sans hésiter une seconde.

Pour ma part, j'ai la conscience en paix. Je sais que je n'étais pas un amateur qui arrivait dans les ligues majeures. Je suis qualifié, compétent pour le poste qu'on m'assigne. Cela étant, je ne peux rester insensible aux critiques qui ont été lancées à mon endroit. Je suis encore blessé que l'on ait dit que je suis le résultat d'une nomination politique, comme s'il ne fallait pas s'attendre à grand-chose de moi. De fait, je n'ai jamais pensé que je serais considéré pour le poste lorsque le juge La Forest a annoncé son départ, et ce n'est pas parce que j'avais travaillé un tant soit peu avec M. Chrétien. C'est que je pensais que l'on voudrait nommer une femme et que l'on ne voudrait pas nommer deux personnes du Nouveau-Brunswick l'une après l'autre. On parlait dans les journaux d'une candidate de Terre-Neuve et une autre de la Nouvelle-Écosse.

Les enfants, être nommé à la Cour suprême du Canada est l'honneur ultime pour un juriste. Ne pas pouvoir apprécier pleinement cet honneur en raison de commentaires désobligeants de gens élus au Parlement du Canada fait mal. Très mal. Décidément, la partisanerie dépasse souvent largement le politique.

14
Le nouveau juge

ÉMILIE, JEAN-FRANÇOIS, je connais évidemment les attentes des francophones lorsque je suis nommé à la Cour suprême du Canada. Ces attentes, je les comprends, mais jamais je ne dévierai du respect rigoureux de la règle de droit. J'ai certainement une sensibilité pour les droits linguistiques, mais je ne suis pas unidimensionnel et je n'entends surtout pas devenir un juge activiste. J'arrive à la cour à l'automne 1997 dans un contexte fort particulier. Un an plus tôt, le gouvernement Chrétien a saisi la Cour suprême du Canada d'un renvoi sur la Sécession du Québec pour qu'elle détermine si le Québec peut se séparer du Canada de façon unilatérale. Nous sommes dans les années postréférendaires et la menace d'un nouveau référendum est bien présente. Je sais fort bien que nous serons occupés, voyant dans les journaux qu'il s'agit de « la cause du siècle ! »

Je dois me faire la main en arrivant à la Cour. Je me dois d'apprivoiser mon nouvel environnement et son fonctionnement, puisque ça ne ressemble pas du tout comme à la Cour d'appel. La nature des litiges et le fait de travailler avec les huit mêmes collègues comportent leur lot de défis. Qui plus est, il n'y a pas de « manuel du juge » avec toutes les règles de la Cour. Je dois tout apprendre et tout demander.

L'arrivée à la Cour suprême est l'une des choses les plus troublantes que j'aie vécues de ma vie professionnelle. Il est difficile de décrire le sentiment qui nous habite quand on prend son siège dans la salle d'audience. L'endroit est si solennel. S'asseoir avec huit sommités du droit canadien est certainement intimidant. Si prendre la parole pour la première fois en cour comme avocat est l'élément le moins terrorisant de mon expérience, le fait d'être assis à mon bureau à ne pas trop savoir comment faire m'insécurise grandement. Je joins alors une cour où la dernière retraite remonte à cinq ans plus tôt. Le groupe se connaît très bien et les juges ont tous leurs habitudes de travail.

Environ un mois après mon arrivée à la Cour, un drame survient. Notre collègue John Sopinka est mort. John a eu un parcours pour le moins atypique, ayant d'abord fait carrière au football professionnel. Il a joué pour les Argonauts de Toronto et les Alouettes de Montréal dans la Ligue canadienne de Football de 1955 à 1958. Comme avocat, il s'est fait remarquer notamment dans le procès de Susan Nelles, une infirmière de Toronto accusée d'avoir causé la mort de plusieurs

Jack Major et moi avons été adversaires devant les tribunaux, puis collègues à la Cour suprême. Au fil des ans, nous avons tissé des liens d'amitié très forts. (Crédit : Morris Fish, Archives de Michel Bastarache)

bébés malades à l'hôpital où elle travaillait. C'est une cause marquante dans les années 1980 et grâce à John Sopinka, Mme Nelles a été acquittée. Me Sopinka n'a jamais été juge avant que le premier ministre Brian Mulroney ne le nomme à la Cour suprême du Canada en 1988. Mes collègues le savent malade depuis quelque temps. Il souffre d'une maladie sanguine, mais très peu d'information circule à l'époque. Bref, le départ du juge Sopinka laissera un grand vide et tous ses collègues de longue date ont été profondément attristés par son départ.

Ian Binnie, un avocat et non un juge, sera nommé et nous rejoindra à l'hiver 1998. Ce choix inhabituel serait dû au fait que le premier ministre n'aurait pas aimé que deux juges de la Cour d'appel de l'Ontario aient fait l'objet de lobbying durant le processus de nomination.

Je ne mets pas beaucoup de temps à prendre mes aises et c'est beaucoup grâce à l'accueil chaleureux que j'ai reçu de mes collègues. Je pense surtout à Frank

Iacobucci et John C. Major, qui sont tous les deux à la Cour depuis quelques années et qui m'ont immédiatement invité à prendre le déjeuner avec eux. Nous avons développé une véritable amitié et avons multiplié les parties de golf et de tennis ensemble. « Quand tu fais cela, c'est parce que tu veux te détendre et faire des activités à l'extérieur de la Cour. Alors tu formes des amitiés. Ce sont les personnalités qui sont compatibles. C'est le développement normal d'une amitié. Ce n'est pas que je n'aimais pas d'autres juges, c'était qu'il n'y avait pas d'intérêts communs comme avec Michel et Jack. Ce n'était pas un club de tennis, évidemment ! C'était juste une façon de connecter avec les gens », explique Frank.

★★★

Les enfants, cela ne fait pas une journée que je suis juge que j'ai déjà hâte que le gouvernement nomme de nouveaux juges. Pas que je n'apprécie pas mes collègues, au contraire. C'est que je veux un nouveau bureau. Et vite ! Laissez-moi vous expliquer.

Tout cela commence avec l'adoption de la *Loi constitutionnelle de 1867*, qui crée le Dominion du Canada. À ce moment, les Pères de la Confédération ont en quelque sorte jeté les bases du système de justice que l'on connaît aujourd'hui. En vertu de cette loi, le gouverneur général, sur l'avis du Cabinet des ministres, nomme tous les juges des cours supérieures au Canada. Cela comprend évidemment les juges de la Cour suprême du Canada. Ces juges sont nommés, ne peuvent être congédiés, sont indépendants du pouvoir exécutif et peuvent rester en poste jusqu'à l'âge de 75 ans. Avant que n'entre en vigueur la *Loi constitutionnelle de 1867*, les décisions des cours d'appel provinciales peuvent être portées directement en appel devant le Comité judiciaire du Conseil privé, à Londres au Royaume-Uni. Notre nouvelle constitution autorisera le nouveau parlement fédéral à créer une cour générale d'appel pour le Canada. En 1875, soit huit ans après la Confédération canadienne, le Parlement crée la Cour suprême du Canada, qui n'a toutefois pas d'autorité ultime au Canada. Les décisions de ce tribunal peuvent être portées en appel devant le Comité judiciaire du Conseil privé. Ce n'est qu'en 1933 que cela changera pour les appels en matière criminelle, et en 1949 en matière civile. Initialement, on compte six juges à la Cour suprême du Canada, puis sept en 1927 et finalement neuf en 1949. C'est à ce moment que cette cour est devenue complètement indépendante. Au fil des ans, elle élit domicile à plusieurs endroits dans la capitale, notamment dans une salle de comité du Parlement, avant de se trouver là où elle est aujourd'hui, rue Wellington à Ottawa. Le site est tout simplement majestueux, le haut d'un rocher qui surplombe la rivière des Outaouais. En janvier 1946, les sept juges ont donc emménagé dans le nouvel édifice et trois ans plus tard, il manquait de bureaux pour accueillir les deux nouveaux juges. Ce sont donc de petites pièces qui servent de bureau aux deux juges juniors de la Cour.

Puis, lorsqu'un juge avec plus d'expérience prend sa retraite, c'est le déménagement pour s'assurer que le nouveau juge ait le plus petit bureau. L'attribution des bureaux, essentiellement, se fait en considérant l'ancienneté des juristes.

★★★

L'une de mes premières causes, si ce n'est la première, est de nature criminelle. Ce n'est pas mon domaine de prédilection. Cette cause, c'est R c. *Caslake*, une affaire de fouille de la Gendarmerie royale au Manitoba. Une histoire comme j'en entendrai souvent durant mes 11 années à la cour. Un agent des Ressources naturelles remarque la présence d'une automobile sur l'accotement d'une route près de Gimli, au Manitoba. L'agent sort de son véhicule et aperçoit à 30 ou 40 pieds de la route un homme se trouvant dans de hautes herbes. L'homme en question dit alors être allé se soulager dans les buissons. Après une courte conversation, ils sont retournés à leurs véhicules respectifs et l'automobiliste est parti. L'agent s'est alors rendu dans le secteur où il a d'abord aperçu l'homme et y a découvert un sac à déchets jaune contenant environ neuf livres de marijuana emballée dans de la cellophane. Il a alors communiqué avec la GRC pour obtenir du renfort. Il a rejoint le véhicule de l'homme, l'a arrêté pour possession de stupéfiants. Quelques instants plus tard, l'agent de la GRC est arrivé sur les lieux et a pris le relais en amenant l'homme au poste. Environ six heures après l'arrestation, l'agent de la GRC s'est rendu au garage, a déverrouillé le véhicule de l'homme en état d'arrestation et l'a fouillé sans mandat de perquisition et sans l'autorisation du propriétaire. L'agent a alors découvert 1 400 $ en espèces et deux paquets contenant chacun environ 0,25 g de cocaïne. D'après son témoignage, il a suivi les normes du corps policier, comme stipulé dans une politique qui a trait aux fouilles. L'homme qui a été arrêté a finalement été déclaré coupable de possession de marijuana en vue d'en faire le trafic, et de possession de cocaïne. Il a contesté la déclaration de culpabilité relative à la possession de cocaïne au motif que la fouille de son automobile s'est faite, selon lui, de façon abusive et que la cocaïne n'aurait pas dû être admise en preuve. Nous devons donc établir si la fouille a porté atteinte aux droits de l'accusé.

J'ai bien étudié les mémoires et je suis fin prêt pour cette cause. En cour, je pose quelques questions, sans gêne, aux avocats qui défilent devant nous. Puis, l'audience se termine et nous quittons la pièce par l'entremise de la porte située tout juste derrière le siège du juge en chef. Nous traversons rapidement le corridor pour nous retrouver dans la salle de conférence. Il s'agit d'une immense pièce avec des livres empilés dans des bibliothèques murales. C'est un endroit sacré à la Cour, un endroit très privé où seuls les juges sont admis. Aucun adjoint, aucun clerc et aucun employé de la Cour ne peuvent être présents lors des discussions. Il n'y a pas de procès-verbal et aucune discussion précise qui y a eu lieu ne peut sortir de ces quatre murs. C'est l'équivalent de la salle du cabinet au Parlement du Canada, mais encore plus privé.

Il y a un aspect majestueux à cette pièce. Un aspect historique, certes. Ces livres qui ne servent à rien amènent une ambiance encore plus solennelle. Et cette grande table ronde de bois massif qui est située au centre de la pièce ne fait qu'ajouter au sérieux de l'endroit. Elle compte neuf sièges, qui sont associés à chacun des juges en vertu de leur ancienneté à la cour. Tout près, des fauteuils sont dispersés dans un coin de détente. Nous pouvons y prendre un café et discuter librement après avoir donné nos robes à nos huissiers pour qu'ils les rangent dans le casier d'une pièce adjacente lorsque nous sommes appelés à revêtir l'apparat des cérémonies. Après chaque audience, nous nous rencontrons tous. Le juge en chef ouvre alors la discussion sur ce que nous avons entendu en audience. Cela dure une trentaine, voire une quarantaine de minutes et porte uniquement sur ce que nous devons trancher.

La réunion prendra toutefois une direction inattendue cette fois-là. Le juge en chef Antonio Lamer ne semble pas particulièrement enclin à rire. Un peu renfrogné, ses yeux me lancent des éclairs. Il ne semble pas avoir apprécié mes interventions en cour et il sait que je ne suis pas du même avis que lui dans cette cause. C'est alors qu'il procède en demandant l'avis des juges. Comme tout le monde, je donne le mien et lui le sien. Nous ouvrons la discussion. Je n'entrerai pas dans les détails de l'affaire, mais il n'y a pas unanimité, ce qui est tout à fait normal à la cour. Or, du côté des dissidents, il y a Charles Gonthier, Claire L'Heureux-Dubé et moi. C'est 4-3 et j'ai deux des trois juges du Québec avec moi. Lamer, l'autre juge québécois, écrira pour la majorité et moi, la dissidence. Antonio Lamer est un expert en droit criminel qui a enseigné de nombreuses années à l'Université de Montréal.

Certes, je suis sûr de moi et je crois que ma dissidence est valide. Mais Lamer est furieux parce que j'ai presque gagné et que certains nouveaux collègues ont hésité à l'appuyer. Lamer ou Bastarache? Le juge junior ou le juge en chef? Il y a un doute. Dans une conférence subséquente, Lamer me prendra à partie. Je ne sais trop pourquoi. Bref, durant cette réunion, il serre la mâchoire et visiblement, il n'a pas du tout apprécié ma position dans la cause R c. *Caslake*. Devant tout le monde, il s'exclame : « Tu ne devrais jamais écrire en droit criminel, tu ne connais rien là-dedans, Bastarache! Tu n'es pas ici pour ça! » Je suis pris de court, complètement surpris par son affirmation. Mes nouveaux collègues aussi, d'ailleurs. Je me suis donc approché de lui, très calmement, sous le regard attentif des autres juges et lui ai répondu :

« Quand j'ai été nommé, Antonio, sur la charte ça ne disait pas que j'étais nommé sauf pour les causes de droit criminel. Donc, je pense que je vais faire comme tous les autres juges ici et faire mon travail. Et par rapport à ma compétence, si je suis incompétent en droit criminel, c'est de ta faute. C'est de ta faute

Antonio, parce que c'est toi qui m'as enseigné ça à l'Université de Montréal. »
Tout le monde a bien ri.

***

Antonio Lamer est un homme dur, mais un homme d'expérience. Nous n'avons pas toujours été du même avis, bien au contraire, mais son approche au droit et son souci du détail m'ont beaucoup marqué. Je l'ai assez bien connu. Il m'a enseigné et j'ai plaidé à trois ou quatre reprises devant lui à la Cour suprême. À mon arrivée à la Cour, il n'est pas content parce que je ne suis pas le candidat qu'il aurait voulu. Ce n'est pas personnel, je pense. J'ai appris avec le temps qu'Antonio s'est plus ou moins compromis envers la candidate du consensus en Nouvelle-Écosse. J'ignore ce qu'il a dit à la juge Constance Glube, mais il est clair qu'il s'est engagé envers elle puisque après que je suis nommé, elle m'a appelé pour me féliciter et surtout pour me tendre une branche d'olivier. « Écoute Michel, je sais que tu vas entendre que j'étais sûre que j'allais être nommée et je veux te dire que je ne t'en veux pas, ce n'est pas toi qui t'es nommé toi-même ; on reste de bons amis », m'a-t-elle dit.

On m'a raconté que le juge Lamer aurait dit à Constance qu'il avait parlé au premier ministre Chrétien et qu'il s'était assuré qu'elle soit nommée. Lorsque j'ai demandé à Constance qui lui avait promis un siège au plus haut tribunal du pays, elle m'a répondu : « C'est Tony Lamer. »

Nous avons donc commencé notre relation de collègues avec quelques méprises. Il a toujours été difficile de plaire à Antonio. Dès ma première semaine à la Cour, je l'avise que je dois être conférencier principal à un important congrès de droit administratif à Toronto. Il me répond que je n'ai pas l'autorisation d'y aller. J'ignore qu'une telle autorisation est nécessaire. « Tu n'as pas besoin de mon autorisation pour y aller, mais tu as besoin de mon autorisation pour être payé. Tes dépenses, je ne les paierai pas », me dit-il. Je lui demande pourquoi et il rétorque que durant les semaines où la Cour siège, les juges ne peuvent pas donner de conférences. Or, la Cour ne siège pas ce jour-là. « Ça ne fait rien, c'est une semaine où on siège », dit-il fermement. Je lui dis alors que c'est bien dommage, mais que j'irai quand même parce qu'il est trop tard pour annuler. Il protestera un peu. Puis, quand je suis revenu, je lui ai envoyé ma facture. Il a finalement autorisé le remboursement.

Pendant au moins deux ans, Antonio a été très froid avec moi. Avant sa retraite en janvier 2000, il a commencé à sombrer de plus en plus dans l'alcool. Il s'est mis à boire beaucoup sur une base régulière. À la Cour, le téléphone sonnait à l'occasion et le propriétaire du restaurant où il se rendait dîner nous signalait son comportement erratique. La registraire de la Cour appelait ensuite la Gendarmerie royale du Canada qui envoyait un agent le chercher pour nous le ramener, tout en limitant les murmures au centre-ville d'Ottawa. Ces tristes épisodes ont déjà été relatés, notamment dans *Mighty Judgment*, un livre de Philip Slayton. Un petit comité de trois juges formés de Jack Major, Peter Cory et Charles Gonthier allait le voir à l'occasion pour lui demander de ne pas présider une audience en raison de son état d'ébriété. Ce ne sont pas des moments faciles. À tour de rôle, ils tenteront de le convaincre de quitter la Cour pour cause de maladie, de prendre sa retraite et de se refaire une santé. Il a fait preuve de ténacité, mais a finalement abdiqué avant d'atteindre la limite des 75 ans. Il aura siégé pendant 20 ans.

Un soir, il nous a invités à manger chez lui, votre mère et moi. Je crois sincèrement qu'il a voulu arranger les choses. « Sa femme était tellement gentille et elle m'avait fait un déjeuner avec des amis pour que je rencontre du monde. J'arrivais et je ne connaissais personne. Elle était vraiment correcte. Lui, il était bête. Mais il était bête avec bien du monde. Des femmes m'ont dit : "Ne t'en fais pas s'il te dit des bêtises, il est toujours de même" », raconte Yolande.

Quelques mois avant sa retraite, alors que mon frère Marc est venu me rendre visite à la Cour, Antonio l'a rencontré dans son bureau pour discuter quelques minutes. « Le juge Lamer m'a dit que son bureau pouvait bien devenir celui de mon frère. Il m'a montré son bureau et il avait l'impression que ça pouvait être Michel qui lui succéderait », soutient Marc. Je n'oublierai jamais cela. Malgré tous nos différends, j'ai passé trois années bien remplies à la Cour avec Antonio. Il demeure l'un des meilleurs juristes de sa génération, particulièrement en matière de droit criminel.

★★★

J'ai toujours cru à la dimension sociale du rôle de la Cour suprême du Canada. Les gens bien nantis peuvent influencer les politiques gouvernementales, les décisions du gouvernement et la façon dont les lois les touchent. Mais ce n'est pas le cas pour les gens qui ne sont pas privilégiés. Non seulement ils n'ont pas d'influence, mais souvent, ils ne comprennent pas le système et ne peuvent pas présenter leur cas. Comme juge, nous devons être sensibles à la condition des personnes vulnérables puisqu'en réalité, ils n'ont pas une chance égale. J'ai toujours été très préoccupé par cela. Je crois qu'il faut la justice sociale. Il faut éviter qu'il y ait des règles pour les riches et d'autres pour les pauvres. Pour moi, le système de justice doit être équitable pour tous. Et lorsqu'il est question de l'équité du procès, il faut penser que les gens ont droit à un procès équitable, pas à un procès parfait. Après tout, nous ne vivons pas dans un monde parfait. Il faut comprendre le point de vue des victimes, les besoins du système et respecter les droits de l'accusé. Il faut surtout s'assurer qu'une personne non coupable ne soit pas reconnue coupable.

J'ai toujours eu la même approche dans toutes les causes auxquelles j'ai participé. Aucune cause n'est plus importante qu'une autre du point de vue de la préparation. Quand elles sont plus difficiles et qu'il faut vraiment développer le droit, je trouve cependant cela plus intéressant. Je cherche, je lis beaucoup et je ne suis pas satisfait de citer un précédent, de suivre les autres. J'ai toujours ma propre idée de ce qui est juste. Je veux interpréter à ma façon les faits qu'on me présente. À la Cour d'appel, cette approche a très bien fonctionné avec un panel de trois juges. À la Cour suprême, ça m'a toutefois créé des ennuis.

En arrivant à la Cour suprême, je ne suis pas enclin à suivre les modes ou à accepter très facilement les analyses globales des *idéologues* nouveau genre. Je suis ouvert aux idées nouvelles et je veux en savoir plus sur chaque remise en cause. Mais je prends le temps d'apprendre. Je refuse d'être intégré dans le troupeau comme une brebis incapable de choisir son propre chemin. Pour me convaincre, il faut des faits et un raisonnement clair.

Ma collègue Rosalie Abella, que j'appelle affectueusement Rosie, a souvent dit qu'être juge, c'est comme être marié à huit personnes en même temps. Oui, Rosie est parfois excentrique dans ses exemples. Mais celui-ci résume très bien la dynamique à la Cour. Certes, il y a des discussions animées en conférence et en privé relativement à certaines causes. L'un des endroits où l'on se rencontre parfois est la salle à manger de la cour. Dépendamment des années et de la composition de la Cour, il y a plus ou moins de juges qui vont y manger. C'est toutefois une bonne occasion de discuter de certaines choses. Les longs procès médiatisés font l'objet de discussions, tout comme les idées de réforme qui ont cours.

Lorsque Beverley McLachlin a été nommée juge en chef, elle a commencé à organiser des dîners-conférences à la Cour pour améliorer la collégialité et informer les juges sur divers sujets d'actualité. Nous nous rassemblons pour le petit déjeuner et entendons un expert. Souvent, ces conférences sont de nature scientifique. Le lauréat d'un prix Nobel est venu nous parler de ses recherches. Un autre nous a expliqué le fonctionnement des *nano computers*. Brian Mulroney, l'ancien premier ministre, est venu parler du libre-échange. C'est de l'information qui nous aide à mieux comprendre le monde dans lequel on vit.

> Ma collègue Rosalie Abella, que j'appelle affectueusement Rosie, a souvent dit qu'être juge, c'est comme être marié à huit personnes en même temps.

Beverley McLachlin et moi avons été voisins au tribunal pendant quelques années. Ici, j'en suis à mes dernières heures à titre de juge à la Cour suprême du Canada. (Crédit : Cour suprême du Canada, Archives de Michel Bastarache)

Rapidement, je constate que ces petites conférences m'aident à poser de meilleures questions en cour. Dans certaines causes présentées plusieurs mois après une conférence particulière, je me suis senti beaucoup plus à l'aise avec le dossier et j'ai pu poser des questions plus pertinentes.

★★★

Les enfants, la charge de travail à la Cour est spectaculaire. De 1997 à 2008, nous avons rendu en moyenne une quarantaine de jugements par année après avoir considéré quelque 500 demandes d'autorisation. Le tiers des demandes d'autorisation sont présentées par des gens qui ne sont pas représentés par un avocat. Les avocats de la Cour formulent une recommandation écrite aux juges les invitant à accorder ou non l'autorisation d'être entendu. Ces avocats, qui sont une dizaine au total, vont trier les demandes, les rassembler si elles touchent une même question de droit, et faire un historique des causes entendues par le passé sur le même sujet.

Il est impératif que des questions juridiques d'intérêt national soient soulevées pour qu'une cause soit entendue par les juges. Si la Cour a entendu une cause similaire dans le passé récent, cela peut mener à un refus. Un comité de trois juges se penche sur chaque demande, et s'il n'y a pas unanimité, les autres juges vont se joindre à eux pour trancher. En 2007, la Cour a reçu 550 demandes d'autorisation et a rendu 69 jugements. L'année suivante, ma dernière à la Cour, nous avons reçu 448 demandes et rendu 51 jugements. « La Cour, il faut se rappeler, n'est pas créée pour effectuer une correction d'erreurs, c'est une cour qui est là pour établir l'état du droit dans un domaine quelconque ou développer l'état du droit ou donner un énoncé qui va guider les cours inférieures et le peuple canadien. Alors, elle choisit ses causes en fonction de ce qui est pertinent pour la Cour et du droit à un moment donné dans le temps et c'est toujours le cas », explique le registraire de la Cour suprême du Canada en 2018, Roger Bilodeau.

Un calcul rapide démontre que chaque juge rend en moyenne cinq à sept décisions par année. Mais ce n'est pas tout à fait comme cela qu'il faut évaluer le travail des juges. Certaines décisions sont rendues par la Cour dans son ensemble ou sont cosignées. Les juges dissidents vont écrire des motifs pour expliquer leur désaccord. Chaque juge est impliqué à un certain niveau dans toutes les causes. Durant mes années à la Cour, certains juges non signataires ont été très engagés même s'ils étaient dans la majorité parce qu'ils tenaient à ce que leur opinion soit retenue par l'auteur. L'attribution des causes en vue de préparer les motifs dépend de l'intérêt et du domaine de spécialisation du juge ; à l'époque du juge en chef Lamer, l'ancienneté était un critère extrêmement important. À l'époque, un juge senior voulant écrire la décision dans une cause attribuée à un juge plus junior pouvait obtenir la préséance.

Auteur plutôt prolifique à la Cour d'appel, j'ai dû ralentir la cadence contre mon gré à la Cour suprême. À la Cour suprême, nous sommes la plupart du temps neuf, parfois sept à siéger. Le partage des tâches est différent de celui de la cour d'appel. Ce qui est surtout différent c'est le niveau de stress quand on est confronté à des problèmes très difficiles. Personnellement, j'ai toujours cherché à écrire mes décisions en un mois, simplement parce que je ne veux pas avoir une série de jugements à rédiger sur mon bureau. Il est très difficile de rattraper le temps perdu si on accuse un retard dans la rédaction. Je n'ai pas une grande mémoire à court terme et je ne veux pas devoir recommencer mon travail. Ma façon de procéder a cependant mis de la pression sur certains de mes collègues qui préfèrent travailler au gré de leur humeur.

Certains juges ont trouvé très difficile l'impact de leur nomination sur leur vie sociale. Tout dépend du caractère de chacun et de la façon dont on organise sa vie. Pour moi, le plus difficile a été d'être enfermé dans mon bureau pratiquement deux semaines par mois à lire des documents sans avoir de contact soutenu avec qui que ce soit. C'est fatigant et à la longue ennuyant. En revanche, j'aime beaucoup les audiences, la rédaction des motifs et travailler avec mes clercs.

★★★

«Je me rappelle très bien quand j'ai reçu l'appel du juge Bastarache. Je sortais de mon appartement près de l'Université d'Ottawa et son assistante m'a dit: "Pouvez-vous garder la ligne, le juge Bastarache voudrait vous parler"», raconte en riant Caroline Magnan. C'est sans doute au printemps de 2005. Cette jeune étudiante de deuxième année à l'Université d'Ottawa m'a vraiment marqué. Comme la totalité des 30 clercs que j'ai embauchés en près de 11 ans à la Cour, elle a postulé, puis s'est présentée en entrevue avec moi. Au moment des entrevues, ces étudiants ont généralement 22, 23 ou 24 ans, ils sont premiers de leur classe et sont infiniment dynamiques. Ils ont des ambitions sans limites.

Tous les ans, je compte trois clercs que je choisis en suivant un processus de sélection très clair. Contrairement à ma collègue Claire L'Heureux-Dubé, qui interviewe tous les ans environ 80 jeunes, je préfère en interviewer 25. Pour arriver à cette liste, j'ai élaboré 20 critères. Je remets donc la liste des postulants à mes trois clercs du moment et leur dis de trouver les 25 meilleurs en fonction de mes critères. En entrevue, j'ai 30 minutes pour parler de la vision du droit des candidats. Je leur demande par exemple s'ils ont une approche optimiste ou pessimiste relativement à certains principes de droit constitutionnel. Je veux savoir quelle est leur philosophie, leur approche au droit plutôt que de savoir s'ils connaissent les causes que nous entendons. Je veux comprendre leurs méthodes de recherche. J'aime toujours avoir au moins un clerc qui n'a pas du tout la même philosophie que moi. Je veux être mis au défi intellectuellement. Je veux que ces jeunes puissent développer leurs capacités d'analyse. De ma liste finale, après les entrevues, je choisis directement trois jeunes qui travailleront avec

J'aime toujours avoir au moins un clerc qui n'a pas du tout la même philosophie que moi. Je veux être mis au défi intellectuellement.

À la Cour suprême, j'ai eu le plaisir de travailler avec des dizaines de clercs et d'employés. Ici, mon adjointe Michelle Fournier et mon huissier Alain Maisonneuve pour qui j'ai une profonde gratitude. (Crédit : Archives de Michel Bastarache)

moi l'année suivante. Il me faut toutefois en sélectionner neuf pour en garder trois puisque les autres juges plus expérimentés ont priorité.

Parmi mes critères, je veux toujours qu'il y ait un candidat des Maritimes, la région que je représente, si possible. Personne ne leur accorde d'attention durant mes premières années à la Cour. Puis, j'exige le bilinguisme fonctionnel. S'ils n'écrivent pas le français, ils doivent absolument le parler suffisamment pour entretenir une discussion. Je m'assure toujours d'avoir un clerc qui peut bien écrire en français. Et un bon français. Je soupçonne ma collègue Louise Charron d'avoir eu des critères similaires aux miens. Franco-ontarienne, elle et moi avons très souvent entendu les mêmes candidats en entrevue et, étonnamment, nous avons été dans les premiers à embaucher des candidates autochtones. Et cela au cours de la même année !

J'essaye toujours de retenir un francophone de l'Ouest et j'ai somme toute assez bien réussi. J'en ai presque toujours eu un de la Saskatchewan, de l'Alberta ou du

Manitoba. C'est le cas de Caroline Magnan, une Franco-Albertaine d'Edmonton qui a étudié à l'École Maurice-Lavallée après l'affaire Mahé. J'ai été impressionné par son intelligence et sa vivacité d'esprit. À son arrivée en 2007, je me doute bien que mon temps à la Cour suprême est compté et d'avoir une jeune femme qui a bénéficié de l'arrêt Mahé en Alberta pour étudier en français de la maternelle au secondaire est important pour moi. Ce jour-là, lorsqu'elle est sortie de son appartement, j'espérais sincèrement qu'elle accepterait l'offre que je m'apprêtais à lui faire.

« Il avait besoin d'une clerc, mais pas pour l'année suivante et donc ça me donnait une année entre la fin de mon année en droit et le début de mon stage. Il m'a dit : "Bien, tu pourrais faire ta maîtrise !" C'est ce que j'ai fait. J'ai pu aller à Harvard comme boursière faire ma maîtrise en droit fiscal international », raconte-t-elle. Puis, en 2007, elle a rejoint mon bureau à la Cour.

Même les juges font des discours ! À la Cour suprême du Canada, je pouvais en faire plus d'une dizaine par année. Contrairement à certains collègues, je tenais à écrire chacun de mes discours. (Crédit : Archives de Michel Bastarache)

Je sais que chaque juge a sa façon de fonctionner avec les clercs. Par exemple, certains vont leur demander de rédiger leurs discours. Je faisais en moyenne une quinzaine de discours par année et il s'agissait d'une lourde tâche. Personnellement, j'ai toujours écrit les miens. Pour ce qui est du travail régulier, je donne des directives précises et délègue le travail; j'effectue de nombreuses consultations en cours de route. Parfois je fais tout moi-même. Mais généralement, je me réserve la rédaction de la partie cruciale, faisant préparer la description des faits et la présentation de la jurisprudence à mes auxiliaires. En réalité, la méthode change en raison de ma charge de travail du moment, de la nature de la cause et des aptitudes du clerc chargé d'un travail.

J'essaye de ne pas être trop exigeant avec eux et j'évite de les déranger à deux heures du matin pour qu'ils accomplissent une tâche. Selon les rumeurs qui circulent dans les corridors de la Cour, certains de mes collègues ne se gênent pas pour faire des suivis de dossiers à toute heure de la journée. « Le juge Bastarache, tout le monde va vous dire qu'il est un *workaholic*. Il travaille tout le temps. Mais il ne l'exigeait pas de ses auxiliaires. Il m'envoyait des courriels à 2 heures du matin ou encore un samedi à 6 heures 30 ou un dimanche ensoleillé à 15 heures, mais je n'avais pas l'impression qu'il s'attendait à ce que je lui réponde jusqu'à lundi matin 9 h ou même que je le lise avant le lundi 9 heures. Pour lui, c'était très important que l'on continue d'être des êtres humains et qu'on ait une vie sociale », témoigne André Goldenberg, qui a été un de mes clercs en 2005-2006.

***

Mes clercs doivent préparer les causes avant les audiences. D'habitude, je veux qu'ils me préparent un mémorandum où qu'ils me résument les faits de la cause, les questions de droit, les décisions des cours inférieures et des arguments et prétentions des parties qui comparaîtront. Je veux toujours qu'ils me donnent leur opinion dès le début. Je veux les entendre, comprendre comment ils interprètent la cause. Je n'embauche pas des clercs pour qu'ils fassent des résumés, mais je veux leur opinion juridique. Mes collègues juges, en particulier Ian Binnie, vous diront que je suis généralement campé sur mes positions et que je mets rarement de l'eau dans mon vin. C'est vrai. Mais je leur réponds toujours que c'est parce que je connais la cause et que je suis préparé. Je suis allé à l'école de Gilbert Finn après tout. Jamais je ne participerais à une rencontre sans espérer être la personne la mieux préparée du groupe.

J'approche toujours une audience avec l'esprit ouvert et en me disant que les avocats pourront me convaincre avec leur plaidoirie. Mais je m'assure tout de même de bien lire et de bien analyser le mémoire de chaque partie. Avant chaque audience d'un appel, je rencontre mes clercs et je débats avec eux pour saisir tous les aspects d'une cause. Je leur demande s'ils ont des questions en tête que je pourrai poser aux parties. «Souvent, le juge Bastarache voulait vraiment savoir ce que je pensais, pas nécessairement sur la réponse elle-même à savoir qui gagne ou qui perd, mais sur le cadre analytique d'une question. Dans mes mémos, je lui écrivais que l'analyse devrait se faire comme ceci ou comme cela. Puis, il me dira ensuite le résultat», raconte André Goldenberg. Parfois, les réponses qu'André et les autres me donnent ne cadrent pas avec ma vision des choses et je déciderai autrement, mais je tiens à leur expliquer la raison de mon désaccord.

Je me suis forgé une réputation de juge sévère et dur à la cour. Pas dur dans mes relations interpersonnelles avec mes clercs et collègues, mais dur dans la salle d'audience. Des avocats ont confié à des proches que je suis l'un des juges les plus *ardus* parce que je ne me suis jamais gêné pour leur poser des questions difficiles. Je veux comprendre le fond de l'affaire pour rendre le meilleur jugement. «Je n'ai jamais cru qu'il avait une mission ou une perspective particulière parce que pour moi, c'était quelqu'un qui voulait examiner chaque question à fond et arriver à la bonne réponse pour chaque cas. Pour moi, c'est un juge classique. C'est le droit, la loi, la législation. L'interprétation de la loi et l'application des précédents qui vont guider la tâche du juge, peu importe le résultat», explique André Goldenberg.

Il est difficile de dire qu'il n'y a pas de différends idéologiques à la cour, puisqu'il y en a. C'est surtout dans le cas du droit criminel que cela se perçoit et cela dépend du fait que chaque juge a des valeurs profondes qui sont prises en considération. J'ai toujours eu un respect immense pour mes collègues Major et Iacobucci, bien que, en droit criminel, nous ne sommes pas alignés, alors là, pas du tout! À la cour, il y a une sorte d'alliance qui se forme dans les années 1990 entre Lamer, Cory, Major et Iacobucci. Ils voteront presque toujours ensemble en droit criminel. Morris Fish est du même avis. Je ne suis pas du tout d'accord avec leur approche et me suis régulièrement trouvé aux côtés des juges McLachlin, Gonthier, Charron et L'Heureux-Dubé. C'est presque comme aux États-Unis! Certes, il n'y a pas d'attaques entre juges comme chez nos voisins du sud, mais dès qu'il s'agit de droit criminel, il semble y avoir une division.

> Je me suis forgé une réputation de juge sévère et dur à la cour. Pas dur dans mes relations interpersonnelles avec mes clercs et collègues, mais dur dans la salle d'audience.

Lorsque ma bonne amie Louise Arbour est venue me rejoindre à la Cour en 1999, nous avons établi rapidement que nous laisserions nos différends idéologiques de côté. *We agree to disagree* sur bien des choses et donc les discussions sont limitées. La seule fois où nous avons eu une vraie discussion, c'est sur le droit des prisonniers de voter. La question soulevée dans le pourvoi *Sauvé c. Canada* en 2002 est : le législateur peut-il priver du droit de vote les auteurs d'actes criminels graves pour la durée de leur incarcération ? Gonthier, Major, L'Heureux-Dubé et moi avons dit « oui ». La juge en chef McLachlin, Iacobucci, LeBel, Binnie et Arbour ont dit « non ». Je trouve qu'il est inacceptable que le Parlement ne puisse pas adopter une loi afin de retirer le droit de vote durant leur incarcération. Je me demande pourquoi on serait obligé de donner à quelqu'un qui n'a aucun respect pour les lois le droit de choisir les législateurs qui vont adopter les lois qu'il va refuser lui-même de respecter. Louise et moi divergeons d'opinion sur les mérites de la loi et sa constitutionnalité. Notre analyse va souvent dépendre de notre point de vue à cet égard.

★★★

Nous sommes en 2004 et la cause *Syndicat Northcrest c. Amselem* aboutit à la Cour suprême du Canada. Je sens déjà que ça va mal finir. Cette affaire a trait à la difficile conciliation de la liberté de religion des uns et du droit des autres à la propriété privée, à la sécurité et au respect des contrats. Essentiellement, nous sommes appelés à décider si les appelants ont le droit de construire une *souccah* privée sur leur balcon durant les neuf jours de la fête juive du *Souccoth*, alors que cela viole la déclaration de copropriété des phases VI et VII du Sanctuaire du Mont-Royal, à Montréal au Québec. Le juge de première instance écrit ceci : « [...] le juif pratiquant doit, pendant une période de huit jours à compter du coucher du soleil de la première journée, résider dans une *souccah*, à savoir une petite cabane de bois ou de toile avec un toit ouvert vers le ciel et couvert seulement de branches de sapin ou de bambou, puisque le toit doit demeurer en grande partie à ciel ouvert. »

Le commandement biblique sous-tend qu'il faut habiter dans la *souccah*. Or, les conditions météorologiques ne permettant pas de l'habiter, la pratique religieuse obligatoire serait plutôt de prendre le repas du soir du premier jour et tous les repas du deuxième dans une *souccah*. L'obligation est plus flexible pour les jours suivants. Ainsi, en octobre 1997, M. Amselem demande au Syndicat Northcrest l'autorisation de construire une *souccah* pour 11 jours, soit du 14 au 25 octobre 1997. Cette permission lui a été refusée puisque cela irait à l'encontre de la déclaration de copropriété. Toutefois, le Syndicat a offert d'installer, à proximité d'une des tours d'habitation, une grande tente qui servirait de *souccah* commune à tous les copropriétaires de religion juive désirant célébrer la *Souccoth*. Cette offre a été acceptée par M. Amselem et le Congrès juif canadien.

Puis, même si M. Amselem avait donné son accord, les appelants (ils étaient quatre en tout) jugent l'offre inacceptable et construisent une *souccah* sur leur balcon, galerie ou patio jouxtant leur logement. Le Syndicat a entrepris des procédures judiciaires pour empêcher ces personnes de construire des *souccahs* sur les parties communes à usage exclusif de la copropriété dans l'avenir et pour les faire démolir ou démanteler.

Les juges Iacobucci, Arbour, McLachlin, Major et Fish ont tranché : Amselem avait le droit de construire sa *souccah*. C'est Frank Iacobucci qui signe alors la décision. Il écrit que « le demandeur qui invoque [la liberté de religion] n'est pas tenu de prouver l'existence de quelque obligation, exigence ou précepte religieux objectif. C'est le caractère religieux ou spirituel d'un acte qui entraîne la protection, non le fait que son observance soit obligatoire ou perçue comme telle. L'État n'est pas en mesure d'agir comme arbitre des dogmes religieux, et il ne devrait pas le devenir ».

En conférence, le ton monte d'un cran. Les juges Deschamps, LeBel et moi nous entendons pour dire que « la religion est un système de croyances et de pratiques basées sur certains préceptes religieux » et qu'« il faut établir un lien entre les croyances personnelles du fidèle et les préceptes de sa religion ». Dans la décision, j'écris, avec leur accord, que « pour faire valoir son objection de conscience, un requérant devra démontrer (1) l'existence d'un précepte religieux ; (2) la croyance sincère dans le caractère obligatoire de la pratique découlant de ce précepte ; et (3) l'existence d'un conflit entre la pratique et la règle ». Le juge Binnie est lui aussi dissident, mais il écrira sa propre décision.

En conférence, j'interpelle directement Major et Iacobucci. Je crois alors qu'ils sont en train de créer un précédent dangereux. Venant de Louise Arbour, je ne suis pas surpris, mais de ces deux-là, j'ai peine à le croire. Pour moi, la cause est remplie de trous qui nous empêchent, à mon avis, de donner raison à Amselem. D'abord, les plaignants affirment qu'il est obligatoire que leur signe religieux soit sur le balcon. Or, l'année précédente, ils l'avaient dans la cour. Puis, le Congrès juif du Canada avait accepté l'offre du Syndicat. Puis encore, les agents responsables de la sécurité et des incendies ont dit que cela créait un risque à la sécurité de tous les occupants de la tour d'habitation.

« Nous avons des opinions différentes. C'est un exemple où tu as deux personnes raisonnables, qui se respectent, et qui en viennent à deux conclusions différentes. Je ne peux pas aller au-delà de cela. Je n'ai pas changé d'opinion depuis cette cause. Et Michel non plus », affirme Frank Iacobucci en 2018.

Non seulement, n'ai-je pas changé d'idée, je n'en démords pas : cette décision de la majorité est absurde. Je maintiens qu'un individu ne peut pas changer la religion lui-même et qu'il ne peut pas créer sa propre religion parce que, par définition, une religion est une affaire collective. Selon Frank, rien ne prouve que ce soit collectif. « Je pense que tu peux avoir des accommodements raisonnables. C'est

Je maintiens qu'un individu ne peut pas changer la religion lui-même et qu'il ne peut pas créer sa propre religion parce que, par définition, une religion est une affaire collective.

une obligation constitutionnelle et je pense que c'était approprié d'avoir un accommodement raisonnable pour les juifs orthodoxes qui veulent célébrer la *Souccoth*. Là où le langage devient délicat, et je ne pense pas que ce qu'ils ont fait depuis a aidé, c'est la définition de la religion», dit Frank.

En conférence, nous débattons ferme puisque deux ou trois autres causes similaires se retrouveront devant les tribunaux. Il y a notamment une affaire de zonage. Par exemple, la liberté de religion peut-elle forcer une municipalité à changer ses règlements de zonage? Vu le précédent de Iacobucci, les plaignants vont avoir un argument qui peut à lui seul sceller l'affaire. Je n'en reviens pas.

15

Le globe-trotter

C'EST LA CONSTERNATION AU SEIN DU GROUPE. La valise Jack Major a été perdue par Air Canada. Le malheur, c'est que le pauvre juge appelle tous les jours pour
savoir si sa valise a été retrouvée. Nous sommes en Chine pour un voyage avec une
petite délégation de la Cour suprême, Jack, Berverley McLachlin, Nancy Brooks
et moi. Nous sommes tous accompagnés de nos conjoints. Jack, qui est généralement assez détendu, commence soudainement à s'impatienter. Tous les jours,
la compagnie aérienne l'assure qu'il aura sa valise le lendemain. Entre-temps, il
doit s'acheter de nouveaux vêtements. Or, Jack est très grand et les Chinois, eux,
sont plutôt de petite taille. Trouver des vêtements de la bonne grandeur est un défi
en soi. De fait, il n'a jamais trouvé de chaussures à sa pointure et a dû se procurer
des chaussures de sport. En fin de compte, il n'a jamais retrouvé sa valise durant
le voyage. Une fois arrivé à Ottawa, il recevra un appel d'un homme de Vancouver
lui disant que sa valise a été retrouvée dans le port de Vancouver, près du quai des
croisières. Il recevra finalement sa valise une dizaine de jours plus tard.

Mais les problèmes du juge Major ne se sont pas arrêtés là durant notre voyage.
Nous séjournons alors à un hôtel du gouvernement réservé pour les dignitaires
étrangers. L'épouse de Jack a décidé de mettre ses bijoux dans le coffre-fort de sa
chambre. Le matin, elle a eu du mal à l'ouvrir et a demandé à un employé de le
réparer. N'y pensant plus, elle a remis les bijoux dans le coffre le soir suivant. Le
lendemain, ils n'y sont plus. C'est la catastrophe. On ne peut évidemment pas
accuser le valet chinois de nous avoir volés. Quelle peine encourrait-il? À table,
au petit déjeuner, c'est le sujet de discussion. Jack explique qu'il a sorti le petit
coffre de son emplacement pour l'examiner, et semble-t-il, le secouer. Puis, les
responsables de l'hôtel sont venus l'examiner à leur tour. Tout le monde tente
alors d'établir ce qui se serait produit. Yolande suggère qu'ils ont sans doute rem-
placé le coffre par un autre sans vérifier son contenu. Le coffre-fort vide serait
donc simplement un coffre de remplacement. Il fallait faire preuve de doigté avec
les Chinois. Éviter une crise diplomatique, voilà notre principale préoccupation.
Sauf peut-être pour le couple Major. Déjà que Jack se promenait en chaussures de
sport, disons que leur voyage n'est pas un grand succès. Un petit groupe se dirige
alors vers les employés de l'hôtel et nous leur expliquons notre théorie. Sans pro-
tester, ils ouvrent l'ancien coffre-fort. Eurêka! Les bijoux de Mme Major y sont.

Les voyages avec la Cour suprême du Canada nous ont amené Yolande et moi jusqu'en Inde. Ici, nous prenons une petite pause devant le Taj Mahal. (Crédit : Archives de Michel Bastarache)

Son voyage est alors sauvé. Lorsqu'ils lui ont remis les bijoux, nous avons tous senti la pression retomber. Nous étions en plein voyage d'affaires où nous allions rencontrer des membres influents de la magistrature chinoise et honnêtement, je pense que la saga des bijoux est ce qui nous a le plus angoissés.

★★★

Les enfants, peu de gens savent que la Cour suprême entretient des relations diplomatiques. Lors de mon passage à la Cour, nous avons voyagé à de nombreuses reprises pour entretenir des relations avec d'autres tribunaux de partout dans le monde. Personnellement, j'ai pu voyager en Roumanie, en Inde, en Chine et en Russie, notamment. Dans tous les tribunaux du monde, il y a des thèmes juridiques qui sont communs. Les cours aiment donc voir comment divers sujets sont traités ailleurs et quelles décisions ont été prises en ce qui les concerne. En parallèle avec cela, les parlementaires ont beaucoup d'échanges avec de nombreux pays. Le travail qui se fait sur le plan juridique est similaire au politique à certains égards, mais il est moins fréquent.

Dans certains pays, on fait souvent face aux mêmes problèmes qu'au Canada. Par exemple, après les attentats de septembre 2001 aux États-Unis, tous les pays ont voulu réviser leurs lois antiterroristes. La question centrale est alors de trouver un équilibre entre le droit à la vie privée et la sécurité nationale. Tous les gouvernements se sont demandé comment gérer cette situation et il y a eu de nombreux échanges diplomatiques. Les gouvernements, les parlementaires et les tribunaux ont travaillé en ce sens. Pour la Cour, il a surtout été question de moderniser nos méthodes relativement à l'administration de la justice.

Il y a aussi des réseaux internationaux. Par exemple, au sein de la francophonie, deux organismes rassemblent les Cours suprêmes des pays francophones. La Cour suprême du Canada s'est jointe à ces organismes et participe régulièrement à ses activités soit en Europe, en Afrique ou encore au Canada. Il y a enfin des échanges bilatéraux qui se font périodiquement avec les Cours suprêmes des États-Unis, de l'Angleterre et de l'Inde. Tout le monde s'invite à tour de rôle pour échanger sur des questions d'intérêt commun et pour comparer ses notes sur des dossiers comparables.

Cette fois-là, c'est au tour de la Roumanie d'accueillir les cours des pays membres de l'Organisation internationale de la francophonie. Nous sommes donc au château Ceausescu en plein centre-ville de Bucarest. Toute la cour roumaine est dans la salle. La séance alors présidée par ma collègue, la juge en chef du Canada Beverley McLachlin. Tout d'un coup, les portes de la salle s'ouvrent toutes grandes et des gardes entrent. Ils annoncent que le Parlement réuni dans une salle avoisinante a démis tous les juges de leur fonction. Le juge en chef se lève et demande à l'Assemblée de condamner cet acte illégal. La séance est aussitôt levée. On se consulte et on détermine qu'il ne faut pas prendre parti et trouver une porte de sortie. Nous réalisons que l'Union européenne a prévu la chose et peut arbitrer. Nous reprenons la séance et proposons cette solution aux juges roumains. Dans la soirée, je me trouve à table près de la ministre de la Justice, une ancienne avocate impliquée dans des causes portant sur les droits de la personne. Je lui demande d'expliquer l'attaque sur l'indépendance judiciaire. Elle me dit : « Ils sont tous corrompus. Nous allons respecter l'indépendance judiciaire, mais il nous faut partir à neuf. » Il y a beaucoup de choses à découvrir lors de nos déplacements.

La fréquence de ces rencontres internationales est variable. Avec les États-Unis, c'est généralement tous les quatre ans, du moins lorsque je siégeais. Il y a un cycle plus ou moins habituel. La participation de la Cour m'a permis de rencontrer des juristes de toutes les provinces et de tous les territoires, ainsi que de nombreux juristes étrangers. Cela a été une véritable éducation et un privilège

Yolande et moi sur la place Rouge à Moscou, en Russie. Ensemble, nous avons fait le tour du monde... ou presque! (Crédit: Archives de Michel Bastarache)

aussi. Il est assez facile d'établir un dialogue avec les juges et de discuter avec eux de questions qui nous intéressent même si nous provenons de régions bien différentes et fonctionnons dans des systèmes juridiques différents.

★★★

Les enfants, c'est la première fois de ma vie que je mets les pieds en Russie. Nous sommes dans les années 1990 et Boris Eltsine dirige une nouvelle Russie après l'abolition de l'Union des républiques socialistes soviétiques (URSS). Dans cette nouvelle démocratie, les Russes souhaitent se doter d'un système de justice plus efficace.

Je suis invité à tenir des séminaires pour les juges de la Cour constitutionnelle de Russie et à participer à un petit colloque. Au tout début du programme instaurant ces rencontres, on m'informe que le président de la Cour veut bien faire ma connaissance. Marat Baglay m'invite à son bureau de Moscou pour une très courte rencontre. J'apprends quelques instants avant d'entrer dans son bureau qu'il a déjà eu une mauvaise expérience avec des Américains et qu'il a conclu qu'il n'a rien à apprendre d'eux. Et pour lui, le Canada et les États-Unis, c'est du pareil au même. Je suis avec mon épouse et Suzanne Labbé, qui représente à ce moment-là le Commissaire à la magistrature fédérale. Un interprète est également dans le bureau.

Je m'assois en face du président Baglay, qui est le juge en chef du tribunal; les deux autres sont en retrait. Nous discutons par l'entremise d'un interprète. Je me présente et lui explique brièvement comment je vois mon mandat. Il est très froid et impassible. Il écoute, mais de façon désintéressée. J'essaye de l'intéresser à mon programme en disant que je veux les connaître, échanger, comparer, apprendre tout en leur expliquant les forces et faiblesses de notre propre système. Je lui dis que l'objectif de notre délégation est d'établir des rapports un peu plus soutenus que des réunions comme on en a déjà avec plusieurs autres cours. Je lui dis simplement que nous savons que la Russie est en transition, qu'elle vit une nouvelle démocratie et que le rôle des tribunaux sera beaucoup plus important que dans le passé pour elle. Je lui dis très clairement que je m'intéresse beaucoup aux moyens qu'il compte employer pour parvenir à cela et comment il envisage cette transition. Je lui explique aussi comment le système fonctionne au Canada, mais sans vouloir lui faire la morale. Mon objectif, lui ai-je dit, ce n'est pas de leur montrer quoi faire, mais de travailler avec eux et de comparer nos deux systèmes. Peut-on apprendre l'un de l'autre? Je l'ai sans doute bien séduit en disant que l'approche canadienne n'est pas du tout similaire à celle employée par les Américains, qui font souvent preuve d'arrogance dans de telles circonstances selon les dires des Russes.

Dès lors, il commence à se détendre. Il me pose une question et je lui réponds délicatement. Je veux savoir quels domaines du droit l'intéressent davantage pour que je puisse proposer des comparaisons entre nos façons de résoudre les problèmes. Au moment où je lui pose la question, une préposée entre dans le bureau et lui souffle un mot à l'oreille. À n'en pas douter, il s'agit là du signal qu'il a commandé pour s'arracher à la rencontre. Je le vois clairement dans les yeux des fonctionnaires. À la surprise générale, il repousse d'un geste la préposée et fait rapprocher l'interprète. Il veut parler.

« C'était un vrai ours russe, bourru, calé dans sa chaise et on savait qu'il n'était pas bien heureux [...] Il avait reçu les Américains et les Allemands avant. Michel lui parle et le juge l'écoute, puis, soudainement, il est devenu moins grognon. Sa secrétaire, au bout de 15 minutes, vient lui parler à l'oreille, mais il la renvoie. Il me regarde ensuite et il me tend des chocolats russes. Michel continue à parler et lui, il s'avance sur la table, de plus en plus proche ; après une demi-heure, il était au milieu de la table pratiquement sur Michel à l'écouter. Ça a changé complètement, il était de bonne humeur, il était content, il nous parlait. Michel avait trouvé la bonne façon de leur parler et le juge s'est rendu compte que Michel était intéressé à eux. Et c'est comme ça qu'il convainc les gens, il s'intéresse aux gens. Fondamentalement. Et c'est comme ça qu'il réussit à percer », témoigne votre mère.

Nous avons poursuivi la discussion un bon moment. Par la suite, nous avons tenu plusieurs rencontres en Russie et au Canada. Nous avons abordé sept ou huit sujets très variés comme les droits de la personne, le fédéralisme, la taxation, le droit à la révision judiciaire, le renvoi sur la Sécession du Québec et le contrôle du terrorisme. À la fin, les Russes ont publié un livre avec nos textes respectifs. Ils ont changé leur façon de rédiger les décisions judiciaires pour donner les motifs clairs aux justiciables. La Cour a de fait annulé ensuite plusieurs décisions de leur Assemblée législative, la Douma. Au cours des divers séjours, nous avons eu des dîners très amusants ; nous avons dansé, nous avons parlé de la vie de famille et des problèmes de tous les jours.

★★★

Durant les années où j'ai siégé à la Cour, je suis sans doute le juge qui a le plus souvent travaillé avec les Russes. Antonio Lamer m'a délégué dans les années 1990 et Beverley McLachlin a simplement continué à m'offrir l'occasion de représenter notre institution. « Les gens étaient très intéressés à connaître le Canada et je crois qu'ils le sont encore. Nous sommes une nation qui agit bien sur le plan juridique depuis l'adoption de la *Charte canadienne des droits et libertés* en 1982 et à compter des années 2000, la Cour suprême du Canada est vue comme l'un des leaders mondiaux. Nous avons été invités à participer à de nombreux échanges et voyages. Je crois que la compréhension internationale de la règle de droit est très importante. Nous avons appris beaucoup aussi. Les gens nous regardent comme étant un exemple. Comme nous sommes devenus respectés sur la scène internationale, il est devenu crucial que nous soyons plus ouverts et que nous voyagions davantage», explique Beverley McLachlin.

Après mon départ de la Cour en 2008, les relations avec la Russie ont en quelque sorte pris fin. Quand j'ai arrêté, Beverley a demandé à Ian Binnie de le faire, puis à mon successeur, Thomas Cromwell. Je ne sais pas ce qui s'est produit, mais les rencontres bilatérales ont essentiellement pris fin. «Ce sont souvent des projets dans des périodes définies», précise le registraire de la Cour suprême du Canada, Roger Bilodeau.

Les enfants, j'entends souvent des personnes dire que les rapports avec la Russie et la Chine sont artificiels et inutiles. Je ne suis pas du tout de cet avis. Il faut se défaire des préjugés et créer un dialogue avec les juges étrangers. En Russie, par exemple, nous avons tenté de convaincre les juges d'épouser toutes les normes démocratiques qui sont les nôtres et qui sont la base même de notre système judiciaire. Nous ne discutions pas des cas politiques particuliers, mais bien des principes. Certes, leurs principes ne sont pas toujours les nôtres. La réputation de la Russie relativement aux droits de la personne n'a pas bonne presse, souvent à raison, mais aussi à tort. Ils ont en place des lois répressives qui sont appliquées de façon répressive. Mais je crois que les médias exagèrent dans leurs reportages en résumant la justice russe aux controverses entourant le groupe musical *Pussy Riots* qui enfreint les lois de la Russie en organisant des assemblées illégales. Évidemment, les dissidents russes n'ont pas les mêmes libertés que les Canadiens, mais il est dangereux de juger ce qui se produit dans un état étranger avec les lunettes canadiennes.

J'ai travaillé à plusieurs reprises avec les Russes et les progrès qu'ils ont faits depuis ma première rencontre avec le juge Baglay sont considérables. Auparavant, il y avait des pouvoirs de la police qui n'étaient absolument pas contrôlés. Ils ont mis en place des commissions de police, par exemple, et ça a certainement eu un impact. Durant cette période, le nombre de procès civils a quintuplé, ce qui signifie que les gens ont pu gagner une certaine confiance à l'égard des tribunaux. Ce sont des progrès pour les gens

Les enfants, j'entends souvent des personnes dire que les rapports avec la Russie et la Chine sont artificiels et inutiles. Je ne suis pas du tout de cet avis. Il faut se défaire des préjugés et créer un dialogue avec les juges étrangers.

ordinaires, pas pour ceux qui s'occupent de politique et des droits de la personne. À cet égard, ils n'ont pas fait les progrès qu'ils auraient dû faire, c'est bien évident.

Quand ils ont créé la Cour constitutionnelle dans les années 1990, avant que Vladimir Poutine ne prenne le pouvoir, la corruption était bien pire qu'après son arrivée à la présidence. Selon les juges que j'ai rencontrés, Poutine s'en est pris aux oligarques et a procédé à un grand ménage, mais pas toujours selon des règles de l'art.

Lorsque Vladimir Poutine a été élu, bien des Russes avaient peur de lui. Il a encore aujourd'hui la réputation d'un dur, d'un ancien agent du KGB et d'un gars extrêmement fort et arrogant. Dès son arrivée, il a fait adopter un projet de loi clairement inconstitutionnel. Dans la presse, on dit qu'il a manipulé les membres de l'Assemblée, les a menacés et c'est pour cela que la loi est passée. Quelqu'un présentera alors une requête à la Cour constitutionnelle et quelques semaines avant que la cause ne soit entendue, j'ai rencontré les juges qui s'apprêtaient à décider de la question constitutionnelle.

Un soir, après trois ou quatre verres de vin, je discute avec un des juges qui parlait assez bien en anglais. Il me dit: «Parmi mes collègues, il y en a qui ont vraiment peur de rendre une décision contre Poutine.» Je lui ai demandé s'ils allaient le faire. Il m'a confié qu'il plaidait pour que la Cour le fasse et qu'elle établisse sa légitimité. Or, il y a des risques rattachés à cela, lui ai-je dit. Le juge me chuchote que certains avancent l'hypothèse que les juges puissent être déplacés dans des tribunaux en Sibérie ou dans d'autres régions éloignées. Je lui ai demandé si ses collègues et lui avaient peur au point qu'ils ne pourraient exercer leur fonction en toute liberté. Finalement, il est parvenu à avoir une majorité et ils ont invalidé la loi.

Quelques mois plus tard, alors que leurs bureaux avaient été déménagés à Saint-Pétersbourg, Vladimir Poutine, qui a fait sa scolarité en droit à l'Université de Leningrad, leur rend visite. Le juge en question m'a raconté que Poutine est allé les voir et qu'il leur aurait dit qu'il était très mécontent de la décision, qu'il était sûr qu'il s'agissait d'un mauvais jugement. Selon lui, les juges n'avaient pas pris en compte les intérêts supérieurs de la nation. Mais il leur aurait dit du même souffle qu'il respectait leur décision et qu'il ne ferait rien en guise de riposte. Personnellement, je trouve que c'est un progrès digne de mention.

Le Canada a un rôle tellement important auprès des pays comme la Russie. Nous pouvons les influencer positivement, mais il faut être patients. Je ne crois pas qu'on donne l'exemple en faisant des boycottages et en ne leur parlant pas. Lorsque la juge en chef McLachlin a décliné l'invitation des Russes de participer à l'ouverture officielle de la Cour constitutionnelle à Saint-Pétersbourg, où tous les juges en chef des cours européennes étaient présents, la réaction de mes collègues russes n'a certainement pas été positive. À l'époque, elle leur aurait dit qu'elle avait d'autres engagements. Pour moi, un tel événement était extrêmement important sur le plan des relations bilatérales. Cette absence a été notée. Et les juges russes m'ont clairement signifié leur mécontentement.

★★★

Les enfants, les seuls rapports totalement inutiles dont j'ai été témoin sont ceux que j'ai connus à Cuba ; les juges y sont des fonctionnaires sans indépendance. La situation est la même pour le Vietnam, dont on m'a dit que toutes leurs décisions étaient sujettes à l'approbation des autorités militaires. C'est fondamentalement différent de ce que nous trouvons au Canada. Le fonctionnement de la Cour est aussi bien différent en Inde, un pays démocratique. Nous avons visité la Cour à New Delhi. Nous entrons alors dans la salle d'audience ; celle-ci est bondée. Toutes les places sont occupées et beaucoup de personnes se trouvent dans les couloirs. Au milieu de la salle, faisant face au tribunal, un très grand nombre d'avocats sont en ligne, en désordre, se bousculant vu le manque d'espace. Le juge en chef mentionne un nom et demande si l'avocat est présent. Il lui demande alors de se mettre au-devant du groupe et lui pose quelques questions. Une plaidoirie de quelques minutes est entendue, puis on demande l'avis du défendeur. L'affaire est prise en délibéré et on passe à la prochaine affaire. On nous dit alors qu'il y a jusqu'à 10 000 affaires en délibéré et que la plupart des décisions ne seront rendues que dans cinq à dix ans. Souvent, les décisions sont groupées par sujet. Ce n'est certes pas un système acceptable, d'autant plus que les juges nous ont dit que bon nombre de leurs décisions sont ignorées. De fait, lorsque le gouvernement n'est pas d'accord avec une décision en droit public, il va souvent procéder à un amendement constitutionnel pour l'invalider. Il est clair que la formule d'amendement n'est en rien comparable à la nôtre. Une telle façon de faire est consternante.

Comme je le mentionnais précédemment, ma seule expérience personnelle négative concerne une visite à Cuba. Un jour, l'Ambassade du Canada m'invite à me rendre à La Havane pour rencontrer les professeurs de la faculté de droit et y faire un discours à l'occasion de l'anniversaire de la *Charte canadienne des droits et libertés*. L'événement se déroule devant professeurs et étudiants. Puisque je suis vice-président de l'Institut canadien pour l'administration de la justice, on me demande aussi de rencontrer les juges et fonctionnaires responsables de la formation des juges. Je dois, en fin de programme, rencontrer le ministre de la Justice. En descendant de l'avion, je suis accueilli par deux fonctionnaires de l'Ambassade qui me disent que les autorités cubaines veulent une copie de mon discours. Je suis fort surpris. Sans trop poser de questions, je leur remets mon discours. Quelques heures plus tard, je rencontre à nouveau ces deux mêmes personnes. Elles me demandent de les accompagner pour leur parler dans le milieu du jardin. Craignant les écoutes téléphoniques, nous laissons tous nos téléphones portables fermés, à une bonne distance, au pied d'un arbre. Les enfants, on dirait qu'il s'agit d'une mission secrète, mais détrompez-vous, ce n'est qu'un simple discours. Ils me disent alors que mon discours n'a pas été approuvé. Je demande comment c'est possible puisque je ne parle que du Canada. On me répond que de dire qu'une chose est acceptable au Canada parce que «justifiable dans une société libre et démocratique», comme le prévoit l'article 1 de la *Charte canadienne des droits et libertés*, équivaut à dire que Cuba n'est pas une telle société si elle interdit la même chose. Je ne pourrai pas parler de l'article 1 de la Charte. On s'opposera aussi à d'autres passages. «Pour parler demain, il vous faut écrire un autre discours et le soumettre pour approbation», m'a-t-on dit. Je suis abasourdi. Je ne veux évidemment pas compromettre tout le voyage; j'écris donc un autre texte tard le soir et le soumets pour approbation. Les autorités cubaines l'ont accepté. Le gouvernement canadien a alors pris certaines précautions pour s'assurer que les relations diplomatiques ne seront pas compromises.

Malgré ces contraintes, environ 75 personnes ont assisté au discours; les fonctionnaires ont pris leurs noms. Les étudiants n'ont rien appris d'utile, mais une période de questions a permis un échange un peu plus riche. Toute controverse a été évitée. Le régime n'a pas apprécié la chose, n'ayant pu sanctionner à l'avance les questions et réponses. Tous mes rendez-vous ont donc été annulés. Voilà le régime cubain! Il n'y a pas de place là pour une coopération en matière judiciaire.

★★★

J'ai toujours pensé que pour influencer les autres nations en faveur de l'approche canadienne, il faut les visiter et discuter avec leurs représentants.

Émilie, Jean-François, j'ai pris goût aux relations diplomatiques durant mon passage à la Cour suprême du Canada. J'ai toujours pensé que pour influencer les autres nations en faveur de l'approche canadienne, il faut les visiter et discuter avec leurs représentants. Au fond, je suis d'avis que Richard Nixon a fait la bonne chose lorsqu'il s'est rendu en Chine, et ce, même s'il s'agissait d'un peuple étranger et qu'on craignait leur appui aux Viet Cong.

C'est pour cela que, lorsque j'ai quitté la Cour, j'ai accepté avec joie le mandat de siéger comme membre de la Cour constitutionnelle intérimaire du Kenya. Nous sommes en 2010, quelques années après les affrontements postélectoraux de 2007 et 2008 dans ce pays de l'Afrique orientale. Le conflit a mené à environ 1 200 morts, si bien que l'ancien secrétaire général de l'Organisation des Nations unies, Kofi Annan, est intervenu comme médiateur dans les discussions diplomatiques entre l'Union africaine et les parties en cause. M. Annan a élaboré un plan de retour à la stabilité sociale et politique et cela est passé notamment par l'adoption d'une toute nouvelle constitution. Cette constitution comprenait une réforme judiciaire, à commencer par celle du plus haut tribunal du pays. C'est ainsi que j'ai été appelé à siéger à cette cour, de façon intérimaire, avec six collègues kenyans, une collègue botswanaise et un Britannique. Notre mandat est alors de former une Cour constitutionnelle provisoire pour entendre les plaintes relatives à l'adoption de la nouvelle constitution et à l'élection qui suivrait.

Finalement, j'aurai travaillé un peu plus d'un an avec le Kenya et m'y suis rendu à deux reprises. J'ai certainement vécu une expérience enrichissante, mais j'ai rapidement constaté un choc dans nos approches en matière de justice. Lorsque je suis arrivé sur place, j'ai commencé par rencontrer les six juges du Kenya et tout de suite, il était évident qu'ils n'étaient pas là pour l'intérêt public. La seule chose dont ils parlaient, c'était les bénéfices qui étaient rattachés à leurs fonctions. Leur salaire, le chauffeur de service et les dépenses, par exemple. Ils parlaient juste de cela. Lorsque nous devions nous pencher sur des causes juridiques, seuls le Britannique Alistair Cameron Abernethy et moi parlions et discutions. Personne d'autre n'échangeait réellement. À la toute fin, les juges du Kenya nous ont dit que de toute manière, ce n'était pas très important puisqu'ils allaient embaucher un professeur d'université qui écrirait les décisions et que nous n'avions qu'à décider des résultats. Et au final, c'est ce qu'ils ont fait! C'est décourageant au fond.

Les enfants, je ne regrette pas mon travail au Kenya. Je crois que nous avons, mon collègue britannique et moi, et aussi la dame du Botswana, fait tout ce que nous pouvions pour changer la culture et l'approche à la justice. Or, nous avons manqué de munitions. J'ai beaucoup appris même si l'expérience n'a point été positive en ce qui a trait aux résultats. Concrètement, ça aura donné quoi? Certainement, cela m'a permis de continuer à prendre de l'expérience à l'international et, certes, cela a sans doute contribué à ma nomination à titre de vice-président, puis de président du tribunal administratif de l'Organisation des États américains. Dans ces fonctions, nous sommes six juges appelés à régler des conflits qui pourraient se présenter avec les membres du Secrétariat général de l'organisation en raison de décisions administratives.

Mais sur le terrain, mon engagement au Kenya n'a pas donné grand-chose. Les élections de 2013 et de 2017 ont mené à d'autres conflits et des dizaines de personnes sont mortes. Ce que je retiens de l'épisode kenyan, c'est un découragement complet par rapport à la possibilité de réformes institutionnelles dans ce pays.

16
Une cause historique

ÉMILIE, JEAN-FRANÇOIS, avec l'échec de l'accord constitutionnel du lac Meech, je viens de gagner mon pari. Je suis vivement opposé à cet accord, car il pénalise les francophones hors Québec et les Acadiens. Mais je ne me doute pas un instant que cet échec me rattrapera huit ans plus tard.

C'est que durant les débats entourant Meech, nous voulons assurer que les droits des francophones en milieu minoritaire seront renforcés. Le ministre responsable du dossier au sein du gouvernement Bourassa, Gil Rémillard, a d'ailleurs abondé en ce sens dans un colloque au Mont-Gabriel : « En somme, nos revendications pour adhérer à la *Loi constitutionnelle de 1982* se fondent sur trois objectifs principaux : la rendre acceptable pour le Québec, la bonifier au profit de l'ensemble de la fédération canadienne et améliorer la situation des francophones hors Québec. Ce dernier aspect nous est particulièrement important. En effet, la situation des francophones hors Québec sera l'une de nos préoccupations majeures pendant ces prochaines négociations constitutionnelles. » Or, dans la version finale de l'accord, cette grande priorité semble s'être évaporée puisqu'on nous qualifie désormais de « Canadiens d'expression française ». Des minoritaires. Nous ne sommes pas particulièrement heureux et le gouvernement de Frank McKenna saisit bien les doléances de la communauté acadienne. Il demandera au gouvernement fédéral d'inclure une nouvelle disposition constitutionnelle dans la *Charte canadienne des droits et libertés* qui a trait à l'égalité des deux communautés de langues officielles au Nouveau-Brunswick. La Loi 88 que j'ai jadis écrite devra être protégée de toute éventuelle modification constitutionnelle.

En mai 1990, un comité de la Chambre des communes, que préside alors le ministre Jean Charest, rend un rapport au premier ministre Mulroney recommandant que la proposition du gouvernement McKenna relative aux deux communautés de langues officielles soit intégrée à l'Accord du lac Meech. Après le dépôt du rapport Charest, le ministre de l'Environnement du Canada, Lucien Bouchard, démissionne de son poste et fonde par la suite le Bloc québécois, un parti souverainiste à la Chambre des communes. Dans sa lettre de démission, telle que relatée dans son livre *À visage découvert*, M. Bouchard dit ne pas pouvoir accepter « la banalisation du caractère distinct de la société québécoise par l'inscription, dans la même disposition, de l'égalité des communautés anglophones et francophones du Nouveau-Brunswick». Quelques semaines plus tard, l'accord a été rejeté par le Manitoba et Terre-Neuve et Labrador qui ont emboîté le pas au Nouveau-Brunswick dont le premier ministre libéral Frank McKenna a été le premier à exprimer de sérieuses réticences. On oublie souvent de mentionner que l'échec de l'entente du lac Meech a quelque chose à voir avec le fait que, durant les négociations, le gouvernement du Québec a adopté une nouvelle législation sur la langue d'affichage, législation qui a restreint de façon significative l'emploi de l'anglais. Dans plusieurs provinces, dont le Nouveau-Brunswick, l'appui à l'entente a fondu : Pourquoi satisfaire le Québec qui méprise ainsi les anglophones ?

Des libéraux provinciaux, à commencer par le premier ministre du Québec Robert Bourassa, adopteront un ton de plus en plus dur à l'égard des autres provinces canadiennes. «Monsieur le président, le Canada anglais doit comprendre de façon très claire que, quoi qu'on dise et quoi qu'on fasse, le Québec est, aujourd'hui et pour toujours, une société distincte, libre et capable d'assumer son destin et son développement», lance le premier ministre Bourassa à l'Assemblée nationale le 22 juin 1990. Ce discours a certainement marqué l'histoire du Québec. L'option souverainiste a fait un bond vertigineux dans les sondages et M. Bourassa devient à ce moment une force vive pour le mouvement nationaliste québécois. Il menace d'ailleurs le Canada de tenir un référendum sur la souveraineté au Québec dans ces semaines-là.

Le premier ministre canadien Brian Mulroney est nerveux et ressent le besoin de réconcilier une fois de plus le Canada et le Québec. Après le refus du Québec de signer la nouvelle constitution canadienne en 1982, M. Mulroney a fait de ce rapprochement une mission personnelle. L'échec de Meech lui a fait mal, mais il n'abdiquera pas.

En 1991, il décide de relancer le bal des négociations avec toutes les provinces et deux territoires pour en venir à une nouvelle entente constitutionnelle. Toutes les provinces, y compris le Québec, adoptent ce pacte. Il y a un détail cependant : le peuple canadien devra approuver l'accord par voie de référendum. Le référendum sur l'Accord de Charlottetown se tiendra alors le 26 octobre 1992.

Que comprend cet accord ? Un statut particulier au Québec en lui apposant un caractère distinct ; l'obligation que trois juges de la Cour suprême du Canada soient du Québec ; 25 % des sièges à la Chambre des communes seraient réservés au Québec ; un sénat élu, égal pour toutes les provinces et efficace. En parallèle, le Nouveau-Brunswick veut toujours que le principe de dualité des communautés linguistiques soit enchâssé dans la Constitution.

Je suis alors président de l'Assomption et complètement inactif au plan politique. Mes engagements se limitent à des représentations au gouvernement pour le compte de l'entreprise et je suis activement les causes de nature linguistique d'un bout à l'autre du pays. Puis, un jour, je reçois un appel du ministre de l'Emploi et de l'Immigration du Canada, Bernard Valcourt. Ce dernier est ministre responsable du Nouveau-Brunswick et veut me parler de l'Accord de Charlottetown. Durant nos échanges, il me demande de rencontrer Joe Clark, le responsable du gouvernement fédéral pour le référendum, puisqu'il se cherche un coprésident national.

J'ignore pourquoi il veut m'avoir dans son équipe. Probablement qu'il souhaite avoir un francophone non québécois. L'autre coprésident est aussi francophone, mais québécois, et il est un ami très proche de Brian Mulroney : Yves Fortier, l'ancien ambassadeur du Canada aux Nations unies, avocat reconnu partout dans le monde en matière d'arbitrage et de droit international.

Je ne sais toujours pas pourquoi j'ai accepté de m'engager là-dedans puisque ce n'est pas tellement un projet qui m'excite. Au contraire je suis assez indifférent, par opposition à l'accord de Meech où je ressentais le besoin de m'engager auprès des organismes francophones en milieu minoritaire. Je me dis que c'est leur deuxième essai après l'échec de Meech et que le fait que toutes les provinces ont accepté cette fois-ci nous permettra finalement de ramener le Québec dans le giron constitutionnel.

Mais dès le début, je sens que je regretterai mon engagement. Les organisateurs du camp du « Oui » ont eu la brillante idée de s'afficher uniquement en anglais lors du lancement de la campagne à Ottawa. Je me souviens de m'être présenté à l'événement et de ne voir que des « *Yes* » partout. Je ne peux pas le croire. C'est un manque de jugement incroyable de la part des organisateurs qui ont cru que de faire une campagne en criant *Yes*! leur assurerait la victoire. Des « *Yes* » partout : sur les affiches publicitaires et même dans les documents de presse remis aux médias. Drôlement mal commencé.

Pourtant, j'ai alors l'impression qu'on y arrivera. Il y a certaines parties du projet qui me paraissent importantes parce qu'elles transformeront le Canada de façon fondamentale, à commencer par la réforme du Sénat. Je me suis dit que je pourrais avoir une voix là-dedans. Mais je me suis vite rendu compte que ça ne fonctionnerait pas en raison des groupes de pression qui ont pris beaucoup trop de place. Tout le monde a voulu quelque chose pour lui sans s'occuper des impacts sur le reste. Ils n'ont pas vu cela comme un projet global où tout est inter-relié. Les autochtones ont rendu l'affaire quasiment impossible, les associations féministes aussi. Dans l'ouest, il y a toujours ce sentiment anti-Ontario qui est dur à expliquer ; de plus, ils n'aiment pas l'idée de renforcer le bilinguisme.

Personnellement, la moitié de mes efforts sont dédiées au Nouveau-Brunswick. Avec mon ami Fernand Landry, qui est alors au gouvernement, nous menons une solide campagne dans la province et au final, le Nouveau-Brunswick, l'Ontario, l'Île-du-Prince-Édouard, Terre-Neuve et les Territoires du Nord-Ouest sont les seules provinces et territoire à avoir dit « Oui » à l'accord. Un peu plus de 70 % des Canadiens se sont exprimés et 55 % l'ont rejeté.

Finalement, nous avons perdu et ça ne m'a pas empêché de dormir. Je leur ai rendu service et après, c'est fini. Je n'ai pratiquement jamais entendu parler de ma participation. On dirait que, malgré l'importance de l'affaire et de son coût et vu qu'il s'agit d'un référendum national, la population canadienne s'est lassée de l'affaire. On a publié les résultats, on en a fait l'analyse et tout d'un coup, on a arrêté d'en parler. C'est drôle parce que même durant les débats constitutionnels qui ont eu lieu après, presque personne ne s'est référé à l'entente de Charlottetown. Je ne sais pas pourquoi. On dirait seulement que ça a rapidement perdu toute son importance. Ou bien ça n'a tout simplement pas eu l'importance anticipée.

Avec 62 % d'appuis, le « Oui » a si bien fait au Nouveau-Brunswick que le gouvernement provincial a pu relancer les discussions bilatérales avec Ottawa pour enchâsser la *Loi sur les deux communautés linguistiques* dans la Charte. Le 12 mars 1993, l'article 16.1 recevra le sceau royal à Rideau Hall.

★★★

En 1994, au Québec, le mouvement indépendantiste prend plus de vigueur que jamais. Mario Dumont, un jeune libéral âgé de 25 ans, fonde l'Action démocratique du Québec et représente ce parti de centre droit, nationaliste, à l'Assemblée nationale. Le Parti québécois de Jacques Parizeau est élu. Durant la campagne électorale, la souveraineté est sur toutes les lèvres et le chef péquiste ne rate pas une occasion d'en faire la promotion. Une fois élu, il poursuit dans la même veine jusqu'en juin 1995 quand il annonce avoir signé un partenariat avec le Bloc québécois et l'Action démocratique du Québec. Ce partenariat servira de fondement pour le comité du « Oui » en prévision d'un référendum sur la souveraineté du Québec. La date de ce référendum : le 30 octobre 1995. Évidemment, étant Canadien, francophone hors Québec et Acadien, je suis contre une déclaration d'indépendance pour le Québec. Je n'ai aucunement milité lors de ce référendum et je n'ai pas participé au *Love in* au centre-ville de Montréal où des dizaines de milliers de Canadiens ont exprimé leur affection aux Québécois. D'abord, parce que ce n'est pas du tout mon genre. Et puis parce qu'en juillet 1995, le ministre de la Justice du Canada, Allan Rock, m'appelle pour m'annoncer que je suis nommé juge à la Cour d'appel du Nouveau-Brunswick.

Dans tout le contexte référendaire, les débats entre fédéralistes et souverainistes deviennent de plus en plus houleux. Avant même d'aller aux urnes, l'ancien candidat à la direction du Parti québécois en 1984, Me Guy Bertrand, désormais fédéraliste, entame une longue série de recours judiciaires pour annuler la tenue du référendum, une éventuelle victoire du *oui*, et tente ensuite d'empêcher le gouvernement du Québec de tenir un troisième référendum. Le gouvernement Chrétien jongle avec l'idée de participer à ces recours, mais chaque signe laissant présager un appui est alors vivement critiqué et attaqué par le gouvernement du Québec.

Le 30 octobre, 93,5 % des Québécois se rendent aux urnes et voteront oui ou non à cette question : « Acceptez-vous que le Québec devienne souverain, après avoir offert formellement au Canada un nouveau partenariat économique et politique, dans le cadre du projet de loi sur l'avenir du Québec et de l'entente du 12 juin 1995 ? » Le premier ministre Jean Chrétien et les membres de son gouvernement répètent à qui veut bien l'entendre que la question n'est pas claire et qu'elle décrédibilise l'option du « Oui ». La question aurait pu effectivement être plus claire.

En dépit d'une remontée fulgurante dans les intentions de vote avec l'arrivée de Lucien Bouchard comme grand leader, le camp du « Oui » perd le référendum. Le résultat final donne 50,58 % au camp du *non*, contre 49,42 % pour le *oui*. La défaite laisse un goût amer aux souverainistes qui croyaient pouvoir réaliser leur rêve d'indépendance. En dépit de la défaite, un certain optimisme jaillit en raison de la personnalité de Lucien Bouchard. Ce brillant avocat est un tribun hors de l'ordinaire. Charismatique, il a la capacité de tenir une foule dans le creux de sa main.

Pendant ce temps, à Ottawa, la victoire est douce-amère. Les libéraux savent très bien que cette victoire pourrait laisser place à une défaite retentissante si un autre référendum était déclenché dans l'avenir. Durant la campagne référendaire, une personne s'illustre chez les fédéralistes à Ottawa. Un professeur de sciences politiques à l'Université de Montréal multiplie les apparitions à la télévision nationale et défend avec vigueur l'option fédéraliste. Quelques semaines après le référendum, le premier ministre Jean Chrétien appelle le professeur en question et lui demande de faire le saut en politique. M. Chrétien semble alors vouloir redynamiser son équipe en particulier au Québec. Nous sommes à deux ans d'une élection générale et déjà, les murmures se multiplient dans le camp souverainiste : un troisième référendum s'en vient.

Le 25 janvier 1996, Stéphane Dion est nommé ministre des Affaires intergouvernementales canadiennes ; il sera élu député à la Chambre des communes en mars de la même année. Deux jours après l'arrivée de Dion en politique, Lucien Bouchard annonce qu'il quitte le Bloc québécois pour devenir chef du Parti québécois. Quelques jours plus tard, il devient premier ministre du Québec. La menace d'un troisième référendum est bien réelle et Stéphane Dion a la lourde tâche d'empêcher M. Bouchard de réussir à rallier l'opinion publique.

★★★

Pour Jean Chrétien, tout est une question de clarté. Une question claire dans un référendum est nécessaire. Mais il veut aussi savoir si le Québec peut décider, seul, de son sort au sein du Canada. Il est convaincu que non, mais pour lui, tout doit être défini. À Ottawa, les rumeurs s'emballent. Se joindra-t-il à l'avocat Guy Bertrand dans ses recours en justice ? Ce dernier argumente en décembre 1995 que les politiciens n'ont plus de crédibilité et qu'un arbitrage « neutre » doit avoir lieu pour que le public puisse avoir la vérité sur le plan juridique.

Ottawa continue de chercher une stratégie pour mieux définir le cadre d'un possible référendum. Les rumeurs fusent de toutes parts à Ottawa et finalement, le ministre de la Justice Allan Rock annonce, le 26 septembre 1996, qu'il soumettra à la Cour suprême du Canada trois questions dans le cadre d'un renvoi sur la sécession unilatérale du Québec. « Ce que nous disons, c'est que les Québécois doivent accepter un processus ordonné tout comme nous devons respecter les souhaits qu'ils expriment dans un référendum », déclare Allan Rock aux journalistes d'Ottawa.

★★★

« Moi, comme premier ministre du Québec, comme chef du Parti québécois, je pense que ce jugement, puisqu'il s'agira d'un jugement politique, sera nul et non avenu. Et nous n'en tiendrons aucun compte », lance Lucien Bouchard à une foule souverainiste en mai 1997. Dans les semaines qui suivent, le juge Gérard La Forest, qui représente les Maritimes, annonce sa retraite de la Cour suprême du Canada. Déjà que la cause occasionne des délais, cette annonce surprise d'un juge d'expérience qui est en poste depuis 12 ans retarde encore les choses. Le gouvernement Chrétien annonce ma nomination à la Cour suprême du Canada le 1er octobre 1997. « Bien, il y avait une vacance. On n'a pas créé une vacance pour le nommer. Je pense que le juge La Forest était à l'âge de la retraite ou il était tanné. Le Renvoi allait être plaidé. Qui était le juge le plus qualifié ? Et on ne sait jamais comment un juge va faire. Il y a bien des juges qui déçoivent ceux qui les ont nommés », raconte Eddie Goldenberg en 2018.

Aux Communes, comme dans la société civile, ma nomination est perçue comme un exemple supplémentaire que les dés du Renvoi à la Cour sont pipés en faveur du camp fédéraliste. « Ce n'est pas comme aux États-Unis. Je regardais si, dans leur carrière, ils avaient démontré qu'ils avaient été de bons juges. Ils n'étaient pas là pour promouvoir des causes, ils étaient là pour garder la loi et l'appliquer. Et lui, il appliquait la loi comme il la voyait. Il y a des juges qui pensent qu'ils sont là pour être au-dessus des députés de la chambre. Lui, il n'était pas comme ça », témoigne Jean Chrétien un peu plus de 20 ans après ma nomination.

J'arrive donc à la Cour dans un contexte extrêmement particulier. Les audiences sont encore repoussées. Nous entendrons la cause en février 1998. Ian Binnie se joindra à nous en janvier. La cause sera entendue durant une semaine.

Le gouvernement du Québec refuse de participer à ce Renvoi. La Cour suprême nomme donc André Joli-Cœur comme ami de la cour, *amicus curiae*, pour défendre

la position du Québec. Yves Fortier, coprésident avec moi du « Oui » dans le référendum sur l'Accord de Charlottetown est l'avocat principal du gouvernement
fédéral dans l'affaire. Les trois questions soumises à la cour sont précisément
les suivantes : 1) L'Assemblée nationale, la législature, ou le gouvernement du
Québec peut-il, en vertu de la Constitution du Canada, procéder unilatéralement
à la sécession du Québec du Canada ? ; 2) L'Assemblée nationale, la législature, ou
le gouvernement du Québec possède-t-il, en vertu du droit international, le droit
de procéder unilatéralement à la sécession du Québec du Canada ? À cet égard, en
vertu du droit international, existe-t-il un droit à l'autodétermination qui procurerait à l'Assemblée nationale, la législature, ou le gouvernement du Québec le droit
de procéder unilatéralement à la sécession du Québec du Canada ? ; 3) Lequel du
droit interne ou du droit international aurait préséance au Canada dans l'éventualité d'un conflit entre eux quant au droit de l'Assemblée nationale, de la législature ou du gouvernement du Québec de procéder unilatéralement à la sécession
du Québec du Canada ?

Pour moi, le cas du Québec doit être traité comme n'importe quel autre, en
dépit de sa portée historique. Il faut écarter l'aspect politique. Nous pouvons
être absolument justes parce que nous ne portons pas de jugement sur la qualité
du choix des citoyens du Québec. Personnellement, j'espère que nous pourrons
accommoder le Québec et inciter les Québécois à bâtir un Canada plus fort, mais
cela ne va pas influencer mon jugement dans l'affaire. La tâche que nous avons
devant nous est titanesque et j'ai bien l'intention de jouer un rôle déterminant.

★★★

Au cours des 11 années que j'ai passées à la Cour suprême, j'ai travaillé avec de
véritables ténors du droit canadien. J'ai trouvé en eux des gens d'une rigueur,
d'un esprit analytique et d'une minutie hors du commun. Avec Charles Gonthier,
j'ai eu affaire à un gentleman. Nommé à la Cour en 1989, il a déjà une longue
feuille de route à la magistrature. Charles a grandi dans un Montréal cossu avec
un père autodidacte qui a consacré sa vie à encourager les Canadiens français
à s'intéresser à la vie économique. Charles a déjà dit que c'est grâce à son père
que l'École des Hautes Études commerciales a vu le jour en 1907 et qu'il a été le
premier Canadien français à occuper les fonctions d'Auditeur général du Canada
de 1923 à 1939. Mais il a aussi une affection particulière pour sa mère, Kathleen
Doherty, Irlandaise d'origine. Cette branche familiale anglophone semble l'avoir
caractérisé durant sa vie professionnelle à Montréal et à Ottawa. Un ami a déjà
dit de Charles qu'il a toujours été un peu plus Doherty que Gonthier. Mais ce qui
ressort le plus chez Charles, c'est son intégrité et sa gentillesse.

Nous avons toujours été proches à la Cour. Je l'ai toujours apprécié puisqu'il
est un excellent juriste, particulièrement en droit civil. Il n'a pas beaucoup écrit

dans les autres domaines, mais il a toujours été doté de bon sens. C'est en quelque sorte un philosophe du droit. Il a constamment cherché à trouver de nouvelles solutions pour résoudre un problème juridique, tout en gardant en tête qu'il fallait développer un cadre pour assurer une justice sociale à long terme dans notre société. Jamais il ne s'est énervé. Avec Charles Gonthier, c'est le calme, la fraternité et l'approche professionnelle.

Il a toujours exercé ses fonctions en respectant ses valeurs chrétiennes profondes. Charles est un homme de principes. Et sa foi religieuse a été au cœur de plusieurs de ses jugements et surtout de ses dissidences comme dans M. c. H. sur le droit de réclamer une pension alimentaire chez les couples de même sexe.

Dès qu'une cause de droit civil apparaît sur notre bureau, le réflexe est de se tourner vers Charles. En cour, les avocats qui plaident s'adressent souvent directement à lui et ignorent presque tous les autres juges. Cela fait sans doute partie de leur stratégie. Convaincre Charles Gonthier peut être le moyen de gagner tous les juges de la Cour à leur avis.

Un jour, nous sommes dans la salle d'audience pour une cause dont je ne me rappelle plus le libellé. C'est une cause du Québec et le jeune plaideur devant nous me fixe et s'adresse à moi sans broncher. Il est passionné et ignore tous les autres juges. Je le laisse faire. Sans trop savoir pourquoi il m'adresse la parole, je me dis qu'il croit sans doute que je peux avoir une influence dans cette cause. Les minutes passent et l'avocat ne déroge pas de son plan. Puis, il cite une de mes décisions antérieures. À ce moment-là, tous les juges se regardent, incrédules. Il m'a pris pour Charles. La fête devait arrêter. Je l'interromps et lui dis : « Vous savez que vous parlez de moi, monsieur. » La réaction physique est venue instantanément ; le pauvre avocat est devenu rouge comme une tomate et a perdu tous ses moyens. Du coin de l'œil, j'aperçois Charles qui peine à contenir son rire.

★★★

Dans le Renvoi sur la Sécession, tous les juges savent que nous nous apprêtons à écrire un pan important de l'histoire du pays. Cela fait des années, voire des décennies que la confiance du public envers la Cour s'effrite. Le contexte politique est explosif. Le gouvernement fédéral songe à légiférer pour contrecarrer un possible référendum, et le gouvernement du Québec refuse de participer au Renvoi. Des politiciens à Québec et à Ottawa ne se gênent pas pour nous qualifier de juges et parties. Tout le monde ou presque s'attend à ce qu'on donne au gouvernement fédéral ce qu'il veut.

Notre désir est de rendre une décision unanime. Dès le départ, nous sommes sur la même page. D'habitude, le juge en chef Lamer aurait demandé l'avis à tous les juges en conférence puis aurait proposé d'écrire le brouillon ; les autres auraient émis des commentaires. « Si les commentaires étaient appuyés par les autres, quelque chose ressortirait pour satisfaire neuf personnes. Il y avait des nuances que certains aimaient, et que d'autres n'aimaient pas. C'était vraiment un effort collectif», se rappelle Jack Major.

Or, ce n'est pas ce qui s'est passé. Les premières réunions sont consacrées à des discussions très générales. Tout le monde offre des commentaires, mais, à ce moment-là, aucune réponse aux trois questions n'est avancée. Nous nous demandons plutôt: Va-t-on insister sur le droit international et arrêter ça là? Est-ce que c'est plutôt une question constitutionnelle que de droit international? Est-ce que ça peut être les deux à la fois? C'était ce genre de débat. Et des débats, il y en a eu au fil de nos quatre ou cinq réunions.

Les enfants, il y a le secret rattaché à cette pièce qui m'empêche de révéler le contenu de nos échanges. Je ne peux vous dire qui a dit quoi et quelles positions ont été défendues par l'un ou l'autre des juges. Je vous dirai cependant que si la décision n'est signée par personne, c'est que véritablement, tous ont participé d'une façon ou d'une autre à la formulation de la décision. Quelques juges ont présenté des textes portant sur des aspects de la cause. Certains ont proposé des modifications. Tous ont discuté les propositions. D'habitude, les réunions en conférence durent une trentaine de minutes. Dès la première réunion, je regarde ma montre et nous dépassons le cap d'une heure. Les débats sont chauds, respectueux, mais certainement animés. Je me souviens que Frank Iacobucci a rapidement pris un rôle de leadership dans ces discussions. «Il y a un groupe qui a fait beaucoup de travail et j'ai certainement recommandé qu'un plus petit groupe fasse le travail et que nous essayons d'en arriver à une décision par la Cour et qu'on soit unis», se souvient-il.

Soudainement, il se met à prendre en quelque sorte le rôle du juge en chef Lamer, qui lui, est plus distant, plus froid lors des débats. Certes, publiquement, Antonio est le seul à poser des questions durant les audiences pour préserver une image d'unité des juges de la Cour dans cette cause d'importance. Mais il est très inquiet de l'impact de ce Renvoi au Québec. D'abord, parce qu'il représente la province à la Cour et qu'il connaît ses particularités bien à elle. Certains ont réagi en disant en conférence «que le diable emporte la politique, nous ne sommes pas ici pour faire de la politique, le Parlement s'arrangera avec ça». Il y a certainement cette école de pensée et Antonio aurait pu se sentir isolé. Qui suis-je pour juger? C'est une impression. Certains ont parlé d'un malaise qui règne chez les juges québécois relativement au Renvoi, mais je doute que ça soit le cas. Peut-être pour Antonio, mais sûrement pas pour Charles qui s'est engagé à fond dès le départ.

Au début, j'ai soumis une série de suggestions. Tout le monde doit donner son opinion puisque personne ne sera désigné pour la rédaction du jugement. La discussion est dominée par ceux qui ont des points de vue plus développés à faire valoir. Le juge Lamer, après discussion, a insisté pour que tous acceptent que ce soit une décision de la Cour. Pas d'auteur. Une décision unanime et anonyme. Tout le monde aura participé.

Les semaines passent et plusieurs textes circulent dans les cabinets des juges. Pas tous les juges en ont écrit, mais tout le monde a lu et commenté les textes diffusés. Du groupe, Charles Gonthier, Ian Binnie – fraîchement débarqué à la Cour – et moi formons un groupe de rédaction. Charles travaille sur le fond de l'affaire, Ian surtout sur l'aspect du droit international, et moi pour le droit des minorités et les principes généraux. «Je supportais qu'il soit dans le groupe qui allait travailler là-dessus. Nous devions avoir non seulement le point de vue du Québec, mais celui des minorités, des enjeux francophones et des deux systèmes juridiques. Je voulais avoir sa perspective comme participant et il l'a donnée», raconte Frank Iacobucci qui suit de près nos efforts.

Ian Binnie a lui aussi une grosse commande avec l'aspect du droit international. C'est un aspect qui m'intéresse beaucoup. Je veux que ce soit beaucoup plus clair qu'une simple déclaration qu'«il n'y a pas de droit international applicable dans un cas comme celui-là». Je lui offre des commentaires, comme plusieurs autres. De son côté, Charles Gonthier ne fait pas de bruit, mais il s'active. Ses clercs parcourent les couloirs de la Cour d'un pas soutenu pour lui fournir des avis et des éléments de leurs recherches. La première version du texte qu'il nous a soumis ratisse très large.

Mes trois clercs, comme leurs collègues, veulent absolument participer à cette cause historique. L'affaire porte beaucoup sur le droit international et ils savent comme moi que nous tracerons les lignes du terrain de jeu politique. Il faut trouver toute la jurisprudence existante en la matière. Tout ce qui peut s'y rattacher. Dans l'une de nos rencontres, je leur dis que tous allaient mettre la main à la pâte et que les prochains mois seront très exigeants. Ce refrain, les autres juges aussi l'ont sans doute fredonné. «Nous avons travaillé là-dessus comme nous n'avions jamais travaillé auparavant. Nous avons eu plus de rencontres dans cette cause que dans n'importe quelle autre cause auxquelles j'ai participé en 14 ans. Nous avons tous fait notre propre version de ce que devait comprendre la décision. Les points majeurs. Pour que nous puissions avoir de la rétroaction et avec ces indications, nous les mettions ensemble pour faire un jugement plus large. Toute l'approche était beaucoup plus participative que pour n'importe quel autre jugement», raconte Frank Iacobucci.

À la lecture du texte de Charles, je trouve qu'il manque de moelle. Il rate la cible à certains égards. Assis devant lui, je lui dis: «Charles, il n'y a rien sur les minorités dans ton texte. Si tu veux proposer des principes, il te faut en avoir un qui traite de cela.» Il hoche de la tête. Il m'a vu venir, le «justicier des minorités francophones».

Gonthier n'est pas un gars qui discute fort. Il parle lentement, mais lorsqu'il s'exprime, tous les juges l'écoutent. C'est un gars très réfléchi et crédible qui ne va jamais dire des choses qui n'ont pas de sens. Évidemment, nous pouvons ne pas être d'accord, mais c'est toujours rationnel et respectueux. Charles m'a dit tôt dans le processus qu'il tenait à participer à cette cause parce qu'il se considérait à la fois comme anglophone et francophone. L'esprit du compromis est très important pour lui et je crois que c'est pour cela qu'il s'est autant engagé dès le début.

Bref, nos discussions débouchent et nous nous entendons sur la place prépondérante que doivent prendre les notions de droit des minorités dans le texte. Nous savons qu'en ouvrant cette porte, nous entraînerons des collègues qui voudront inclure le droit des peuples autochtones. Déjà, nous progressons.

***

Sur le fond, nous sommes tous d'accord que le Québec ne peut pas se séparer unilatéralement. Tous les juges sans exception. L'enjeu est de trouver une formule qui soit acceptable tant au Québec que dans le reste du Canada. Le défi est entier et c'est à ce moment qu'on s'est tourné vers les principes fondamentaux de la Constitution. En se rattachant aux principes, on va conclure que si le Québec fait un référendum et que le résultat est clair et net, il y aura une obligation de négocier avec le Canada. C'est ça que nous inventerons et qui n'existait pas au moment où nous avons ouvert le débat.

En conférence, Charles et moi abordons la question des minorités avec nos collègues. Notre texte tient compte de l'avis qu'une sécession du Québec aurait un impact extraordinaire sur les minorités d'un bout à l'autre du pays et que nous ne pouvons passer sous silence cet aspect du problème. Rapidement, mes collègues acceptent de traiter de la question dans le document général. Comme prévu, d'autres soulèveront l'impact d'une sécession sur les autochtones. Tout déboule et la majorité des juges donnent leur avis sur d'autres aspects de la décision.

Nous faisons alors face à un défi juridique complètement inconnu. Sur les principes, nous sommes finalement tous d'accord. Mais les questions demeurent

Sur le fond, nous sommes tous d'accord que le Québec ne peut pas se séparer unilatéralement. Tous les juges sans exception. L'enjeu est de trouver une formule qui soit acceptable tant au Québec que dans le reste du Canada.

entières : Comment s'y prend-on? Quelles lois vont nous amener au résultat? Sur quoi allons-nous nous baser? La constitution ne dit absolument rien là-dessus.

Notre seule certitude a trait à la question du droit international. C'est tellement clair. Pour avoir le droit unilatéral de se séparer d'une fédération, il faut être victime de discrimination, de domination politique et en subir des séquelles épouvantables. Le Canada n'occupe quand même pas le Québec ! Et non, la crise d'Octobre, bien qu'elle représente un événement sombre de l'histoire de la province, ne cadre pas dans la définition d'une occupation militaire et politique. C'est un bien triste événement, déplorable certes, mais il a été isolé et limité. Le Québec n'entrerait jamais dans les catégories de nations victimes d'oppression telles que le reconnaît le droit international. Il s'agit tout de même d'une nation riche et indépendante sur le plan culturel. Et justement, culturellement, qu'est-ce qui empêche le Québec de se développer? Absolument rien. En fait, les Québécois sont très favorisés par le fédéralisme en ce sens que la province reçoit environ 37 % de toutes les dépenses fédérales en matière de culture. Les Québécois représentent alors le quart de la population canadienne. Tous les cinq ou six ans, le poids démographique du Québec dans la fédération glisse d'environ un point de pourcentage en raison de l'immigration et du faible taux de natalité.

Il faut aussi aborder la question du pourcentage requis pour légitimer l'accession à la souveraineté. Je ne me souviens pas exactement comment nous en sommes arrivés à la décision de la « majorité claire » sans nous référer à un pourcentage. Les enfants, ma mémoire fait défaut. J'ai peine à me souvenir si nous avons tenu un vote sur ce point. Ce n'est pas tous les juges qui se sont exprimés sur chaque élément durant les discussions. Les discussions vont engager quatre ou cinq juges, dépendant du thème. Les participants changent quand on aborde un autre thème. Certaines questions ont nécessité des votes, du moins, si ma mémoire m'est fidèle.

« C'est confidentiel. D'autres juges parleront peut-être de ce qui s'est passé. Mais je ne peux pas vous le dire », soutient Beverley McLachlin lorsque je lui demande de me rafraîchir la mémoire.

★★★

Le 20 août 1998, nous rendons notre décision, qui compte environ 80 pages, dans laquelle nous répondons aux questions que le gouvernement fédéral nous a transmises. La démarche a été longue et ardue. Les enfants, nous avons épluché des milliers de pages de documents et à la fin, nous avons cité une quarantaine d'arrêts jurisprudentiels de domaines très variés, des dizaines de lois, règlements et doctrines. Nous répondons ainsi aux trois questions qui nous ont été soumises.

1) **Est-ce que le Québec peut se séparer de façon unilatérale en vertu de notre constitution?**

Non. Le Québec ne pourrait pas se séparer du Canada sans d'abord avoir négocié une sortie, et ce, même avec une majorité claire. «Les négociations devraient traiter des intérêts des autres provinces, du gouvernement fédéral, du Québec et, en fait, des droits de tous les Canadiens à l'intérieur et à l'extérieur du Québec, et plus particulièrement des droits des minorités», peut-on lire dans la décision. Cette conclusion est fondée sur les principes non écrits de démocratie et de fédéralisme. Ce sont là des principes qui ont une force normative dans les circonstances.

2) **En vertu du droit international, est-ce que le gouvernement du Québec ou la législature a le droit de procéder unilatéralement à la sécession du Québec du Canada? Y a-t-il un droit à l'autodétermination qui procurerait au Québec le droit de procéder unilatéralement à la sécession du Québec du Canada?**

Non. Bien sûr, tous les peuples ont le droit de déterminer leur statut politique et de disposer d'eux-mêmes. Ils ont le droit de se développer économiquement, socialement et culturellement. Nous le mentionnons d'ailleurs dans la décision, il s'agit d'un principe consacré dans la Charte des Nations unies. Toutefois, ce droit vise les peuples colonisés pour leur permettre de se libérer d'une puissance que nous pouvons qualifier d'«impériale» ou encore, dans certaines circonstances, des populations opprimées. Mais nous décidons que ce principe n'est pas pertinent dans ce renvoi. «Le Québec ne constitue pas un peuple colonisé ou opprimé, et on ne peut pas prétendre non plus que les Québécois se voient refuser un accès réel au gouvernement pour assurer leur développement politique, économique, culturel et social. Dans ces circonstances, "l'Assemblée nationale, la législature ou le gouvernement du Québec" ne possèdent pas, en vertu du droit international, le droit de procéder unilatéralement à la sécession du Québec du Canada», écrit-on.

3) **Finalement, lequel du droit canadien ou du droit international aurait préséance au Canada s'il y avait conflit entre les deux quant au droit du Québec de se séparer unilatéralement du Canada?**

Il n'y a aucun conflit à examiner.

***

«C'est étrange parce que lorsque les juges signent, il faut vivre une attente de trois semaines avant que l'avis sorte. Le tout doit être corrigé, traduit, et les juges passent à autre chose. Si tu es juge assez longtemps, tu sais que si tu es chanceux, ce sera la moitié des juges qui seront d'accord. Quand tu signes, tu ne passes pas beaucoup de temps à penser et à célébrer. Y a-t-il eu du champagne? Non!», affirme Jack Major, sourire en coin, lors d'une longue discussion dans les locaux d'une grande tour de bureaux de Calgary en octobre 2017. Jack a raison. Il n'y a pas eu de champagne. «Je pense que c'était juste une cause importante et je pense que c'était une grande réussite. C'est l'une des causes les plus importantes à laquelle j'ai pu participer. Ça montre que le système fonctionne bien», rajoute Beverley McLachlin.

Lorsque nous mettons le point final à notre décision, nous croyons qu'elle aura des échos limités aux politiciens du Québec et du fédéral. Nous ne pensons pas du tout qu'il y aura un grand débat national là-dessus. Pour nous, c'est dénué de surprises, tout le monde doit s'attendre à ce qu'on dise que le Québec ne peut pas se séparer de façon unilatérale. Or, nous avons eu tort.

Au lendemain de notre décision, j'ai ressenti une certaine curiosité. Je voulais voir comment les journalistes, chroniqueurs et éditorialistes allaient traiter de l'affaire et surtout, comment les camps fédéraliste et souverainiste l'interpréteraient. En lisant le titre «Bouchard applaudit le jugement» dans *Le Soleil* de Québec, je suis quelque peu soulagé. Et j'ai bien souri en lisant la première phrase de ce même article : «Les premiers ministres Lucien Bouchard et Jean Chrétien trouvent tous deux matière à se réjouir du jugement rendu jeudi par la Cour suprême sur la sécession du Québec.»

Dès la publication de la décision, je ne suis pas convaincu que notre solution satisfasse autant de politiciens et de juristes. Je m'attends à ce que bon nombre de juristes affirment que nous avons inventé des choses qui ne sont pas dans la constitution. J'appréhendais des contrecoups du type «c'est encore le gouvernement des juges» dans la société civile. Je craignais que cela diminue un peu l'impact de la décision sur le plan juridique. Ensuite, j'ai été un peu surpris que le Québec n'ait pas réagi durement au fait qu'on a dit qu'il n'avait aucun droit à la sécession unilatérale, que le droit international ne le permet pas, ni le droit constitutionnel. Je me serais attendu à ce qu'ils contestent cela.

Dans son éditorial du 22 août 1998 intitulé «Le calme après la tempête», le journaliste de *La Presse* Alain Dubuc écrit : «L'équilibre du jugement et le génie politique de ses auteurs ont en effet forcé les acteurs politiques à tous adopter la même stratégie : insister, dans la plus grande modération, sur les éléments du jugement qui renforcent leurs propres thèses et passer sous silence les passages qui pourraient les mettre dans l'embarras. Hier après-midi, il était presque comique de voir Lucien Bouchard et Jean Chrétien offrir des interprétations si divergentes de l'avis qu'on avait du mal à croire qu'ils parlaient du même document.»

★★★

Les enfants, je ressens une énorme fierté d'avoir pu contribuer à une telle décision. Le Renvoi a été l'une de mes premières causes à la Cour et ça a contribué à définir le juge que j'ai été jusqu'à ma retraite en 2008. Plus de 20 ans après la décision, j'estime qu'elle aura fait remonter la réputation de la Cour de façon extraordinaire. Et au Canada, et à l'extérieur du pays parce que ça a été vu comme quelque chose de très créatif, de très pratique et de très conforme aux principes fondamentaux du droit constitutionnel. C'est nouveau, imaginatif et ça fonctionne. Le fait que les politiciens n'ont pas crié au meurtre non plus, même au Québec où ils ont jugé que la décision est raisonnable. À cet égard, presque tout le monde a vu cela comme un grand succès. De voir que la communauté juridique, le politique et la population en général ont constaté que la Cour peut jouer un rôle très positif dans le développement du Canada et de la démocratie canadienne, est très satisfaisant. Lorsque le pays est confronté à un gros problème, il y a encore des institutions qui peuvent arriver avec une solution imaginative.

> Lorsque le pays est confronté à un gros problème, il y a encore des institutions qui peuvent arriver avec une solution imaginative.

Certes, cette décision a donné un dur coup au mouvement souverainiste. Aucun gouvernement péquiste n'a tenu de référendum sur la souveraineté après cette décision. Le Parlement du Canada a adopté la *Loi sur la clarté* et cela a répondu à quelques-unes des critiques. Ceux qui ont voulu attaquer cette loi, élaborée par Stéphane Dion, n'ont pas gagné leur pari. Dès le dépôt du Renvoi, les souverainistes ont dénoncé le projet, affirmant qu'une décision sera prise par des juges fédéralistes qui maintiendront la réputation de Tour de Pise à la Cour suprême du Canada, une cour «qui penche toujours du même côté», comme l'a déjà dit l'ancien premier ministre québécois Maurice Duplessis.

La cohésion à l'intérieur même de la Cour a également bénéficié du Renvoi. Nous avons amélioré le dialogue entre nous simplement par la fréquence de nos échanges et de nos rencontres. Nous avons eu un débat franc, ouvert, et tout le monde a pu s'exprimer et dire ce qu'il voulait. Je pense que la solidarité à l'intérieur de la Cour, la collégialité et la camaraderie ont été grandement améliorées.

Ce que je retiens plus particulièrement de cette décision, c'est l'impact qu'a eu l'incorporation du principe constitutionnel fondamental de protection des minorités. Cela représente un moyen supplémentaire pour garantir nos droits, si bien que le principe est maintenant invoqué comme une aide à l'interprétation des lois.

Les enfants, cette décision a aidé à paver la voie vers l'égalité des minorités linguistiques d'un bout à l'autre du pays. C'est une étape. Mais une grande. Et ça ne s'est certainement pas arrêté là.

17

Pas dans ma cour

LE 18 FÉVRIER 1981, 8 HEURES, le corps inerte de Mary Anne Costin est retrouvé dans un affluent de Lynn Creek à North Vancouver. Mme Costin a subi d'importantes blessures et semble avoir été battue avec force. Toutefois, elle serait morte noyée dans cet affluent. Dans son sang, on retrouve alors 282 mg d'alcool pour 100 ml de sang, ce qui confirme que lorsqu'elle a été placée dans l'eau, elle était ivre. Des traces de sperme ont également été découvertes dans son vagin.

Selon des documents de cour, le 17 février 1981 au soir, la jeune femme se rend dans un bar de la région et rencontre un jeune homme. Ensemble, ils consommeront de l'alcool et ce dernier prendra également de la cocaïne. Avant de rentrer chez lui avec la jeune dame, l'homme âgé de 21 ans se rappelle qu'il ne lui reste plus d'alcool à la maison et qu'il doit arrêter en chercher au magasin. Tous les magasins sont fermés. Il entreprend d'entrer par effraction dans une boutique de la Société des alcools sur la rue Robson près de Stanley Park, à Vancouver. Mission accomplie, il repart avec quelques bouteilles. Il est alors accompagné de Mme Costin et d'un autre individu, John Eldon Norris. Les trois se rendent à son appartement d'East Vancouver.

Rendu à bon port, l'homme s'engage dans une relation intime avec Mme Costin. M. Norris manifeste alors son intention de faire de même, mais la jeune femme refuse et le frappe au visage. La tension monte dans l'appartement. M. Norris réplique et lui assène plusieurs coups au visage. Puis, il cesse pour ensuite se réfugier dans la salle de bain. Pendant ce temps, la jeune femme subit une raclée de l'autre homme. Ce dernier demande alors à M. Norris de l'aider à transporter la jeune femme dans le coffre arrière de sa voiture. Ils conduiront plusieurs kilomètres jusqu'à un endroit isolé où Mme Costin recevra de nombreux coups. Celui qui lui donne les coups le fait à l'aide d'une roche. M. Norris est présent, mais ne participera pas à l'acte, il aidera toutefois son ami à lancer le corps de la victime dans l'eau.

Une enquête policière est alors enclenchée, mais aucune accusation ne sera portée contre qui que ce soit jusqu'au jour, en 1988, où un homme fournira des informations probantes au Service de police de Sherbrooke, au Québec, relativement à ce meurtre. Il connaît le suspect. De fait, il s'agit de son frère.

***

Le 26 octobre 1988, Jean-Victor Beaulac est arrêté et sera ensuite accusé de meurtre au premier degré. Sept ans après les faits. Son premier procès devant la Cour suprême de la Colombie-Britannique sera déclaré nul en raison d'une conversation entre un juré et son épouse, qui a entendu par hasard des renseignements préjudiciables. À son deuxième procès, Beaulac est reconnu coupable. Toutefois, il porte l'affaire en appel et a gain de cause sur le fondement d'erreurs dans les directives au jury sur la question de l'intoxication volontaire.

Finalement, il sera déclaré coupable lors de son troisième procès. Or, comme plusieurs justiciables, Beaulac est tenace et affirme ne pas avoir eu droit à un procès dans sa langue maternelle, soit le français. Selon lui, ses droits linguistiques ont été violés.

Mais qui est ce Jean-Victor Beaulac ? Né au Québec le 24 juin 1959, il déménage en Colombie-Britannique à l'âge de 17 ans. À l'époque, il ne parle pas un traître mot d'anglais. Il apprend la langue sur le marché du travail, d'abord comme débardeur. Puis, il rentrera chez lui au Québec avant de revenir en Colombie-Britannique pour de bon en 1977. Ayant passé toutes ces années dans l'Ouest, il se croit bilingue, mais il est d'abord et avant tout francophone. Il dira d'ailleurs lors d'un de ses procès qu'« in French I can express myself and I can get to the point without having to go around for an hour ». Il soutient qu'en anglais, il doit d'abord traduire du français dans sa tête.

Beaulac n'a pas les caractéristiques d'un enfant de chœur. En 1978, il est reconnu coupable à Vancouver d'avoir volé moins de 200 $ et a été condamné à verser la somme de 50 $. En 1979, à Toronto cette fois, il est reconnu coupable de possession de biens volés d'une valeur de 200 $. L'année suivante, à Vancouver, il est reconnu coupable de ne pas avoir comparu en cour. En 1981, toujours à Vancouver, il est reconnu coupable d'entrave à un agent de la paix. Plus tard cette année-là, et dans les années qui ont suivi, il est encore reconnu coupable de crimes mineurs. En 1986, il est reconnu coupable de voies de fait graves et écope d'une peine de neuf mois de prison.

Beaulac a donc beaucoup d'expérience avec le système judiciaire. Dans tous ses démêlés avec la justice, il s'est défendu en anglais sans l'assistance d'un interprète. Or, pour son accusation de meurtre au premier degré, c'est une autre histoire. Le 30 octobre 1990, soit cinq jours après le début du procès, il présente une demande pour que les procédures devant juge et jury se déroulent dans les deux langues officielles. Cette demande est formulée pendant un voir-dire, une étape de la procédure judiciaire qui permet au juge de déterminer une question en interrogeant le témoin d'un événement, mais elle sera rejetée par le juge Skipp.

Il affirmera ne pas avoir été informé de façon convenable de ses droits et ne pas avoir trouvé dans des délais raisonnables un avocat francophone dans le cadre de son premier procès. Il a donc embauché Me Mike Rhodes pour le défendre, l'un des meilleurs avocats criminalistes de Vancouver. «Je me suis dit que même si je ne pouvais pas avoir un procès en français, au moins j'aurai un très bon avocat, donc ça va m'aider. J'étais coincé entre le marteau et l'enclume», dira-t-il ultérieurement au tribunal, en anglais. Son premier procès est annulé et il formulera une demande pour que son nouveau procès se déroule devant un tribunal composé d'un juge et d'un jury parlant les deux langues officielles du Canada.

Devant le juge Macdonell, il affirme alors que l'option de plaider en français par l'entremise d'un traducteur lui a été présentée. Ce dernier se dit toutefois inquiet, puisqu'il veut s'assurer que sa défense soit directement adressée aux membres du jury. Il craint que le filtre de l'interprète nuise à sa cause. «Je n'ai pas le choix. Je veux dire, je dois témoigner et il est hors de question que je témoigne et que quelqu'un traduise ce que je dis. J'étais forcé de témoigner, je n'avais pas le choix, et j'ai choisi de témoigner en anglais parce que je voulais m'adresser directement au jury», dit-il au juge Macdonell en faisant référence à son premier procès.

Dans sa décision, rendue le 11 février 1991, le juge Macdonell se base sur la transcription du témoignage de Beaulac au premier procès, qui s'est déroulé en anglais, pour rejeter sa demande. Il juge alors que l'anglais de l'appelant n'est pas parfait, mais qu'on peut le comprendre. Il conclut qu'aucune injustice ne résulterait de la tenue d'un nouveau procès en anglais. Il souligne également que de tenir un procès en français en Colombie-Britannique comporte son lot de difficultés sur le plan de la logistique.

Lors d'une demande subséquente, l'avocat de Beaulac argumentera que le juge n'a pas considéré si ce dernier est autorisé, en vertu de l'article 530 (1) du Code criminel de subir un procès bilingue, ou en français. L'article 530 (1) du code stipule que «sur demande d'un accusé dont la langue est l'une des langues officielles du Canada» un juge ordonnera que «l'accusé subisse son procès devant un juge [...] qui parle la langue officielle du Canada qui est celle de l'accusé ou, si les circonstances le justifient, qui parle les deux langues officielles du Canada». La juge Rowles jugera qu'aucun nouvel élément n'a été déposé en cour depuis la demande précédente de la défense en matière de la langue du procès et donc qu'il n'y a pas de fondement pour accéder à la demande de Beaulac.

Lors du deuxième procès, une quatrième demande a été formulée, cette fois au juge Murray. Ce dernier demande au clan Beaulac ce qui a changé depuis la demande précédente. La défense lui a alors répondu que deux procès en français, avec un juge et un jury parlant le français, ont eu lieu depuis son dernier passage en cour. Puis, la défense soutient avoir eu la possibilité d'avoir un interprète durant ce deuxième procès. Le juge Murray n'a pas vu de motifs suffisants pour infirmer la décision des deux juges précédents.

La défense récidivera dans le cadre du troisième procès. Me Leask, le nouvel avocat de Beaulac, soutient alors que son client a pu faire appel à un interprète lors du deuxième procès et que désormais, il ne semble plus y avoir de problèmes logistiques empêchant la tenue d'un procès bilingue en Colombie-Britannique. Avant le troisième procès présidé par la juge Boyd, le juge Owen-Flood rejettera la demande de la défense parce qu'elle est insuffisante. « Je suis convaincu que, compte tenu du fait que l'accusé est bilingue et parle couramment l'anglais, je ne peux pas dire que l'intérêt supérieur de la justice exige qu'il soit jugé par un juge et un jury bilingues », déclare le juge Owen-Flood. La défense n'a pas demandé à la juge Boyd de revoir la décision de ce dernier. La juge le déclarera coupable de meurtre au premier degré au terme de ce troisième procès.

Tous ces éléments ont été considérés dans la décision de la Cour d'appel de la Colombie-Britannique de rejeter l'annulation de son troisième procès. Dans une décision unanime, la juge Southin appuie les décisions rendues ultérieurement et conclut en déclarant : « Le simple inconvénient subi ne représente pas une grave perturbation. »

★★★

Cette cause sera la mienne et mes collègues en sont bien conscients. Le 24 février 1999, nous entendons la cause qui s'annonce historique. Le procureur général du Canada, le procureur général du Québec, le Commissaire aux langues officielles, l'Association des juristes d'expression française de l'Ontario et l'Association des juristes d'expression française du Manitoba ont tous le statut d'intervenants dans l'affaire. Mes yeux sont alors rivés sur Lamer, qui n'aime pas particulièrement les causes de nature linguistique. Qui plus est, il s'agit là d'une affaire de meurtre. La grande différence, c'est que le meurtre n'a absolument rien à voir avec la cause que nous entendrons. Rien.

En conférence, les positions de mes collègues ne sont pas tranchées. Sauf pour Lamer, finalement, qui ne veut pas qu'on parle de la *Charte canadienne des droits et libertés* dans cette cause. Il est d'accord sur le fond, que l'accusé n'a pu plaider dans sa langue en vertu d'une disposition du Code criminel. « Ça ne porte pas sur la Charte », me dit-il. Je hoche la tête. Je lui réponds que je dois parler de la règle d'interprétation des droits linguistiques et de son interprétation restrictive pour décider de la portée de la loi. J'interpréterai alors une loi, mais pas la Charte. Or, il s'agit d'une loi linguistique. Il ne veut pas que je traite de la Charte et des principes d'interprétation, mais il a lui-même appuyé une décision désastreuse en 1986 qui stipule que les droits linguistiques sont des droits politiques et qu'il faut les interpréter de façon restrictive. Je le regarde et répète qu'il faut corriger cela pour décider de l'affaire *Beaulac*. Il n'est pas d'accord, mais ne semble pas vouloir en débattre plus que cela. Je suis alors le seul à parler de la Charte et sans résistance, mes collègues appuient ma position. La discussion a dû durer une dizaine de minutes. Mon collègue Ian Binnie n'a rien dit sur l'affaire.

Les discussions se mettent alors à tourner autour du fait qu'il pourrait y avoir un quatrième procès. Cela dérange énormément les juges. « Mais là, est-ce qu'on va vraiment ordonner un quatrième procès ? », lance un collègue. Tout le monde autour de la table éprouve un malaise. Moi aussi, d'ailleurs, mais je reste campé sur ma position. Mes collègues concèdent que s'ils avaient devant eux une cause dont la matière n'est pas aussi sérieuse, ils abandonneraient la poursuite. Mais c'est un meurtre. Un meurtre, on ne peut pas simplement décider d'abandonner l'affaire, il faut nécessairement ordonner un nouveau procès.

Nous savons tous à ce moment-là que la cour n'a pas respecté le droit linguistique de l'accusé. C'est sûr et certain. Le droit est très clair à cet égard. Les tribunaux ont même dit que l'accusé parlait anglais et qu'il n'y avait aucun problème ! Mes collègues autour de la table savent tous qu'il y a une distinction et que les droits de l'accusé ont été violés. Mais la véritable question que nous nous posons, c'est de savoir si on peut vraiment annuler la condamnation d'un homme reconnu coupable de meurtre au premier degré. Nous nous demandons tous quelle est la solution si nous ne voulons pas ordonner un nouveau procès. Il n'y en a aucune. Nous discutons un peu et naturellement, les juges acceptent mon interprétation. Tous sauf deux : Antonio Lamer et Ian Binnie, qui n'a pas dit un mot et qui s'est rangé derrière le juge en chef.

Je tiens toutefois à ce que la décision soit unanime. Je veux lancer un message clair au Canada entier que les droits des minorités ne sont pas des droits de second ordre. Le 10 mai 1999, j'écris une lettre à mes collègues Lamer et Binnie pour leur proposer de changer légèrement ma décision afin de les accommoder. Je leur suggère de tempérer mes propos en ce qui a trait à l'interprétation de la décision Société des Acadiens (1986). Je leur écris ensuite que je n'ai pas d'inquiétude majeure avec la concordance. « Je me demande si ça en vaut vraiment la peine considérant que la différence entre nos opinions est minime [...] J'essaie juste d'être utile », leur ai-je écrit.

Je doute alors qu'ils comprennent réellement la position de la majorité. Le 13 mai 1999, je rencontre le juge en chef et le juge Binnie pour discuter de leurs raisons concordantes et tente de les convaincre de se joindre à la majorité. Je leur propose même de modifier les raisons de la majorité pour qu'ils soient à l'aise. Dans un mémorandum que j'envoie aux juges de la Cour le 14 mai 1999, j'écris que nos collègues Lamer et Binnie « vous informeront certainement s'ils maintiennent leur jugement concordant sur la question des règles d'interprétation applicables aux droits linguistiques ». La balle est dans leur camp.

Ils ne bougeront pas. Leur concordance se résume pour ainsi dire à ceci : « Nous souscrivons à la conclusion du juge Bastarache et à son analyse [...] Toutefois, nous ne pensons pas, avec égards, que le présent pourvoi est l'occasion appropriée de réexaminer l'interprétation constitutionnelle par notre Cour des garanties linguistiques énoncées à l'article 16 de la *Charte canadienne des droits et libertés.* En vertu d'une règle de prudence bien établie, les tribunaux ne devraient pas se prononcer sur des questions constitutionnelles tant qu'elles ne sont pas nettement soumises à leur décision. Le présent pourvoi n'est pas une affaire constitutionnelle. Il s'agit ici d'interprétation législative. »

Une semaine après la rencontre dans le bureau du juge en chef, ma décision, appuyée par six collègues, est rendue. Un nouveau procès est ordonné. Je peux dire quasi mission accomplie. Dans ma décision, j'écris : « Je tiens à souligner qu'un simple inconvénient administratif n'est pas un facteur pertinent. La disponibilité de sténographes judiciaires, la charge de travail des procureurs ou des juges bilingues et les coûts financiers supplémentaires de modification d'horaire ne doivent pas être pris en considération parce que l'existence de droits linguistiques exige que le gouvernement satisfasse aux dispositions de la Loi en maintenant une infrastructure institutionnelle adéquate et en fournissant des services dans les deux langues officielles de façon égale. Comme je l'ai dit plus tôt, dans un cadre de bilinguisme institutionnel, une demande de service dans la langue de la minorité de langue officielle ne doit pas être traitée comme s'il y avait une langue officielle principale et une obligation d'accommodement en ce qui concerne l'emploi de l'autre langue officielle. Le principe directeur est celui de l'égalité des deux langues officielles. » Et ce jugement sera l'un des plus importants de ma vie.

★★★

Les enfants, quand je pense qu'il est encore nécessaire d'avoir recours aux tribunaux pour assurer la mise en œuvre des droits linguistiques qui sont soit-disant reconnus par tous les gouvernements, je me dis qu'on n'en a pas fini avec notre problème. Vingt ans après les décisions Beaulac et Arsenault-Cameron, plusieurs gouvernements ne croient pas réellement aux droits collectifs. Ils voient les revendications linguistiques comme des revendications politiques, des appels à plus d'autonomie, ce qui les obligerait à modifier leurs structures institutionnelles et leur fonctionnement. Il est particulièrement préoccupant de constater qu'il a fallu poursuivre le gouvernement du Nouveau-Brunswick pour assurer le respect des droits des Acadiens en matière de santé en 2013, et que trois autres poursuites aient dû être intentées en 2014.

Avant *Beaulac*, le gouvernement interprétait le droit au procès dans sa langue comme un accommodement. Les accusés, que ce soit Jean-Victor Beaulac ou qui que ce soit d'autre, font face à un système qui est intrinsèquement anglophone dans une région comme Vancouver. L'accusé a le droit de demander un procès en français. La réaction du système n'a rien de proactif. L'administration de la justice cherche des solutions pour accommoder l'accusé. On cherchera un juge bilingue, de bons traducteurs, des greffiers. Mais ce n'est pas la bonne approche. Le principe d'égalité des langues, qui est censé être un concept de base, n'est pas respecté. Dans cette décision, je dis qu'il ne s'agit pas d'accommodement pour le francophone, mais plutôt de donner accès à un système qui offre aux francophones et aux anglophones le même accès à la justice.

J'ai vu les injustices du système au Nouveau-Brunswick avant la réforme de la loi. Une personne accusée de meurtre se présentait en cour pour répondre à une question bien simple : « *How do you plead ?* » Que plaidez-vous ? Coupable, non coupable ? Ce francophone se trouve alors devant un juge unilingue anglais qui a l'obligation de lui demander s'il désire un procès en français. En partant, l'accusé marche sur des œufs. Il se demandera alors s'il va incommoder la cour et le procureur en demandant d'être entendu en français. Est-ce que cela va empirer sa cause ? C'est un raisonnement légitime et psychologiquement, c'est extrêmement grave. Commencer son procès avec une prise au compteur ne renforce pas le principe d'équité.

Par le passé, environ 65 % des francophones du Nouveau-Brunswick qui ont comparu en cour, ne voulant pas déranger la cour, ont demandé un procès en anglais. Lorsque la loi a été changée et que le système s'est réformé, les accusés ont commencé à comparaître devant un juge bilingue, qui, au Nouveau-Brunswick, est un francophone la forte majorité du temps. Pour l'accusé, ce n'est alors plus tellement gênant de demander un procès en français. Le nombre de demandes de procès en français a augmenté. Mais Mary Moreau, maintenant juge en chef de la Cour du Banc de la Reine en Alberta, doute des progrès.

« L'ouverture institutionnelle aux droits linguistiques n'est pas au niveau qui reflète les exigences constitutionnelles telles que dictées par Michel dans la décision *Beaulac*. *Beaulac* est l'encyclopédie pour nous. C'est toutes les prescriptions dont on a besoin pour aller à l'autre ordre du gouvernement pour dire "c'est l'invitation au public" et je crois fermement à ça. C'est ce qui manque. C'est d'accueillir en français, de faire savoir que c'est une cour qui traite de nos droits en matière criminelle. C'est plus limité malheureusement au niveau du civil », explique-t-elle.

Pour l'avocat Mark Power, qui pratique le droit partout au pays, cette décision sert surtout d'espoir pour le client qui peut rêver d'être entendu en français de Charlottetown, à Whitehorse, en passant par Windsor et Prince Albert. « Pour le client qui se demande : "Est-ce que j'ai une chance de contester cela ?", depuis *Beaulac* la réponse est peut-être oui. Avant *Beaulac* cela aurait été probablement que non [...] L'effet de *Beaulac* ça a été de donner un second souffle, une deuxième chance, de servir d'encouragement, de permettre à la francophonie canadienne de penser qu'il est possible de se tourner vers le pouvoir judiciaire pour tenter de stabiliser, voire améliorer la place du français au Canada », explique-t-il.

★★★

Après la décision *Beaulac*, les réactions fusent. C'est très négatif. Nous venons quand même d'annuler le procès d'un homme reconnu coupable de meurtre. Les gouvernements provinciaux ont dû s'ajuster et le gouvernement fédéral a dû lui aussi prendre des mesures pour soutenir les tribunaux. La réaction est négative et elle durera longtemps. Un jour, quelque temps après sa nomination à titre de ministre de la Justice du Canada en 2003, Irwin Cotler passe à côté de moi au Club Rideau à Ottawa. Il s'agit d'un club privé fréquenté par des ministres, ambassadeurs, juges et autres gens d'affaires dans la capitale. C'est alors la première fois que je croise M. Cotler et je le salue poliment. Irwin Cotler s'est bâti une réputation internationale à titre de grand défenseur des minorités culturelles et religieuses, en particulier au sein de la communauté juive.

M. Cotler s'arrête et se présente à moi. Ce n'est rien de formel. Il me dit : « Tu nous as posé tout un problème avec *Beaulac*. On est obligés de faire de nouveaux investissements. » Je sursaute quelque peu. C'est la première fois qu'un ministre m'aborde pour commenter une de mes décisions. Certes, je n'ai pas eu l'impression qu'il a cherché à me voir. On s'est juste croisés dans le corridor et il m'a arrêté pour me dire cela. Je me suis permis de lui répondre gentiment : « Non, je ne vous ai pas posé de problème. Vous vous êtes posé un problème vous-mêmes. » Après tout, ce sont les libéraux qui ont adopté la *Charte canadienne des droits et libertés* et qui depuis s'autocongratulent à outrance en l'évoquant.

Certes, les gouvernements provinciaux sont furieux puisqu'ils jugent que la Cour suprême du Canada a créé un autre cycle de revendications pour des services. Pour moi, c'est une excellente nouvelle. S'ils sont aussi mécontents, c'est qu'ils savent qu'il y a bien des choses à faire pour établir un système efficace et un système plus proche du principe d'égalité.

« Je lui ai dit que c'était sans doute difficile à digérer pour certains politiciens. Ce n'est pas quelque chose pour moi qui était difficile à digérer parce que je savais d'où ça venait. J'ai vu une sensibilité envers les droits des minorités et à quel point c'est important dans une démocratie constitutionnelle. Maintenant, certains regarderont cette décision et se demanderont si nous avons les ressources, etc. Mais cette décision a une vision de ce que le pays est au fond », affirme Irwin Cotler lors d'un entretien en décembre 2018. Il affirme ensuite qu'il pense m'avoir exprimé son « appréciation pour la décision », mais que « certains auront sans doute des difficultés avec », mais qu'il n'était pas du lot.

Ce qui est étonnant, c'est que M. Cotler est un ardent défenseur de la *Charte canadienne des droits et libertés*. Toute sa vie, il dit s'être battu pour la clause d'égalité. Sa réaction m'a laissé perplexe. Personnellement, que ce soit le provincial ou le fédéral qui paie la note ne m'empêche pas de dormir. Si le politique accepte qu'il y ait un principe d'égalité, il faudra qu'il en accepte les conséquences.

« Il y a une grande liste [de choses à faire]. Je crois que ce serait de temps à autre un prolongement de la part des autorités qui ont la capacité de faire changer les choses pour dire que les droits des francophones sont aussi importants en matière du droit criminel. Ce n'est pas un droit à l'interprète. Ça excède cela au niveau du Code criminel. Si un gouvernement reconnaît le dualisme, ça ouvre la porte à toutes les autres cultures. J'ai fait une cause de huit semaines au civil en français dans les Territoires du Nord-Ouest. Toute la question des services gouvernementaux. Aux territoires, vous avez des garanties d'une réception en français à l'hôpital, au bureau des registres. C'était une cause importante pour les Francotinois. J'aimerais que les gouvernements traitent les droits linguistiques avec ouverture. Mais aussi, sur le terrain, des choses pratiques comme des affiches en français et des sites Web bilingues », soutient Mary T. Moreau, qui est une juge parfaitement bilingue.

Le problème demeure qu'il n'y a pas assez de juges bilingues au pays. Pour Mark Power, cela passe notamment par le bilinguisme des juges à la Cour suprême du Canada. Le fait qu'il ne soit toujours pas possible pour tous les membres de la Cour de bien saisir les enjeux dans les deux langues officielles et de trancher en faveur ou contre une cause est « aberrant », dit-il. Je suis d'accord avec lui. La traduction simultanée n'est pas parfaite et mes collègues unilingues anglophones ont eu bien du mal à participer dans les causes en français. Me Power rappelle qu'il y a des programmes de *common law* en français à Moncton, à Ottawa et à McGill et jamais le Canada n'a été aussi bilingue sur le plan des institutions. « Le fait qu'on n'exige pas le bilinguisme fonctionnel de tous les juges à la Cour suprême du Canada, selon moi, démontre un écart entre la pratique et le droit. Souvent on va dire que le droit pousse plus que la réalité sur le terrain. Ici, c'est littéralement l'inverse. Le droit ne reflète pas à quel point le Canada a changé », dit-il.

Le problème demeure qu'il n'y a pas assez de juges bilingues au pays.

La guerre n'est pas gagnée

L'EAU EST BLEUE, LA TERRE EST ROUGE. Les enfants, il n'y a pas photo, nous sommes à l'Île-du-Prince-Édouard. La plus petite province canadienne est peut-être la plus intéressante sur le plan sociopolitique. À l'île, tout est politique. Surtout l'éducation et les droits linguistiques. En répondant à la porte en une belle journée d'août 1989, Noëlla Arsenault-Cameron n'a aucune idée qu'elle s'apprête à livrer l'une des batailles juridiques les plus intenses de l'histoire de la province. Mme Arsenault-Cameron est une francophone de la région Évangéline qui habite désormais à Summerside avec son mari anglophone. Ensemble, ils auront quatre enfants. Mitch, Jeremy, Kyle et Candace. Au moment où on frappe à la porte de sa maison, Mitch fréquente l'école d'immersion française et Jeremy, l'école anglaise. Kyle doit alors rentrer à la maternelle et la femme sur le porche de sa maison, une dénommée Nicole Richard, qui est alors engagée avec la Fédération des parents de l'Île, lui dit sans détour : « S'il y avait une école française à 50 pieds de chez vous, enverrais-tu tes enfants là ? »

Mme Arsenault-Cameron s'exclame : « Qu'est-ce que c'est que cette question-là ? » Ce que Mme Richard s'apprête à lui dire changera sa vie : « Sais-tu que si tu ne mets pas tes enfants à l'école en français langue première, tes petits-enfants n'auront jamais le droit d'y aller. »

« Et c'est ça qui m'a pognée. C'est là, tout de suite. Moi, je ne pouvais pas prendre une décision pour les autres générations », raconte Noëlla Arsenault.

Le groupe de parents s'est donc lancé dans une aventure qui dépasse l'entendement. Ils ont convaincu la Commission scolaire francophone de créer une école dans une ancienne bâtisse de la Commission scolaire anglophone. Une dizaine d'élèves fréquenteront cette école, qui sera aussi un centre communautaire. Ce service restera en place pendant une année, après laquelle les parents insisteront pour que la Commission scolaire crée une école française permanente qui sera ouverte à compter de l'année scolaire 1995-1996.

Des dirigeants de la Commission scolaire de langue française ont donc rencontré des représentants du ministère de l'Éducation. Ils les informent qu'en janvier 1995, 34 élèves sont préinscrits. De ce nombre, 29 viennent de Summerside, quatre de Miscouche et un de Kensington. La majorité des parents ne souhaitent pas envoyer leurs enfants à l'extérieur de leur communauté. L'École Évangéline, située à Abram-Village, est à 28 km de Summerside, à 20 km de Miscouche, à 40 km de Kensington et de Bedeque, et à 46 km de Kinkora. Un transport scolaire offert depuis deux décennies ne fait pas du tout l'affaire des parents. La commission scolaire n'a donc pas proposé de transporter les enfants. Pour l'année 1995-1996, des 34 élèves préinscrits et des 13 autres prêts à fréquenter une école française à Summerside, 15 sont inscrits en immersion française dans des écoles anglaises de la région. Leurs parents jugent alors le trajet en autobus trop long pour de jeunes enfants.

Le ministre de l'Éducation refusera d'approuver la demande de la Commission scolaire en février 1995. Le ministre propose plutôt de maintenir les services de transport scolaire jusqu'à l'école Évangéline. La Commission scolaire a alors proposé d'offrir un enseignement en français à Summerside par l'entremise de l'École Évangéline, mais une fois de plus, le ministre a rejeté la demande. En novembre 1995, Noëlla Arsenault-Cameron, Madeleine Costa-Petitpas et la Fédération des parents de l'Île-du-Prince-Édouard Inc. intentent une poursuite contre le gouvernement de l'Île-du-Prince-Édouard afin d'obtenir un jugement déclaratoire leur donnant le droit de faire instruire leurs enfants en français langue première au niveau primaire dans une école située à Summerside. En 1997, le juge acadien Armand DesRoches de la Cour suprême de l'Île-du-Prince-Édouard tranche : le nombre d'enfants des classes de première à la sixième année qui pourraient être regroupés pour suivre leurs cours à Summerside est suffisant pour justifier la prestation, sur les fonds publics, de l'enseignement en langue française à Summerside et que les parents de ces enfants ont le droit de recevoir ce service dans la région de Summerside. Victoire pour les francophones.

Le gouvernement provincial ne se laissera pas faire. Il porte l'affaire en appel à la Section d'appel de la Cour suprême de l'Île-du-Prince-Édouard. Le juge MacQuaid affirme dans sa décision que les avantages d'avoir une école française à Summerside ne l'emportent pas sur le désavantage que constituerait un enseignement qui, de l'avis du ministre, serait inférieur sur le plan pédagogique à celui dispensé aux enfants de la majorité linguistique officielle. La cour ajoute que le transport par autobus est assimilable à un établissement d'enseignement et qu'il ne constitue pas un obstacle à l'exercice de leurs droits puisque le temps moyen de transport n'excède pas la moyenne provinciale. Défaite pour les francophones.

En 1999, la Cour suprême du Canada est saisie de l'affaire. Ça tombe bien, j'y siège justement.

★★★

La grande salle d'audience de la Cour suprême du Canada est bondée, comme c'est le cas dans les causes d'importance. Dans les couloirs de la Cour, derrière la salle d'audience, mes huit collègues me regardent, incrédules. J'attends cette cause avec impatience depuis des semaines, voire des mois. Plus d'une semaine avant l'audience, je pense déjà à quel genre de décision je pourrais rendre. «Je pense qu'il n'était pas certain que la cour allait bien comprendre l'affaire comme lui. Mais je pense que nous comprenions tous», confie Jack Major.

Mon intérêt pour les droits linguistiques est connu de tous. Cette cause ressemble étrangement à l'arrêt Mahé, dans laquelle j'ai travaillé comme avocat contre Jack Major, justement. Avant l'audience pour *Arsenault-Cameron c. Île-du-Prince-Édouard*, je fais mes devoirs comme toujours. Un de mes clercs épluche les dossiers, il m'envoie son analyse et des notes. Or, jamais je n'aurais pu voir venir ce qui s'est présenté à moi. Avant même que l'audience ne commence, le procureur de l'Île-du-Prince-Édouard, Roger Langille, décide de faire de la politique au tribunal. Devant moi, un avocat sans munition et honnêtement sans arme tente de me réduire au silence en déposant une motion me demandant de me récuser. Pourquoi? Par crainte de partialité. C'est l'une des premières fois dans l'histoire de la Cour qu'un avocat demande à un juge de se retirer d'une cause à l'audience. «Personne ne comprenait vraiment. Un juge a sa propre opinion à savoir s'il peut siéger ou non de façon neutre dans les causes», soutient Beverley McLachlin, avec qui je me suis entretenu pendant quelques instants après le dépôt de la motion.

Je ne connais pas l'appelante dans ce dossier et outre un intérêt intellectuel pour les droits linguistiques, je n'ai aucun intérêt dans la cause devant moi. Ai-je travaillé avec la Fédération des parents de l'île 15 ou 20 ans plus tôt? Peut-être, mais il n'y avait pas d'intérêt là. C'est insensé. Je sens alors mon sang se chauffer et je deviens rouge. Je suis abasourdi. Mes collègues se posent sans doute 1 001 questions et je ne sais trop quoi leur dire. Je finis par leur confirmer mon intention de me pencher sur cette demande de récusation immédiatement. «Il m'a consulté et nous avons discuté de la chose. Vous savez, toute la Cour était impliquée. Ses émotions, je crois qu'il était [furieux]. Ça devait être considéré avec diligence. Ça devait être pris au sérieux et ça a été le cas», raconte Beverley McLachlin.

J'ai tout de suite avisé le juge en chef Lamer que je prendrais une trentaine de minutes pour répondre à cette demande. Dès lors, il sait que je vais la rejeter. Ce genre

Devant moi, un avocat sans munition et honnêtement sans arme tente de me réduire au silence en déposant une motion me demandant de me récuser. Pourquoi? Par crainte de partialité.

de motion est très rare à la Cour. « La plupart du temps, un juge va juste se dire "je n'ai pas besoin de ça" et passera à autre chose. Mais Bastarache est têtu pour certaines choses », soutient Jack Major.

Dans de telles circonstances, le juge visé par la demande peut effectivement se retirer – ce que je n'allais certainement pas faire – ou rendre une décision. Si le procureur n'est pas satisfait, il peut demander un appel auprès des huit autres juges, qui eux décideront s'ils acceptent de l'entendre. Déjà, à ce moment-là, Mme McLachlin et d'autres pensent qu'il faudra changer les règles. Elle soutient que ce n'est pas parce que j'avais rendu une mauvaise décision, mais simplement que la confiance en la cour serait améliorée. Ils sont plusieurs à la cour à avoir pensé la même chose. « Je ne contesterai jamais son intégrité ou sa décision. Il est un homme intègre et c'est ce qu'il a écrit, qu'il ne ressentait pas le besoin de se récuser. Ce que nous avons fait dans une autre cause qui impliquait un collègue, c'était que la cour devait décider sans la personne visée par la demande de récusation [...] Tu apprends avec ce que tu fais et tu apprends à améliorer les choses. Je pense que la deuxième procédure était meilleure que la première », explique Frank Iacobucci.

Je rassemble alors mes clercs et leur demande de me sortir tout ce qui existe sur les demandes de récusation. Pendant ce temps, le juge en chef Antonio Lamer convoque toutes les parties en cause dans son bureau, au deuxième étage. Ils sont près d'une dizaine entassés dans son grand bureau dans un coin du corridor.

« Le matin même de l'audience, on apprend que l'avocat de la province allait plaider le conflit d'intérêts du juge Bastarache. C'était complètement loufoque », se souvient l'avocat de la Société Saint-Thomas-d'Aquin à l'époque, Me Christian Michaud. Me Roger B. Langille est lui aussi dans le bureau. « Je me dis alors qu'il va rester. C'est une requête, c'est comme un dernier coup d'épée, un dernier coup de canon. Je me suis dit que ça n'avait pas de sens une requête comme celle-là. Voyons donc, comme si parce que tu as défendu des dossiers dans ton passé d'avocat que cela va t'empêcher de siéger comme juge », raconte l'avocat pour l'intervenante de la Commission scolaire de langue française de l'Île-du-Prince-Édouard, Pierre Foucher.

J'ai ensuite avisé le juge Lamer que j'étais prêt à rendre ma décision. L'avocat m'a piqué. « J'ai examiné l'avis de requête présenté par le requérant comme s'il m'était adressé sous la forme d'une demande de récusation pour crainte de partialité. Je rejette la requête », ai-je écrit. Ma décision tient sur quatre pages. En revenant dans la salle d'audience, je sens alors toute la tension dans l'air. J'ai lu ma décision en m'adressant directement à l'avocat Langille. Sa manœuvre n'avait pas de fondement. Je l'ai rejetée. Et j'étais prêt à entendre la cause.

« C'était peut-être la convention de procéder ainsi, mais il est néanmoins troublant qu'un juge qui fait l'objet de la préoccupation se charge de décider de la façon dont une personne raisonnable percevrait sa situation », dira l'avocat

Langille dans un article de Kirk Makin, un reporter du *Globe and Mail*. Or, le pauvre Me Langille aurait pu en appeler aux huit autres juges. Il ne l'a pas fait. C'est son problème.

Encore aujourd'hui, je me demande bien à quoi il a pensé de demander ma récusation. Évidemment, il a sans doute pensé un instant que le spécialiste des droits linguistiques de la Cour ne devrait pas participer à l'audience. J'ai tenté de comprendre ses motivations, son raisonnement. Après tout, si ma participation antérieure aux causes linguistiques devait me disqualifier, la même chose aurait dû s'appliquer à mon ancien adversaire, Jack Major ! J'ai voulu être confronté à ses arguments pour avoir une idée des pressions qu'il a pu subir du gouvernement provincial. Joint au téléphone, Me Langille a finalement mis une semaine à réfléchir avant de décider s'il allait ou non se prononcer sur cet incident. Puis, après mûre réflexion, il a refusé de commenter. « Je préfère ne pas commenter parce que je doute que [vous vouliez] entendre ce que j'ai à dire ; ce n'est pas très gentil et mes commentaires ne pourraient sans doute pas être publiés », a-t-il dit avant de s'excuser de devoir raccrocher rapidement. Intéressant, quand même.

★★★

C'est une cause assez simple. Je veux toutefois que la Cour établisse une feuille de route claire en matière de droits linguistiques en éducation et que nous mettions fin autant que possible à la multiplicité des affaires portant sur l'application de l'article 23 de la *Charte canadienne des droits et libertés*. Jack Major et les autres savent très bien que je veux mon nom sur cette décision. « Les juges sont des êtres humains d'abord et avant tout. On ne peut pas divorcer de nos sentiments et de ce à quoi nous accordons de l'importance. En même temps, c'est une erreur de penser qu'un juge, peu importe à quel point il est passionné par un enjeu en particulier, n'a pas la capacité d'analyser sur le plan du droit de façon impartiale », soutient Beverley McLachlin. Elle a raison. Mais elle sait très bien aussi que si je rends la décision seul, la controverse ne saura pas tarder. Les enfants, vous auriez demandé à n'importe quel juge en chef de la Cour suprême s'il est intéressé par la controverse

Les enfants, vous auriez demandé à n'importe quel juge en chef de la Cour suprême s'il est intéressé par la controverse et la réponse viendra aussitôt : non !

et la réponse viendra aussitôt : non ! La Cour suprême, et c'est normal, veut rendre le plus de décisions unanimes que possible. Les dissensions existent et sont importantes, mais dans des causes phares comme le Renvoi sur la Sécession du Québec, par exemple, on veut l'unanimité. Sans que ce soit aussi majeur que le Renvoi, l'affaire Arsenault-Cameron est dans une classe à part, notamment en raison de la demande de récusation. Il faut dans un tel cas envoyer un message fort. Nous sommes en conférence et discutons de la possibilité de rendre une décision « de la Cour ». Certains collègues diront qu'on accordera alors trop d'importance à la décision en procédant ainsi. En conférence, l'idée que Jack Major et moi signions la décision est alors évoquée. J'aime l'idée. Et Jack aussi. Il est d'avis qu'en signant son nom à côté du mien sur le jugement, le problème serait réglé une fois pour toutes.

« Il était sur la sellette. Il l'aurait écrit, peu importe ce que les autres auraient dit, il l'aurait écrit. Je pensais que si on l'écrivait ensemble, les autres auraient été d'accord et nous n'aurions pas causé de controverse. C'était une cause pas mal claire. L'Île-du-Prince-Édouard n'avait pas regardé la décision de sa Cour suprême provinciale, parce que l'affaire montrait ce que la Cour suprême du Canada avait déjà dit », explique Jack Major. Après la conférence, ce n'est toujours pas scellé. Qui écrira la décision ? La seule chose qui est convenue, c'est que je serai celui qui écrira le fond de la décision. Je travaille alors conjointement avec Jack qui me donne énormément de liberté. « Il a écrit la plus grande partie », dira-t-il à l'automne 2017. Finalement, tous les juges ont accepté notre décision et nous avons pu la rendre conjointement.

Dans cette décision, Jack et moi écrivons : « [La Section d'appel] a aussi fait erreur en concluant que le ministre pouvait trancher unilatéralement la question du niveau de service approprié. Les priorités de la communauté minoritaire doivent avoir préséance parce qu'elles sont au cœur même de la gestion et du contrôle conférés par l'article 23 aux titulaires de droits linguistiques minoritaires et à leurs représentants légitimes. » Noëlla Arsenault-Cameron et son groupe ont remporté une grande victoire le 13 janvier 2000.

Vous savez, j'accorde beaucoup d'importance à la symbolique. Le fait de cosigner une décision avec Jack me fait encore sourire. Nous nous sommes tellement battus en cour dans l'affaire Mahé et voilà qu'une décennie plus tard, main dans la main, nous rendons une décision historique pour les francophones de l'Île-du-Prince-Édouard. « Des fois, je pense que c'était toute une idée de faire cosigner Michel et Jack. L'idée que quelqu'un de l'Alberta et quelqu'un du Nouveau-Brunswick, un Acadien de surcroît, rendent une décision commune, je pense que c'était un avantage », soutient Frank Iacobucci.

Certes, de nombreux juristes retiendront de cette décision les deux auteurs. « Qui a signé la décision ? Les deux adversaires dans Mahé. Ça, c'est un signal qui a été envoyé à tous les procureurs par la cour. "Arrêtez de nous fatiguer avec vos craintes de partialité parce que les gens ont été avocats autrefois" », soutient Pierre Foucher.

Les enfants, j'ai rédigé des centaines de jugements durant ma carrière de juge. La cause Arsenault-Cameron a encore pour moi une importance particulière. Avec le Renvoi sur la Sécession du Québec et l'affaire Beaulac, elle demeure l'une des causes qui me touchent encore profondément aujourd'hui. Pour plusieurs raisons. Que ce soit parce que c'était une cause en provenance des Maritimes, parce qu'elle touchait à l'éducation, qu'elle me rappelle la grande victoire de Mahé, ou encore parce que c'est la première fois qu'on me demande de me récuser sous prétexte que je pourrais être partial.

Vingt ans après cette cause, j'ai voulu en savoir plus sur la portée de la décision historique que j'ai cosignée avec Jack. Tellement de choses se sont produites depuis janvier 2000. Je désirais connaître l'état des relations entre anglophones et francophones dans la plus petite province canadienne. Et puis savoir comment les jeunes ont pu bénéficier d'une telle décision. Pour mieux comprendre, il a fallu aller à l'Île-du-Prince-Édouard pour voir et surtout comprendre pourquoi cette cause est si particulière. Je vous le jure, Émilie et Jean-François, la suite est absolument surréaliste.

Nous nous sommes tellement battus en cour dans l'affaire Mahé et voilà qu'une décennie plus tard, main dans la main, nous rendons une décision historique pour les francophones de l'Île-du-Prince-Édouard.

***

J'aurais tellement voulu que vous viviez ce qu'on ressent lorsqu'on s'approche du pont de la Confédération. Penser que c'est ce chef-d'œuvre architectural qui relie la plus petite province canadienne au continent nord-américain, c'est quasi incroyable. Les derniers kilomètres au Nouveau-Brunswick sont droits comme une règle, et à l'aube, l'épais brouillard enrobe le véhicule. On baisse les fenêtres et l'air salé effleure nos joues. Ça nous pousse à sourire. Et puis, on grimpe sur la structure du plus long pont au Canada. On roule, puis on roule au-dessus d'un détroit large de 12 km et on aboutit au paradis. Ou presque. L'île est tellement apaisante. Nous roulons dans les valons de terre rouge. Un rouge rouillé, si unique au berceau de la confédération. Nous traversons les champs de pommes de terre à perte de vue, puis on bifurque à gauche, pour prendre la route 11.

Summerside est belle. La deuxième ville en importance de la province a un cachet typique des Maritimes. De vieux bâtiments du XIXᵉ siècle rappellent toute l'histoire de cette province. Longer les berges, aboutir au quai où les pêcheurs débarquent leurs tonnes de homard pêchées au large. Les usines à proximité qui font des affaires en or, surtout durant l'été. Puis, on rentre dans les terres. Les maisons défilent jusqu'à la petite rue Stella-Maris. C'est là qu'on voit le résultat de la décision Arsenault-Cameron.

Une école de la maternelle à la 12ᵉ année de près de 200 élèves et d'une quinzaine de professeurs, annexée à un centre communautaire francophone. Mais plus ça va, plus il y a d'élèves. En 2018, le secteur préscolaire francophone est saturé à Summerside. « Il y a trop de demandes pour ce que nous pouvons offrir. Il y a plus d'enfants qui veulent entrer au préscolaire qu'il n'y a de services qu'on peut leur offrir. Il n'y a pas assez de places », confie la directrice de l'École-sur-Mer, Justine Roy. Lorsque les enfants vont au préscolaire en français, c'est presque un automatisme, ils iront sans doute à l'École-sur-Mer. Depuis sa construction au début des années 2000, elle a été agrandie quatre fois, tellement le nombre d'élèves est en croissance.

Mᵐᵉ Roy nous fait faire le tour du propriétaire. C'est une école moderne, circulaire, où l'élève est au cœur de la mission éducative. Une école où tout a été pensé, même les carreaux au sol, qui permettent de développer l'esprit mathématique. C'est surtout une école qui sait d'où elle vient et qui reflète sa communauté. « En salle de classe, on ne parle pas nécessairement d'Arsenault-Cameron, mais on parle du droit linguistique ou de référents culturels en lien avec la francophonie, et ce qui se passe. Il faut être ouvert à cette pédagogie-là et la comprendre », explique la directrice.

Dans la même bâtisse, il y a le préscolaire qui nourrit année après année l'École-sur-Mer qui, elle, alimente le centre communautaire Belle-Alliance. C'est un cercle vertueux, inévitablement. Le centre communautaire appuie l'école en organisant des activités françaises pour développer l'identité et l'école lui rend la pareille. Parce qu'il y a

> Parce qu'il y a toujours la crainte que l'assimilation l'emporte. L'école et le centre communautaire sont les bougies d'allumage de la francophonie à Summerside.

toujours la crainte que l'assimilation l'emporte. L'école et le centre communautaire sont les bougies d'allumage de la francophonie à Summerside. Il faut rencontrer celui qui a tout fait pour s'assurer que cette flamme soit éternelle.

★★★

Hervé Poirier est l'exemple typique des « *From away* », ces gens qui viennent d'ailleurs et qui, un jour, décident de s'établir à l'Île-du-Prince-Édouard. Ils ne sont pas de là, leurs parents non plus. Ce sont de parfaits étrangers et ils le seront toute leur vie. M. Poirier, donc, a mis les pieds pour la première fois à l'île en 1979 et après un bref retour dans son Québec natal, il s'est installé pour de bon à l'île dans les années 1980. Enseignant de formation, il a œuvré dans l'école d'immersion, puis l'école française. Figure d'autorité, il deviendra ensuite directeur d'école et surtout, le premier directeur de l'École-sur-Mer de Summerside.

Nous sommes en mai 2018 et Hervé Poirier nous accueille dans sa magnifique demeure d'Oyster Bed Bridge, non loin de North Rustico et de Cavendish. Le domaine de 84 acres est grandiose. Assis dans son salon, il raconte tout en sirotant son thé qu'en 2000, il postule et obtient le poste de directeur de la nouvelle école. Homme de mission, il se lance dans l'aventure de sa vie : bâtir cette nouvelle école. Il est embauché à titre de directeur trois mois après la décision que nous avons rendue. Le mois précédent, le ministère de l'Éducation et la Commission scolaire de langue française ont dévoilé leurs plans pour offrir l'éducation en français aux élèves de la région de Summerside. En octobre de la même année, les gouvernements fédéral et provincial se sont tous deux engagés à appuyer financièrement le nouveau centre scolaire et communautaire francophone de la ville.

La décision Arsenault-Cameron a fait boule de neige. L'école de Summerside est donc le résultat direct de la décision, mais ce n'est pas la seule communauté qui, en raison de l'article 23, a eu droit à une école de langue française. Prince-Ouest se battait déjà depuis des années pour avoir la sienne. Pareil pour Rustico. En véritable missionnaire, Hervé Poirier propose de diriger les trois écoles pendant un certain temps. Il continue toujours de visiter des sites pour y construire la nouvelle École-sur-Mer. Le gouvernement provincial a promis 6,1 millions de dollars pour la construction de cette école. Lorsque les anglophones ont appris cela, une quasi-révolte a éclaté. Ils sont alors nombreux dans la communauté à remettre en question ce qu'ils considèrent comme étant une somme faramineuse « pour seulement quatre élèves ». C'est plus complexe que cela. Tout est à faire. Il faut bâtir l'école, créer les programmes, embaucher du personnel.

La construction se fera en 2001. Les plans prévoient une école pouvant accueillir 150 élèves de la première à la sixième année. Jamais n'ont-ils pensé, à ce moment-là, que cette école accueillerait des élèves de la maternelle à la 12e année. Il a toujours été entendu qu'une fois au secondaire, les élèves iraient à l'école

Évangéline. C'est une entente communautaire. Après la décision Arsenault-Cameron, les gens d'Abram-Village sont furieux qu'une école à Summerside vienne leur enlever des enfants. Puis, en février 2002, l'École-sur-Mer ouvre ses portes, deux ans après la décision de la Cour suprême. Une vingtaine de petits francophones entrent alors dans cette magnifique bâtisse de brique rouge dont le toit représente une vague bleue. L'eau qui frappe la terre rouge de l'île. Puis encore, les vagues bleues de la francophonie frappent la terre rouge des anglophones et, au fil des ans, créent de l'érosion. Cette école française, comme toutes les autres de la province, dérange. Elle dérange beaucoup.

★★★

Au palais de justice de Charlottetown, elles sont près d'une dizaine d'employées au greffe à transporter des documents. Nous voulons revoir la preuve présentée lors du procès de 1997. La femme au comptoir sursaute lorsqu'on lui présente le nom de la cause : *Arsenault-Cameron v. Prince Edward Island*. Elle va voir d'un pas pressé ses collègues. Toutes seront surprises. « Oh ! », diront deux d'entre elles. Vous connaissez cette cause ? « Tout le monde à l'Île connaît cette affaire-là. Qu'ils soient pour ou contre », nous dit la dame, la voix éteinte. « Aujourd'hui, il y a une école à Rustico, elle est flambante neuve. Ils sont 30 enfants. Ça ne me semble pas viable », ajoute-t-elle.

Partout à l'Île, les regards suspicieux sont perceptibles lorsque la cause est abordée. Vingt ans après la décision, la tension règne entre anglophones et francophones en matière d'éducation. Les anglophones diront qu'ils mettent de l'eau dans leur vin, qu'ils sont ouverts à la francophonie et qu'ils sont tolérants. Ils diront même aux francophones d'apprécier ce qui leur a été donné. Les francophones répliqueront qu'ils sont traités comme des gens de seconde classe et qu'ils ont le droit d'avoir une éducation de langue française de qualité. Et les politiciens, là-dedans, se targuent d'avoir l'affichage bilingue à de nombreux endroits dans la province et de faire la promotion de la culture acadienne.

« J'appelle ça des loups habillés en costume de brebis. C'est vrai qu'ici, les gens peuvent parler français, mais attends quand vient le temps de prendre de vraies décisions », met en garde le président de la Commission scolaire de langue française, Émile Gallant. Il lance une flèche aux politiciens qui n'ont pas le courage de s'affirmer pour appuyer les francophones. « Faire la promotion périodique, c'est une chose, défendre leurs droits, ça en est une autre », tranche-t-il.

En 2018, la Commission scolaire a signifié son intention de poursuivre le gouvernement libéral de Wade MacLauchlan au motif qu'il utilise les fonds du Programme des langues officielles dans l'enseignement qu'il reçoit du gouvernement fédéral pour payer des salaires d'enseignants. Dans une mise en demeure envoyée au gouvernement, la Commission scolaire et leur avocat, Me Mark Power, affirment que le ministère «viole l'article 23 de la *Charte canadienne des droits et libertés* et frustre sa pleine mise en œuvre». La Commission scolaire soutient que le ministère ne la consulte pas suffisamment pour déterminer les besoins de la communauté en éducation et que les fonds fédéraux qui devraient servir à l'éducation en français sont plutôt utilisés pour réduire les coûts de fonctionnement régulier et payer le salaire de plus de 13 enseignants. Il y aurait donc un manque à gagner d'un million de dollars par année qui devraient soutenir des programmes de francisation et de construction identitaire.

En entrevue à Radio-Canada, en avril 2018, le ministre provincial de l'Éducation, Jordan Brown, a déclaré que pendant les 15 dernières années, cinq des six écoles de langue française de l'Île-du-Prince-Édouard ont été construites. «Les élèves de la CSLF représentent 5 % du total des élèves à l'Île-du-Prince-Édouard. Depuis 15 ans, nous avons investi 20 % de notre budget d'immobilisation dans les écoles de langue française», a-t-il déclaré. En réalité, il ne s'agit pas du tout d'infrastructures, mais de fonds pour l'éducation des jeunes. Et que dire des coûts associés au rattrapage?

L'arrêt Arsenault-Cameron semble avoir eu un effet bien précis. «Ça nous a donné des infrastructures; on est capables au moins de les menacer et de dire "on veut ça" et [les écoles] viennent, après des années et des années de demandes. Mais pour le reste, rien du tout», affirme Émile Gallant. L'article 23 de la Charte a tout de même permis aux francophones de conserver leur Commission scolaire lorsque le gouvernement a annoncé l'abolition des conseils scolaires dans la province.

Au sein même de la communauté francophone, les revendications de la Commission scolaire commencent à en gêner plus d'un, en particulier les fonctionnaires francophones à Charlottetown. De fait, les francophones de la région Évangéline subissent les contrecoups du développement du réseau scolaire en français. Si les inscriptions sont à la hausse à l'École-sur-Mer, elles sont forcément en baisse à l'École Évangéline. C'est l'exode rural à l'œuvre. La bataille pour la survie du français est quotidienne dans la province insulaire.

Les enfants, j'ai voulu savoir ce que mon ami Wade MacLauchlan, le premier ministre de l'Île-du-Prince-Édouard en 2018, a à dire de sa relation avec les francophones. J'ai voulu savoir comment il les perçoit, comment il décrit leur statut dans sa province. Wade est un juriste respecté; il a enseigné le droit à l'Université du Nouveau-Brunswick et a été le recteur de l'Université de l'Île-du-Prince-Édouard. C'est un homme bien que j'ai toujours apprécié. Pour lui, que représente la décision Arsenault-Cameron? Pourquoi est-il si difficile pour les francophones de convaincre le gouvernement provincial de bien les servir en matière d'éducation? Comment qualifie-t-il la relation entre les deux peuples fondateurs à l'Île? Toutes des questions que j'aurais bien aimé lui poser, mais son bureau n'a pas voulu répondre aux demandes de rencontre. En sortant d'un événement du Parti libéral, à Charlottetown en mai 2018, il affirme qu'il est délicat de discuter de la situation en raison de la poursuite que la Commission scolaire francophone serait sur le point d'intenter. Il s'engage à me revenir. Il ne le fera pas. Finalement, il n'a plus à s'en faire, puisqu'en avril 2019, le Parti libéral a subi une cuisante défaite aux élections provinciales. Wade a même perdu son siège à l'Assemblée législative. Aujourd'hui, il n'est plus chef du Parti libéral de l'Île-du-Prince-Édouard.

★★★

Noëlla Arsenault est une femme unique. Expressive, drôle et déterminée, elle est là dans la cuisine de son jumelé de Charlottetown et se souvient de cette galère qui la mènera tout droit sur la scène nationale. Celle qui fut jadis coiffeuse est désormais fonctionnaire au ministère des Anciens Combattants. Elle tient son café à deux mains puis se remémore l'*après*. Après cette grande victoire en Cour suprême du Canada.

« Ils vont m'en vouloir pour toujours », lâche-t-elle. Des anglophones, mais aussi des francophones de la région Évangéline qui ne peuvent toujours pas digérer son militantisme des années 1990. La victoire qu'elle a gagnée en Cour suprême les dérange au plus haut point. Eux, purs inconnus, et eux, son mari et ses enfants.

Sa bataille lui a coûté son mariage. Son mari n'a jamais été en mesure de soutenir la pression de ses clients et surtout de l'appuyer consciemment. À l'époque, ses enfants sont victimes de discrimination dans l'autobus et à l'école. Certains se font même battre physiquement. Deux d'entre eux, qui sont alors en 9e et en 10e année, décident de quitter l'école française pour une école unilingue anglophone et déménagent avec leur père. « Ils étaient écœurés du français et ils ont décidé qu'ils n'en voulaient plus », dit Mme Arsenault.

Les 15 années qui ont suivi le jugement ont souvent été remplies d'émotions. Faire l'épicerie tard le soir est devenu une routine. Cela permettait d'éviter de subir les foudres d'anglophones colériques. Elle vivra cinq ans à Summerside après la décision, puis déménagera à Charlottetown où elle trouvera l'amour de sa vie. Un Montréalais anglophone qui a abouti à l'Île-du-Prince-Édouard pendant la cause et qui aura été attiré par cette femme qui se battait pour avoir une école. Pendant 11 ans, ils ont partagé leur quotidien dans la capitale insulaire jusqu'à son décès en 2014. « *He was my everything* », dit-elle. Elle verse une larme, puis se ressaisit.

Elle replonge dans le vif du sujet. Elle redevient combative. Elle plaide pour la fin des guerres de clocher francophones. Ces disputes entre les communautés pour déterminer qui aura priorité pour la réalisation d'un projet immobilier. « Est-ce qu'on cherche à développer son petit coin, ou à développer la francophonie ? » demande-t-elle. Elle plaide pour l'unité des francophones. « On a besoin d'avoir le 5 % de la population francophone pour obtenir des fonds de Patrimoine canadien, pour avoir des fonds pour développer nos communautés. Mais si on n'a pas le 5 %, ça peut arrêter n'importe quand », dit-elle.

Elle raconte avoir ressenti une grande fierté lors de l'inauguration de l'École-sur-Mer. Une fierté accompagnée d'un nuage gris au-dessus d'elle. Elle s'emporte. « Parce qu'encore, je n'ai jamais pu être fière publiquement », dit-elle. Noëlla Arsenault soupire. Si elle s'exprime ouvertement, elle subira encore des représailles d'anglophones ou encore des francophones d'où elle vient, et ce, 20 ans après la cause. Au fil des ans, les anglophones auront été durs à son endroit. Un ancien premier ministre en fonction lui aurait même chuchoté à l'oreille de ne pas penser une seconde à demander un emploi au gouvernement provincial. Pas grave, elle travaille au fédéral.

Des épisodes malheureux avec les anglophones, elle en a vécu, mais jamais autant qu'avec les francophones. « Les Acadiens de chez nous ont été pires », lâche-t-elle. C'est si difficile à comprendre. Des Acadiens qui n'ont pas voulu déranger et trop brasser les choses et qui en veulent désormais à celle qui s'est tenue debout. Elle affirme ne jamais avoir été félicitée par ses parents, ses frères et sœurs. Jamais, répète-t-elle. Simplement parce qu'elle a osé demander quelque chose au gouvernement. Ce n'est pas quelque chose qu'on fait, dans l'Acadie de l'Île, semble-t-il.

« Ce que je retiens, c'est que les gens ne réalisent pas ce que ça m'a coûté personnellement. Mes enfants ont vraiment beaucoup souffert. Je ne pourrai jamais leur remettre les moments de jeunesse qu'ils ont perdus à cause de ce qu'on a fait. J'en ai deux qui n'ont pas terminé l'école française à cause de ça », dit-elle la gorge nouée. Elle a subi une crise cardiaque, a sombré dans la dépression et fait désormais du diabète. Le stress l'a affectée profondément.

Vingt ans après la décision que j'ai rendue avec Jack, Noëlla Arsenault qui a maintenant six petits-enfants est déçue ; ils sont tous en immersion française. Aucun d'entre eux ne va à l'école française. « C'est ça que ça a causé. Mes enfants étaient tellement écœurés du français. Mais ils savent qu'il faut qu'ils [leurs propres enfants] parlent français ; ils les ont donc mis en immersion. Ils ne les veulent pas dans l'école française », raconte-t-elle. Elle ne peut pas leur en parler. C'est encore trop explosif. Elle a toujours voulu assurer à ses enfants, mais surtout à ses petits-enfants, l'accès à une éducation en français à l'île. C'est la bataille de sa vie. Hélas, elle l'a perdue. La victoire est bien réelle, mais au bénéfice des autres.

19

Au revoir, chère Cour

ÉMILIE, JEAN-FRANÇOIS, j'aurais tellement aimé vous montrer le Canada des années 2000. Vous montrer la résistance d'un peuple face à l'assimilation. Vous montrer les communautés francophones vivantes qui façonnent notre pays. Trente ans après la victoire dans la cause Mahé, ils sont des milliers d'enfants francophones à pouvoir étudier dans leur langue et s'épanouir culturellement. Vous montrer aussi les différentes réalités qui composent maintenant la province la plus conservatrice de ce pays. Vous présenter ces Franco-Albertains qui survivent à Rivière-la-Paix et à Edmonton, et ces immigrants qui donnent un second souffle au fait français à Calgary. Le rôle de l'école française a bien changé depuis la cause Mahé. Aujourd'hui, on aide les jeunes à prendre leur place. Ces jeunes-là sont bilingues, ils préservent leur langue, obtiennent leur diplôme puis deviendront médecin, entrepreneur, ingénieur, infirmière ou même avocat. Certains quitteront leur coin de pays pour s'établir à Ottawa, à Montréal, à Toronto et amèneront dans leur baluchon la fierté de leur région, de leur communauté. Puis, d'autres feront le chemin inverse et s'intégreront à ces communautés. Je pense à Dominique Jean, qui, dans les années du combat Mahé, a quitté son Saguenay–Lac-Saint-Jean natal pour s'établir à Saint-Isidore, en Alberta. Des heures d'avion et de route en autobus Greyhound au gré des prairies l'ont emmené dans cette toute petite communauté où il aidera à dynamiser la francophonie du nord de cette province. Au fil des ans, il tissera des liens étroits avec des gens de la place, mais aussi des travailleurs de l'industrie du bois dont les ancêtres sont originaires du Québec. Ils parlent encore leur langue; ils l'entretiennent et ils en sont fiers. «Venant du Saguenay, dans ces années-là, le fait français à l'extérieur du Québec, pour moi ça n'existait pas et on n'avait pas ces informations-là. Tu arrives ici et il y a des gens très accueillants, très francophones, des entrepreneurs. Il y a Boucher Brothers, mais des grosses fermes à Saint-Isidore, la ferme Lavoie, les apiculteurs Bergeron, des entrepreneurs très prospères», raconte Dominique Jean dans son bureau de l'École des Quatre-Vents de Rivière-la-Paix. Parce que oui, M. Jean est toujours en Alberta. Son périple qui devait initialement durer trois mois durera plus de 30 ans. À titre de directeur de l'école et d'enseignant, il a pour mission de transmettre à la jeunesse son amour et sa passion pour la langue française, mais beaucoup plus encore. «Parce que le monde de l'éducation ici en Alberta, ce n'est pas seulement au niveau de la francophonie. Le monde de l'éducation, c'est un autre système comparativement au Québec. Ce ne sera pas rare d'aller dans des écoles et où tu verras des professeurs le dimanche et la fin de semaine. Ils vont venir travailler, préparer leurs cours, travailler avec un collègue en collégialité», raconte-t-il. L'enseignement français dans cette région est communautaire, de proximité. L'école est le cerveau, le cœur et les poumons de la communauté francophone.

Quelques dizaines de kilomètres au sud de Rivière-la-Paix, à Fahler, Nicole Couillard Wallisser arpente les corridors de l'École Héritage, dont elle est la directrice, d'un pas dynamique. «Je vais te présenter à la dernière Sanchez», dit-elle. La dernière Sanchez? La famille Sanchez, dont les parents sont apiculteurs, s'est établie à Fahler dans ce qui est considéré comme étant la capitale du miel au Canada. D'origine péruvienne, les Sanchez ont décidé d'envoyer leurs quatre enfants à l'école française lorsqu'ils se sont installés dans la région. Toute la famille est trilingue, mais ô combien attachée à la communauté francophone.

«Dès le moment que les gens entendent un inconnu parler français, ils gravitent vers cette personne-là. Parce que les parents vivent dans cette langue, même s'il y a de plus en plus de familles exogames. Mais le réflexe est là. Je dirais que grâce à l'École Héritage, on fait beaucoup pour maintenir la langue dans la ville et la région. Donc, on fait des activités pour la communauté, c'est grâce à nous. On essaye d'intégrer nos collègues des écoles d'immersion française, mais la culture ne tombe pas nécessairement dans leur mission. Dans leur identité», explique Mᵐᵉ Couillard Wallisser. Un arrêt à la Coop du coin et on constate l'affirmation française. «Bonjour monsieur», me dit-on lorsque j'approche de la caisse. J'appelle cela de la fierté, de l'affirmation culturelle que d'entretenir la conversation dans sa langue.

Les jeunes sont aussi attachés à leur communauté. Certes, ils sont nombreux à quitter la région, mais cela s'inscrit dans le contexte de l'exode que l'on retrouve dans toutes les communautés rurales du Canada. La norme pour ces jeunes francophones qui étudient dans les écoles de langue française est de poursuivre leurs études au niveau postsecondaire. En majorité du moins. Ceux qui ne prendront pas cette voie iront souvent dans les écoles de métier. Rares seront ceux qui abandonneront complètement l'école. Le décrochage scolaire chez les francophones est minime dans ce coin de pays.

«C'est souvent les jeunes qui vont s'éduquer qui reviennent. Je pense aux super grosses fermes dans la région. Les papas ne vont pas juste donner leur place à leur fils qui a fait ses études. Non, c'est du *business*. Ils vont leur dire: "Toi tu vas aller suivre des cours en administration des affaires, toi tu vas faire un cours en agronomie pour étudier la rotation des cultures, toi c'est autre chose." Parce que c'est rendu vraiment des grosses fermes», raconte Mᵐᵉ Couillard Wallisser.

Le sentiment de fierté est palpable. Ce n'est pas parce qu'ils vivent dans une région éloignée des grands centres qu'ils ne vivront pas pleinement leur vie en français. Leur culture, ils la façonnent aussi par l'entremise des sports. Les enfants, ces sourires de jeunes qui apprennent qu'ils pourront participer aux Jeux de la francophonie canadienne mettent un baume sur tout ce que les mauvaises langues peuvent dire des *dead ducks*. Cet événement sportif a une importance majeure pour ces jeunes. En quittant son bureau de l'École Héritage, Nicole Couillard Wallisser montre une photo de sa fille qui est alors dans l'équipe de volleyball de l'Université de Moncton. « L'Université de Moncton, peux-tu croire ? Elle est à l'autre bout du pays, dans une bonne université francophone », dit-elle. Reviendra-t-elle dans la région ? « J'espère. Là, elle s'est fait un petit chum là-bas. Un Acadien. »

★★★

À plus de 5 000 km de là, Emmanuelle LeBlanc est assise dans un café de Summerside, à l'Île-du-Prince-Édouard. Entre deux tournées de son groupe musical *Vishtèn*, Mme LeBlanc sirote son café. Dehors, le temps est gris et la mer agitée. Les vagues de la mer frappent les quais. Le petit centre-ville aligne les restaurants, les cafés et la bibliothèque. Au loin, on peut presque voir la vieille gare de la rue Water. Mme LeBlanc parle de son enfance dans une famille dont la langue maternelle est le français et où il n'est surtout pas question de parler anglais à la maison. Ni à la garderie d'ailleurs, puisque tous les amis d'Emmanuelle et de sa sœur jumelle, Pastelle, sont alors francophones. De la garderie à la 12e année, les deux sœurs fréquenteront l'École Évangéline Abram-Village. Nous sommes alors quelque part dans les années 1990. En première année, ils sont environ 50 élèves répartis dans deux classes. Au moment de la remise des diplômes en 12e année, ils seront 24. La moitié est partie. Certains ont quitté la ville ou la province, alors que d'autres choisissent l'école anglaise, à Summerside.

« Il y a les Jeux de l'Acadie et le premier Congrès mondial acadien qui ont été pour moi des tournants. En 1994, au congrès, on a vu qu'on faisait vraiment partie de l'énorme famille acadienne », raconte-t-elle.

L'aspect identitaire acadien prend une place importante dans sa vie. Ce sont ses années formatrices. Elle prend conscience du caractère unique des communautés francophones et acadiennes de l'île. Enfant, elle ne se voit pas nécessairement différente des jeunes filles anglophones de l'endroit. À l'âge adulte, toutefois, elle voit un monde de différence. « Ça n'a pas toujours été évident d'être une minorité, parce que tu te retrouves avec une petite *gang* et tu te demandes pourquoi », dit-elle. Au fond, le sens d'appartenance et d'être protégé amène cela. La fierté culturelle que dégage la communauté acadienne n'a pas d'égal chez les anglophones. Elle dépose sa tasse de café. « J'ai vu l'assimilation et je continue de la voir », lâche-t-elle.

À l'école, des enfants veulent parler anglais parce que c'est plus *cool*, même si la langue d'usage est le français. Alors que sa réunion des 20 ans après la remise des diplômes est en pleine organisation, elle constate que tous ses anciens collègues de classe communiquent en anglais par l'entremise d'un groupe privé dans les médias sociaux. Sont-ils maintenant unilingues anglais ? Ont-ils perdu leur langue maternelle ? Bon nombre d'entre eux, qui sont désormais parents, hésitent même à inscrire leurs enfants à l'école anglaise ou française. Souvent, ils choisiront l'école anglaise, simplement parce que c'est plus facile. Alors que de l'autre côté, des anglophones inscrivent leurs enfants à l'école d'immersion pour leur donner une chance de parler deux langues. « Des fois, je me demande si la fierté est encore là pour les francophones avec qui j'ai été à l'école », soutient Emmanuelle LeBlanc. Les conséquences sont multiples. La communauté s'érode. Les écoles se vident, puis la caisse populaire pourrait ensuite fermer ses portes. Le magasin Coop, où le service se fait en français, fermera lui aussi. Personne ne protestera, c'est le monde dans lequel on vit.

La fierté, Emmanuelle et sa sœur l'ont gardée. Leur groupe *Vishtèn* fait le tour du monde et propage l'héritage de la musique acadienne. Une musique traditionnelle fortement inspirée de la musique rock et indie-folk avec des airs celtiques. Leur public est acadien, mais il est aussi américain, irlandais et britannique. Et pourtant, les chansons sont uniquement en français. Un producteur albertain a déjà demandé au groupe de chanter en anglais pour s'ouvrir les portes au monde entier. L'auditoire, aurait-il dit, ne comprendra pas le message qu'ils veulent transmettre. Le groupe a refusé. La langue française est un instrument. Les Américains l'ont compris, les Britanniques aussi. Pourquoi un Albertain ne comprendrait pas cela ? Évidemment, elle s'adressera à la foule en anglais entre les chansons pour lui expliquer le sens et le message que le groupe transmet dans ses mélodies. Jamais elle ne changera son identité.

Toute ma vie, je me suis battue pour la francophonie et pour l'égalité des deux communautés linguistiques. De voir qu'il y a des athlètes, comme Geneviève Lalonde qui s'est rendue aux Jeux olympiques de Rio et qui a porté fièrement les drapeaux acadien et canadien, m'apporte une joie immense. De voir des artistes, comme Emmanuelle LeBlanc, des entrepreneurs, des médecins et autres brandir leur fierté acadienne ou francophone canadienne me réconforte. Peut-être que la guerre que j'ai menée toute ma vie rapportera quelque chose, et ce, même si les défaites s'additionnent.

★★★

En arrivant à la Cour suprême du Canada, il est très important pour moi de corriger les effets néfastes de ce qu'on appelle dans le milieu juridique *la trilogie de 1986*. Les enfants, laissez-moi vous expliquer. En mai 1986, la Cour suprême du Canada rend trois décisions dévastatrices pour les francophones en milieu minoritaire. « Le 1er mai 1986, si t'avais été à la Faculté de droit cette journée-là, tu aurais vu des visages longs», se souvient mon ancien collègue Michel Doucet.

Les trois décisions tombent vers l'heure du midi. Des avocats, des juristes et des professeurs de partout au Canada se demandent bien ce qu'ils font à se spécialiser dans le domaine des droits linguistiques. La Cour suprême lance un message très clair dans ces trois décisions : pour l'avancement des droits linguistiques, il ne faut pas se fier au pouvoir judiciaire, aux tribunaux, mais plutôt aux instances politiques. Jusqu'en 1986, il y a eu une espèce d'effervescence en matière de droits linguistiques. La *Charte canadienne des droits et libertés* a été adoptée en 1982 et, dans les années qui ont suivi, les tribunaux ont en quelque sorte donné raison aux minorités au Canada. Or, en 1986, tout le monde tombe en bas de sa chaise.

En s'appuyant sur une interprétation très prudente des droits linguistiques, la Cour suprême du Canada a conclu que si un accusé a effectivement le droit d'utiliser la langue officielle de son choix devant les tribunaux, la *Charte canadienne des droits et libertés* ne lui confère pas le droit de comparaître devant un juge qui le comprend directement. Le juge peut décider lui-même de sa capacité linguistique et choisir ou non de faire appel à un interprète. Tous bénéficient du droit, si bien que la Couronne peut préparer ses documents dans la langue qu'elle entend, sans considérer la langue de l'accusé.

La première cause, *MacDonald c. Ville de Montréal*, concerne un Montréalais anglophone qui comparaît en Cour municipale de la ville de Montréal pour répondre à une accusation d'avoir enfreint un règlement municipal. Devant la cour, tout se déroule en français. Impossible de se faire entendre dans sa langue. Il conteste, disant que ses droits fondamentaux d'anglophone ont été violés. La Cour suprême a tranché : non, vos droits, monsieur, ne sont pas violés. Le juge Beetz a rendu la décision. Les juges Estey, McIntyre, Lamer et Le Dain se sont rangés derrière lui.

La deuxième cause, *Bilodeau c. P.G. Manitoba*, est bien particulière puisque l'accusé, Roger Bilodeau, est alors mon étudiant à l'École de droit de l'Université de Moncton. Et c'est le même Roger Bilodeau qui a été nommé registraire de la Cour suprême du Canada en 2009. En 1980, alors qu'il est chez lui au Manitoba, Roger se fait arrêter pour excès de vitesse et contestera la sommation rédigée uniquement en anglais qu'on lui a envoyée. L'affaire s'est rendue en Cour suprême et la majorité des juges a conclu ceci : «Bien que la déclaration de culpabilité de l'appelant soit maintenue, il faut reconnaître qu'il a eu gain de cause en attaquant la constitutionnalité des lois unilingues. Il a aussi démontré avec succès que les exigences de l'art. 23 sont impératives. La déclaration de culpabilité de l'appelant n'est maintenue que parce que la Cour a appliqué le principe de la primauté du droit, afin d'éviter le chaos juridique au Manitoba qui autrement aurait résulté de la contestation, couronnée de succès, par l'appelant, des lois manitobaines adoptées depuis 1890. Vu les circonstances très spéciales de la présente affaire, il convient d'accorder à l'appelant ses dépens en cette Cour et en Cour d'appel. »

La troisième, *Société des Acadiens c. Association of Parents for Fairness in Education*, est relative au droit d'une partie qui plaide devant un tribunal du Nouveau-Brunswick le droit d'être entendue par un tribunal dont un ou tous les membres sont en mesure de comprendre le déroulement de la cause indépendamment de la langue officielle utilisée par les parties. « Les tribunaux devraient hésiter à servir d'instruments de changement dans le domaine des droits linguistiques. Cela ne veut pas dire que les dispositions relatives aux droits linguistiques sont immuables et qu'elles doivent échapper à toute interprétation par les tribunaux. Je crois cependant que les tribunaux doivent les aborder avec plus de retenue qu'ils ne le feraient en interprétant des garanties juridiques », peut-on lire dans la décision.

Selon Michel Doucet, et je suis d'accord avec lui, les trois décisions ne peuvent être dissociées du débat entourant l'Accord du lac Meech. Il y a à l'époque une crainte d'aliéner le Québec ; il ne fallait pas que le mouvement nationaliste montre du doigt la Cour suprême qui aurait donné des pouvoirs supplémentaires à la communauté anglophone minoritaire au Québec.

« C'est plus qu'une anecdote, c'est une nouvelle vision de la Cour suprême qui abdique son rôle vis-à-vis des communautés de langue minoritaire. Pour nous, c'est un camouflet, une claque en pleine face qui est difficile à accepter », dit-il.

Pour moi, ce sont des jugements qui doivent absolument être corrigés. Et donc, dès que j'entre à la Cour, je veux trouver le moyen de faire reconnaître que l'égalité linguistique ne peut être une égalité basée uniquement sur une capacité de s'exprimer dans sa langue. C'est beaucoup plus que cela. Il faut une structure institutionnelle non pas pour accommoder quelqu'un qui demande quelque chose d'exceptionnel, mais pour reconnaître que chacun a le droit de se présenter de façon égale pour un accès égal à un service égal. Le droit individuel est accompagné par un droit collectif.

Le Renvoi sur la Sécession du Québec est sans doute la cause qui a eu le plus d'impact en ce sens qu'elle déclare la protection des minorités comme principe constitutionnel fondamental et qu'elle est signée par la Cour et non un juge en particulier. *Beaulac* est un arrêt jurisprudentiel important à plusieurs égards, mais il a aussi donné un élan pour l'interprétation des droits linguistiques à l'avenir. Je suis encore déçu de ne pas avoir été en mesure de rallier l'appui de mes collègues Binnie et Lamer. Enfin, *Arsenault-Cameron* lance un message fort aux gouvernements qu'ils ont l'obligation d'offrir un service égal aux deux communautés de langues officielles en matière d'éducation. Qui plus est, il s'agit là d'une décision unanime, signée conjointement avec mon ami Jack Major.

J'ai toujours eu cette passion pour le droit des minorités. Passion qui a pu soulever des tensions avec mes collègues juges. Suis-je un activiste ? Non. La passion ne signifie pas nécessairement de l'activisme. C'est peut-être aussi qu'on veut bien faire les choses et respecter les droits de tout un chacun. Il faut toujours se battre pour atteindre l'égalité au Canada.

J'ai toujours eu cette passion pour le droit des minorités. Passion qui a pu soulever des tensions avec mes collègues juges. Suis-je un activiste? Non.

★★★

Je suis assis à mon bureau et je lis attentivement la *shortlist* de 25 noms que mes clercs m'ont soumis pour le processus d'embauche de l'année 2006-2007. Et il y a ce nom qui ressort : Naiomi Metallic. Une jeune femme autochtone de la première nation Mi'gmaq de Listuguj, en Gaspésie, tout près de la frontière avec le Nouveau-Brunswick. Elle étudie alors à l'Université Dalhousie à Halifax et il y a quelque chose chez elle qui m'interpelle. Comme les juges Binnie et Charron, d'ailleurs, qui eux aussi, l'appelleront en entrevue. Le matin de cet entretien, elle prend l'avion de l'aéroport d'Halifax pour arriver à Ottawa quelques heures à peine avant notre rencontre. Elle a peu dormi puisqu'elle participera ces jours-là à une grande conférence dans la capitale. Devant moi, j'ai cette jeune femme brillante qui ne laisse transparaître aucun signe de nervosité. Pourtant, elle se dit alors au fond d'elle-même qu'elle n'aura sans doute pas de poste d'auxiliaire. Naiomi est l'une des premières de sa communauté à être diplômée en droit et elle aspire alors à être la première à travailler à la Cour suprême du Canada. Cette année-là, la juge Louise Charron embauchera Madeleine Redfern, la première Innue à travailler à la Cour. Je me dis au même moment que Louise qu'il est important pour l'institution d'avoir une femme issue des Premières Nations. Naiomi n'est peut-être pas première de sa classe, mais elle a une attitude qui fait d'elle une bien meilleure candidate que tous ces étudiants abonnés à la bibliothèque.

« Il y en a qui veulent les étudiants avec les résultats scolaires les plus impressionnants. Mais Bastarache m'a dit une fois : *"I don't want somebody who has got so many degrees that he is as old as I am!"* Quelque chose du genre », lâche en riant Naiomi, dix ans après avoir quitté la Cour. Bien sûr, les enfants, je l'ai embauchée.

Tout au long de l'année, je donne de multiples missions à Naiomi. Elle n'a pas de traitement préférentiel, mais elle livre toujours la marchandise de façon impeccable et avec légèreté. Vous auriez eu environ le même âge, Émilie. Puis, au fil des heures que nous passons ensemble, j'apprends à la connaître davantage. D'où elle vient, comment elle a perdu son père, quelque temps après son passage à la Cour. Il y a une connexion entre elle et moi. « J'ai perdu mon père en 2008 et je pense que Bastarache, surtout au fur et à mesure que ma carrière comme avocate et comme professeur avance, il me donne des conseils comme un père et j'apprécie ça », dit-elle.

Lorsque je suis à la Cour, j'essaye d'organiser une grande réunion annuelle de mes clercs. Tous ceux qui ont travaillé avec moi y sont invités. Parfois, j'invite des musiciens acadiens pour qu'ils fassent un spectacle. Je veux les rassembler, tous, dans un environnement festif et les remercier de ce qu'ils ont fait pour moi. Je veux leur dire à quel point leur présence et leur appui sont un véritable antidote au cynisme qui nous interpelle lorsque nous sommes devenus plus vieux et parfois désabusés. Je veux leur dire le privilège que j'ai de les connaître, ces jeunes gens passionnés qui vont changer le monde. Au moment de prendre la parole, je ne peux m'empêcher de penser qu'ils représentaient une certaine consolation pour votre perte, mes deux chéris.

« Il expliquait que lorsqu'il va donner un discours à une collation des grades et qu'il s'assoit à côté de quelqu'un dont l'enfant est appelé, cette personne se retourne souvent pour dire "c'est mon enfant !" et qu'il y avait cette émotion chez elle. Puis, il nous a dit : "Je me sens comme ça pour chacun d'entre vous." C'était de toute beauté et tellement touchant », se souvient Naiomi Metallic.

J'ai tellement fait d'efforts pour que les clercs profitent de leur séjour à la Cour pour apprendre à bien analyser les lois, à découvrir les questions sous-jacentes dans un litige, à compléter leur recherche en consultant des jugements étrangers. J'ai toujours voulu que leur année avec moi ait une valeur éducative, mais aussi qu'ils se sentent appréciés et respectés. Plus de 10 ans après mon départ de la cour, je garde toujours contact avec un grand nombre d'entre eux. De fait, j'ai pris un poste d'avocat-conseil dans un cabinet où deux de mes anciennes clercs travaillent.

Je ne veux pas les influencer dans leur choix de carrière et je suis certain qu'ils vont accomplir de grandes choses. Mais je ne peux m'empêcher de penser que plusieurs d'entre eux aboutiront un jour à ma place, comme juge dans un tribunal. Et dans le cas de Naiomi, pourquoi pas à la Cour suprême du Canada ? Après son passage à Ottawa, elle a fait sa maîtrise à Toronto, puis a pratiqué pendant près de 10 ans dans un grand cabinet de Halifax avant de prendre un poste de professeure à l'Université Dalhousie. Un parcours qui ressemble étrangement au mien, direz-vous. Peut-être. Je sais néanmoins qu'elle est dotée d'une intelligence, d'une rigueur et d'une éthique de travail exceptionnel. Elle n'est pas *arrêtable*. La seule personne qui peut freiner cette jeune femme, c'est elle. Une femme en mission, qui comme son mentor, a choisi son camp très tôt dans sa carrière. Pour moi, ce sont les droits linguistiques. Pour elle, le droit autochtone.

Mon dernier jour à la Cour. De gauche à droite, mes frères Jean et Marc, ma mère, et ma sœur Monique. Ils ont toujours été là dans les grands moments, et dans les moments les plus difficiles. (Crédit : Archives de Michel Bastarache)

« J'ai eu cette conversation avec lui. Je suis fière et je prends cela avec beaucoup d'humilité. Je trouve cela fantastique qu'il croit en mes capacités pour occuper de telles fonctions un jour. C'est quelque chose qui m'intéresse, je le considère, mais pas tout de suite. J'adore mon métier en enseignement à l'université », dit-elle.

★★★

Les enfants, je n'oublierai jamais la dernière fois que j'ai siégé à la Cour suprême du Canada. Ce matin-là, j'ai le cœur lourd en m'avançant vers mon siège, tout juste à droite de la juge en chef. Devant moi, une salle d'audience remplie. D'anciens collègues, des membres du Barreau canadien et du Nouveau-Brunswick, le ministre de la Justice Rob Nicholson, et au fond, là-bas, Yolande est assise avec ma mère alors âgée de 90 ans. Je me dis qu'elle n'a sûrement jamais cessé de croire que je finirais bien par me trouver un emploi stable. Celui que je laisse derrière moi, à cet instant, est celui qui s'est sans doute le plus rapproché de son objectif.

Il y a une réelle différence entre le travail à la Cour et en tout autre endroit. Chaque jour où je me suis rendu à mon bureau à la Cour, durant 11 années, j'ai approché la porte du garage comme si j'étais un invité, une personne de passage dans un établissement chargé d'histoire. On n'est pas un employé ordinaire dans une institution de ce genre. Même quand je regarde mes collègues assis à leur bureau, je ne les vois pas comme ceux que j'ai connus à la Cour d'appel ou ailleurs. Pendant 11 ans, tous les matins quand j'entre au bureau, j'ai le sentiment d'être en quelque sorte un intrus. Je vois mes collègues juges comme des personnages sur une scène de théâtre. Le protocole de la Cour, son aspect majestueux et mystérieux, ajoute à la légende de cette grande institution. Ma collègue Claire L'Heureux-Dubé a déjà dit de la Cour qu'elle est comme un grand monastère. Cela ajoute au mystère, mais cela fait aussi penser que le passage de chacun à cet endroit est bien éphémère. Nous avons tous une date de péremption et elle est établie à 75 ans.

Toutefois, j'aime encore beaucoup les audiences et la rédaction des motifs. Au cours de mes deux dernières années à la cour, les discussions entre les juges ont été de moins en moins nombreuses et de plus en plus courtes. J'ai trouvé cela difficile. À mon point de vue, quand on cherche à clarifier et à développer le droit, il faut se parler et ne pas se contenter d'échanger des mémos. Peut-être est-ce aussi en raison des départs de mes collègues et amis Louise Arbour, Frank Iacobucci, Charles Gonthier et Jack Major? Je ne sais trop. J'ai aimé travailler avec les 16 juges qui ont croisé mon chemin à la Cour, mais j'ai eu une affection particulière pour Jack et Frank, avec qui j'ai passé de longues heures à l'extérieur de la Cour. C'est drôle quand même dans le cas de Jack, puisqu'il a été un redoutable adversaire en Alberta. J'ai trouvé chez lui un homme bon, drôle et qui m'a permis de me dépasser comme juge. Quand on cherche à clarifier et à développer le droit, il faut discuter entre nous. Il faut se rencontrer. Entretenir la très importante collégialité se fait dans l'antre de cette institution, mais aussi à l'extérieur du cadre solennel.

> À mon point de vue, quand on cherche à clarifier et à développer le droit, il faut se parler et ne pas se contenter d'échanger des mémos.

Au fil des années après le départ à la retraite d'Antonio Lamer, je sens que les discussions ont commencé à s'atténuer et lentement, mais sûrement, elles sont devenues de plus en plus limitées. J'ai beaucoup de difficulté à accepter cela et le fait qu'il y ait des décisions de grande importance que nous avons rendues sans discuter profondément l'enjeu.

« Nous avons eu des discussions difficiles lorsque Lamer était juge en chef, et nous avons eu des discussions difficiles lorsque j'étais juge en chef. C'est un emploi ardu ! J'ai fait ce que j'ai pu pour unir la cour et amener le plus de collégialité, de consensus. Il y en avait plus [quand j'étais juge en chef]. D'habitude, tout le monde sort de la salle d'audience, ils disent ce qu'ils pensent de la cause, ne discutent pas trop et s'en vont chacun de leur côté. C'était le modèle traditionnel. Quand je suis arrivée, on a eu plus de discussions. C'est complètement faux [de dire le contraire], ils doivent percevoir cela de l'extérieur. Mais de l'intérieur, tu saurais que nous avons tenu de longues réunions et que je rappelais les juges en conférence pour d'autres discussions », rétorque Beverley McLachlin. Elle répète qu'il y a eu plus de discussions durant ses années comme juge en chef que durant celles d'Antonio Lamer. Je connais plusieurs juges qui, comme moi, affirmeraient le contraire. Chacun a sa perception des choses. Je ne veux pas froisser la juge en chef, que j'aime bien. Et pour tout vous dire, même sur plan juridique nous nous sommes toujours bien entendus. Très souvent, mes votes concordaient avec ceux des juges McLachlin et Binnie et pas nécessairement avec ceux des autres juges.

Les causes se sont mises à traîner, en particulier les causes historiques. J'aurais peut-être dû faire les choses différemment, vous savez. Peut-être suis-je alors trop engagé émotivement ? Un pas de recul est sans doute nécessaire dans les circonstances. « Michel est un homme passionné », vous dira mon ancien collègue de chez Lang Michener, Paul LaBarge. J'aurais dû réagir moins fortement. Dans les dernières années au tribunal, je suis devenu trop émotionnellement engagé. La fatigue me prend alors et quand je suis fatigué, je réagis quelques fois mal.

L'idée de démissionner me vient quelque part en 2007. Juste d'y penser me trouble terriblement. Je ne peux imaginer que je sens la nécessité de quitter la Cour en raison des conditions dans lesquelles je travaille et non en raison du travail. Vous savez, les deux s'entrecroisent, ils sont intimement liés. Cela m'a pris six mois à mûrir ma décision. À la Cour, je suis devenu de plus en plus frustré et irritable. Un jour, j'ai pris le téléphone et j'ai appelé des amis juges comme Joe Robertson et Charles Hackland. Ce sont des amis de longue date qui connaissent mon parcours et ma vie. Ces derniers ne m'ont pas encouragé à démissionner et n'ont pas tenté non plus de m'en dissuader. Ils m'ont écouté. C'est tout ce dont j'ai besoin à ce moment-là. Est-ce que ça a du bon sens de penser quitter pareil emploi ? Ça donne le vertige.

« On ne s'attendait pas du tout à ce que ce soit sa dernière année. C'était une année qu'on aurait pu penser normale. Il y a quand même eu de grosses décisions.

Après ma retraite de la Cour suprême, j'ai demandé au peintre Christan Nicholson de faire mon portrait. Ma mère était très heureuse du résultat. (Crédit : Archives de Michel Bastarache)

Dunsmuir, *Société des Acadiens*, et l'arrêt *Honda Canada c. Keays*, si je me souviens bien que le juge Bastarache a écrit. C'était normal jusqu'aux deux derniers mois, je dirais. On s'inquiétait de son état de santé. Il a toujours été très dynamique. Il n'a jamais laissé d'indices. Je me rappelle d'avoir eu une rencontre avec les deux autres auxiliaires et lui dans son bureau à sa dernière journée. C'était très émouvant. On se demandait comment l'appeler maintenant ! Pour moi, c'était le juge Bastarache. Ça m'a frappé qu'il ne soit plus juge à la Cour suprême », raconte ma clerc Caroline Magnan.

Or, c'est la décision que j'ai prise. Le 9 avril 2008, j'annonce que je renonce à mon siège de juge à la Cour suprême du Canada. Je peine à le croire. Le 30 juin, c'est la fin. Et soudainement, je suis libre.

★★★

Je n'ai pas eu à attendre bien longtemps avant que le téléphone sonne. Au bout du fil Roy Heenan se présente. Roy est le fondateur du très connu cabinet Heenan Blaikie. Il veut alors m'offrir un poste d'avocat-conseil. Évidemment, les règles de la Cour suprême ne permettent pas aux juges de se négocier un nouvel emploi lorsqu'ils y siègent. Mais Roy m'a simplement dit qu'il voudra éventuellement me rencontrer dans cette optique, ce à quoi j'ai consenti. Le jour de ma retraite, le téléphone sonne à nouveau et quelques jours plus tard, lors de la semaine du 1er juillet, il viendra me rencontrer à Ottawa. C'est drôle parce que c'est Ronald Caza, mon étudiant de recherche quand j'enseignais à l'Université à Ottawa, qui est alors directeur du bureau. Donc, je rencontre Caza et Heenan dans la capitale nationale. Nous sommes allés souper et nous avons négocié mon passage à leur bureau sur un coin de table. En joignant Heenan Blaikie, je rejoindrai alors un cabinet avec une liste d'avocats célèbres. L'ancien ministre de la Justice Martin Cauchon, l'ancien premier ministre du Québec et collègue de classe à l'Université de Montréal, Pierre Marc Johnson et évidemment, Jean Chrétien.

Or, quelques semaines avant ma rencontre avec Roy Heenan et Ronald Caza, l'Université d'Ottawa me lance elle aussi une perche. L'université se cherche alors un nouveau recteur pour remplacer Gilles Patry, en poste depuis 2001. À ce moment-là, les universités canadiennes sont en pleine expansion et, vu les compressions gouvernementales dans les chaires de recherche et les subventions aux institutions postsecondaires, le privé devient un joueur incontournable. L'université veut d'abord et avant tout quelqu'un qui amassera des fonds dans une perspective de croissance. C'est avec cet état d'esprit que Marc Jolicoeur, le président du bureau des gouverneurs, est entré en contact avec moi. Je l'ai rencontré et il a bien essayé de me convaincre d'accepter de poser ma candidature.

Je ne veux pas d'emploi à plein temps et je suis convaincu qu'il s'agira d'un poste très exigeant. J'ai aussi indiqué dès le départ à M. Jolicoeur que je n'aime pas du tout faire de la sollicitation pour de l'argent. Même revendiquer des fonds auprès des gouvernements représente une corvée. L'Université d'Ottawa planifie à ce moment-là de faire une immense campagne de souscription. Je n'ai aucun intérêt pour cela, mais j'y ai pensé un petit peu. Les enfants, j'ai assez donné à la Cour suprême et ma santé s'est mise à en souffrir. Recommencer un emploi de 40 heures par semaine n'est alors pas idéal. Je pense plutôt à travailler à temps partiel et voyager un peu.

Quelques semaines plus tard, début juin, l'université annonce la nomination d'Allan Rock, celui-là même qui m'a nommé juge à la Cour d'appel du Nouveau-Brunswick 13 ans plus tôt. M. Rock aura finalement fait un excellent travail à l'Université d'Ottawa. Il semble avoir traversé la tempête de la crise économique et avoir ramené les finances de l'institution dans le droit chemin en plus d'assurer une croissance significative du nombre d'étudiants. D'ailleurs, les chantiers de construction se sont multipliés durant son règne de huit ans à l'université.

N'empêche, j'aurais aimé boucler la boucle à l'Université d'Ottawa. J'y ai étudié dans les années 1970 et j'y ai enseigné quelques années plus tard, en plus d'aider à mettre sur pied le programme de *common law* en français. Si on m'avait offert le rectorat plus tôt ou même selon mes conditions, si j'avais considéré le poste comme étant axé davantage sur la recherche et l'enseignement, ça m'aurait sans doute permis de boucler la boucle et j'aurais pris ma retraite par après. Une vraie retraite.

20
La commission maudite

LES ENFANTS, je reviens d'un magnifique voyage au Kenya avec Yolande en ce beau début d'année 2010. Calme comme je l'ai toujours voulu après la cour. J'organise alors mon horaire à mon goût et je mène quelques dossiers intéressants chez Heenan Blaikie. Puis, le téléphone sonne. J'aurais peut-être dû ne pas répondre, mais bon. Au bout du fil, Jacques Dupuis, ministre de la Sécurité publique du Québec. Quelques mois plus tôt, nous nous étions parlé dans le cadre de l'étude du projet de loi 74 visant à ordonner des sentences consécutives contre les escrocs de la finance et dans d'autres situations. Donc, je le connais un peu, mais sans plus. Je sens bien qu'il ne m'appelle pas pour parler de ce projet de loi, mais de choses beaucoup plus sérieuses.

La veille, ou deux jours plus tôt, l'ancien ministre québécois de la Justice Marc Bellemare fait une révélation pour le moins surprenante en entrevue à Radio-Canada. À la populaire émission *Enquête*, il déclare avoir été au centre d'un trafic d'influence de collecteurs de fonds importants du Parti libéral du Québec, notamment pour la nomination de juges. Par-dessus le marché, le premier ministre Jean Charest est au courant, disait-il, de cette situation. « Les gens qui étaient considérés comme étant des collecteurs influents et significatifs du parti avaient leur mot à dire sur plusieurs nominations et ils ne se gênaient pas pour solliciter des nominations de ma part à l'époque, en 2003 et en 2004, en tenant compte du fait qu'il y avait des retours d'ascenseurs qui étaient exigés, qu'il fallait placer notre monde, comme on disait à l'époque », confie alors Me Bellemare en entrevue avec l'animateur Alain Gravel, le 12 avril 2010. Il dit avoir nommé trois juges « parce que c'était une commande des grands collecteurs du parti et le premier ministre était d'accord avec ça ». Nous apprendrons que les juges auxquels il fait référence sont Me Marc Bisson, fils de Guy Bisson, un organisateur influent du Parti libéral du Québec ; Me Michel Simard, un ancien militant libéral ; et Line Gosselin-Després, qui a des liens de parenté avec l'ancien ministre libéral Michel Després. Derrière les deux premières nominations, en 2003, l'entrepreneur en construction Franco Fava et le comptable Charles Rondeau, tous deux d'importants collecteurs de fonds du PLQ.

Je n'en crois pas mes oreilles. Ce sont des allégations extrêmement sérieuses. Instinctivement, je pense à ces juges qu'il prétend avoir nommés illégalement.

Dorénavant, leurs vies seront intimement liées à des déclarations d'un ancien ministre. Sans doute subiront-ils ensuite des pressions immenses en cour, notamment avec des demandes de récusation. S'ils n'ont rien à se reprocher, pourquoi doivent-ils payer ce prix? Me Bellemare est en train de discréditer le ministère de la Justice, le processus de nomination des juges et la réputation des juges en question. Je suis aussi très surpris du fait qu'il fasse cette déclaration aussi longtemps après les événements.

Je suis très interpellé par cette sortie médiatique parce que je crois énormément à l'intégrité du système judiciaire. Ceci dit, je ne pense pas faire quoi que ce soit pour régler la situation. Jusqu'à cet appel de Jacques Dupuis.

« On est préoccupés par le processus de nomination des juges après toutes les remarques qu'il a faites dans les médias. On a absolument besoin de quelqu'un qui est vu entièrement neutre pour mener une commission d'enquête sur le processus de nomination des juges. Et il n'y a rien de mieux que quelqu'un qui est francophone, qui est de l'extérieur et qui a la réputation de la Cour suprême », m'a essentiellement dit le ministre Dupuis. D'habitude, je prends le temps de bien penser à mon affaire avant d'accepter un contrat. J'en parle à votre mère, on échange un peu. Parfois, je demande conseil. Or, le ministre Dupuis veut une réponse quasi immédiate puisque le gouvernement souhaite procéder à l'annonce d'une commission d'enquête dans les plus brefs délais. J'ignore les raisons exactes de cet empressement, mais je présume qu'ils ne voulaient pas donner la chance à Me Bellemare de continuer à raconter des histoires en public. De plus, je vois dans les journaux que le gouvernement Charest ne vit pas ses meilleurs moments.

Je pense qu'il est naturel que le gouvernement choisisse quelqu'un qui vient de la Cour suprême du Canada. La situation est explosive et il se doit de nommer quelqu'un d'objectif et qui a une certaine distance par rapport à toute cette affaire. Je pense que c'est un avantage pour eux que je ne sois pas québécois puisque je ne peux être lié à un parti politique ou à quoi que ce soit d'autre, car je n'habite pas au Québec. Et c'était justement l'argument que Jean Charest répète à qui veut bien l'entendre, ou pas, tout en précisant que je n'ai jamais siégé à un tribunal supérieur au Québec. C'est à mon avis un argument assez fort.

Parce que je n'ai pas beaucoup de travail à ce moment-là – mais surtout par solidarité envers les juges visés – j'ai accepté de mener cette commission juridique et administrative assez rapidement. Le mandat de la commission est d'enquêter sur les allégations de Marc Bellemare concernant le processus de nomination des juges de la Cour du Québec, de la Cour municipale et du Tribunal administratif du Québec et aussi de « formuler des recommandations au gouvernement sur d'éventuelles modifications à apporter au processus de nomination des candidats », dit le texte officiel.

Les réactions n'ont pas attendu, et franchement, elles n'ont jamais cessé. Dans un reportage diffusé le 14 avril 2010 sur les ondes de Radio-Canada, les partis d'opposition ont critiqué le «mandat étriqué qui dérange toujours et le fait que le premier ministre, selon Marc Bellemare, était au courant du trafic d'influence». Le leader parlementaire de l'opposition officielle péquiste, Stéphane Bédard, dit alors : «On ne peut pas être juge et partie, on ne peut pas comme accusé choisir son juge et choisir ses accusations.» Le chef de l'Action démocratique, Gérard Deltell, affirme pour sa part que «ce n'est pas le premier ministre, mais le chef du Parti libéral qui a institué cette commission d'enquête, et ça, c'est décevant pour les Québécois».

Les enfants, des allusions à mon amitié avec Jean Charest ont régulièrement été rapportées. Pourtant, je ne connais absolument pas M. Charest. De fait, je ne l'ai jamais vu et je ne lui ai jamais parlé. Je n'ai jamais croisé l'homme dans une réception. Absolument rien. Pourtant, la presse québécoise n'en démord pas. Dans son éditorial du 15 avril 2010, la rédactrice en chef du *Devoir*, Josée Boileau, écrit : «Il faut bien le dire : le premier ministre Jean Charest ne manque ni d'audace, ni de sang-froid. Pour présider "sa" commission d'enquête (le possessif s'impose puisqu'il était le seul à la réclamer), il a trouvé un juge prestigieux, qui a accepté sans discuter le mandat imposé et la très courte échéance de six mois qui l'accompagne [...] On se concentrera donc exclusivement sur les nominations de juges. Que dira alors M. Bastarache de ce fils d'organisateur libéral que papa, après en avoir parlé à un ministre, était bien content de voir accéder à la magistrature ? Qu'après étude du rapport du comité de sélection, l'avocat en question avait les compétences requises ? On n'en doute même pas ! M. Bastarache le comprendra d'autant mieux que sa nomination à la Cour suprême avait elle aussi été qualifiée de partisane en raison de ses liens professionnels et partisans avec le premier ministre Jean Chrétien. Et pourtant, il a fait un excellent juge, n'est-ce pas ?»

Émilie, Jean-François, depuis mes années à la Cour suprême du Canada, j'ai développé un certain dégoût à l'égard des médias qui agissent de cette façon. Ce passage du journal *Le Devoir* m'a surpris. J'ai reçu un mandat clair du gouvernement. J'aurai les pouvoirs et l'indépendance de mener une commission d'enquête sur la nomination

Parce que je n'ai pas beaucoup de travail à ce moment-là – mais surtout par solidarité envers les juges visés – j'ai accepté de mener cette commission juridique et administrative assez rapidement.

des juges, pas une commission pour protéger Jean Charest. Pas un outil politique ou une distraction pour le peuple. En acceptant ce mandat de commission d'enquête – juridique et administrative dois-je le rappeler – je me suis bien assuré de ne pas avoir à m'engager dans une commission sur l'industrie de la construction et le financement des partis politiques, soit l'équivalent de la commission Charbonneau quelques années plus tard. Je sais très bien que ce sera énorme, très long et qu'il y aurait des centaines de témoins. Je n'ai pas d'expérience avec les commissions et donc je n'aurais pas accepté de me lancer dans un bourbier. Or, ici, il s'agit d'une commission très juridique et qui est dans mon domaine. C'est alors beaucoup moins exigeant et délicat.

Certaines affirmations circulent dans les médias avant le début des travaux et elles m'étonnent. Par exemple, la référence à la nomination du fiston d'une personne d'intérêt, je ne l'avais pas entendue avant le début des travaux. Mais lorsque l'ancien ministre responsable de l'Outaouais, Norm MacMillan, a avoué devant la commission qu'il avait poussé la candidature d'un aspirant juge, je suis devenu très préoccupé. Si j'avais su qu'il y avait autant de conflits politiques relativement à la nomination des juges, je n'aurais pas accepté le mandat du gouvernement du Québec. Ça, c'est sûr.

Au départ, je sais bien qu'il y aura des réactions politiques et médiatiques parce qu'il existe alors une volonté populaire pour que le gouvernement crée l'équivalent de la commission Charbonneau. Dans ce contexte, ma commission, finalement, n'est qu'une pauvre excuse pour faire autre chose. Mais je pensais avoir droit à un traitement honnête.

« Il est pour le moins cocasse de confier la présidence d'une enquête sur le processus de nomination des juges à un homme dont l'accession au plus haut tribunal du pays en 1997 avait suscité une controverse, précisément en raison de ses liens avec Jean Chrétien et le Parti libéral du Canada [...] Malgré la compétence et l'intégrité qu'on peut lui reconnaître, Mᵉ Bastarache aura bien du mal à convaincre la population qu'il ne se fait pas complice d'une grossière manœuvre de diversion. C'est même à se demander s'il a bien mesuré dans quoi il s'embarquait », a d'ailleurs écrit le chroniqueur Michel David dans *Le Devoir*.

Je me suis dit que ce genre de commentaire, qui discréditera ma commission pour s'en prendre à M. Charest, sera présent pendant quelques semaines et qu'on me laissera ensuite travailler en paix. Or, les commentaires ne m'ont finalement jamais lâché. Ce qui est le plus « cocasse », pour reprendre l'expression de M. David, c'est que finalement, 80 % des recommandations dans mon rapport ont été adoptées tant par les libéraux que par les péquistes.

★★★

La commission a donc deux parties : Le cas de Me Bellemare et le processus de nomination des juges. Dès le départ, j'ai séparé les deux. J'ai commencé uniquement avec l'enquête sur Marc Bellemare. Lorsque cette portion serait terminée, mon équipe ferait l'autre partie avec trois ou quatre experts de l'extérieur.

Deux défis importants se dressent devant moi : je n'ai jamais dirigé de commission d'enquête et je ne connais pas d'avocats à Québec. Rapidement, je communique avec des juges de la capitale provinciale que je connais pour leur demander des références. Je dois me trouver un très bon avocat pour occuper les fonctions de procureur en chef, un poste clé dans une commission du genre. C'est lui qui mènera les interrogatoires en se référant aux preuves amassées au fil de l'enquête. Trois ou quatre de ces juges m'ont donné le nom de Me Pierre Cimon. Lorsque je l'ai appelé la première fois, je n'ai aucune idée de qui il est, il m'a juste été recommandé par des juges. Je l'ai rencontré quelques jours plus tard pour en savoir davantage sur l'homme. Je veux savoir notamment s'il a déjà fait des commissions d'enquête et s'il est impliqué politiquement. Je veux que mon équipe soit la plus neutre possible et ça commençait par le procureur en chef. Je lui ai demandé un peu comment il pense organiser le travail et quelles sortes de supervisions il ferait par rapport à moi. Dès le départ, j'ai instauré un processus de vérification des antécédents pour m'assurer d'évacuer tout conflit d'intérêts. C'est une approche directement tirée des règles du Barreau du Québec qui prévoit l'identification de la personne, de personnes qui la connaissent et qui peuvent certifier qui elle est et sa réputation. Je vérifie aussi si elle a ses permis, ses assurances et si elle a déjà été poursuivie, par exemple.

Durant notre rencontre, Me Cimon me confie avoir fait des contributions au Parti libéral du Québec. Pas de grandes sommes, des chèques de 300 $, 400 $, 250 $ et 500 $ par année ici et là. Par conviction, m'a-t-il dit. Il n'a jamais été attaché politique, stratège ou même conseiller. Pour moi, il n'y a aucun problème. Ni dans la légalité de l'affaire ni dans la perception. Tout le monde, sans exception, a le droit de contribuer à un parti politique. Pas une seconde, n'ai-je pensé que cela pouvait poser un problème. Il aurait pu être péquiste que ça ne m'aurait pas dérangé. Au fil des années, j'ai rencontré bon nombre d'individus qui ont eu des mandats délicats, de nature juridique et politique, et qui ont déjà été membres de partis politiques. Jamais personne n'a posé de question.

Or, quelques jours plus tard, la presse se déchaînera. Le passé politique de Me Cimon est révélé dans les médias et les partis d'opposition ne passeront pas cela sous silence. « On doit se rappeler que son mandat sera d'interroger précisément les témoins sur des allégations qui lient le processus de nomination des juges et l'influence de grands collecteurs de fonds du Parti libéral [...] Ça jette un doute en partant [...] En justice comme en éthique, les apparences sont aussi importantes que le fond des choses », affirme la porte-parole du Parti québécois en matière de justice, Véronique Hivon. Le député de Québec solidaire Amir

Khadir en rajoute : « La tourmente politique au Québec s'articule autour du financement du PLQ. À tout le moins, dans la nomination des procureurs de cette commission, la ministre de la Justice aurait dû donner des directives claires à M. Bastarache d'éviter ce type d'apparence de conflit d'intérêts. »

Même le bâtonnier du Québec, Pierre Chagnon, a remis en doute l'impartialité de ma commission devant les caméras de TVA à l'Assemblée nationale. Je n'en reviens pas. On encourage les jeunes dans les facultés de droit à participer aux partis politiques et là, on punit un homme qualifié, compétent et intègre parce qu'il a justement participé. On lance là tout un message. Encore aujourd'hui, cela ne me paraît pas tellement intelligent comme raisonnement.

> On encourage les jeunes dans les facultés de droit à participer aux partis politiques et là, on punit un homme qualifié, compétent et intègre parce qu'il a justement participé. On lance là tout un message.

★★★

Dès le départ, le gouvernement m'a donné une marge de manœuvre qui signifie que personne ne pourrait m'imposer qui que ce soit comme employés, que je définirais le mandat des employés et mon propre rôle par rapport à eux. Il y avait une exception, la direction des services administratifs. J'avais approché la dame qui s'était occupée de cette fonction auprès de Pierre-Marc Johnson qui avait dirigé l'enquête sur la chute d'un viaduc. Le Comité exécutif n'était pas d'accord. Il m'a offert les services de Daniel Legault, un administrateur absolument superbe avec lequel j'ai travaillé avec grand plaisir.

Dans ma préparation des grandes orientations de la commission, j'ai communiqué avec plusieurs personnes qui ont eu de nombreuses expériences en matière de commission d'enquête. Non, je n'ai pas appelé John Gomery, le célèbre commissaire de la commission d'enquête sur le scandale des commandites. Cela me rappelait trop la décision d'un juge de la Cour fédérale à son sujet, qui concluait qu'il avait fait preuve de partialité. Je me suis appliqué à mettre en place un processus, une équipe d'élite, professionnelle.

En organisant ma commission, la première personne avec qui j'ai parlé, c'est Denise E. Bellamy que je connais un peu. La juge Bellamy a mené une enquête sur les dépenses illégitimes à la Ville de Toronto et elle a su me prodiguer quelques conseils. J'ai aussi parlé à un juge que je connais à la Cour d'appel du Québec et à un ancien sous-ministre québécois qui s'est spécialisé dans les commissions d'enquête.

Puis, j'ai appelé le juge Jeffrey Oliphant qui terminait sa commission d'enquête sur la relation entre Karlheinz Schreiber et l'ancien premier ministre canadien Brian Mulroney dans la foulée de l'affaire Airbus. M. Oliphant est alors juge en chef adjoint de la Cour du Banc de la Reine du Manitoba. Il a fait preuve d'une grande rigueur dans cette commission d'enquête. Je lui ai demandé s'il avait de bons avocats à me recommander. Il m'a tout de suite suggéré Giuseppe Battista, que j'ai embauché comme procureur en chef adjoint, puis comme procureur en chef lorsque Me Cimon a quitté ses fonctions. Me Battista avait été avocat de la commission Poitras ; il se spécialise en droit criminel et disciplinaire.

Ensuite, Éric Downs, un avocat très en vue au Québec, cadrera parfaitement comme procureur en chef adjoint. À l'époque, je le connais un peu parce qu'il a fait bonne impression en représentant l'Autorité des marchés financiers dans le procès de Vincent Lacroix, qui avait fraudé bon nombre d'investisseurs de Norbourg. En 2016, Me Downs a été nommé juge à la Cour supérieure du Québec.

Les enfants, avec le peu de temps dont je disposais, j'estime avoir tout mis en place pour créer une équipe forte, une équipe droite qui ferait la lumière sur toute cette affaire. Je veux alors aller au fond des choses. Certainement, il y a eu des critiques, notamment au sujet de l'absence de femmes parmi les procureurs. Des femmes se sont de fait jointes à mon équipe ; j'ai d'ailleurs écrit le rapport avec la professeure Martine Valois. Or, il est vrai que dans l'équipe principale, il aurait été préférable d'avoir une présence féminine. Initialement, je voulais avoir deux hommes et deux femmes comme avocats. J'ai demandé à quatre femmes qui ont toutes refusé catégoriquement, sans hésitation, le mandat que je leur ai offert. Je leur ai demandé de me suggérer des noms d'autres femmes qualifiées et elles m'ont toutes dit, presque en riant, que toutes celles qui auraient été bonnes et qui travaillaient dans des grands bureaux ne travailleraient jamais au taux horaire du gouvernement du Québec.

★★★

Au départ, je refuse de me faire une opinion à partir des journaux, parce que je ne fais plus confiance aux journalistes et parce que je procède encore comme un juge. Un juge ne s'inspire pas de commentaires pour se faire une tête. Je me suis toujours dit qu'il faut voir les deux côtés de la médaille avant de penser à se prononcer. Dans le cas de Marc Bellemare, je voulais attendre de voir ce qu'il avait à dire pour se défendre. J'ignorais ce qui s'était passé entre MM. Bellemare et Charest. Bien sûr, je trouve ça parfaitement stupide qu'un ministre de la Justice fasse de tels commentaires en public, sept ans après les faits allégués. Mais entre cela et savoir si ce qu'il avance est vrai, il y a une grande différence. Ce qui compte pour moi, c'est d'aller au fond des choses et de découvrir ce qui s'est bel et bien passé. Finalement, on l'a su. Ce qui est malheureux, c'est que Marc Bellemare a joué comme un politicien et a fait de moi une cible de choix. Il est pourtant clair que je n'allais jamais donner ce que les journalistes et autres politiciens, une partie du public aussi, attendaient soit une commission sur le financement du Parti libéral du Québec. En fait, je ne donnerai qu'un résultat, la preuve qu'il a menti.

Un matin de mai 2010, j'aperçois ce titre dans *Le Devoir* : « Bellemare craint d'avoir affaire à une clique ». Dans cet article, Me Bellemare qualifie ma commission de « piège à cons » parce que nous ne sommes pas suffisamment indépendants du gouvernement. Sous quels prétextes ? « Il nomme président un avocat, Me Bastarache, qui est dans un cabinet très, très proche du gouvernement entre autres par la personne de Pierre-Marc Johnson », a-t-il répondu.

Par où commencer ? Franchement, j'ai voulu donner la chance au coureur. J'ai voulu un vrai débat devant la commission pour savoir comment on procédait à la nomination de juges. Y avait-il de réelles pressions politiques ? Nous n'avions même pas commencé les audiences que Me Bellemare a procédé à cette attaque vicieuse à mon endroit. En anglais, je dirais que c'était *cheap*. Ce n'est pas la meilleure façon de se défendre. En quoi suggérer qu'il y avait des liens avec mon bureau et le gouvernement pourrait bien l'aider à prouver qu'il a dû procéder à des nominations illégitimes ? Puis, en plein été, encore une fois avant même que les audiences ne commencent, voilà que Me Bellemare demande à la Cour supérieure du Québec de mettre fin à ma commission et d'annuler ma nomination. Vraiment, ça devenait gênant son affaire. Marc Bellemare allègue notamment en entrevue au *Devoir* que cette commission résulte d'un « abus de pouvoir » du premier ministre Charest qui agit « illégalement ». Selon lui, le premier ministre utilise ma commission pour l'aider dans sa poursuite en diffamation contre lui. Me Bellemare affirmait aussi que des faits démontrent une « complicité » et une « promiscuité » entre le pouvoir exécutif – le gouvernement – et moi. Et il s'enlise ensuite dans l'énumération

J'ai voulu un vrai débat devant la commission pour savoir comment on procédait à la nomination de juges. Y avait-il de réelles pressions politiques ?

de mes relations interpersonnelles avec le ministre Jacques Dupuis et le premier ministre lui-même, que je connais « très bien » selon lui. Eh bien, tout cela est complètement faux, comme je l'ai mentionné précédemment.

Marc Bellemare a essayé de salir tout le monde dans cette affaire. Il est la raison pour laquelle la commission a été mise sur pied et pourtant, il nous a traîné dans la boue au quotidien. C'est tout simplement irresponsable de sa part et de celle de son avocat Jean-François Bertrand. Et par l'entremise de la télévision, le Québec, voire le Canada en entier, a pu voir mon caractère parfois bouillant à leur égard. Les enfants, je tiens d'ailleurs à saluer *Infoman* qui a commencé ses émissions avec mon visage rouge pendant plusieurs semaines. Si j'avais eu une fonction me permettant de parler aux médias, j'aurais bien voulu expliquer à Jean-René Dufort que mon visage écarlate n'est pas causé par le comportement de Me Bertrand, mais par une maladie de la peau. La rosacée. Quand j'ai chaud, je deviens rouge. Depuis que je suis enfant, on me demande régulièrement si je reviens de Floride tellement je semble avoir des coups de soleil. Mon père souffrait de la même maladie, très bénigne soit dit en passant. Durant la commission, avec l'éclairage et la pression, j'avais chaud et j'étais rouge. Cela dit, maladie ou non, l'avocat de Bellemare m'a fait rager.

Yolande vous dirait qu'elle pensait que j'allais « les mettre en prison » tellement j'étais furieux. Les gens m'ont pourtant prévenu qu'il ferait exprès et qu'il a la réputation d'être arrogant et insultant. C'est sa méthode, si on veut. Il voulait que je me fâche. Durant le contre-interrogatoire du collecteur de fonds libéral Charles Rondeau, il s'entêtait à le questionner sur les pratiques de financement du PLQ et la mécanique des nominations gouvernementales. Il a sans doute pensé un instant que je dirais des choses qui nuiraient à la commission, alors que finalement, je ne m'en suis pris qu'à lui. Si c'était à refaire, je contrôlerais Me Bertrand différemment. Je n'aurais pas dû tomber dans le piège et perdre patience. Je peux comprendre que, sur ce point, certaines personnes et le public ont pu percevoir que je n'attachais aucune importance à ce qu'il disait. Ce n'est pas le cas ; c'est que l'avocat était hors sujet. Il était question de la nomination de juges, pas de représentants du gouvernement à l'étranger. Disons que Me Bellemare ne s'est pas aidé. Son comportement et ses tactiques comme ceux de son avocat ne m'ont pas convaincu que les faits qu'il alléguait étaient véridiques.

Sa version des faits, telle qu'on me l'a présentée en audience va comme suit : Me Bellemare dit avoir rencontré le premier ministre Jean Charest le 2 septembre 2003 et lui aurait demandé de discuter des demandes insistantes de Franco Fava et Charles Rondeau pour la nomination de juges. Après avoir entendu les doléances du ministre de la Justice au sujet de Marc Bisson et de Michel Simard, le premier ministre aurait dit à Me Bellemare : « Franco, c'est un ami personnel, c'est un collecteur influent du parti, on a besoin de ces gars-là, il faut les écouter, c'est un professionnel du financement, s'il t'a dit de nommer Bisson et Simard, nomme-les. »

Jean Charest a répliqué ne jamais avoir été informé des pressions qu'aurait subies Me Bellemare pour la nomination du juge Bisson et de la promotion du juge Simard. Il ne se souvenait pas, disait-il, de l'appel de M. Bellemare du 24 août 2003 ni de la rencontre du 27 août 2003 qui visait à fixer un rendez-vous pour le 2 septembre. Pour cette journée, il soutient à l'aide de son agenda que sa dernière rencontre s'était terminée à 19 h 30, mais qu'il aurait pu avoir d'autres rencontres après coup, sans que ce soit noté à l'agenda. Il affirmait cependant que ce n'était pas le cas.

Il a également été question d'une rencontre le 8 janvier où Me Bellemare dit avoir discuté de la nomination de Line Gosselin-Després à titre de juge. M. Charest rétorque que cette affirmation est fausse et que le nom de la juriste n'a jamais été prononcé.

Qui dit vrai ? La tâche semble titanesque pour une raison pourtant simple : il faut découvrir ce qui s'est réellement produit, mais sans influencer les poursuites civiles que se sont intentées MM. Charest et Bellemare en Cour supérieure du Québec. Après les allégations de Marc Bellemare, Jean Charest a intenté une poursuite contre ce dernier pour atteinte à la réputation. L'ancien ministre de la Justice juge alors que la réclamation du premier ministre n'est pas justifiée et intente une poursuite contre ce dernier, ce qu'on appelle une demande reconventionnelle.

C'est très complexe, mais je veux tout de même aller au fond de l'affaire. D'ailleurs, contrairement à ce qu'avance Gilbert Lavoie dans *Le Soleil*, soit que je ne me suis « pas rendu au bout de mon enquête sur cette question », je me suis bel et bien rendu au bout de l'affaire, mais je ne pouvais pas publier toutes les preuves que j'avais obtenues parce que ça aurait pu influencer le tribunal saisi des deux poursuites civiles. Mais, les enfants, laissez-moi vous raconter ce que nous avons découvert.

★★★

Tous les jours, j'organise des rencontres avec les avocats de la commission. Nos deux principaux avocats sont criminalistes. Un jour, je m'assois avec les deux pour leur faire part d'une préoccupation. Je leur dis quelque chose comme ceci: «Vous connaissez mieux ça que moi et je veux votre avis. Je ne veux pas qu'il y ait de conflit entre les deux poursuites civiles et mon rapport; je ne veux pas être accusé d'avoir imposé une solution à une cour criminelle ou civile.» Il y avait plusieurs précédents de la Cour suprême dans le domaine et je voulais absolument éviter d'entrer dans une «zone de conflits». Nous avons donc décidé que les procureurs ne poseraient pas de question qui ressemblerait à celles qui seraient posées durant le procès et que j'essayerais de limiter les témoins à parler uniquement de choses très spécifiques à mon mandat.

Par exemple, lorsque Me Bellemare a dit qu'il s'est rendu au bureau de M. Charest le soir du 2 septembre 2003 et qu'il n'y avait personne pour lui faire signer le livre des visiteurs, nous avons questionné son chauffeur. Me Bellemare a dit s'être rendu sur place avec un chauffeur du gouvernement. Il a cependant refusé de nous dire le nom du chauffeur en question. Donc, j'ai envoyé un enquêteur questionner tous les chauffeurs du gouvernement du Québec et on a trouvé celui qui est allé chercher Me Bellemare ce soir-là. D'abord, il est allé le chercher à une heure qui ne concordait pas tout à fait avec celle qu'il avançait, et il ne s'est finalement jamais rendu au bureau de M. Charest. Il s'est plutôt rendu à un autre endroit.

Là, j'ai fait interroger deux autres personnes présentes à l'autre endroit pour qu'ils affirment finalement avoir vu Me Bellemare à cet endroit, à l'heure précise. Ce n'est même pas vrai qu'il est allé au bureau de M. Charest ce soir-là, mais je ne l'ai pas mis dans le rapport parce que c'était la défense complète de Jean Charest. M. Charest a dit qu'il n'était pas à son bureau ce soir-là et que Me Bellemare n'est jamais allé le voir. Si je l'avais inclus, le Québec entier aurait perçu cela comme si j'aidais Jean Charest dans son procès et moi, je ne voulais pas aller là. Je me disais que le premier ministre allait s'organiser tout seul et qu'il n'avait qu'à se trouver des témoins qui allaient lui raconter la même chose que ce qui avait été rapporté à mes enquêteurs.

★★★

Les partis d'opposition se déchaînent presque sur une base quotidienne et si la cible est la plupart du temps le premier ministre, je ne demeure pas insensible à leurs critiques, simplement parce que c'est lié au sujet de la commission que je dirige. Dès le début, j'ai décidé que nous allions créer un échantillon de 10 ans. C'est une procédure tout à fait normale lorsqu'on tente de déterminer si un système fonctionne et s'il y a des éléments comparatifs. Cela signifiait que nous allions revoir les pratiques de 2000 à 2010, et donc ce qu'ont fait les premiers ministres péquistes Lucien Bouchard et Bernard Landry.

Certains ont évoqué mes allégeances politiques pour expliquer cette décision. Franchement! Je n'avais pas de motifs politiques pour faire ou refuser de faire quelque chose dans le cadre de mon enquête; c'est complètement absurde. Ce que je voulais, c'est que ce soit fait dans les normes, de façon très professionnelle et qu'on ne me reproche pas justement d'être biaisé sur le plan politique. C'est pour cela que j'ai décidé de ne pas répondre à tous les reportages publiés dans les journaux.

Bernard Landry s'est même permis une sortie publique pour dire qu'il se «posait des questions» sur les motifs qui ont mené à ma décision. «Pourquoi essayer d'élargir l'enquête à un parti qui n'est aucunement accusé et qui n'est plus au pouvoir? Un ancien juge de la Cour suprême, sans exception, ne peut pas être sympathique à des indépendantistes. C'est plutôt le contraire», a-t-il dit. De fait, je l'ai dit plus tôt, je n'étais pas antipathique à l'égard des souverainistes convaincants comme René Lévesque, Claude Morin, Camille Laurin ou Louise Beaudoin; je l'étais un peu avec ceux de la lignée de Bernard Landry.

Puis il y a cette députée péquiste, Véronique Hivon, qui a commencé à prendre de plus en plus de place durant la commission. Porte-parole en matière de Justice pour l'opposition officielle, Mme Hivon a été l'une des plus dures à mon égard. Elle m'était étrangère à ce moment-là. Mais je sais par contre que lorsqu'elle s'est mise à faire de la politique sur le dos de ma commission en disant toutes les bêtises imaginables, le respect que j'aurais pu lui porter s'est, pour ainsi dire, évaporé. Vous voyez, je n'ai pas accepté que l'opposition officielle ait un statut d'intervenant dans la commission puisque je jugeais qu'elle n'avait rien à offrir. Elle n'avait pas d'intérêt direct dans l'enquête et ne pouvait pas fournir d'informations importantes. De plus, j'estimais que leur accorder le droit d'intervenir allait politiser le débat encore plus.

Véronique Hivon n'était pas d'accord et s'est offusquée avec véhémence de ce refus. «On a voulu donner la chance au coureur, on a voulu jouer notre rôle, mais force est de constater que la commission est totalement déséquilibrée. On est maintenant en droit de se demander quel est son véritable objectif. Il est pour le moins difficile aujourd'hui, tant pour nous, je pense, que pour l'ensemble de la population, de continuer à avoir confiance en cette commission et de ne pas se demander à quoi tous les millions qui vont être engloutis vont servir si ce n'est que de permettre, peut-être, de sauver la face à Jean Charest», a-t-elle dit dans un point de presse.

Une intervention purement politique qui n'a rien à voir avec le mandat de la commission. Je ne travaille pas pour Jean Charest. Je travaille pour réaliser un mandat spécifique qui est défini et c'est ce que je fais. Je ne travaille pas pour le PLQ ni pour Jean Charest personnellement. Ils ont essayé de transformer cela en exercice politique et les médias se sont gavés de leurs bêtises. Ça a nourri les médias, puis les médias se sont mis à se nourrir entre eux.

Je retiens particulièrement les analyses surréalistes du premier analyste politique de Radio-Canada, Michel C. Auger. Dans l'un de ses billets de blogue, par exemple, il écrira avec gentillesse en juin 2010 qu'« au plan formel, il n'y a rien, absolument rien, à redire sur la commission. La réputation du juge Bastarache est irréprochable », tout en ajoutant : « Quoi qu'on puisse penser du cabinet d'avocats auquel il s'est joint. » Il faisait alors référence à certains de mes collègues chez Heenan Blaikie qui avaient eu le malheur – pour nous tous – d'avoir un passé en politique. « La commission a bien constitué son équipe, et ses premiers travaux ont été menés avec tout le professionnalisme que l'on pouvait attendre dans les circonstances », dit-il.

Quelques lignes plus loin, il lâche le morceau : « Il y a une autre apparence qui joue fortement contre la commission : le choix du juge par le premier ministre lui-même [...] Il y a un vieux principe de droit qui dit qu'il faut non seulement que justice soit faite, mais qu'il doit aussi y avoir apparence de justice. C'est là qu'il y a un problème qui est en train de devenir sérieux pour la commission Bastarache. » Vraiment, une chance que ma réputation est irréprochable.

Dans l'une de ses nombreuses interventions au *Téléjournal 22 h* durant les audiences de ma commission, M. Auger s'est permis de dire ouvertement et sans filtre que « ce n'est pas une commission qui marche rondement » et qu'« on ne voit pas très bien quelle est la ligne que la commission veut suivre encore ». Qu'il s'agit d'« une commission qui communique mal ». Mais par chance, ce *grand expert* du monde juridique nous dit que « ce n'est pas irrécupérable, mais il faut un coup de barre ». Incroyable ! Comme si ma commission était un match de hockey.

Maintenant, quand la commission Charbonneau a commencé ses activités, et bien là, par exemple, c'était de grands experts ! M. Auger leur a donné sa bénédiction.

Or, contrairement à la Commission sur l'octroi et la gestion des contrats publics dans l'industrie de la construction, ma commission a peut-être été « plate » sur le plan du spectacle, mais près de la totalité de mes recommandations a été adoptée par les libéraux et les péquistes. Une certaine Véronique Hivon était d'ailleurs

> Je travaille pour réaliser un mandat spécifique qui est défini et c'est ce que je fais. Je ne travaille pas pour le PLQ ni pour Jean Charest personnellement.

au gouvernement à ce moment. Et surtout, on a appris que Marc Bellemare était un menteur.

★★★

Les enfants, je veux vous parler de Post-it^{MC}. Toutes les commissions d'enquête réservent un lot de surprises. On pense aux balles de golf de Jean Chrétien à la commission Gomery, ou à monsieur 3 % à la commission Charbonneau. Dans mon cas, deux choses fascinantes m'ont sauté au visage. Les Post-it^{MC} de deux témoins, et la disquette contenant l'agenda de Me Bellemare fournie par son épouse qui finalement prouvait qu'il mentait. Tenons-nous-en aux Post-it^{MC}.

D'abord, Georges Lalande, cet ancien sous-ministre associé au ministère de la Justice durant le passage de Marc Bellemare corrobore les allégations de l'ancien ministre selon lesquelles le collecteur de fonds Franco Fava exerce une pression sur le cabinet pour qu'il nomme certaines personnes. M. Lalande a conservé tous ses agendas de l'époque et il a écrit des notes assez précises concernant ces événements. Il mentionne notamment l'impatience de M. Fava à l'endroit du ministre Bellemare qui ne semble pas comprendre qu'il fallait nommer les amis du parti comme juges. « Franco me revient avec ses histoires de nominations », a-t-il inscrit dans son agenda à l'été 2003.

Nous avions amassé passablement de preuves sur les affirmations de Me Bellemare et tout pointait vers le mensonge. En appuyant l'ancien ministre, M. Lalande s'est exposé et a montré qu'il ne disait pas toute la vérité. Lorsqu'on lui a montré certaines de ces preuves, il a répondu à la commission « Ah ! Bien je vais consulter mon agenda » et l'entrée dans son agenda confirmait ce qu'on disait, mais il s'empressait d'ajouter : « Ah ! Mais j'ai une petite note ici. » Un Post-it^{MC}, ce petit bout de papier collant amovible. Je me doutais qu'il mentait, mais je voulais en avoir le cœur net. En août, je lui ai demandé qu'il soumette ses agendas et ses notes pour la durée de la commission. Rapidement, nous avons donné le tout à un expert des écritures. Nous constatons alors que lorsqu'il met ses notes, on ne retrouve jamais la même encre sur la page de l'agenda et sur le Post-it^{MC}. Néanmoins, je me suis dit que ça pouvait bien arriver, qu'il pouvait sans doute avoir changé de stylo chaque fois. Mes collègues de la commission m'ont répondu : « Vraiment, tous les jours, il changeait de stylo ? » Nous n'avancions pas. Il y a toujours un doute. À la fin, j'ai dit à l'équipe de demander à notre expert si la sorte d'encre utilisée existait il y a cinq, six, sept, ou 10 ans. J'ai demandé cela simplement parce que les compagnies peuvent changer leur formule. Finalement, l'encre qualifiant l'entrée n'existait pas à la date prétendue. L'écart est beaucoup trop important entre le moment où il écrit dans son agenda et les Post-it^{MC}. Il ment.

Puis, le 27 septembre 2010, journée passablement occupée à la commission, la responsable des nominations au sein du Cabinet de Jean Charest, Chantal Landry, a déclaré durant son témoignage qu'elle informait le premier ministre de l'allégeance politique des aspirants juges lorsqu'elle la connaissait. Comment s'y prenait-elle? Par l'entremise de petits Post-it^{MC} qu'elle collait sur les dossiers des candidats. Devant moi, elle décrit sa façon de procéder et je me dis qu'il s'agit là d'une bien drôle de méthode. Mme Landry n'est pas un témoin phare de la commission, elle n'a pas vraiment d'intérêts dans ces nominations. Elle n'a rien à cacher. Elle a juste à expliquer comment les choses se passaient et à décrire un système. Tout de même, il semble que le Post-it^{MC} est bien utile à Québec.

★★★

Cette commission a sans doute été l'une des épreuves les plus éprouvantes de ma vie sur le plan professionnel. Certes, je n'ai pas été menacé de mort comme lors de ma commission sur les langues officielles au Nouveau-Brunswick au début des années 1980, mais la couverture médiatique m'a grandement affecté. Tout était scruté et souvent avec un parti pris journalistique mesquin.

Par exemple, les médias ont sauté à pieds joints sur le fait qu'un des deux procureurs du gouvernement du Québec, Me Patrick Girard, a été un de mes clercs à la Cour suprême du Canada. Le journaliste Robert Dutrisac du *Devoir* a cru bon d'en faire un grand cas à un peu plus d'une semaine du dépôt de mon rapport. Dans son article, il mentionne «une proximité [qui] n'a pas été évoquée à l'ouverture» de la commission. Évidemment, les avocats de Marc Bellemare ont sauté sur l'occasion pour discréditer ma commission. «Ça n'a pas de bon sens. Excusez-moi si je ris, mais je ris de dégoût» a déclaré l'avocat Me Rénald Beaudry. Voyez-vous, moi mon dégoût, il réside dans le fait qu'un avocat membre du Barreau y voit un conflit. Encore aujourd'hui, je me demande comment il peut y avoir un conflit d'intérêts avec un auxiliaire juridique qui a été sous ma gouverne 12 ans auparavant. Je n'ai certainement pas à dire à qui que ce soit que mon ancien clerc est devant moi. On ne peut pas inventer un problème. Personne ne pourra me nommer un clerc dans l'histoire du Canada qui a eu un conflit du fait qu'il a été clerc lorsqu'il a travaillé

Cette commission a sans doute été l'une des épreuves les plus éprouvantes de ma vie sur le plan professionnel.

comme avocat par la suite. À la cour, les clercs sont des employés de soutien, des stagiaires essentiellement. Ils ne représentent rien ni personne. Sauf la justice. Et ça, visiblement, certaines gens ont complètement évacué cette notion durant la commission.

Toute cette pression politique et médiatique m'a poussé à songer à démissionner de mon poste. À deux reprises. Du moment où on m'a nommé jusqu'au dépôt de mon rapport, tous les commentaires ont été politiques. C'était beaucoup trop. Je me demandais régulièrement s'il était encore possible, dans notre société, de faire notre travail, de régler le problème qui nous est donné et de le faire d'une façon professionnelle sans que ce soit tout le temps discrédité en raison du contexte politique. Le moment le plus vif aura été durant les témoignages de Franco Fava et de Charles Rondeau, notamment, à qui on reprochait d'être des bailleurs de fonds du Parti libéral du Québec. J'ai dû interdire à mes avocats de les questionner là-dessus parce que ce n'était pas prévu dans notre mandat. C'était pour une commission ultérieure. J'ai bien avisé les procureurs que les seules questions qu'ils leur poseraient seraient : « Êtes-vous intervenu auprès de Bellemare ? Est-ce que vous avez communiqué avec Bellemare ou des employés de Bellemare, pour influencer la nomination de juges ? » Et ainsi de suite. Ça, ils les ont questionnés là-dessus, et j'ai dû empêcher l'avocat de Mᵉ Bellemare de commencer à les questionner sur leurs contributions au PLQ, parce qu'encore une fois, ce n'était pas une commission d'enquête sur le PLQ. Évidemment, on m'a accusé de protéger le Parti libéral.

Il y a même des éditorialistes et des chroniqueurs qui ont prétendu que j'étais moi-même partial parce que j'avais été nommé de façon illégitime à la Cour suprême. J'ai trouvé cela tellement bas. Je me suis dit : si c'est ça que le monde pense, peut-être que je vais leur dire « organisez-vous avec vos propres affaires ». J'ai failli tout plaquer là. La raison pour laquelle je ne l'ai pas fait, c'est qu'après discussion avec mes collègues de la commission, je me suis dit que cela n'aurait pas été correct de briser mon engagement. Si j'avais démissionné, comment le gouvernement du Québec aurait pu faire son enquête ?

Je me demandais régulièrement s'il était encore possible, dans notre société, de faire notre travail, de régler le problème qui nous est donné et de le faire d'une façon professionnelle sans que ce soit tout le temps discrédité en raison du contexte politique.

Bien que j'aie voulu démissionner, je ne regrette pas d'avoir fait cette commission. J'aurais regretté si ça avait mal tourné et que le rapport n'avait pas été accepté. Or, nous sommes parvenus à produire un rapport de 300 pages dont les recommandations ont presque toutes été adoptées par les deux gouvernements au pouvoir. Dans ce rapport, je recommande notamment la création d'un secrétariat à la sélection et à la nomination des juges qui relèverait de l'Assemblée nationale ; la constitution d'un comité permanent de sélection constitué d'une banque de 30 personnes rémunérées et formées, dont 12 représentants du public ; que l'Assemblée nationale détermine par loi ou règlement si le ministre de la Justice peut consulter le premier ministre dans le processus de nomination des juges ; que le népotisme, le favoritisme et l'allégeance politique soient nommément indiqués comme étant non pertinents pour la nomination d'un juge ; qu'il devrait être interdit aux ministres et aux députés de faire une quelconque démarche pour favoriser un candidat ; que le ministre de la Justice motive son choix au poste de juge en donnant une série d'informations au Conseil des ministres ; et qu'une annonce publique soit faite pour chaque nomination de juge avec les raisons qui ont motivé le choix de la personne.

Je crois que nous avons fait un très bon travail et que le gouvernement du Québec a désormais le meilleur système de nomination des juges au Canada. Il est possible d'avoir de bonnes nominations avec un mauvais système si vous avez de bonnes personnes qui prennent les décisions. Mais si le système permet ou encore facilite les mauvaises décisions, il faut changer le système parce qu'on ne peut tenir pour acquis que nous serons toujours dans une situation où les décideurs font les bons choix et qu'ils ne favorisent pas certains individus. Je pense qu'il faut avoir une protection institutionnelle pour le système. Évidemment, il y aura toujours une discrétion, c'est la nature même de la gouvernance et c'est une bonne chose. Les politiciens doivent nommer les juges. Mais il faut que ce soit bien réglementé et qu'il y ait des barrières institutionnelles pour empêcher les nominations partisanes. Nous avons étudié la situation dans toutes les provinces et au gouvernement fédéral et je crois que tous les systèmes peuvent être améliorés, en particulier le processus de nomination au gouvernement fédéral. Eh oui, ce même processus qui a fait de moi un juge à la cour d'appel du Nouveau-Brunswick et juge à la Cour suprême du Canada.

21
Un dernier épisode bien singulier

LES ENFANTS, nous sommes au début des années 2010 lorsque je dirige une équipe de jeunes juristes chez Heenan Blaikie. Il n'y a pas d'histoire, la commission au Québec suit son cours et je prends quelques mandats ici et là. Au Nouveau-Brunswick, cependant, les affaires se corsent. Je vois dans les nouvelles que le prêtre Charles Picot, du diocèse de Bathurst, est accusé d'agression sexuelle sur de jeunes enfants. Les faits remontent jusqu'aux années 1970. Pour le père Picot, il s'agit alors d'une autre saga judiciaire après avoir été condamné à sept mois de prison dans les années 1990. Je l'ignorais, mais le 22 janvier 2010, le père Lévi Noël, lui aussi du diocèse de Bathurst, est condamné à huit ans de prison après avoir reconnu sa culpabilité aux 22 accusations de grossière indécence et d'attentats à la pudeur qui pesaient sur lui. Ce sont des événements qui se sont produits entre 1958 et 1981 et dont les victimes étaient toutes de jeunes garçons âgés de 8 à 16 ans. Nous sommes dans une période bien particulière. À l'échelle internationale, l'Église catholique est impliquée dans un scandale de prêtres pédophiles qui n'est pas à la veille de se résoudre. Des évêques particulièrement influents sont montrés du doigt pour avoir camouflé des crimes à répétition.

Puis, je reçois un appel bien singulier. Celui de Me Mark Frederick, un avocat de Toronto que je ne connais pas. Me Frederick représente l'évêque de Bathurst, Mgr Valéry Vienneau, qui vit une situation difficile avec ces deux prêtres accusés au criminel et la couverture médiatique incessante. Des victimes du prêtre Picot l'ont rencontré et ce dernier se dit ébranlé par leur exposé des faits. Il accepte alors d'indemniser les victimes pour les sévices qu'elles ont subis. Durant notre conversation téléphonique, Me Frederick m'explique que l'évêque veut de l'aide non pas pour défendre le diocèse, mais pour établir un processus dans le but d'indemniser ces victimes. Je me rends donc à Bathurst pour une rencontre avec l'évêque et son adjoint, de même que Me Frederick.

La discussion me permet d'apprendre que même si seulement quelques victimes se sont identifiées durant le procès criminel, il semblerait y en avoir d'autres. C'est là que j'apprends aussi que l'on compte une dizaine de victimes du père Lévi Noël. Lorsque je siégeais à la Cour, nous avons rendu une décision en 1999 dans l'affaire Bazley qui a établi que les tierces parties exerçant un contrôle sur les assaillants avaient une responsabilité civile envers les victimes.

Mgr Vienneau et son adjoint me disent alors qu'ils craignent qu'un nombre considérable de victimes intentent des poursuites contre le diocèse. Les assureurs du diocèse refusent leur demande de règlement. L'évêque et son adjoint disent ne pas avoir les ressources financières pour faire face à une telle affaire. L'évêque est aussi d'avis qu'il serait injuste que seules les personnes psychologiquement capables de s'identifier et de participer à un procès puissent obtenir une compensation financière. Mgr Vienneau me dit alors : « Si on indemnise juste ceux qui viennent nous voir, ce n'est pas vraiment juste. Ceux qui veulent garder l'anonymat n'ont pas de chance d'être indemnisés et c'est peut-être là les pires victimes. »

Je suis évidemment d'accord avec lui sur ce point. Ce n'est pas parce qu'une dizaine de victimes portent plainte qu'il n'y en a pas d'autres qui gardent le silence. Il veut donc un processus au terme duquel toutes les victimes pourraient obtenir une compensation juste et aussi conserver l'anonymat. Me Frederick est convaincu que je peux leur rendre service en raison du fait que je peux agir un peu comme un juge qui décidera de façon juste la compensation financière pour chaque victime qui se présentera. Le plus important, selon lui, c'est que les victimes me fassent confiance. On me considère alors comme étant le meilleur candidat pour la fonction parce que j'avais été juge à la Cour suprême et que j'étais originaire de la province.

Or, pour moi, il n'était pas question de représenter le diocèse. Très bien, l'Église a admis sa responsabilité, mais pas question pour moi de la représenter ou de l'aider à se défendre. J'avais choisi mon camp : les victimes. Durant la réunion avec Mgr Vienneau, je lui ai dit clairement : « Je ne veux pas être l'avocat du diocèse parce que ça va absolument contre toutes mes valeurs. Je crois que c'est épouvantable ce que les prêtres ont fait. Et n'oubliez pas, Mgr Vienneau, que moi, je ne suis même pas croyant ! »

Mgr Vienneau m'a alors répondu : « Me Bastarache, vous serez complètement indépendant. Décidez les critères, les catégories, les montants, comment vous voulez procéder, je ne questionnerai absolument rien. À la fin, demandez-moi combien d'argent vous avez besoin et je vous le donnerai. Si je ne l'ai pas, je vais le trouver. » L'entente s'est conclue à ce moment-là.

★★★

J'ai alors l'impression d'être un arbitre dans un conflit. Même si contrairement à un arbitrage traditionnel, où il y a d'un côté le diocèse et de l'autre les victimes, je me retrouve à élaborer un processus qui comprend l'enquête et la décision. De façon complètement indépendante, j'élabore une procédure où j'identifierai les victimes d'abus sexuels, j'évaluerai la gravité des actes commis à leur égard et les conséquences qui en découlent.

Je me mets alors au travail. Je veux d'abord préparer un formulaire de demande détaillé que les victimes rempliront individuellement. Ce formulaire pourra me permettre d'évaluer la gravité des sévices qu'elles ont subis en vertu d'une grille d'analyse avec tous les facteurs dont il faudra tenir compte. Cette grille sera divisée en six et comprendra aussi le montant de la compensation pour chaque catégorie de victimes, l'échéancier et les conditions dans lesquelles je rencontrerai chacune des victimes. Pour créer la grille d'analyse, j'ai consulté environ 200 décisions judiciaires portant sur des agressions sexuelles afin d'identifier les critères qui avaient été retenus par les tribunaux, de même que les montants de la compensation financière généralement attribuée. J'ai donc établi qu'une victime pouvait recevoir entre 5 000 $ et 250 000 $. Les critères sont très précis parce que je veux m'assurer d'être très consistant dans l'analyse de chaque cas. Par exemple, dans la catégorie 5 000 $, la compensation sera pour les cas d'attouchement ; lorsque le prêtre invite le jeune à son bureau et qu'il y a une forme d'agression sexuelle, ce sera dans la catégorie de 25 000 $; puis, si le prêtre fait de l'enfant un objet sexuel et qu'il l'agresse sur une base régulière pendant des mois ou des années, on se rapproche dangereusement du maximum de 250 000 $. Il me faut aussi tenir compte des séquelles pour décider du montant final. Je signale en passant que la Cour du Banc de la Reine a convenu que ma grille était tout à fait acceptable. Personnellement, je crois qu'une somme de 250 000 $ ne réparera jamais les sévices subis. Mais je n'ai pas le choix. Je dois donner un montant équivalent à celui qu'accepterait un tribunal au Nouveau-Brunswick. Les montants sont tirés des causes.

Les choses ont un peu changé depuis. Il y a quelques cas où 1 million de dollars ont été accordés récemment. Certains avocats ont dit durant mes travaux que les victimes n'ont pas obtenu suffisamment d'argent et que si elles acceptaient d'être leur client, elles pourraient toucher des sommes beaucoup plus importantes. Ce sont des mensonges. « Une offre d'aussi peu que 10 000 $ me trouble. Je ne connais aucun cas d'agression sexuelle où cette somme a été offerte, même dans les cas les plus modestes. Dans notre système, 10 000 $ c'est ce qu'on donne pour une mauvaise coupe de cheveux », a même déclaré l'avocat Robert Talach en entrevue à Radio-Canada en 2016, en faisant référence aux montants offerts aux victimes du père Camille Léger dans le diocèse de Moncton. En faisant cette déclaration, Me Talach a montré au monde entier qu'il ne comprenait visiblement pas le dossier. Il croyait alors pouvoir obtenir des centaines de milliers de dollars en tirant en exemple des cas en justice où des victimes ont obtenu 1 million de dollars. Or, c'était faux. Les causes millionnaires au Canada ont été conclues hors cour et n'avaient aucun rapport avec l'Église catholique. Il s'agissait plutôt de cas d'inceste de pères contre leur fille sur de longues périodes. Pour ma part, je suis toujours en paix avec les montants que j'ai établis. Ces montants sont supérieurs à ceux offerts aux victimes des pensionnats autochtones, par exemple. À Bathurst, le montant moyen des compensations était d'environ 57 000 $ et environ 20 % des cas ont obtenu le montant maximum si je me souviens bien.

En élaborant ma grille, je sens qu'il me manque quelque chose. Évidemment, ce qui s'est produit est un élément important, mais les séquelles le sont encore plus. Et j'ignore quels critères je dois adopter. Il y avait très peu d'information à cet égard dans la jurisprudence. J'ai donc appelé une psychiatre que je connais bien : Céline Finn, la fille de mon ancien patron chez Assomption Vie et à l'Université de Moncton, Gilbert Finn. Céline est psychiatre pour enfant et mon mandat touche des personnes qui ont été victimes durant leur enfance. Céline venait tout juste de terminer un travail avec les soldats canadiens atteints du syndrome de stress post-traumatique. Pour moi, c'était la personne parfaite pour m'aider. Nous nous sommes donc rencontrés à plusieurs reprises et je lui ai notamment montré ma liste qu'elle a analysée et qu'elle a modifiée au besoin. Tout au long du processus, Céline m'a accompagné. J'ai demandé des rapports médicaux des victimes et elle m'a aidé à les décoder. Puis, elle m'a accompagné dans certaines entrevues avec des victimes. Évidemment, les victimes ont dû lui donner la permission d'y assister. Je leur ai dit : « Je cherche à comprendre les impacts de ces sévices. Vous savez, il arrive plusieurs choses dans la vie d'une personne. Vous avez été molesté quand vous aviez 10 ans, mais 50 ans plus tard, ce n'est pas certain que ce soit ça qui a causé tous vos problèmes. C'est la causalité qu'il faut établir. » Certains ont rouspété, avec raison. Mais je leur ai répondu : « Vous, vous trouvez cela bête si je vous pose la question, mais si vous deviez témoigner en cour, comment feriez-vous ? » Céline m'a beaucoup aidé.

Après toute cette préparation, j'étais prêt à recevoir les formulaires des victimes. J'ai fait un appel général aux victimes de s'identifier en passant par les journaux et les médias électroniques. Au fil des semaines, les formulaires s'additionnent. Non, ils se multiplient. Je constate que les prévisions du diocèse, soit une vingtaine, une trentaine de victimes, sont complètement erronées. Je reçois des dizaines et des dizaines de demandes. Je repousse même la date limite. Pour finir, ils sont 117 à m'envoyer une demande. Je suis estomaqué. Puis, les formulaires entrent au bureau. Le nom des prêtres défile. Il ne s'agit plus de deux individus. D'autres noms que je n'ai jamais entendus auparavant sont mentionnés. Je me rends donc au bureau de l'évêque pour lui dire qu'il a un sérieux problème. Ses deux prêtres ne sont pas des cas isolés. En tout, il y a une dizaine de prêtres visés par plus de 100 victimes. Mgr Vienneau est livide. Il n'en revient pas. Ces prêtres ne font alors pas face à la justice. Je me tourne vers son adjoint et lui dis qu'il devra regarder les dossiers de ces prêtres-là. Y a-t-il eu des plaintes ? Savent-ils quelque chose ? J'ai pris toute l'information et rencontré des victimes volubiles à qui je pouvais faire confiance. J'ai constaté que le diocèse était au courant de certaines affaires et que les prêtres visés étaient transférés de paroisse en paroisse pour toutes sortes de raisons inventées. En moyenne, les prêtres pouvaient rester environ sept ans dans chaque paroisse. Dans le cas des prêtres pédophiles connus, on parle plutôt de transferts fréquents. Parmi les prêtres additionnels, il semblerait que deux d'entre eux aient possiblement été accusés à tort.

***

Émilie, Jean-François, votre mère et moi aimons toujours regarder un bon film. Nos années à Nice nous ont permis d'apprécier le jeu des acteurs et le scénario qui caractérisent les grands films. En 2016, nous visionnons à la maison le film dont tout le monde parle : *Spotlight*, un film de Tom McCarthy sur le scandale des prêtres pédophiles à Boston et les révélations des journalistes du quotidien *Boston Globe*. Cela ne fait pas 20 minutes que je regarde le film et je suis estomaqué. Dès la première rencontre des journalistes avec une victime, je m'exclame : c'est pareil, pareil, pareil comme ce que j'ai entendu ! Pareil. J'aurais pu jouer le rôle.

Toutes les victimes dans le film, je les ai vues à Bathurst, puis à Moncton, lorsque le diocèse m'a demandé de faire le même exercice quelques années plus tard. J'ai rencontré cette victime issue d'un milieu défavorisé qui confie que de voir le prêtre de la paroisse lui porter attention, le considérer, a une grande importance. Lorsque le prêtre lui demande d'effectuer des travaux ménagers à l'église ou au presbytère, c'est un privilège. Comme dans le film, les victimes m'ont dit que c'était comme « si le bon Dieu te demandait de l'aider ». Le prêtre, c'est le patron du village, une figure autoritaire et quasi divine. Quand le prêtre raconte une blague un peu déplacée, c'est important, puisque c'est comme si le jeune avait sa confiance pour garder un secret commun.

Puis, le prêtre lui offre un massage, et l'enfant cède, puis ça va de pire en pire. Un jour, il lui demande de le masturber ou encore de lui faire une fellation, et l'enfant obéit. Tout cela, je l'ai entendu. Les prêtres ont ensorcelé des enfants et les ont convaincus que les relations sexuelles étaient correctes et acceptables.

Dès les premières rencontres avec des victimes à Bathurst, je constate qu'il y a un *pattern*, une façon de faire de la part des prêtres. Charles Picot qui disait toujours la même chose à ses victimes, quelque chose comme : « C'est juste une initiation à la sexualité, ce n'est pas grave, tout le monde passe par là. » Les enfants ne peuvent pas refuser. L'abus est physique, mais aussi psychologique et spirituel.

Au moment des entrevues, je rencontre des victimes aux profils multiples. Certains ont bu ou ont consommé de la drogue pour se calmer puisque cela fait trois jours qu'ils ne dorment pas en pensant qu'ils doivent venir me voir. Je le constate instantanément. Des gens stressés, angoissés. D'autres arrivent bien habillés, très élégants et pourtant, ils disent être au chômage et ne pas avoir d'argent. Ils sont bien en confiance et me disent : « Il n'y a pas de problème, je vais vous raconter ce qui s'est passé. » Je suis surpris, certainement. Puis, au fur et à mesure que ces rencontrent avancent, je leur demande s'ils ne trouvent pas que les gestes subis sont humiliants. Avaient-ils peur d'être vus ? Peur que ça se sache ? Une phrase prononcée par de nombreuses victimes devait me permettre de bien comprendre la gravité de leur situation : « J'avais peur de passer pour un homosexuel, Monsieur. » Cette phrase les a tous anéantis. Ils avaient presque tous une peur bleue d'être perçus comme des homosexuels. L'Acadie du Nouveau-Brunswick est encore conservatrice à bien des égards, faut-il croire, du moins pendant ces années-là. On m'a alors dit que si les gens savaient qu'ils sont victimes de prêtres pédophiles, ils pensaient que leur femme les laisserait, leurs enfants ne leur parleraient plus et qu'ils perdraient sans doute leur emploi. Que ce soit les hommes bien calmes et en contrôle ou les gens visiblement troublés, ils devenaient presque tous paniqués.

Les gens vivent ces situations de façons bien différentes. J'ai interviewé deux ou trois hommes qui ont été agressés de façon épouvantable pendant des mois et qui s'en sont sortis ; ils ont fondé leur compagnie et ont eu un certain succès en affaires. D'autres, dont le drame était objectivement moindre, ont été affectés plus durement. Ils sont devenus alcooliques ou toxicomanes, et n'ont jamais pu travailler de leur vie. J'ai dû évaluer la résilience de ces personnes, un élément important, mais aussi l'appui de leurs proches. Des gens ont eu de l'aide de leur famille et de leurs amis. Toutefois, d'autres n'ont pas eu cette chance. Certains ont été expulsés de leur maison à l'âge de 15 ans parce qu'ils ont eu l'audace de se confier à leurs parents.

★★★

Devant moi, j'ai un homme un peu plus jeune que les autres. Un homme assez grand, élancé, qui a fière allure. Les enfants, cet homme ressortait du lot. La majorité des victimes avaient très peu d'éducation et n'étaient pas très articulées. Lui, c'était tout le contraire. Durant notre rencontre, il n'a pas versé une seule larme. En s'assoyant, il m'a dit : « Écoutez, Me Bastarache, je vais vous raconter ce qui m'est arrivé. Je tiens à vous dire que je n'ai jamais parlé de cela à personne. Pas une seule personne sur la terre, parce que c'est humiliant et que je m'en veux terriblement. » Il me raconte son histoire et insiste souvent sur le fait qu'il se demande encore pourquoi il n'a pas eu le courage de se sauver lorsque son agresseur voulait satisfaire ses pulsions sexuelles avec lui. Il est l'un des cas les plus graves que j'ai dû examiner. À la fin de l'entrevue, je lui ai dit que les séquelles sont généralement très importantes. Pourtant, dans son cas, il n'est pas devenu alcoolique ou toxicomane. Il m'a répondu qu'il avait beaucoup de difficulté à garder un emploi. Ce n'était toutefois pas un homme dépressif qui avait dû se rendre à l'hôpital, comme bien d'autres victimes. Il a fini son exposé et m'a dit calmement : « Écoutez Me Bastarache, j'ai tout rationalisé cela ; je sais comment ça a affecté ma vie. Je veux juste savoir quand je peux avoir l'argent ? »

Je sursaute lorsqu'il me dit cela. Je lui demande aussitôt s'il est venu me voir seulement parce qu'il voulait de l'argent. Sans hésiter, il me répond par l'affirmative. Je lui confie ma surprise. Jamais je n'aurais cru qu'il me dirait quelque chose comme cela. Enfin, il s'explique : « Non, pour moi c'est clair. J'ai besoin de cet argent-là pour envoyer mes deux neveux à l'université. Vous savez, ils viennent d'une famille très pauvre, ils n'ont rien. Je vais leur donner l'argent et une fois qu'il sera donné, je vais me suicider. »

Je suis bouche bée. Il poursuit en me disant ne pas avoir de famille immédiate et qu'il n'a pas de raison de vivre et encore moins de continuer à se troubler avec ce souvenir-là. Il fait des cauchemars continuellement ; il est tanné et incapable de continuer. « Je vais me tuer », me dit-il. Calmement, je lui suggère de l'aider en organisant une rencontre avec un psychiatre pour qu'il parle de son cas. Je lui explique qu'il y a des façons de traiter des gens qui ont subi des sévices terribles comme dans son cas. Il m'écoute, mais ne place pas un mot. Son idée semble faite. Je lui dis de me donner une semaine, le temps que le chèque lui soit envoyé. J'ai tenté de trouver des psychiatres pour lui venir en aide. Cinq ou six jours plus tard, je l'appelle et lui demande s'il a reçu son argent. Pas encore. Je lui dis alors que je l'appelais parce qu'il m'avait dit qu'il voulait se suicider et que je voulais le dissuader. Il me répond : « Oui, oui, je comprends. Je me rappelle ce que vous m'avez dit. » Je lui parle et il ne place plus un mot. Il ne dit rien. Il répond un « oui, oui, j'ai compris » une autre fois. Puis, je lui demande s'il a changé d'idée. Il m'a dit : « Laissez faire Me Bastarache, vous avez fait votre mission. » Et il a raccroché. La semaine suivante, j'ouvre le journal et je vois qu'il s'est suicidé.

Les enfants, je m'en veux tellement. Pendant deux ans, j'ai pensé très souvent à ce que j'aurais dû faire. Quel imbécile ! J'aurais dû être capable de le convaincre. Le forcer à venir voir un médecin avec moi. Faire quelque chose. J'ai parlé de cela à quelques amis qui m'ont dit qu'ils ne l'auraient pas cru. Évidemment, bien des gens pensent à se suicider et ne le font finalement pas. Je me demande pourquoi je lui ai envoyé le chèque. Pourquoi n'ai-je pas poussé

Les enfants, je m'en veux tellement. Pendant deux ans, j'ai pensé très souvent à ce que j'aurais dû faire. Quel imbécile ! J'aurais dû être capable de le convaincre. Le forcer à venir voir un médecin avec moi. Faire quelque chose.

davantage pour lui faire voir un psychiatre ? Je me demande souvent si j'aurais dû en faire plus. Il est difficile de forcer un homme de 50 ans qui a tous ses moyens de ne pas commettre l'acte et de le forcer à venir à l'hôpital. Ce n'est pas comme s'il était apparemment en dépression et qu'il était possible de l'obliger à rentrer à l'hôpital.

Certes, je suis quand même le seul qui a essayé de le dissuader. Mais j'ai aussi été le seul à connaître son histoire. Quel échec de ne pas avoir été capable de le décourager.

★★★

Durant les rencontres individuelles avec les demandeurs, aucun avocat n'est autorisé à participer à Moncton. Je suis accompagné d'une adjointe et plus tard d'un adjoint du bureau Heenan Blaikie qui prennent des notes pour éviter que les victimes ne disent que je leur avais promis quelque chose que je n'ai finalement pas donné. Je dois m'assurer comme je peux que les présumées victimes disent la vérité et qu'on n'essaye pas de me tromper. Je suis sympathique à leur situation, mais je veux éviter qu'on me piège et qu'on m'utilise à des fins pécuniaires. Dès que je vois arriver devant moi un demandeur, j'ai déjà une idée s'il est une vraie victime. C'est presque évident quand ils mentent. D'abord, lorsque je commence à décrire ce qu'il y a dans leur formulaire, je les regarde dans les yeux et je vois s'ils sont détachés ou émotifs. Certains se mettent à pleurer. Des hommes de 60 ans qui pleurent et qui sont parfois inconsolables, c'est bien difficile de penser qu'ils inventent une histoire. Il faudrait un acteur oscarisé pour me faire penser le contraire. La grande majorité d'entre eux réagissent de cette façon.

Certains m'ont raconté leur situation sur un ton presque enjoué. Tout de suite, il y a un doute. Puis, je me suis préparé des questions pièges. Avant de rencontrer les premiers demandeurs, j'ai étudié ce que les prêtres faisaient à l'époque. Je connais assez bien leur rituel. Je demande par exemple aux victimes ce que le prêtre leur disait au moment des faits. Un des prêtres embarquait systématiquement les jeunes garçons dans sa voiture. Une Buick familiale noire. Je demande aux victimes quelle est la couleur du véhicule. «Noire», «Noire», «Noire», «C'était une Chevrolet bleue quatre portes». Je sais à ce moment-là qu'il y a de fortes chances que ce ne soit pas vrai.

Après le travail à Bathurst, j'ai fait la même chose pour le diocèse de Moncton. À Cap-Pelé, où le père Camille Léger a sévi pendant des décennies, j'ai reçu des appels de gens qui ont tenté de profiter du système. Un jour, un homme m'appelle et me dit sur un ton arrogant : «Écoute, tu as donné 350 000 $ à mon voisin, et il était là en même temps que moi et on a eu la même expérience. Ce n'est pas juste ! Je veux la même compensation.» Calmement, je lui réponds que ce n'est pas vrai, sans nuance. Il réplique : «Comment tu oses me dire ça, c'est scandaleux ! »

Du même ton calme, je lui explique que son mensonge est très facile à déceler puisque je n'ai fait aucun chèque de ce montant. Je lui ai alors dit de m'apporter la photocopie du chèque de son voisin. Il a raccroché.

Le plus troublant, c'est lorsque deux hommes qui venaient tous les deux de sortir de la taverne à Cap-Pelé (cette taverne est tout près de l'église) me disent ceci : « On vient de sortir de la taverne. À la table d'à côté, quatre gars discutaient, et un ou plusieurs de ces gars-là avaient reçu de l'argent de toi. Les autres prenaient des notes sur ce qu'ils t'avaient dit pour obtenir de l'argent et ont dit qu'ils allaient invoquer les mêmes arguments. » J'ignore si c'est vrai. J'ai demandé des noms et ils n'étaient pas en mesure de m'aider. Il n'y a pas grand-chose que je peux faire dans de telles circonstances. Ça démontre que certains ont sans doute été en mesure de tricher. J'ai toujours pensé qu'il y aurait quelquefois des gens malhonnêtes qui essayeraient de déjouer le système. Certains réussissent, d'autres non. J'ai tout fait pour limiter les failles, mais je suis sûr que certains ont réussi. Mais il faut savoir qu'il y a aussi 3 ou 4 % des gens coupables qui sont jugés innocents devant les tribunaux. Il n'y a pas de système parfait. Il y en a toujours qui s'en sauvent. Si cela a un effet bénéfique pour la majorité, ça en vaut la peine. Sur les 117 cas à Bathurst, j'ai démasqué environ cinq ou six personnes qui selon moi ont tenté de frauder. À Moncton, c'est un nombre un peu plus important.

★★★

Finalement, plus des deux tiers des victimes ont accepté la compensation que je leur ai proposée à Bathurst et plus encore à Moncton. En raison de mes travaux, les deux diocèses ont dû payer chacun environ 4 millions de dollars aux victimes. Le système est évidemment volontaire et chaque participant qui a refusé mon offre est libre d'intenter une poursuite contre le diocèse. La seule restriction est qu'ils ne peuvent pas me demander de témoigner ni se référer à ce que je leur aurais dit durant l'entrevue. De fait, j'ai moi-même suggéré à quelques victimes de porter plainte au criminel. Je leur ai dit que si la confidentialité et le fait que des gens les questionneront ne sont pas un empêchement majeur, une plainte au criminel est une voie importante et souvent réparatrice. Je les ai encouragés à tenter de trouver d'autres personnes qui ont elles aussi été molestées et de poursuivre l'affaire ensemble. Deux de ces victimes l'ont fait.

Je suis convaincu que le processus a été un très grand succès parce que le nombre de poursuites individuelles a été immensément réduit et que le coût du processus est bien en deçà des coûts engendrés par des poursuites individuelles. Chaque victime a aussi eu l'occasion d'être indemnisée tout en évitant d'être connue. Très peu de cas se sont retrouvés devant les tribunaux puisque Me Frederick a pu négocier des ententes avec le plus grand nombre de ceux qui n'ont pas accepté de participer au processus ou qui ont refusé mon offre. Ces personnes ont réalisé que des poursuites individuelles prendraient énormément de temps et que les montants qu'elles devraient payer à leur avocat réduiraient considérablement leur compensation. Je reste convaincu que l'argent qu'elles toucheraient finalement ne sera généralement pas supérieur à celui que je leur ai offert.

Certes, cela a aidé le diocèse qui n'aurait jamais été en mesure de se payer 50 poursuites. Évidemment, de nombreuses personnes se sont opposées à ce processus. Une justice «en parallèle» pour éviter la faillite du diocèse peut paraître étrange à première vue, mais la médiation et l'arbitrage sont aussi des procédures parallèles. Personnellement, je ne crois pas qu'il y ait de meilleurs moyens de régler ce genre d'affaires. Comment un diocèse peut-il faire face à 50, 100, 117 poursuites? La faillite? Bien sûr, des entreprises font faillite lorsqu'elles sont traînées devant les tribunaux et certains voient là une certaine forme de justice. Mais en raison du genre de sévices dont il est question ici, une majorité des victimes n'intenteront jamais de poursuite parce qu'elles ne veulent pas que leur identité soit révélée. C'est pour cela que je suis intervenu. Je me dis encore qu'il aurait été totalement injuste que seuls les gens qui sont à l'aise d'en parler ouvertement puissent être payés et que tous les autres n'aient rien du tout.

Je pense que ce genre de processus permet de réparer une partie du tort vécu dans le cas d'agressions sexuelles. J'ai eu des gens pauvres devant moi à qui j'ai donné des dizaines de milliers de dollars. Quelques-uns se sont retournés et ils ont redonné la totalité de la somme à l'Église catholique ou encore à des œuvres de charité. C'est difficile de prouver une agression, mais c'est possible, surtout quand il y a une pluralité de gens.

***

Je pensais que tout cela était derrière moi, mais un jour, mon ami Robert Décarie, un ancien juge à la Cour fédérale, m'invite à l'un de ses *partys* d'élection. Lors de chaque élection au Québec, au Canada et aux États-Unis, il organise une *pizza party* dans son sous-sol et on regarde tous ensemble les résultats. J'y suis allé plusieurs fois.

En 2012 ou en 2014, je ne sais plus trop, je suis là et je discute avec une connaissance qui est juge à la Cour fédérale. Puis, on me présente à l'épouse d'un juge, qui se joint à notre discussion. Elle s'appelle Liliana Longo; elle est avocate et responsable des services juridiques à la Gendarmerie royale du Canada (GRC). Elle me demande un peu ce que je fais. Je lui parle du processus mis en place pour les deux diocèses du Nouveau-Brunswick. Elle est intriguée, disant ne connaître rien de pareil. Nous avons eu une courte conversation à ce sujet, puis je me suis tourné vers le téléviseur pour suivre la soirée électorale. Je n'ai pas entendu parler d'elle pendant environ deux ans. Lorsque j'ai entendu parler de l'action collective pour harcèlement sexuel subi par les membres féminins de la GRC depuis 1974, j'en ai parlé à mon collègue de Heenan Blaikie, Simon Ruel. « On devrait appeler la GRC, leur dire qu'ils devraient faire quelque chose comme au Nouveau-Brunswick, plutôt que de se faire détruire en cour. » Simon a fait la suggestion à une connaissance et finalement le commissaire aurait été avisé de la suggestion.

Je crois me rappeler que Mme Longo aurait même discuté de ma suggestion avec les dirigeants de la GRC. On aurait rejeté un tel exercice et décidé de s'opposer aux demandes d'actions collectives.

Plus tard, je reçois un appel de Mme Longo qui m'informe que cela fait deux ans que la GRC négocie avec les deux groupes de plaignantes et qu'ils sont incapables de s'entendre. Elle me demande si j'assisterais bien l'équipe qui négocie une entente avec les avocats représentant deux groupes de femmes. J'ai tout de suite accepté et j'ai participé aux conférences de négociation. J'étais d'avis que ce qui est alors sur la table n'était pas susceptible de mener à une entente. En me rappelant le processus mis en place au Nouveau-Brunswick, j'ai suggéré qu'on me laisse préparer un nouveau projet d'entente. Ce projet a été accepté par l'équipe de la GRC qui m'a demandé de le déposer à la table de négociation pour que les avocats des deux autres parties puissent en prendre connaissance. Les discussions ont finalement mené à une entente. En réalité, les principales difficultés ont porté sur la rémunération des avocats.

En cours de route, les parties ont convenu que je ne devrais plus participer comme membre de la délégation de la GRC, mais comme un avocat agissant pour l'ensemble des parties. Les représentants des victimes et la GRC semblent alors apprécier ma contribution et c'est cela, je pense, qui a mené à la décision des parties de me proposer pour mettre en œuvre l'entente. Cette entente est en quelque sorte un processus similaire à celui que j'ai mené au Nouveau-Brunswick. Dans un premier temps, la GRC et le gouvernement fédéral ont libéré 100 millions de dollars que je remettrai aux victimes. Je suis alors très récalcitrant à participer parce que je sais très bien que le processus sera long et difficile. J'ai néanmoins accepté lorsque les parties ont convenu qu'il y aurait entre 800 et 1 000 réclamations et que je n'aurais pas à interviewer toutes les réclamantes, mais seulement celles qui auraient subi les sévices les plus sévères. J'ai aussi demandé à mener moi-même le processus, ce qui a beaucoup irrité un des avocats qui voulait que cela soit confié à un grand bureau de comptables.

En octobre 2016, le commissaire Bob Paulson annonce avec émotion l'entente conclue avec les deux groupes de femmes et ma nomination à titre de commissaire. Je ne connais pas M. Paulson, puisque je ne l'ai rencontré qu'une seule fois, lorsqu'il a demandé à me rencontrer. Il m'a alors confié ceci : « Vous savez Me Bastarache, j'ai résisté beaucoup à approuver cette entente – là, simplement à cause des frais des avocats. Ils ne font pas de travail pour ça. Il n'y a pas de moyen de convaincre mes avocats de négocier autre chose, donc j'ai été obligé d'approuver. »

Il a terriblement raison. Deux cabinets d'avocats seulement sont impliqués dans ce processus et à la fin de l'exercice, qui devrait coûter au gouvernement environ 160 millions de dollars, les avocats toucheront 33 % de la somme. J'aimerais qu'il y ait des règles beaucoup plus strictes et rigoureuses pour les frais des avocats. À mon avis, il faut qu'ils prennent un très grand risque ou qu'ils aient du travail important à faire pour toucher de telles sommes. Dans ce cas-ci, ils facturent 17 % en plus aux clientes dont ils remplissent les formulaires de réclamation.

★★★

Dès ma nomination, j'ai pu commencer le travail en créant un véritable bureau. Contrairement au cas mené au Nouveau-Brunswick, j'ai pu recruter un certain nombre d'employés pour m'assister. Il est cependant convenu que je suis un vérificateur indépendant, que je suis le seul à décider de la compensation de chacune en fonction d'une grille d'analyse adoptée par les parties. À mi-mandat, la Cour fédérale a accepté que deux juges à la retraite viennent m'aider et faisant des entrevues à ma place. Mes décisions et les leurs ne seraient pas sujettes à la révision judiciaire ou à un appel. J'ai recruté une personne pour agir comme administratrice principale, une autre pour agir comme responsable des services juridiques, et d'autres, qui travailleraient à temps partiel, pour l'analyse des dossiers et l'administration financière. Je suis responsable de deux budgets, l'un pour les opérations et l'autre pour la compensation des victimes. La mise sur pied du bureau s'est faite dans l'ordre, assez rapidement, mais il a fallu attendre plusieurs mois avant d'obtenir l'ordonnance requise de la Cour fédérale.

Pour donner suite à l'obtention de l'ordonnance, nous avons dû attendre encore une période durant laquelle les femmes de la GRC pourraient renoncer à participer au processus. J'ai profité de cette période pour préparer avec mon personnel un processus de traitement des réclamations très détaillé, mettre sur pied un site Internet, développer un formulaire de réclamation qui pourrait être utilisé directement sur l'Internet. La collaboration des avocats de la GRC a été excellente à tout moment. La collaboration des autres avocats n'a pas toujours été bonne. Le plus décevant, au début, a été le refus des cabinets de se servir de la réclamation informatisée pour leurs clientes. Cela a nécessité l'embauche de personnel administratif additionnel pour transposer les demandes souvent manuscrites sur le système informatisé, lequel est absolument nécessaire pour produire l'information qui servira à la production du rapport final.

Durant les six premiers mois qui étaient prévus pour le dépôt des réclamations, nous avons reçu environ 800 demandes, mais dans les derniers jours les avocats en ont déposé environ 600. Ils ont aussi demandé à la cour d'accorder une période supplémentaire de 90 jours pour le dépôt de demandes par des femmes qui auraient fait connaître leur désir de participer avant la fin de la première période d'inscription. Les avocats ont déposé, durant le deuxième mois de cette extension, plus de 800 demandes. À la fin des 90 jours, nous étions rendus à plus de 3 100 demandes.

Notre processus était toutefois prévu pour environ 1 000 demandes. Un des avocats qui a moins de 100 clientes s'est plaint de la lenteur de nos travaux sans se soucier du fait que nous n'avons pas été équipés pour traiter plus de 3 000 demandes et sans expliquer pourquoi les avocats ont retenu des centaines de demandes pour les déposer tout d'un coup. L'avocat le plus récalcitrant s'est aussi plaint du fait que 20 % des demandes ont été refusées durant les premiers mois. Le nombre est élevé et souvent les personnes visées ont été harcelées, ce qui provoque du ressentiment. Le problème c'est que dans presque tous ces cas, il ne s'agit pas de harcèlement sexuel et que c'est là le seul objet de mon mandat. Tout de même, les avocats mécontents ont voulu que je me justifie dans chacun des cas. L'un d'entre eux a également demandé une copie de mon budget, le nom de l'assistant qui a préparé le dossier pour chaque réclamante et que je demande à la Cour d'embaucher d'autres évaluateurs, mais en insistant pour dire que ceux-ci doivent avoir les mêmes pouvoirs de gestion que moi. Trois mois plus tard, j'ai demandé aux parties d'approuver la nomination de deux femmes, qui sont des juges à la retraite, afin d'accélérer le processus. Il a retardé le processus pendant des mois, s'opposant à ma demande. Celles-ci feront finalement des entrevues à ma place dans les provinces de l'Ouest. Environ 50 % des demandes proviennent de la Colombie-Britannique et de l'Alberta. Le processus prévoit la création de six catégories de réclamantes, mais les entrevues n'ont lieu que pour les catégories trois à six, ce qui représente environ 25 % des réclamations totales. Ces entrevues présentent une grande difficulté en raison des nombres, certes, mais aussi parce qu'il faut se déplacer dans différentes villes du Canada pour entendre les réclamantes. La majorité des réclamantes doivent être entendues à Vancouver et à Calgary. Les réclamantes m'expliquent avoir été victimes de discrimination fondée sur le genre, de harcèlement sexuel et dans de nombreux cas d'agression sexuelle.

Je dois faire droit aux demandes quand le coupable est un employé de la GRC et que l'agression a lieu dans le contexte d'une relation de travail. Il est absolument clair à mes yeux que la GRC était très mal préparée à l'admission de femmes dans ses rangs au départ et que l'administration a été incapable de gérer de façon correcte les problèmes qui se sont posés. Il appert, du point de vue des réclamantes, que la discrimination et le harcèlement existent partout au Canada et à tous les niveaux de l'administration.

En dépit des difficultés administratives auxquelles je suis confronté, je dois admettre qu'il est gratifiant de pouvoir assister de quelque façon les femmes qui ont subi des séquelles très importantes en raison du comportement des gens

Il est absolument clair à mes yeux que la GRC était très mal préparée à l'admission de femmes dans ses rangs au départ et que l'administration a été incapable de gérer de façon correcte les problèmes qui se sont posés.

Il faut essayer d'aider ces femmes non seulement sur le plan financier, mais aussi psychologique- ment. Il faut que je trouve le moyen de faire des recomman- dations pour que les choses changent.

qui ne voulaient pas d'elles au sein des services policiers. Devant moi, elles ont souvent pleuré en expliquant que le stress les a menées à la dépression, à la dépendance à l'alcool ou aux drogues, à la perte de leur emploi, à la perte ou à la réduction de leur pension. Parfois, leur situation a mené à des crises dans leur vie familiale et personnelle, au divorce et à l'aliénation de l'affection de leurs enfants. Certaines m'ont confié avoir tenté de s'enlever la vie.

Émilie, Jean-François, il est difficile d'entendre ces choses, mais la mission est importante. Il faut essayer d'aider ces femmes non seulement sur le plan financier, mais aussi psychologiquement. Il faut que je trouve le moyen de faire des recommandations pour que les choses changent. Il faut que je trouve le moyen de me faire entendre et d'obtenir des résultats concrets. C'est mon défi. Et j'y tiens.

Conclusion

IL FAIT TELLEMENT CHAUD. Plus de 30 degrés Celsius, c'est sûr. L'air est lourd et nous colle à la peau. C'est une journée caniculaire en Alberta et j'aurais pu prendre la route. J'adore les voitures et je peux conduire des heures sans problème. J'ai conduit je ne sais combien de fois les 1 300 kilomètres séparant la capitale nationale et Moncton. Je n'ai jamais craint la distance et mine de rien, je crois que conduire m'apaise. Les grandes distances me permettent aussi de découvrir des coins insoupçonnés de notre grand pays.

Nous sommes à la fin des années 1980, lorsque je me rends en Alberta pour rencontrer un groupe de parents de Rivière-la-Paix qui veut avoir une école dans le nord de la province, à environ 500 km d'Edmonton. Ils souhaitent me rencontrer pour évaluer la faisabilité d'une école française dans le secteur.

Pour m'y rendre, j'aurais pu prendre le volant, cheveux au vent et sortir de la grande ville. Prendre l'autoroute 16, puis couper à droite et prendre la route 43 en direction nord. Traverser les champs de blé d'une immensité indescriptible. Quatre ou cinq heures de route, personne en Alberta ne les compte, surtout pas les gens du Nord-Ouest, où les distances entre les communautés sont aussi grandes que les champs. Ça aurait été une occasion de partager la route avec les camions pick-up qui roulent à vive allure dans un secteur où aucun policier ne fait la loi sur la route. Une route souvent à deux voies où les véhicules se croisent à des vitesses ahurissantes et où au loin, d'immenses cheminées sortent du sol et crachent des flammes en continu, telles des torches. C'est le pays de l'or noir. C'est paisible. Un décor si linéaire, si plat, si apaisant. Au loin, les puits de pétrole s'agitent et leurs torches s'enflamment. Les nuages y sont si bas, on peut presque les toucher. Le ciel albertain n'est pas tout à fait comme celui de sa voisine saskatchewanaise. Le ciel de la Saskatchewan est vivant et grandiose et il fait honneur au slogan « *land of living skies* » que s'est donné la province. En Alberta, surtout lorsque le soleil se couche en fin de soirée d'été, on pourrait plutôt l'appeler « *the dead sky* ». Lugubre et noir.

Rouler sur la 43 m'aurait fait du bien. Jean-François, tu nous as quittés quelque temps avant et la route m'aurait plongé dans un silence que j'anticipais, je dois l'avouer. Mais je n'ai pas conduit. Cette fois-là, les représentants de l'Association canadienne-française de l'Alberta ont nolisé un tout petit avion pour faciliter mon transport. Honnêtement, je ne pense pas avoir déjà été dans un petit avion comme celui-là. C'est à ce point miniature qu'on ne peut qu'être deux dans le cockpit. Mais je n'ai jamais eu peur des avions, donc sans formalité, j'ai pris place dans l'aéronef.

À l'intérieur, la chaleur est invivable. Heureusement, le vol ne doit durer qu'une heure. Bien enfoncé dans l'appareil miniature, le moteur gronde. Un bruit infernal. Je ne pose pas de question, mon pilote privé contrôle mon destin et la confiance règne. Après un départ sans histoire de la capitale, nous sommes en pleine ascension dans un ciel bleu. Au loin à l'ouest, tout petit, on peut apercevoir les Rocheuses du parc national Jasper. En dessous de nous, il y a des champs à perte de vue.

J'ai chaud. Nous sommes dans les airs depuis 30 minutes, peut-être 45, quand soudainement j'entends le moteur faire « pout, pout, pout ». Puis, rien du tout. Du vent. Nous planons, sans moteur. Je me retourne vers le pilote et sans trop vouloir avoir l'air alarmiste, je lui demande :

« Euh, excusez-moi, mais que se passe-t-il ? » Il se retourne vers moi, comme si de rien n'était, et il me dit que ça se produit parfois lorsqu'il fait chaud. « Inquiète-toi pas, ça va repartir », me dit-il.

Il essaye de redémarrer le moteur. Puis, réessaye. Encore une fois. Je sue à grosses gouttes. Le pilote a essayé cinq ou six fois et à chaque tentative, de la fumée entre dans le cockpit. C'est suffocant et on peine à respirer. L'odeur de l'essence nous étouffe et on ne peut pas baisser les fenêtres. L'asphyxie gagne du terrain, mais malgré tout cela, je n'ai pas peur. C'est drôle, non ? Je ne suis pas vraiment inquiet puisque le pilote est d'un calme olympien. Mais je veux tout de même savoir ce qui se passe.

— OK, qu'est-ce qui se passe ?

— Bien là, vraiment, je ne pense pas pouvoir redémarrer le moteur, donc il va falloir atterrir.

— Il me semble qu'il n'y a pas d'aéroport ici !

Ma blague semble avoir fonctionné, si je me fie au large sourire du pilote. Mais derrière l'humour, une vraie question : pouvons-nous atterrir dans l'un des champs ?

— Bien non ! s'exclame le pilote. C'est beaucoup trop mou. Dès que les roues vont toucher le sol, on va piquer du nez et on va se tuer. Non, il faut atterrir dans le chemin.

Sans moteur, il faut atterrir sur la route et souhaiter qu'il n'y ait pas de tracteur, de camion ou d'autos pour nous percuter.

Cela fait une bonne dizaine de minutes que nous n'avons pas de moteur et on approche la destination finale. Nous sommes si loin de la capitale qu'il n'y a pas beaucoup de trafic sous nos pieds. Puis, les fils de téléphone ne seront pas un problème, puisque les ailes sont toutes petites. Le pilote me répète : « Inquiète-toi pas, on va être correct. » Mais je n'ai pas peur. Je ne pense à rien. C'est comme si j'avais figé comme une barre de fer. Dans une circonstance comme celle-là, on dirait qu'on attend tout simplement quelque chose.

Puis, tout à coup, l'avion a commencé à descendre rapidement. Sans moteur, nous n'avons pas de freins.

«Ça risque de rebondir pas mal fort dans le chemin, mais je vais le garder bien droit et ça va être correct», me dit le pilote, toujours aussi calme. Le risque est élevé. Je me dis que si l'avion est un peu de biais, nous pourrions faire des tonneaux et les chances de s'en sortir deviendraient de plus en plus faibles. C'est le silence complet dans le cockpit. Je regarde dehors et j'aperçois la route approcher rapidement. Très rapidement. Ça va vite.

> Sans moteur, il faut atterrir sur la route et souhaiter qu'il n'y ait pas de tracteur, de camion ou d'autos pour nous percuter.

***

Jean-François, j'ai bien failli aller te rejoindre ce jour-là. Je suis encore en vie. Et parfois, je me dis que je ne devrais pas l'être. Ton départ et celui d'Émilie quelques années plus tard ont laissé un grand vide dans ma vie. En vieillissant, votre absence fait de plus en plus mal, les enfants. Mes parents sont morts. Mes frères et sœurs sont loin. La solitude me gagne.

J'ai commencé ma carrière avec le désir et la volonté d'accomplir quelque chose de valeur pour la société. Aujourd'hui, je ne vois pas trop ce qui a été achevé. Décidément, je ne pourrai jamais dire *mission accomplie*. Comme le dit l'écrivain Philippe Forest: «... tout se termine dans la confusion et l'indécision, ma petite histoire étant versée au compte des autres fables, dans cette lassitude devant le monde...»

Malgré les opportunités professionnelles, la vie que j'ai tant souhaitée ne sera jamais la mienne. Je veux, depuis le tout début de ma vie adulte, une vie de famille bien remplie. Je veux plusieurs enfants. Je veux tout enseigner à mes enfants, tout leur faire découvrir. Je veux l'activité, le bruit, la vie que l'on sent autour de soi lorsque s'activent des enfants. Peut-être est-ce, inconsciemment, ma façon de briser mon isolement? Je veux un vrai foyer, un refuge de sécurité et d'amour pour toute la famille. Votre mort, mes enfants, c'est l'échec de ma vie.

Avec amour,
Papa

Biographies et mémoires

Directeur de collection : Marc-François Bernier

Cette collection met de l'avant la vie et l'œuvre de Canadiennes et de Canadiens qui ont contribué de manière significative à notre société et à notre histoire.

Ont paru dans la même collection

Monique Frize, *A Woman in Engineering: Memoirs of a Traiblazer*, 2019.

David M. Culver, avec Alan Freeman, *Saisir sa chance: Mémoires de David M. Culver*, traduit de l'anglais par Christine Gonthier, 2018.

Ruey Yu, with Kate Jaimet, *Journey of a Thousand Miles: An Extraordinary Life*, 2017.

Michel Bock, *A Nation Beyond Borders: Lionel Groulx on French-Canadian Minorities*, translated by Ferdinanda Van Gennip, 2014.

Jacqueline Cardinal and Laurent Lapierre, *Taking Aviation to New Heights: A Biography of Pierre Jeanniot*, translated by Donald Winkler, 2013.

Ralph Heintzman, *Tom Symons: A Canadian Life*, 2011.

Additional titles related to this collection

Andrew Donskov (ed.), John Woodsworth, Arkadi Klioutchanski and Liudmila Gladkova (transl.), *Tolstoy and Tolstaya: A Portrait of a Life in Letters*, 2017.

Andrew Donskov (ed.) and John Woodsworth (transl.), *My Life: Sofia Andreevna Tolstaya*, 2011.

Hartmut Lutz (editor and translator), *The Diary of Abraham Ulrikab*, 2011.

Ernest Adolphe Côté, *Réminiscences et souvenances*, 2005.

Pour une liste complète des titres de la collection, voir :

https://press.uottawa.ca/collections/societe-contemporaine/
biographies-et-memoires.html